CB069626

As noites revolucionárias

Restif De La Bretonne

As noites revolucionárias

Apresentação Nicolau Sevcenko

Tradução
Marina Appenzeller
Luiz Paulo Rouanet

Estação Liberdade

Título original: *Les nuits révolutionnaires*
Librairie Générale Française, 1978
© Editora Estação Liberdade, 1989, para esta tradução
© Nicolau Sevcenko, para a apresentação

Coodenação de tradução Luiz Baggio Neto
Revisão técnica Brigitte Hervot e Maria do Carmo Savietto
Revisão Cássio de A. Leite, Rui O. Ohara, Regina Jimenez, Berenice Baeder e Edgard Murano
Composição Alex Andrade
Ilustração de capa Natanael Longo de Oliveira
Assistência editorial Fábio Fujita
Responsabilidade editorial Angel Bojadsen e Edilberto F. Verza

CIP-BRASIL. CATALOGAÇÃO NA PUBLICAÇÃO
SINDICATO NACIONAL DOS EDITORES DE LIVROS, RJ

B852n

Bretonne, Restif de la, 1734-1806
As noites revolucionárias / Restif de la Bretonne ; tradução Marina Appenzeller, Luiz Paulo Rouanet ; apresentação Nicolau Sevcenko. - 1. ed. - São Paulo : Estação Liberdade, 2015.
376 p. ; 21 cm.

Tradução de: Les nuits révolutionnaires
ISBN 978-85-7448-249-1

1. França - História - Revolução. 2. França - Civilização. 3. França - Condições sociais. I. Título.

15-21290   CDD: 944.04
           CDU: 94(44)

25/03/2015   30/03/2015

Todos os direitos reservados à Editora Estação Liberdade. Nenhuma parte da obra pode ser reproduzida, adaptada, multiplicada ou divulgada de nenhuma forma (em particular por meios de reprografia ou processos digitais) sem autorização expressa da editora, e em virtude da legislação em vigor.

Esta publicação segue as normas do Acordo Ortográfico da Língua Portuguesa, Decreto nº 6.583, de 29 de setembro de 2008.

Editora Estação Liberdade Ltda.
Rua Dona Elisa, 116 | 01155-030 | São Paulo-SP
Tel.: (11) 3661 2881 | Fax: (11) 3825 4239
www.estacaoliberdade.com.br

SUMÁRIO

APRESENTAÇÃO
"Restif de La Bretonne: as rondas do anjo da razão pelas noites da Revolução", por Nicolau Sevcenko, *11*

PRIMEIRA PARTE – SETE NOITES DE PARIS
Preâmbulo, *26*

Primeira noite, 27 de abril de 1789, *27*
As duas são uma só, *32*

Segunda noite, 12 de julho, *44*
As três são uma só, *48*

Terceira noite, 13 de julho, *55*
As oito irmãs e os oito amigos, *58*

Quarta noite, 14 de julho, *64*
As gradações do verdadeiro amor, *70*

Quinta noite, 17 de julho, *78*
Élise ou a amante do mérito, *84*

Sexta noite, 22 de julho, *91*
A segunda Élise, Fanchonnette e Victoire, *97*

Sétima noite, 5 e 6 de outubro, *104*
Félicité ou o amor medicinal, *115*
Exortação, *121*
O *Journal des Français* ou o *Régénérateur*, *125*
Discurso pronunciado pelo rei na Assembleia Nacional, em 4 de fevereiro de 1790, *132*

Oitava noite, 28 de outubro, às dez horas da noite, *139*
Horrível delação de um genro caluniador contra seu sogro, *139*

A infeliz de dezesseis anos, *164*
Sequência dos acontecimentos posteriores à oitava noite, *170*

SEGUNDA PARTE – VINTE NOITES DE PARIS
Advertência, *180*

Primeira noite, 13 a 14 de julho de 1790, *182*
Federação, *182*
A moça violentada, *184*

Segunda noite, *187*
Continuação da moça violentada, *187*

Terceira noite, 27 a 28 de fevereiro de 1791, *189*
Os cavaleiros do punhal, *189*
A dama que prostitui uma outra no lugar de sua filha, *192*

Quarta noite, 17 a 18 de abril, *196*
A menina raptada por rancor, *199*

Quinta noite, 20 a 21 de junho, *202*
Fuga do rei, *205*

Sexta noite, 23 a 24 de junho, *207*
Volta de Luís, *210*

Sétima noite, 16 a 17 de julho, *212*
Lei marcial, *213*

Oitava noite, 26 a 27 de setembro, *219*
A beleza disfarçada da filha, *221*
Continuação de Julie e Scaturin, *222*
Noitada nas Tulherias, *223*

Nona noite, 19 a 20 de junho de 1792, *225*
Continuação de Julie e Scaturin, *226*
Pretenso assalto às Tulherias, *228*

Décima noite, 9 a 10 de agosto, *231*
Barreira de complacência, *232*
Continuação da jovem disfarçada, *233*
História da jovem disfarçada, *234*

Décima primeira noite, 28 a 29 de agosto, *241*
Visitas domiciliares, *241*

Décima segunda noite, *245*
Massacres do dia 2 ao dia 5 de setembro, *245*

Décima terceira noite, 3 a 4 de setembro, *254*
A Salpêtrière, *254*

Décima quarta noite, 5 a 6 de outubro, *259*
Luís na Torre, *259*
Continuação de Julie e Scaturin, *261*

Décima quinta noite, 25 de novembro, *263*
Acontecimentos da guerra, *263*
Morte de Julie, *264*

Décima sexta noite, 25 a 26 de dezembro, *268*

Décima sétima noite, 25 a 26 de janeiro de 1793, *274*
No Palais-l'Égalité, *274*
Defesa de Luís, *276*

Décima oitava noite, 20 a 21 de janeiro, *283*

Décima nona noite, 27 a 28 de janeiro, *294*

Visita noturna ao Palais-l'Égalité, *294*

Vigésima noite, 26 a 27 de fevereiro, *299*
Pilhagem das mercearias, *299*

Vigésima primeira noite, 28 de fevereiro, *305*
Devastações, *305*
Continuação dos homens que nadavam, *307*

Primeira noite supranumerária, 2, 3 e 4 de abril, *315*
Derrotas, *315*
A moça de calças, *320*
24 de abril. Triunfo de Marat, *322*
O senhor fulano, que desposa uma *sans-culotte*, *324*

Segunda noite supranumerária, 6 e 23 de maio, *329*
Carta ao espectador, *332*

Terceira noite supranumerária, 31 de maio a 5 de junho, *335*
As jacobinas das tribunas, *337*
As três tribunas, *342*

Quarta noite supranumerária, 13 a 16 de julho, *345*

Quinta noite supranumerária, 20 a 28 de agosto, *349*
Festa da República, *349*
A devotada jovem de Calvados, *350*
Punição de Custine, *351*
Conspiradores de Rouen: jacobinas, *352*
Profissão de fé política do autor, *358*

Adições, *363*

Cronologia da Revolução Francesa (1789-1793), *366*

Restif de La Bretonne: as rondas do anjo da razão pelas noites da Revolução

Nicolau Sevcenko

Restif de La Bretonne (1734-1806) — ou Rétif de La Bretonne — é um desses personagens desconcertantes que intriga o historiador, incita o leitor e confunde seus contemporâneos. Ele próprio, antes de mais ninguém, nunca relutou em se confessar fascinado por si mesmo e em fazer de sua vida uma fonte permanente de inspiração para sua obra, e também um ponto privilegiado para a observação dos grandes processos históricos. Filho de lavradores relativamente abastados de Yonne, sua vida e obra serão marcadas pelo destino que o retirou ainda criança do meio rural, para os estudos elementares em Bicêtre, próximo a Paris, e depois para a iniciação profissional como auxiliar de tipógrafo em Auxerre e depois na capital. Foi nessa atividade que ele se familiarizou com o incipiente mercado editorial francês, com os gostos do público e a missão civilizadora da palavra impressa. Forjou para si a então improvável carreira de escritor profissional, sobrevivendo a duras penas de uma produção necessariamente maciça e ininterrupta, que verteu sobre um público relutante, num espaço de cerca de quarenta anos, um acervo de aproximadamente 250 obras. Se a luta contra a indigência explica parte dessa produção copiosa, ela entretanto não diminui nem o mérito, nem a convicção, nem a singularidade delirante de Restif de La Bretonne.

Como se pode imaginar, não houve gênero literário que ele não frequentasse nem temas contemporâneos que escapassem da sua pena. O que particularizava sua atividade de polígrafo, tão típica da Ilustração, foi no entanto menos a variedade dos seus modos de expressão — romance, ensaio, crônica, novelas, narrativas epistolares, jornalismo, novelas, historiografia, diário, panfletos políticos, drama, crítica, reflexões filosóficas, científicas, religiosas, etc. — quanto seu empenho em reuni-los e exercitá-los simultaneamente em suas obras. Nesse sentido, a originalidade de seus escritos ressalta sobretudo dessa desmedida ambição totalizadora, desse esforço para nivelar a linguagem literária num padrão uniforme, em que as diferenças entre os modos de enunciação cedessem em favor do destaque posto no conteúdo instrutivo do texto. A palavra passa a ser assim uma forma de ação pedagógica, reformadora. Nessa linha, tanto a ação se torna mais eficaz se as energias que a conduzem se orientam num só sentido, como a lição é mais bem assimilada se as instruções que ela inclui são coerentes, se as diferentes partes se ajustam e se o conjunto do ensinamento comporta efeito unívoco. La Bretonne foi por isso um grande mestre e suas ideias repercutiram em inteligências tão variadas como as de Gracchus Babeuf, Fourier e Gérard de Nerval na França, Goethe, Schiller e Humboldt na Alemanha.

Não quer isso dizer que sua obsessão totalizadora o livrasse das irresoluções, conflitos e aporias inerentes à Ilustração. Em especial, do confronto entre o impulso libertador, presente nos anseios de mudança social, e o caráter autoritário, elitista do planejamento reformador. La Bretonne mergulhou fundo como poucos nessa dissensão. Sua forma de enfrentá-la revela como ele estava peculiarmente inserido nesse crepúsculo indefinido do final do século XVIII, o período da Revolução Francesa em que as luzes da Ilustração começavam a se borrar com os matizes místicos do Romantismo. O racionalismo exacerbado de La Bretonne se desdobra numa volúpia cognitiva e transformadora, que não se continha diante de circunstâncias concretas, de eventuais dificuldades materiais ou desconhecimentos técnicos, e avançava desenfreada até os mais mirabolantes pormenores de um imaginário barroco, em plena efervescência vitalista. Nesse aspecto, seu valor como representante dessa época é quase único. Em poucos casos se pode ver com tanta transparência como um sistema de feição racional pode facilmente se assentar sobre as bases do animismo, do ritual, do mito e da ficção.

O fervor de reformista sistemático se manifestou em La Bretonne com a composição de uma série de tratados, complementares entre si, destinados a induzir os homens do seu tempo a uma campanha de mudanças que iria desde a modificação dos hábitos cotidianos até a reinterpretação da genealogia dos corpos celestes e das formas de vida.

Por uma questão de coerência imperativa, nada poderia escapar dessa reordenação. E era de uma reordenação que se tratava, no duplo sentido de reformular o saber de modo a conhecer na intimidade as harmonias essenciais da natureza e de rearranjar as atividades e pensamentos dos homens, de acordo com aquelas formas superiores de equilíbrio. O resultado dessa adequação, paradoxalmente, não seria nem bom nem mau, não significando nem um progresso nem uma regressão, mas apenas um estado da identificação com a estrutura elementar, intemporal, homogênea do cosmos, em contínua mudança nos rearranjos aleatórios de suas partes, mas coesa na sua força agregadora e permanente nos seus componentes fundamentais. Trata-se do acalentado sonho cientificista de operar uma sintonia perfeita entre as leis que regulam a ordem física e as leis que governam os movimentos da sociedade. O ganho e o valor nesse tipo de sistema se dão em termos da autenticidade (logo, da pureza) alcançada em relação à Natureza (a *ordem* natural) e, por derivação, da estabilidade, já que a condição intrínseca do sistema é a harmonia, prevalecendo a força de agregação, pela redução das tensões e eliminação dos elementos heteromorfos.

O primeiro livro dessa série de tratados é *Le pornographe ou La prostitution reformée,* de 1796. Como se pode depreender do próprio título, a reforma social deveria iniciar-se no campo moral, e, em especial, sua raiz está fundamente penetrada no campo da sexualidade. La Bretonne foi uma espécie de antípoda do marquês de Sade, seu contemporâneo e inimigo sacramentado em todos os possíveis aspectos. Mas ambos comungavam desse diagnóstico, precoce para a época, de que o amálgama básico das sociedades é a atração sexual, acompanhada de todo seu jogo de projeções e fantasmas desejantes. A diferença maior entre eles era a de que, enquanto Sade concebia a sexualidade como uma força irresistível, tendendo a se aglutinar em formas particularmente destrutivas de poder, La Bretonne via no sexo a energia agregadora por excelência, não só dos homens, da sociedade e da cultura, mas de toda a ordem biológica de modo geral e até da matéria inorgânica, das esferas celestes e da própria divindade. Nesse sentido, o panteísmo do sistema de La Bretonne pode ser mais bem traduzido como um pansexualismo, formando o vínculo do desejo, tanto a partícula fundamental como a macroarquitetura do conjunto, instaurando uma unidade vital que tudo envolve, anima e regula. É essa sua intuição de uma identidade transcendente que atravessa o ser que o leva a afirmar: "Não sou, de forma alguma, politeísta. O plural é indiferente."

A culminância desse projeto reformista vem condensada em seu *La Philosophie de M. Nicolas ou Le Coeur humain dévoilé* (1794-7), em que ele resume o conjunto do seu sistema numa tetralogia composta de "minha física, minha moral, minha religião e minha política". A dimensão mais reveladora do sistema é sem dúvida a física, que fornece a metáfora natural a partir da qual as demais partes são representadas. Nela todos os astros e estrelas são figurados como entidades sexuadas e a mecânica celeste é explicada como o conjunto dos movimentos, evoluções e transformações causadas por esses processos contínuos de atrações, acasalamentos e procriações entre eles. Da mesma forma, em *La Découverte australe par un homme volant ou Le Dédale français,* de 1781, La Bretonne supôs um casal que, como um novo Adão e uma nova Eva, dá origem a uma comunidade utópica composta de seus descendentes numa ilha do hemisfério sul, onde já havia uma rica fauna de animais exóticos, que ele organiza numa sequência que vai dos inferiores aos superiores, chegando aos homens, ao longo de uma vasta cadeia de mediações a acasalamentos cruzados. O símbolo básico do qual La Bretonne deriva suas complicadas genealogias e cosmografias é sem dúvida a família, compreendida numa escala crescente que vai desde a sua unidade nuclear, o casal unido pela atração sexual, até seu desdobramento máximo, desencadeado por reproduções múltiplas, na forma da Grande Família cósmica. Daí que, o vetor agregador de seu sistema sendo o sexual, e o sexo exercendo nele um papel organizador, pela ampliação contínua, infinita, eterna da família, ele manifeste uma orientação incestuosa intrínseca. Essa inclinação incestuosa, garantindo à família o papel de construtora da ordem em meio ao caos desagregado e pulverizado (plural), é que propicia a estabilidade última de seu sistema.

Os demais volumes sobre esse sistema, a rigor distribuído e presente em parcelas desiguais por toda sua obra, são *Le Mimographe ou Le Théâtre réformé* (1770), *L'Éducographe ou L'Éducation réformée* (1770), *Le Glossographe ou La Langue réformée* (1773), *Les Gynographes ou La Femme réformée* (1777), *L'Andrographe ou L'Homme réformé* (1782) e *Le Tesmographe ou les lois réformées* (1789). Como se vê, abarcando desde o teatro — naquele momento o que mais se aproximava de um entretenimento de massas e por isso encarado por La Bretonne como um excepcional recurso didático para instruir as plateias —, ele repõe o gênero humano na senda da virtude e redige um projeto de reforma institucional firmemente determinado a influir nas decisões do Conselho dos Estados Gerais, marcado para se reunir naquele fatídico ano de 1789. Por problemas alheios à sua vontade, este último livro teve atrasada a sua publicação e a Revolução tomou a dianteira. Mas aquela não era uma oportunidade que ele se conformasse em perder e tratou de incluir a própria Revolução como tema central de outro projeto seu, já em andamento desde 1788, *Les Nuits de Paris ou Le Spectateur nocturne*. Dessa obra ele já publicara os volumes de I a VI; em 1789 publicou o volume VII e em 1790 publicaria uma continuação denominada *La Semaine nocturne*. Pouco mais tarde, em 1794, ele voltaria à carga com outro volume das *Nuits de Paris*. São esses dois últimos volumes, o da *Semaine,* de 1790, e o das *Nuits,* de 1794, que tratam da Revolução, da qual se pretendem uma espécie de crônica mais ou menos sequencial, concentrada nos grandes lances do processo revolucionário. São esses dois livros que se encontram reunidos nestas *Noites revolucionárias,* que introduzem o leitor brasileiro em um dos mais ricos documentos do período revolucionário.

Estas *Noites* constituem uma obra *sui generis* e por isso mesmo altamente reveladora tanto da imaginação arrebatada de La Bretonne quanto da forma geral do imaginário desse período final do século XVIII, que combinava em doses extravagantes o racionalismo, o mecanicismo, o cientificismo, o revivalismo religioso, o misticismo e o romantismo em sistemas que ganhavam popularidade na proporção direta de sua universalidade, de seu princípio unitário interno e de seu substrato fantástico. O historiador Robert Darnton elaborou um painel denso desse momento de complexas fusões culturais e ampla popularização dos saberes pretensamente eruditos em seu admirável livro *O lado oculto da Revolução: Mesmer e o final do Iluminismo na França* (Companhia das Letras, 1988). O próprio La Bretonne não era alheio a essa linguagem ocultista, subjacente à chamada teoria do magnetismo animal, concebida pelo médico vienense Franz Mesmer. Apenas que para ele, ao invés do fluido magnético, o que promovia a ligação e o circuito energético que unia todos os homens entre si e com a divindade, difundida por todo o universo, era o "fluido intelectual". "Deus é o cérebro material e intelectual do grande animal único, do Todo, cuja inteligência é um fluido real, como a luz, mas ainda mais sutil, já que ele não tem contato com nenhum dos nossos sentidos exteriores e age apenas sobre o sentido interior", diz La Bretonne, travestido no seu alter ego filosófico, o M. Nicolas.

Esse "fluido intelectual", que emana de Deus e une todas as criaturas e a matéria inorgânica ao Todo, sobredetermina o vetor erótico de base, que havíamos visto antes. Esse fenômeno é decisivo na construção de La Bretonne, porque vindo do Todo para as partes, ele reorienta e neutraliza o ímpeto do impulso erótico de base, que seria multidirecional e desenfreado entre as partes, se não recebesse essa influência racionalizadora superior. Eis como se cruzam e se acasalam as "luzes" e o impulso sexual, restringindo o erotismo ao âmbito familiar e compondo as famílias na Grande Família, no grande animal único, criado e fortalecido pelas reservas da sexualidade contida. É nesses termos que La Bretonne compreende o desenvolvimento da sua própria vida, a organização da ordem social e a própria história universal. Por isso é que *As noites revolucionárias,* como ademais praticamente todos os seus outros livros, reúnem episódios de sua vida pessoal, crônicas dos costumes contemporâneos, histórias de amor e projetos utópicos de uma ordem superior. É desse caldo filosófico que emanam os sentidos com que ele vai preencher os conceitos de nação, revolução, educação, pátria, comunidade e império, por exemplo. É quando a atitude iluminista se cruza com o impulso revolucionário que pode ser fundada a liberdade, como um efeito da neutralização do desejo cego pelo fluido intelectual, estabelecendo a igualdade, a harmonia, onde havia a divisão, a desordem e o conflito.

La Bretonne sabia muito bem o que estava fazendo quando compôs esta obra aparentemente tão heterogênea. *"Les Nuits de Paris",* diz ele, "são uma dessas produções maiores, uma dessas vastas composições destinadas a pintar os costumes de uma nação: o que torna essa obra importante para a posteridade, pela verdade dos fatos." Não se trata de uma descrição verdadeira no sentido factual, heurístico, dos eventos do período revolucionário. A maior parte dos eventos narrados não foram testemunhados diretamente por La Bretonne, que os recolheu de outros observadores e fontes, e, ademais, ele lhes dá frequentemente um rearranjo romanesco, misturado com anedotas, e intercalados com narrativas ficcionais. Onde ele é preciso, rigoroso como anuncia, é em captar o estado de espírito dominante, as percepções e aspirações coletivas que animaram os fluxos e contrafluxos contraditórios da Revolução. Nesse sentido, *As noites revolucionárias* são um documento precioso, e a sua dimensão ficcional tem um valor equivalente a qualquer registro factual, já que nelas La Bretonne assinalou traços definidores da própria fantasia revolucionária. Ele se refere à Revolução como um processo de regeneração ("Não sentis que chegou o momento da regeneração? [...] no momento da regeneração, o instante em que todos os franceses vão se transformar em homens.") A Revolução produz esse fenômeno sinergético, pelo qual a vontade geral se torna transparente e unida num só grande organismo: a nação. É um movimento de regeneração porque faz retornarem os homens a essa homologia com a harmonia superior do cosmos, esse estado panteísta em que todo homem se torna uma fração do Deus poderoso que é o Todo. A Revolução não é um bem nem um mal, a Revolução é. Só se pode ser plenamente sendo revolucionário. A revolução é a permanente excitação de viver a comunhão no Todo.

Essas concepções não parecem religiosas por acaso. O modelo histórico ao qual La Bretonne as remete, explicitamente, é o cristianismo primitivo e, num nível mais pessoal, também claramente mencionado, o da experiência do sentimento cristão que marcou sua infância. Referindo-se à Revolução, ele diz: "É preciso que as fantasias da minha infância se realizem. É preciso que o princípio fundamental do cristianismo se desenvolva, e que ele produza a igualdade como seu fruto natural..." Mais adiante, acrescenta: "O cristianismo é uma religião de doçura, de fraternidade, de humildade, de desinteresse; lá [no Novo Testamento] vereis que na época dos primeiros cristãos não se devia ser nobre ou se devia abjurar da nobreza para se tornar o igual de seus irmãos [...] Lede o Evangelho [...] vereis que é o livro mais republicano e democrata que existe..." A imagem cara a La Bretonne (de resto partidário de um anticlericalismo radical) nesse modelo do cristianismo primitivo é evidentemente a da fraternidade, como a metáfora familiar da igualdade. A fraternidade é o modo de estabilização funcional do erotismo de orientação incestuosa, familiar. Ela é a obsessão máxima de La Bretonne. É o tema onipresente, a razão de ser e o ensinamento supremo das *Noites*. Historicamente, para La Bretonne, a fraternidade pode se manifestar de um modo fraco e outro forte. O fraco é a união de toda uma sociedade numa única vontade coletiva transparente, sob a forma da nação, da pátria ou do império. O forte é a produção da igualdade fundamental entre todos os homens pela abolição da propriedade privada e, portanto, das diferenças de classe, estabelecendo-se a comunidade de interesses, a gestão comum dos bens e vivendo-se assim a comunhão da liberdade. Nesse sentido, La Bretonne foi o introdutor da moderna concepção de comunismo, na qual se baseou Gracchus Babeuf, o articulador da Sociedade dos Iguais. Os aspectos políticos e sociais do pensamento de Restif de La Bretonne estão magistralmente desenvolvidos no ensaio *O espectador noturno: a Revolução Francesa através de Rétif de La Bretonne*, de Sérgio Paulo Rouanet (Companhia das Letras, 1988), ao qual remetemos os leitores interessados no seu aprofundamento.

No contexto da Revolução Francesa, La Bretonne enaltece a grande ritualização da fraternidade através das gigantescas festas cívicas, promovidas pelas autoridades para celebrar a união da pátria, a federação, a nação, o juramento da constituição ou a partida dos exércitos populares para a guerra. No nível ficcional, ele a celebra através de seus contos de amor. É notável ver como os dois níveis se interpenetram, incluindo também aí a narração dos episódios autobiográficos, que o autor encerra com frequência nas *Noites*. Por exemplo, no nível histórico, La Bretonne descreve a França, a nação ou Paris como sendo simultaneamente a mãe, a irmã ou a criatura amada do povo e, do mesmo modo, Deus e o Rei aparecem como o pai, o irmão e como o ser amado do povo. Nos contos, igualmente, o casal central tende a reservar para si todos esses papéis — assim como toda história bem resolvida deve terminar em casamento, congraçamento das famílias e procriação múltipla. Nos melhores casos inclusive devem dar em casamentos múltiplos, como nas três primeiras histórias: "As duas são uma só", "As três são uma só" e "As oito irmãs e os oito amigos". Nos dois primeiros desses contos, a figura feminina se multiplica em duas e três réplicas; no último, ainda mais interessante, ambos os lados se replicam de forma simétrica em oito pares de criaturas eroticamente afins. As oito moças são irmãs legítimas; os rapazes porém são oito membros de uma sociedade secreta, uma fraternidade artificial, portanto. Mas ao se casarem com as oito irmãs, eles criam um vínculo de sangue, que dá autenticidade à sua irmandade simbólica. A relação dessa metáfora literária com a visão que La Bretonne vai paralelamente compondo da Revolução Francesa é direta.

Os contos têm um nítido cunho pedagógico e estabelecem modelos morais visando, de um lado, estigmatizar hábitos sociais nefastos, porque comprometem a oportunidade de união coletiva fraternal propiciada pela Revolução; e, de outro, oferecem exemplos para uma reforma dos costumes, necessária na afirmação da nova ordem. Em "As gradações do verdadeiro amor", um adolescente se apaixona por uma menina de seis anos e decide, de comum acordo com sua mãe, tornar-se pensionista na casa da família dela, com o propósito secreto de educá-la para ser sua esposa ideal. Assim, os dois jovens passam a morar juntos, sendo tratados e tratando-se como autênticos irmãos, de forma que, quando finalmente se casam, o amor entre eles é forte mas não arrebatado, e por isso não se concentra nos dois amantes, difundindo-se de maneira uniforme pelos parentes das duas famílias e pelos seus filhos. Em "A amante do mérito", o senhor Depuits de Courson, um alter ego de La Bretonne, seduz sua amada Élise Demartinville através de longas exposições de seu sistema filosófico e não se une a ela até que seu amor se arrefeça: "...dez anos depois [...] uniram-se então, sem paixão, mas repletos de estima um pelo outro..." Esse é o ideal amoroso de La Bretonne, o laço fraternal em lugar do "amor que faz desabar". É preciso que a paixão não consuma e monopolize a atenção e os sentidos dos amantes, para que eles possam se consagrar aos vínculos maiores que os ligam às famílias, aos filhos e à nação, "a Grande Família".

No nível histórico, os arqui-inimigos de La Bretonne são o aristocrata e o clero, que dividem a nação — "o maior dos crimes" — e impedem o estabelecimento da igualdade. No nível romanesco, o vilão é o celibatário, a quem ele amaldiçoa com raiva: "Infelicidade ao celibatário egoísta! Ele deixa de viver muito tempo antes de sua morte!" A bênção, é claro, vai entusiástica para os casais prolíferos: "Felizes os que têm amáveis crianças... Eles revivem nelas!" La Bretonne aparece assim como o oposto simétrico de Sade, o campeão do sexo não procriativo, da paixão sodomita. Mesmo a figura onipresente do incesto é, no autor das *Noites,* apenas um símbolo indicativo do amor contido e orientado para a família, não um ato literal, que em si seria condenável. Há inúmeros casos de incesto lúbrico nas *Noites,* mas sempre indicando situações negativas. É significativo que o vínculo erótico suave e de caráter organizador seja indicado por seu resultado positivo, os filhos, a família, enquanto a luxúria desenfreada é sinalizada por seu efeito nefasto, a sífilis.

La Bretonne manifesta porém uma atração indisfarçável pela prostituição e seu submundo. Por um lado ela excita sua vontade de redimir, reeducar as moças "decaídas" do ambiente familiar. Por outro, parece recuperar algo do sentido tradicional da prostituição sagrada, a ideia de alguém pertencer a todos, ser um ponto de identificação coletiva, de comunicação e de comunhão no prazer. Pelo menos é essa a sua imagem favorita para representar sua adorada Paris, "a obra-prima e a maravilha do universo". "A capital é uma amante querida [...] é a rainha [...] é a mãe de todos os franceses", que, por extensão, tornam-se irmãos ao amarem ou serem amados por ela. É Paris portanto que cria a "magia da França", a transparência unitária dos corações e a coesão das vontades. Não quer isso dizer, entretanto, que a capital simbolize para ele apenas essa visão paradisíaca do milênio realizado pela fusão da humanidade na Grande Família, na qual toda relação só pode ser incestuosa (no sentido em que deverá ser necessariamente endogâmica, neutralizando assim a força do instinto e redirecionando o erotismo do indivíduo amado para a coletividade amada). Seu grande sucesso de público foi justamente *Le Paysan perverti* (1775), continuado depois na sua versão feminina, *La Paysanne pervertie* (1776), ambos narrando as trajetórias infelizes de criaturas inocentes, vindas de grupos idealizados como autênticas comunidades rurais, e que são corrompidas e destruídas pelas mãos dos agentes amorais, criminosos e antissociais do tipo que pululavam na Paris dos prazeres, do luxo e do poder. Há portanto um lado nefasto na grande cidade, que a torna igualmente o maior centro do vício, do conflito, da dissolução, enfim, o foco gangrenado onde vicejam as forças desagregadoras do caos.

Paris era, desse modo, o palco privilegiado da luta entre as forças da ordem e da união, contra a legião sinistra introdutora da cizânia, da fragmentação e da conflagração no seio da Grande Família. Nessa reedição mítica, Paris se torna não só a epítome da França, mas de toda a humanidade em seu impulso fraterno de libertação. Vive-se a luta decisiva, cada um é um soldado, um militante da liberdade que a todos irmana na igualdade: é pois preciso estar vigilante, ser os olhos e as mãos do grande corpo ("Nada ofusca o colosso de um milhão de olhos, ele vê tudo: até os punhais escondidos"). É assim que La Bretonne vai se travestir no arquétipo do super-herói folhetinesco — "a coruja", o "espectador noturno", essa curiosa mistura de repórter, vigilante, investigador policial e justiceiro solitário, destinada a uma avassaladora popularidade no imaginário das sociedades urbanas marcadas pela influência dos processos revolucionários. Na cidade dos homens livres, o vingador, com sua inseparável capa vermelha, sai todos os dias para a sua ronda noturna. É do escuro das noites que os inimigos da liberdade se aproveitam para sabotar as instituições, corromper os ingênuos e abusar dos fracos. Mas para abortar seus projetos conspiratórios, para cortar pela raiz a ação criminosa desses "espíritos mordazes", para encontrá-los, desmascará-los e entregá-los às forças da lei, lá está o herói incorruptível. La Bretonne recolheu o tema da literatura popular e lhe deu uma reelaboração política, particularmente eficaz, ao fazer do arquétipo mítico do herói justiceiro o substrato ético pelo qual se deve modelar todo cidadão na nova ordem republicana.

La Bretonne, o herói-filósofo ou filósofo-vingador, é um velho, o que significa um sábio, mas também um homem vulnerável, porque é fisicamente fraco: o que acentua que seu grande poder é de ordem moral e espiritual e reforça a ideia de que ele precisa da ajuda de seus irmãos para vencer a latência corrosiva dos perversos, lascivos e egoístas. Seus aliados são, significativamente, a guarda nacional (sempre aparece uma sentinela ou uma patrulha providencial para ajudá-lo nos momentos de maior perigo) ou os cidadãos decentes e patriotas sinceros, ou ainda o oportuno doutor Mittié, infalível no tratamento da sífilis. Seus arqui-inimigos são, no plano pessoal, Auge, seu genro dissoluto, e no âmbito público os ex-espiões de polícia do *Ancien Régime,* os aristocratas e os debochados. No plano filosófico eles são notórios: Sade, o sensual, Bernardin de Saint-Pierre, o anti-iluminista, D'Alembert, o materialista, e os libertinos. Sua lei é a vontade inelutável da maioria; seu instrumento, a razão; seu método, a educação; seu mestre, Mirabeau; sua fé, o Todo; sua obsessão, a ação. Uma vez liberada no espaço público pelo advento das Luzes, a coruja implacável, o cidadão-herói torna-se uma presença onímoda e eterna na comunidade dos homens livres: o dia é para o trabalho dos homens mas, enquanto eles repousam, as noites lhe pertencem, sua ronda não para nunca. Cada noite traz uma nova aventura, apresenta mais um exemplo, ritualiza o sentimento coletivo cívico e acrescenta outro capítulo à mesma história ou à história do mesmo. Aos governantes cabe fazer as leis e tomar as decisões de interesse geral; o herói iluminista zela pela ordem e sufoca a subversão pela sua ação pedagógica, orientando o discernimento dos cidadãos e instigando-lhes o entusiasmo da comunhão coletiva. Sendo imortal, ele é a garantia mítica da imortalidade do Todo. Por isso, *"Les Nuits de Paris* é uma obra que deve ter uma continuação, enquanto esta cidade existir". Na figura do espectador noturno a Ilustração forjou a sua versão do arcanjo Gabriel; o folhetim será o novo catecismo das massas.

PRIMEIRA PARTE

SETE NOITES DE PARIS

Obra que contribui para a história
do jardim do Palais-Royal

Os extremos se tocam!

PREÂMBULO

Depois de termos passado em revista tudo o que pode interessar, no célebre jardim, as *Filles,* os *Sunamites des IV Ordres,* os *Gentilshommes populaires,* o *Curé patriote* e o *Divorce nécessaire,* que nos permitam tratar de um assunto mais grave.

À nossa chegada clandestina a Paris, em 23 de junho, ficamos assustados com a exaltação dos ânimos! Esperávamos que eles se acalmassem. Não foi o que aconteceu: a agitação aumentava cada vez mais... Na verdade, era uma febre saudável... mas não deixava de ser uma febre. Vimos, ao passar pelo Anfiteatro, ainda não totalmente repleto, jovens sobre cavaletes lendo escritos veementes, estimulando a fermentação, ou alimentando-a... Admiramos hoje o que julgávamos então extraordinário e mesmo esquisito.

Informamo-nos sobre o que estava acontecendo e sobre os fatos que precederam aquele momento... Um jovem, que acabara de discursar e de ser atingido por uma mesa derrubada pela multidão de ouvintes, abordou-nos, amparado por duas pessoas.

"O senhor é estrangeiro?", perguntou-nos. "Não; acabamos de chegar da Suíça." "Dá no mesmo. Quero pô-los a par... Levem-me sentado ao café de Foi!..." Nós o acompanhamos. Acomodaram-no bem e, sendo a vontade de falar a mais premente de suas necessidades, exprimiu-se nos seguintes termos:

PRIMEIRA NOITE

27 de abril de 1789

Os Estados Gerais se reuniam. A aristocracia, agonizante, sem sabê-lo, quis fazer um último esforço. Necker[1], esse ministro virtuoso, dera forças ao povo através de uma representação dupla: não que isso bastasse para torná-la uma representação proporcional... Não, ela não o é!... mas era tudo o que se podia esperar então.

Os aristocratas (ou seja, os ministros, os grandes, os membros de conselho, os intendentes, os subdelegados, os bispos, os cônegos, os monges, os empregados de toda espécie, os procuradores e uma parte de seus ajudantes, os que vivem de rendas, os agiotas, quase todos os ricos, por fim, os carrascos), os aristocratas procuram demonstrar ao rei que o povo era indomável; que era um animal feroz que, se tivesse chance, romperia todas as barreiras e faria de um reino bem organizado, sob o regime despótico, um terrível caos de anarquia.

Esse povo, porém, não pensava em se rebelar. Tranquilo, esperava com curiosidade, mas sem impaciência, os trabalhos da augusta assembleia.

---

1. Necker, Jacques. Financista e homem de Estado. Foi por três vezes ministro. Contribuiu para a duplicação da representação do Terceiro Estado nos Estados Gerais. Pai de Mme de Staël. [N.T.]

Aristocracia treme.² É uma grande mulher, nascida nos confins dos Parisis e da Normandia. Mede seis pés: é magra e seca; já teve uma fisionomia nobre, que agora só exprime perversidade. Nas alianças de seus ancestrais, conta três casas soberanas. Ela foi rica: hoje é pobre, e vive só de pensões, que não impedem, contudo, que passe necessidade; essas pensões são abandonadas aos credores. Ela acredita que tudo lhe pertence de direito: é com ciúme que vê a coroa sobre a cabeça dos Bourbons... Mas não ousa dizê-lo abertamente... Caminhava a pé, na direção da porta Saint-Antoine, até um cartório, para descontar uma letra de câmbio falsa: fixa o olhar nas torres da Bastilha. Essa visão a conforta. Entra no cartório: a assinatura do artista Réveillon fora tão bem imitada que conseguiu enganar o tabelião, embora, poucos meses antes, ele tivesse descoberto uma outra falsa, da parte... de um abade... Ele pagou.

Aristocracia saiu plenamente satisfeita. O tabelião olhava para ela. Parecia ver algo divino em seu andar... A espertalhona, orgulhosa, ébria de alegria com o dinheiro, avança pelo *faubourg*: simula gestos graciosos; lastima o povo, não o artesão útil, ocupado, mas o vagabundo, que se alimenta de ilusões e só se preocupa com vãos desejos de fortuna... O ouro escapa de suas mãos: ela sente que é preciso tirar de um bando de infelizes a ocupação que lhes dá o cidadão útil e virtuoso; ela o denigre; empenha-se em roubá-lo.

Suas palavras douradas foram eficazes: os vagabundos, que jamais trabalham, a não ser em missões inúteis, publicam que o artista quer diminuir o preço pago por jornada: os verdadeiros

---

2. Enquanto se processa a campanha eleitoral que precede a reunião dos Estados Gerais, uma grave crise social se desencadeia, devida à calamidade: desemprego, má safra em 1788. Distúrbios eclodem em Paris e no resto do país nos primeiros meses do ano de 1789. O povo pede a taxação dos cereais. Os acontecimentos que La Bretonne relata referem-se a uma das primeiras insurreições operárias: a da fábrica de papel de parede Réveillon, iniciada na madrugada de 27 para 28 de abril de 1789.

operários se assustam. Revoltam-se, abalam-se; os vagabundos vão rebelar o Faubourg Saint-Marceau, e o cego, o estúpido artesão, não sente que vai destruir seus próprios recursos! Ele se rebela: era a noite de segunda-feira... Vão à casa do benfeitor dos pobres: cercam-na; alguns guardas da ronda os repelem. A noite passa.[3]

No dia seguinte os ociosos reaparecem. Aristocracia esteve com De Crosne; obteve a liberdade dos maus súditos do Bicêtre[4] (seja por ter seduzido o encarregado de polícia, seja por ter falsificado a assinatura): ela os faz sair; leva-os ao *faubourg*. Os celerados não precisavam de estímulo para pilhar... Aristocracia volta correndo à chefatura de polícia; encontra um guarda da ronda, que pede ajuda ao magistrado: "Quarenta homens não bastam", adverte ele, "para proteger as alamedas de uma casa enorme!" Aristocracia torna o pedido de reforço inútil. E o artista Réveillon é saqueado... Teria perdido a cabeça se não tivesse tido a prudência de fugir...

Aristocracia não queria outra coisa... Assume o ataque... Queima, destrói, consome... Um monstro, que com ela se parecia em tamanho (o *Grandbondieu*), celerado encharcado de fel e inveja, dirige o bando e rouba quinze mil libras, com as quais vai se estabelecer em sua região natal (dizem).

---

3. La Bretonne reflete aqui a opinião popular, que sempre atribuía as misérias que o povo então sofria a um complô aristocrático. A convocação dos Estados Gerais fora bem acolhida e dera esperanças às massas. A oposição da nobreza à duplicação do Terceiro Estado, sua hostilidade ainda mais violenta ao voto por cabeça reforçaram na população a ideia de que os nobres só tentavam manter seus privilégios. A miséria era grande em Paris; um operário ganhava de trinta a quarenta *sous,* e o pão custava quatro *sous* a libra. Foi principalmente depois da convocação dos Estados Gerais que a ideia de um complô aristocrático se espalhou pela multidão. Observe-se o cuidado com que La Bretonne distingue a população do "artesão útil". São justamente os artesãos que forneceram pessoal para as insurreições populares nessa tomada de poder pela burguesia que caracteriza a Revolução de 1789.

4. Bicêtre, que havia sido, sob Luís XIII, um asilo para militares feridos, foi transformado, no século XVIII, em uma prisão para vadios.

Aristocracia deixa esse chefe aos saqueadores. Veste a túnica de um guarda francês morto e excita o furor dos soldados contra o povo, para aumentar a confusão, dividir todo mundo. Mas aqui ela comete um erro, a pérfida!... A guarda francesa se defende; repele os malfeitores; mas, na confusão, repele também os cidadãos; está desgraçada. Uma palavra, ainda mais terrível pois sai da boca das mulheres e das moças do povo, faz com que a guarda se envergonhe de ter obedecido! Força real é esse nome infame!... Aristocracia! Erraste! A guarda francesa não mais te obedecerá!...

Durante essa noite desastrosa, os malfeitores, expulsos da casa saqueada pelas cargas de fuzis, arriscando-se eles próprios a serem esmagados pelos paralelepípedos, pelos jarros lançados das janelas, põem-se a pilhar os comerciantes: os glutões vão roubar os vendedores de salsichas e os doceiros; os ávidos roubam os joalheiros, os donos de armarinhos e as lavadeiras; pegam o que querem; fazem com que abram ou forçam, a machadadas, as portas fechadas... Assim se passaram as noites de 27 a 29 de abril... Foi esse, ó estrangeiro, ou patriota ausente, o primeiro feito realizado por Aristocracia... Mas não o último...

Os Estados Gerais se reúnem.[5] Aristocracia quer insolentemente presidir a primeira sessão. Mas lá encontra Democracia, que lhe aplica uma bofetada. Irritada, quer se vingar. Democracia permanece imóvel em seu lugar... Finalmente, ontem, Aristocracia quase triunfou... Mas digo aos senhores que seu triunfo terá curta duração...

Assim falou o jovem, abalado pela queda. Nesse momento lhe faltaram a voz e o fôlego; foi preciso sangrá-lo, e ele permaneceu

---

5. No dia 2 de maio, os deputados dos Estados Gerais se apresentam ao rei. A sessão de abertura tem lugar três dias depois. Um discurso de Luís XVI, seguido pelo do ministro da Justiça, Barentin, deixa o Terceiro Estado insatisfeito. Segue-se o relatório financeiro de Necker, muito longo. Desde o anoitecer o Terceiro Estado constata sua decepção: sua duplicação não tem qualquer interesse, com efeito, a não ser acompanhada do voto por cabeça.

de cama até a noite de 11 de julho, quando o revimos no Palais--Royal. Nós o evitamos, pois não queríamos perder o que diziam os diferentes grupos.

No intervalo dessas moções, o tempo corria: chega 12 de julho.[6] Os ministros ainda abusavam... No dia 10, foi uma agitação abafada; no dia 11, a tempestade aumentou; por volta das dez horas, no momento do maior perigo, um jovem aristocrata, vindo às pressas de Versalhes ao Palais-Royal, esforçava-se em tranquilizar o povo, gritando: "Está tudo bem!" Tudo ia mal, como se pôde certificar no dia seguinte!

A seguir, uma aventura que nos foi narrada naquela noite. Iremos contá-la para suavizar imagens revoltantes.

---

6. Em 27 de junho de 1789, Luís XVI convoca a reunião das três ordens. Em 7 de julho, a Assembleia cria um comitê de constituição e em 9 de julho declara-se Assembleia Nacional Constituinte. O Terceiro Estado parece assim levar a melhor. Entretanto, em 22 de junho, Luís XVI colocara uma tropa de vinte mil homens ao redor de Paris e de Versalhes, e em 1º de julho de 1789 Marat havia lançado um apelo à vigilância intitulado *Avis au peuple ou les ministres dévoilés:* "Meus concidadãos! Observai sempre a conduta dos ministros para regrar a vossa. Seu objetivo é a dissolução de nossa Assembleia Nacional, seu único meio é a guerra civil." Em 8 de julho, a Assembleia Nacional, instigada por Mirabeau, envia um requerimento ao rei solicitando-lhe a dispersão das tropas: "Ah! por que um monarca, adorado por 25 milhões de franceses, faria acorrer, a elevados custos, alguns milhares de estrangeiros ao redor do trono?" Em 11 de julho, Luís XVI demite Necker e nomeia ministro o barão de Breteuil, que, sabe-se, era muito hostil à Revolução. O marechal de Broglie é nomeado para o ministério da Guerra. A demissão de Necker, entretanto, só vai ser conhecida no dia 12. O povo o ama e os financistas temem a bancarrota. A Bolsa é fechada, assim como as salas de espetáculos: há reuniões em toda parte. No Palais-Royal, Camille Desmoulins toma a palavra. Nos jardins das Tulherias acontece o primeiro confronto revolucionário entre a multidão de manifestantes e a guarda real do príncipe Lambesq. Soam os alarmes; as lojas de armamentos são saqueadas. Na noite do dia 12, os eleitores do Terceiro Estado, reunidos no Hôtel-de-Ville, decidem a criação de um comitê permanente: "Será solicitado a cada distrito formar um estado nominativo de duzentos cidadãos conhecidos e em condições de portar armas." Forma-se assim uma "milícia parisiense", encarregada de zelar pela segurança pública.

AS DUAS SÃO UMA SÓ[7]

Um jovem da província, malcasado, veio a Paris, onde se estabeleceu. Uma tarde, ao sair da rua de l'Échelle e entrar na Traversière-Saint-Honoré, avistou, em uma loja de roupas de seda, duas irmãs, das quais a mais velha, que teria no máximo quinze anos, era a mais bela pessoa que já se viu. A caçula era uma criança bonita; parecia ter uns dez anos; seu riso era gracioso e ingênuo; seu rosto arredondado era do tipo que conserva a juventude por mais tempo.

Em 1784, dezoito anos depois, ao passar da rua Saint-Honoré para a rua des Poulies, Maribert avistou uma mulher bem-feita, tentadora, que levava algumas provisões num guardanapo. Ficou tocado por sua graça. Passou à sua frente e reconheceu Sophie, a jovem irmã da bela Julie, que ele havia adorado, e que o casamento, mais do que o pouco dinheiro que ela possuía, o forçara a se afastar... Sophie estava com os olhos vermelhos... Sua aparência, embora apresentável, revelava necessidade... Maribert seguiu-a sem ser visto até sua escada; ela abriu a porta de um apartamento vazio, no terceiro andar, jogou-se numa poltrona (outras cinco, uma cama e uma mesa pequena constituíam toda a sua mobília) e pôs-se a chorar:

"Foi-se o último dinheiro que eu tinha... Preciso vender o resto desses móveis... necessários!", disse ela em voz alta, suspirando... O antigo amante de Julie voltou à loja, onde pediu informações: soube que a senhorita Sophie Bellièvre era viúva havia seis meses; que, brigada com sua família, por causa do marido, não ousava recorrer a eles... Foi o suficiente para Maribert.

Seus trabalhos lhe haviam proporcionado dez mil libras de renda.

---

7. Um dos encantos dessas *Nuits* revolucionárias consiste na destreza com que La Bretonne intercala, dentro da crônica política, o dia a dia de pequenos romances extremamente vivos, tanto pela habilidade de situar as personagens como pela técnica da narração. Assim, não seria a narração histórica apenas uma forma de conferir unidade ao livro? Não, pois sua observação dos fatos da Revolução Francesa não deixa de apresentar um interesse intrínseco: a descrição que faz dos acontecimentos cotidianos da época da Revolução contribui para completar o quadro que se tem desse evento tão marcante e tão complexo. [N.T.]

Provira a megera de sua esposa e a família com uma pensão: restava-lhe o suficiente para fazer o que lhe aprouvesse, e ele estava excessivamente emocionado... O quê! Essa bela moça! Irmã de sua musa... Está na miséria!... Ele voltou na noite seguinte. Sophie saiu de novo. Ele a viu comprar pão... Na volta, abordou-a.

"Senhora", disse-lhe ele, "perdoais a um homem, inspirado pelo mais profundo respeito, de vos dirigir a palavra para solicitar um momento de vossa atenção, em vossa casa?" "Senhor, não vos conheço." "Ignoro igualmente vosso nome, senhora", replicou Maribert; "mas não posso me afastar de vós... Um inexprimível sentimento de interesse me prende, de alguns dias para cá, aos vossos passos... Não me façais sofrer a dor, não merecida, de uma recusa, que me desesperaria! Não me inspirais amor, mas a dedicação de um irmão... Dignai-vos me ouvir, depois me julgais."

Sophie teve um pouco de dificuldade em se decidir: por fim, consentiu que o desconhecido subisse com ela, mas tomou a precaução de se fazer acompanhar de uma balconista da loja.

Uma vez na casa da jovem, Maribert expressou-se da maneira mais respeitosa. Ofereceu dividir sua fortuna com Sophie, como um irmão, só lhe pedindo em troca que jantasse com ele e que pudesse acompanhá-la em seus passeios. A vendedora estava surpresa com os escrúpulos de Sophie, que, naquele dia, falara em vender todos os móveis e mudar-se para um quartinho. Repreendeu-a e ameaçou buscar sua patroa... o que fez em seguida.

Maribert explicou seus propósitos à comerciante com tanta sinceridade que esta, a quem Sophie já devia alguma coisa, ordenou-lhe com autoridade que escutasse o cavalheiro. Sophie cedeu, por medo. A mulher desceu. Maribert, sozinho, foi ainda mais respeitoso. Pagou a Sophie a primeira semana e saiu para buscar alguma comida, pois a moça parecia faminta. Voltou do restaurante acompanhado de um garçom que trazia uma sopa de arroz e uma galinha gorda... Comeram a metade. Sophie disse que o resto ficaria para a noite seguinte.

Às onze horas, Maribert se foi.

"O senhor pode pagar o apartamento dela?", perguntou-lhe a

proprietária. "Sim, senhora", respondeu Maribert. "Custa quatrocentos francos, e ela me deve duzentos." "Eis o dinheiro. O recibo, por favor." Enquanto o marido escrevia, a mulher dizia a Maribert: "Não deveis dar atenção a seus escrúpulos! Ajudai-a, mesmo que ela não queira! Ela precisa!... Isso é sensato: não vê ninguém; trabalha e chora desde que seu marido morreu... Ela ainda está muito bem!" "Senhora", respondeu Maribert, "não me inciteis a amá-la: meu coração está ligado a ela para sempre. Só serei feliz ao seu lado, vendo-a consolada, contente; mas é como irmã que a amo." "Ha! Ha! Ha! talvez o seja! Quem sabe?... As mulheres, às vezes, fazem cada coisa! Os homens... Diabo! Em Paris, não se pode ter certeza de nada!..." O recibo assinado pelo marido pôs fim à conversa.

No dia seguinte, à uma hora, Maribert apareceu. Sophie preparara o jantar. Ela estava quase pronta: tinha um gosto refinado!... Recebeu seu benfeitor sorrindo.

Beijou-lhe a mão. Eles almoçaram. A conversa não passou de uma troca de gentilezas... Sophie sentiu-se segura. Ao sair, Maribert lhe entregou o recibo e pediu-lhe que conservasse o apartamento.

Sophie estava conquistada! Podia gastar apenas a metade da quantia que ele lhe dava e usar o resto para si! Maribert voltou ao entardecer, e assim todos os dias, durante oito meses, sem mudar de conduta.

Nessa época, Maribert faltou um dia ao jantar. Sophie ficou terrivelmente inquieta! Ela estava enfeitada, encantadora, mesmo feliz... À noite, seu amigo (pois ela começava a chamá-lo por esse nome) apareceu mais cedo do que de costume. Sophie, que sofrera com sua ausência, correu ao encontro dele e quase se jogou em seus braços...

"Não viestes, meu bom amigo?" "Um assunto inadiável... Ah! como o tempo me pareceu longo!" "E a mim, cruel!...." "Compensareis meus infortúnios esta noite?"

Comeram. Conversaram. Soou meia-noite. "Ah! Céus! Meia-noite!... Tenho que ir!" "Oh! tão tarde!" "Minha vida me é duplamente cara." "Se um acidente..." "Possível, nas atuais circunstâncias..." "Possível!... Não saireis!" "Se tivésseis duas camas?..." "Sim, tenho duas."

"Ah! então fico!" Ele ficou. Deitaram-se tranquilamente, dormiram sem perturbações, e, na manhã seguinte, sem acordar Sophie, Maribert foi cuidar de seus negócios.

Ela esperara fazer a primeira refeição com ele. Levantou-se cedo, sem ousar olhar para a cama em que devia estar. Ainda o supunha lá quando o café ficou pronto. Foi, por fim, chamá-lo... Ninguém! Sentiu-se magoada... Não quis comer nada. Naquele momento, Maribert apareceu.

"Não fiz barulho", disse-lhe ele; "fostes deitar tão tarde!... Mas voltei para vos dizer bom-dia: passava por aqui, cuidando de um negócio." "Ah! como fico feliz em ter preparado o café!", respondeu Sophie.

Talvez nunca tenha havido uma refeição tão agradável!... Sophie disse a Maribert que o amava, sem se apressar, com ingenuidade, naturalmente. A essa confissão inesperada, Maribert cai de joelhos aos pés de Sophie e diz que a adora. "Sois sincero?..." "Oh! sim, a prova precedeu a confissão!" "Mas sereis constante?" "Eu o provei melhor ainda!", respondeu o amante. "Há vinte anos que sinto isso!..." "Há vinte anos?" "Sim, minha Sophie... lembrai-vos das cartas escritas a vossa irmã mais velha por um desconhecido, que os vendedores das lojas detiveram uma noite, no momento em que ele acabava de enviar a última?" "Sim! Sim!... Mas qual a relação?..." "O apaixonado por vossa irmã era eu. Ela era bela; eu a vi; adorei-a contra minha própria vontade. Estáveis ao lado dela, com esse encantador ar de juventude e de alegria que ainda conservais. Tínheis dez anos; vossa irmã, quinze; era a ela que eu amava. Mas como vos achava bela!... Eu não sabia a quem dizer que adorava Julie! Escrevi sem propósito definido. Porém, quando terminei e vi aquele papel através do qual falara com ela, convosco — pois eu falava às duas — , ele se tornou sagrado para mim; eu o considerava como pertencendo não a mim, mas a ela, e tornei-me apenas o emissário... Levei-o com respeito: eu o coloquei habilidosamente a vossa frente. Fostes vós, minha Sophie, que o vistes e o mostrastes a vossa irmã... Ainda me lembro como... Ainda vos vejo apontando-o com esse ar fino que vos é tão natural...

Apanharam-no e foram mostrá-lo a vossa mãe. Eu a via ler, e vós a prestar atenção. Talvez tenha sido o momento mais delicioso de minha vida... Eu adorava a bela Julie; eu vos amava por vossa beleza e por ser sua irmã: vós ouvíeis meus pensamentos; eu falava a ambas... Fui um deus durante alguns minutos... As portas se fecharam, não vi mais nada e voltei a ser um infeliz mortal! Sabei, minha gentil Sophie, que escrevi muitas cartas. Com certeza recordais a catástrofe: eu era casado. Não ousei mais aparecer. Vossa irmã se estabeleceu em Versalhes; não a vi mais. Ficastes em Paris, e avistei-vos algumas vezes, especialmente um dia nas Tulherias, com vosso marido... Mas eu fugia de vosso olhar; escondido atrás do castanheiro oco, joguei em vossa direção uma falsa laranja, dentro da qual estava a última carta não enviada que escrevi para Julie."

"Eu a apanhei... Lembro-me disso!"

"Não foi um momento agradável! Vosso marido rasgou a carta."

"E eu guardei a falsa laranja... Eis aí."

"É isso... Aproveitei um grupo, atrás do qual me escondi, para me afastar... A partir do momento em que deixei de ver Julie, não a esqueci, mas me acostumei a confundir-vos com ela. Só me recordava dela convosco, e de vós com ela: *as duas são uma só*, eu pensava, a caçula me lembra a mais velha e as deliciosas sensações que ela me fez experimentar... Perdi-vos completamente de vista por alguns anos. Finalmente, uma tarde... na rua Saint-Honoré, perto daqui, avistei-vos entre dois homens, um dos quais estava enfermo.

Estremeci, como se fôsseis a própria Julie: éreis igualmente cara para mim; eu o senti... Soube onde moráveis. Parecestes-me em apuros... Voltei aqui quase todas as tardes, mas raras vezes tive a felicidade de avistar-vos... Uma tarde, eu vos vi passar sozinha, em prantos. Informei-me com vossos vizinhos... Acabáveis de perder o marido. Fiquei tentado a me apresentar... Não ousei... Somente na terceira vez falei convosco.

Meu coração sentiu a mais deliciosa ternura à primeira palavra que me dirigistes. Senti por vós a afeição de um irmão pela irmã querida, adorada... Se me tivésseis repelido, eu jamais encontraria consolo...

Conheceis o resto, minha Sophie... Vossa irmã foi a origem de meu afeto, mas vós o fortalecestes, o tornastes delicioso."

Sophie não o interrompera. Assim que ele parou de falar, ela se jogou em seus braços, desmanchando-se em lágrimas: "Que época feliz me lembras!", disse essa amável mulher, tratando-o pela primeira vez com mais intimidade! "Sim, tal ligação deve ser eterna! Conto com tua dedicação, e podes contar com a minha..."

"Ah! Minha Sophie! que favor precioso me concedeis nesse momento, tratando-me por tu!... Mas não me dirigirei a vós dessa maneira."

"Ficarei bem sentida!... Uma filha querida trata seu pai por tu... e este, no entanto, não o faz de propósito."

"Sophie, tenho por vós, no fundo do coração, todos os sentimentos... que fazem amar..."

Assim decorreu o almoço. Maribert, que tinha todos os dias bastante ocupados, saiu.

Uma vez sozinha, a amável irmã da bela Julie lembrou-se de que fazia dois anos que não via a irmã mais velha. O marido de Sophie procedera mal com Julie, e proibira Sophie de vê-la. As relações esfriaram. Ofendida com a irmã, Julie demonstrou seus sentimentos. A sensível Sophie acreditou-se abandonada... e, numa desgraça total, no momento em que ia vender o resto de seus móveis, não ousara recorrer à irmã. Maribert se apresentara... Ele foi um deus benfazejo, que a salvava de coisa pior que a miséria... da vergonha... Mas, com o que acabara de saber, o que renovava sua ternura pela irmã, então em Paris, Sophie julgou-se forte o suficiente para procurá-la e agradecer-lhe por tudo o que Maribert fizera por ela. Sophie se enfeitou. Sempre fora muito asseada; procurou ficar elegante; ainda não fizera trinta anos, e seu tipo não demonstrava mais do que vinte e dois. A alegria brilhava em seu olhar; ela estava amando e era amada por um homem respeitável; acabava de encontrar um pai... Sophie parte, de coche.

É anunciada para a irmã. Julie estava com três senhoras de suas relações, que vieram lhe contar que Sophie estava mergulhada na mais profunda miséria, que ela se empregara como criada e que se escondia de todos. Acrescentavam, naquele exato momento, que ela estava feia, desfigurada, irreconhecível... Julie chorava. Sophie aparece. Corre até a irmã, que a recebe em seus braços e não se cansa de acariciá-la. As senhoras, confusas, não sabem o que dizer. "Oh, minha querida Julie!", exclamou por fim Sophie, enternecida; "sou a mais feliz das criaturas, e devo isso a ti!" "A mim, minha irmã!" "A ti, somente a ti." "A mim! Eh! minha amiga! Devem ter te enganado!" "Não, não! O ser que me fez feliz jamais engana." "Quem é esse ser?" "Eu te direi em particular, com a permissão destas senhoras." Ela entrou em uma salinha com Julie.

Ali, Sophie contou toda sua história à irmã mais velha. Enfatizou o relato que acabara de lhe fazer o antigo adorador de Julie. Esta bela dama ficou admirada! Obrigou a irmã a repetir dez vezes a mesma coisa. Insistiu principalmente no que se referia à conduta de Maribert, mais de irmão do que de amante. Convencida, pelos detalhes fornecidos por Sophie, da constância de Maribert, Julie disse à irmã caçula:

"É sem dúvida o mais belo exemplo de dedicação que já existiu! Sem nunca ter tido alguma esperança; sem que eu jamais tenha falado com ele, adorar-me em minha irmã!... Ah! como desejo vê-lo, esse homem generoso e estimável, ao qual devo teu bem-estar!... Pois eu te conheço; com o coração bom como o teu, acreditando-se desprezada, não terias recorrido a tua irmã. Foste injusta! Mas não te recrimino; eu teria feito o mesmo..."

"Minha irmã", respondeu Sophie, "ele janta comigo: queres vir também?" Julie observou que estava com a visita das três senhoras e rogou à irmã que viesse com o senhor Maribert a sua casa. "É um favor que te devo", respondeu Sophie. "Somente negócios indispensáveis me poderiam impedir de trazê-lo." Partiu logo depois, deixando as senhoras muito surpresas!

"Mas ela está mais jovem!", disseram. "Nunca esteve tão bem!" "É que ela está feliz!", respondeu Julie. "Mas ela diz que vos deve a felicidade?" "Sim, porém de modo indireto: o bom partido que se interessa por ela é o primeiro homem que me notou; Sophie tinha então apenas dez anos. Ele teve a oportunidade de vê-la nos últimos dias de vida de seu marido." "Ah! Mas então ela nunca foi..." "Não creio... Quando meu cunhado deu o último suspiro, o senhor Maribert ofereceu à minha irmã a amizade de um irmão, a ternura de um pai, a mão de um marido... Ela quis conhecê-lo. Surpresa com a força de sua dedicação, pediu-lhe alguns esclarecimentos. E hoje de manhã ele se revelou como o primeiro homem que me amou. Disse que em dezoito anos nunca deixou de me amar, mesmo sabendo de meu casamento. 'Mas em meu coração as duas irmãs são uma só', ele acrescentou, 'e serei tão feliz com esta, que é livre, quanto com aquela que primeiro inspirou meu coração!' É impossível imaginar a que ponto minha irmã é amada!... Mas podereis julgar por vós: espero que o tenhamos para o jantar. É por esse motivo que minha irmã foi embora tão depressa; ela o trará aqui, se negócios indispensáveis não impedirem o senhor Maribert de vir."

As senhoras ficaram encantadas em satisfazer uma ávida curiosidade! Pois é um prazer ser a primeira a saber das notícias, saber com certeza, e espalhá-las sem medo de ser desmentida... Conversaram bastante sobre Sophie e sobre os boatos (muito bem fundados!) que corriam a seu respeito.

Por volta de duas horas apareceram duas outras senhoras, que eram esperadas com seus maridos e as filhas, de catorze e quinze anos. Logo lhes anunciaram que esperavam Sophie e seu prometido. "Ah! Sophie!", disse uma das recém-chegadas, de uns quarenta anos de idade. "Nós a vimos na miséria, minha filha e eu!... Não é, Angélica?" "Sim, mamãe: ela estava com uma cesta e entrou na padaria... Ela olhou para nós... ah! com uma expressão... de dor, como se estivesse pedindo esmola!... Fiquei sensibilizada... Ia até onde ela estava... mas mamãe me reteve." "É claro, minha filha! Tu a terias humilhado." (Percebe-se que Julie não estava presente; estava dando suas ordens.) "Eu", disse a outra senhora, "cá entre nós... ouvi falar muito mal... de Sophie!... Chegaram a me dizer... que ela andava... bem... no Palais-Royal, ou nas Tulherias." "Ah! que horror", exclamou uma das outras três damas... Nesse instante Sophie foi anunciada.

Julie acabara de voltar à sala. Correu ao encontro da irmã, que trazia o senhor Maribert. Julie o reconheceu de imediato. Ficou perturbada. Maribert estava ainda mais comovido... Não conseguiu pronunciar uma só palavra. No entanto, beijou-lhe as duas mãos... Julie enrubesceu e apresentou-o às senhoras, que ele cumprimentou, desconcertado. Retomou um ar sério com os homens e perguntou pelo senhor Glancé, marido de Julie. Foram suas primeiras palavras. "Ele não chegou, senhor", respondeu Julie.

Quanto a Sophie, que estava encantadora, as mulheres cumprimentavam-na, ou recebiam seus cumprimentos de modo forçado. Observavam o senhor Maribert, que parecia um pai carinhoso para com Sophie e um súdito diante de sua soberana, em relação a Julie. A conversa de Sophie era bem-educada, afetuosa, espirituosa... Chega o senhor Glancé. Sua mulher fora avisá-lo. Ele estava extremamente curioso para ver o senhor Maribert. Este, assim que soube quem ele era, correu para abraçá-lo e segurou-o pelo braço. "Uma bela acolhida, para um antigo rival!", disse Glancé, rindo. "Ah!", exclamou Maribert, "tudo que está ligado a ela tem direito sagrado ao meu respeito, à minha afeição..." Dito isto, foi beijar a mão de Sophie, que olhou para ele com uma ternura inexprimível... Sentaram-se à mesa. Falaram sobre as últimas notícias. Servida a sobremesa, puseram-se a olhar para Sophie.

"Meu Deus, senhora, onde estivestes nos últimos dois anos?", disse a senhora mexeriqueira. "Eis a testemunha de minha conduta", respondeu Sophie apontando o senhor Maribert, "esse digno, respeitável amigo, viu-me todos os dias... Não é a mim que devo tal dedicação desinteressada: é a uma outra mulher, que ele adora, venera, há dezoito anos, como a uma divindade... Tenho a felicidade de estar ligada a essa mulher adorada em segredo, e os sentimentos que se nutrem por ela me renderam a mais forte afeição, da parte do coração mais honesto, mais puro".

"Explique-nos isto, senhor, já que tudo lhe é atribuído", retomou a dama.

"Com prazer, madame..." Maribert narrou então como ele amara Julie, repetindo o que dissera de manhã a Sophie. Acrescentou:

"Quando o respeitável pai de Julie e de Sophie encontrou-me em sua casa, depois que os rapazes me detiveram, ele me perguntou, com um ar severo, por que ousava eu tentar desenvolver no coração de sua filha mais velha um sentimento que poderia torná-la infeliz, ou, pelo menos, perturbar sua tranquilidade... Confessei-me culpado do crime, pois era realmente culpado: eu era casado... Os senhores veem que eu não podia aproveitar a proposta que ele me fez, de receber minhas visitas... Retirei-me, confuso. Não ousei mais, a não ser de passagem, satisfazer minha sede ardente de ver Julie... Depois de alguns anos, não a vi mais. Vi Sophie... Sophie foi o consolo de um coração desesperado... Identifiquei-a com sua irmã... As duas passaram a ser uma só para mim... Anos depois... Não esperava mais ter a felicidade... quando, seis anos mais tarde... avistei-a, com o marido. Soube onde moravam... Aquela casa se tornou para mim o centro do universo; tudo se relacionava com ela... Voltei a ver Sophie. Eu a esperava todos os dias, escondido, para vê-la passar. Soube de seu infortúnio no mesmo dia. Ouvi então duas damas, mãe e filha, falarem dela, e retive as seguintes palavras: *ela está brigada com a irmã*. 'Ela não está, eu juro!' disse a mim mesmo; 'pois eu vou lhe servir de pai, mãe, irmão e... se possível, de irmã... Serei Julie para ela!... Amável criança! Pois eu sempre verei Sophie na idade em que, com seu lindo dedo, apontava minhas cartas à irmã... Amável criança! Eu vos darei provas de tanta afeição e tanta ternura que confiareis em mim!' Abordei-a. Fui respeitoso, cortês... Meu coração falava por mim, e o coração sempre convence... Superei todos os obstáculos que a modéstia, o comedimento, a decência colocavam para mim; no entanto, foi pela honestidade que os superei... Só desejava entrar se a permissão me fosse concedida de bom grado: seguro de meus sentimentos, estava certo de que, embora quase desconhecido, obteria a confiança, a estima, já que as merecia... Ah! como amei Sophie!... Para se ter uma ideia, seria preciso compreender como eu adorava Julie!... Por fim, conheci a felicidade! Tive uma amostra do que teria sentido se a sorte me houvesse permitido obter aquela a quem eu amava mais do que à própria vida... Perdão, feliz esposo de Julie, se me exprimo à sua frente com essa liberdade!... Mas eu amei, adorei Julie antes que vós a conhecêsseis... Fui o primeiro a me apaixonar por ela, mal ela deixara a infância... Nunca lhe dirigi a palavra, a não ser hoje, em vossa honrada presença... Tenho ainda mais a dizer para me desculpar junto a vós: sim, cavalheiro, eu a adoro; sim, em meu peito ainda arde por ela a mais violenta paixão... Vós todos a vedes tal como ela é agora... Eu, eu a vejo aos quinze anos, ao lado da irmã... A fisionomia é a mesma, hoje está velada. É a Julie adolescente... e não a senhora Glancé que vejo... No entanto, que esse amor não se alarme! Identificada com Sophie... com Sophie, a quem meu coração se dedicou, cujas qualidades, virtudes, reforçaram o prestígio da irmã que não conheci, é somente por ela que Julie receberá as marcas de meu amor... Parece-me impossível, perscrutando meu coração, dizer qual das duas irmãs eu amo mais, elas são iguais: mas, não fosse Julie, eu não teria amado Sophie; não a teria conhecido... E sem a interessante Sophie, como teria tido a felicidade de aparecer diante de Julie, de falar com ela?... Irmãs incomparáveis! Uma das duas é livre: eu posso amá-la e dizer-lhe isso. Somente essa liberdade marcará a diferença na expressão de meus sentimentos, que, no fundo, serão os mesmos por ambas. Não vos ocultarei que as duas exercem poder absoluto sobre mim... Disse tudo o que tinha na alma!"

Aplaudiram-no efusivamente: o marido de Julie abraçou o amante de Sophie, chamando-o irmão. As senhoras que falavam mal de Sophie se retrataram e tiveram a prudência, admitindo que estavam erradas em repetir boatos maldosos, de ensinar a lição a suas filhas. "Oh! Mamãe", respondeu a filha da mulher mexeriqueira, "nunca acreditei numa só palavra de tudo isso!... Logo compreendi que o que afirmáveis vos fora contado como dúvida." "Sim", disse o pai, "é assim que se gera a calúnia. A primeira mulher conjectura; a segunda assegura; a terceira dá como certo, e indica as duas primeiras como testemunhas."

Desde a visita a Julie, Sophie e Maribert são ainda mais felizes. Conta-se que Glancé quis pôr sua mulher à prova, arranjando-lhe com habilidade um encontro a sós com Maribert. O que se passou, porém, deve tê-lo convencido da honestidade de ambos, pois ele os ama mais do que antes: o amor por sua mulher, antes adormecido, despertou: ele a ama do mesmo modo que a amaria Maribert.

Quanto a este, viúvo há poucos dias, pediu cerimoniosamente a mão de Sophie e vai desposá-la. A cada dia que passa, ele se convence mais, vendo Julie e Sophie, de que, pelo mérito, pelas graças e pelo amor, *as duas são uma só.*

SEGUNDA NOITE

12 de julho

Saímos às seis da tarde e seguimos em direção à ponte Neuf... Na frente do Louvre, vimos a multidão espavorida!... Informamo-nos. "Necker foi demitido...⁸ Foulon vai substituí-lo!... As tropas... as tropas avançam!... O príncipe Lambesq...", só nos respondem isso.

Nesse momento, uma moça alta, vestida como uma ninfa, e pareci-

---

8. V. nota 11. La Bretonne traduz aqui admiravelmente os movimentos da multidão e o pânico coletivo. Necker é muito popular; o Terceiro Estado vê nele um apoio. Uma carta de Mme de Staël, de 18 de junho de 1789, evoca bem o estado de espírito nos dias que precedem a demissão de Necker: "A doçura hipócrita do clero, a ignorância obstinada da nobreza, a cólera cega do Terceiro Estado dão um triste espetáculo. Nunca antes a nação foi colocada entre tantos males e tantos bens: de um lado, a fome, a bancarrota e a guerra civil; de outro, a paz, a liberdade e o poder. E, entretanto, sua escolha é incerta, ou antes, ela quer o resultado sem consentir os meios, sem se decidir a renunciar a seus sistemas e interesses particulares. É deplorável. Tudo o que rodeia a rainha e o rei é para a nobreza. Somente o ministério apoia o Terceiro Estado, censurando, não obstante, seus excessos." Fora Necker que obtivera do rei a duplicação do Terceiro Estado. Os *Cahiers de doléances* (cadernos de reclamações) já lhe haviam sido muito favoráveis, assim como o de Vittel: "Que os deputados nos Estados Gerais sejam especialmente encarregados de garantir o senhor Necker, este ministro, o mais esclarecido e o mais digno do melhor dos reis; que a nação tenha os olhos sobre ele, que ele tenha toda sua estima e sua confiança." Era comum encontrar-se nas fazendas o retrato de Necker. Necker é demitido pela terceira vez, e com ordem de deixar a França imediatamente e em segredo. Parte então para a Suíça, em companhia de seu genro, M. de Staël. Passa por Bruxelas, onde sua mulher e a filha Germaine reúnem-se a ele.

da com uma delas, emerge da rua de l'Arbre-Sec e indaga: "Onde vão afinal esses homens?" Respondem-lhe: "Fogem com suas mulheres." "Covardes!", ela grita, apanhando um fujão pelo colarinho; "deixa ir tua mulher e volta!" O rapaz sorri. "É minha irmã", responde. "Deixa-me levá-la, voltarei armado..." Um outro rapaz, que me pareceu o amante da ninfa, pegou-a pela mão — fez o papel da mulher — e levou-a embora. A bela moça, contudo, voltava o rosto para trás e, vendo que os homens continuavam a fugir, batia indignada os pés no chão.

Quem fazia o parisiense fugir espavorido?

Convidado por um belo céu, o laborioso habitante da cidade, aproveitando o dia de repouso, fora respirar ar puro nos jardins desenhados por Le Nôtre: para aliviar sua bonita companheira, o parisiense bonachão carrega a criança — ele é mais forte; a reflexão o conduz à natureza, parecendo afastá-lo dela. Ao chegar às fontes sombreadas, o esposo e a companheira sentam-se no gramado para descansar, enquanto a criança que veio com eles corre em direção a outras crianças, que brincam. Ela se diverte e faz sua mãe sorrir.

Enquanto isso, no terraço que dá para o rio, alguns estouvados provocam os soldados, ali reunidos inutilmente. Uma pedra, pelo que se diz, atinge o capacete de Lambesq.[9] Indignado, esse comandante estremece de raiva. Deixa-se levar por conselhos temerários; entra a cavalo no jardim des Rois... Refúgio sagrado, destinado aos *Jogos,* aos *Risos,* aos *Amores,* e onde Marte só deve estar presente como estátua... Ele avança, o sabre desembainhado... Erguem-se gritos agudos, seguidos dos gritos das jovens mães. Todos se levantam, apanham suas crianças: não são mais os pais que as carregam. As mães, desesperadas, as creem mais seguras nos braços maternos! As crianças choram por serem arrancadas de suas brincadeiras inocentes: as esposas chamam os maridos para escoltá-las. Todos fogem: as mulheres, por medo; os maridos, para se livrarem de suas famílias...

---

9. O relato de Michelet é quase igual ao de La Bretonne nesse ponto. Contudo, segundo Michelet, foi Besenval quem deu a ordem de lançar os dragões da cavalaria contra a multidão, em geral constituída de "pessoas inofensivas" (Michelet, Jules. *Histoire de la Révolution Française.* Paris, Gallimard, 1952. v. I, liv. I, cap. VI, p. 137). [N.T.]

Lambesq, todavia, logo sente que cometeu uma imprudência. Quer retornar. Um velho temerário ousa fechar-lhe a passagem e grita: "Retirem a ponte móvel!". Esse infeliz cai sob os golpes de Lambesq... Ação fatal!... Mas ele não podia entrar a cavalo no jardim; é um crime do qual Lambesq não pode se livrar.

Soube de tudo isso pela ninfa corajosa... Eu estava a caminho do Palais-Royal, onde, desde 7 de junho, se reuniam numerosas assembleias; onde se faziam essas moções, fonte primitiva dos distritos ou da municipalidade... Lá só encontrei homens grosseiros, olhos flamejantes, que se preparavam mais para a pilhagem do que para a liberdade... Fugi!

Corro às Tulherias. Era um vasto deserto! Esses jardins risonhos pareciam tão tristes que me fizeram exclamar involuntariamente: "Ó Reis! Sem súditos, que majestade sois vós!" Pensei em seguida nas ideias pueris dos aristocratas que dificultam a existência do povo, e eu os vi como loucos que se cansam de ser demasiado felizes. Tudo pertence à nação, tudo é para a nação!, pensava eu, e o desmiolado que aumenta os tormentos da humanidade é um criminoso de lesa-pátria, mais culpado do que Lambesq...

A noite caiu enquanto eu caminhava a esmo. Retornei à cidade: fui ao palácio de Orléans.

Grupos tumultuados contavam uns aos outros, com furor, o que se passara durante o dia. Ameaçavam! Punham cabeças a prêmio!... Quanto a mim, eu tremia! Via uma nuvem de desgraças se formar sobre essa capital desventurada, outrora a mais voluptuosa das cidades do universo, a mais livre, a mais agradável e, portanto, a mais feliz... Ó Londres! A despeito de teu orgulho, desafio-te a te comparares a Paris! Mesmo dominada pelos Saint-Florentin, os Sartine e os Lenoir, ela era mais livre para o homem honesto do que essa Londres enfumaçada, onde o bandido vos despoja de tudo em nome da liberdade, que se opõe à polícia!... Durante 25 anos vivi em Paris mais livre do que o ar! Duas condições bastavam a todos os homens para serem nela tão livres quanto eu: a probidade e não fazer brochuras contra os ministros. Tudo o mais era permitido, e nunca minha liberdade foi importunada. Foi somente depois da Revolução que um celerado chegou a me deter duas vezes...

Às onze da noite, saturado de ver e escutar, saí do Palais--Royal... Mas que barulho assustador! Gritos furiosos vinham de todas as partes. Vejo a rua des Petits-Champs repleta de malfeitores armados. Pondo minha vida em risco, quero vê-los de perto. Passo entre espadas e bastões: lutavam entre si ou fingiam fazê-lo... Eu olhava de soslaio. O banditismo se revelava nos olhos faiscantes desses miseráveis.

No início da rua des Vieux-Augustins, quase fui morto por um tiro de pistola... Alcanço as Halles. Era a imagem do inferno. "Ó minha pátria! (pois a cidade onde nos estabelecemos, onde somos maridos e pais, é nossa pátria!) Ó minha pátria! Vais perecer por causa desses filhos bastardos, que vão assassinar teus filhos legítimos."

Escapo, enfrentando múltiplos perigos, e chego à rua des Prouvaires à meia-noite. Lá, alguém me apanha pelo colarinho. "É um abade!" "Não, meus amigos! Sou pai e avô." "Ele é muito velho!", diz um outro. O brutamontes que me agarrara jogou-me na lama, onde caí sentado, e me deixou em liberdade.

Chego à rua du Roule, ou de l'Ancienne-Monnaie, onde se forçava a porta de um armeiro. Uma tropa da guarda francesa se aproximava, tocando tambor, bandeiras desfraldadas: arrasta com ela os assaltantes. Eu estava na esquina da rua Betisi: um rapaz se detém, segurando pela mão sua jovem e encantadora esposa. Ele é agarrado pelos que marcham e forçado a deixá-la. A jovem senhora quer retê-lo; ela grita! Um grosseirão a afasta com um soco, acompanhado da expressão mais rude (*Zella ertuof nu titep pouc!*[10]). Ela desmaia! Segurei-a nos braços, e esse momento me compensou de tudo o que eu passara na noite... Reanimei-a com ajuda do frasco de sais que ela levava. "Tranquilizai-vos", disse-lhe eu, "vosso marido aproveitará a primeira viela para escapar e voltará para vós... Não temais por ele!

---

10. Tradução aproximada: "Isso não é da tua conta!" [N.T.]

Pareceu caminhar de boa vontade... Se ele demorar muito, eu vos levarei a vossa casa... Considerai-me como um pai... Tenho uma filha da vossa idade." "Ah! o senhor é pai!... Confio em vós! Levai-me até o meu..." Era um comerciante de sedas, que habitava perto de Piliers des Halles. Pusemo-nos a caminho.

Defronte à rua Tirechape, encontramos alguém que fugia com a agilidade de um cervo, perseguido por dois mal-encarados, armados com espetos de ferro. "É meu marido!", exclamou a jovem senhora. Sem responder, só me preocupava em pô-la a salvo. "Acudam! Acudam!", gritei com todas as forças. Os dois perseguidores se detiveram e vieram em nossa direção. Era o que eu desejava. Roguei-lhes que me ajudassem a levar minha filha até a casa. Eles concordaram... Fizeram uma liteira com os espetos e dois casacos; nela sentaram a moça e a carregaram. O jovem marido nos avistara. Vendo-se livre da perseguição, seu temor se dissipou; ele voltou atrás, seguiu-nos e entrou conosco na casa de seu sogro. Vê-lo fez sua esposa reanimar-se... Deixei-os, para regressar a casa. Fui ainda detido por bandidos no início da ponte de Notre--Dame: meu ar inofensivo desarmou-os, e consegui chegar a casa, onde tranquilizei minha família.

Esse é apenas um esboço da primeira noite da Revolução. Conto somente o que vi.

AS TRÊS SÃO UMA SÓ

A seguir, uma aventura que me foi contada na mesma noite:

Em uma casa da rua de la Bûcherie havia três moças igualmente amáveis: Amasie, a mais velha, era alta, de porte majestoso e uma beleza grega; Amable, a segunda, era morena; tinha feições francesas, arredondadas, era branca como a flor-de-lis, riso tímido, boca pequena e olhos muito grandes; Aimée, a terceira, era bonita, viva, brincalhona, ainda que suas feições fossem inglesas e os cabelos muito loiros.

Um rapaz muito rico, senhor de si, a alma sensível demais, e que só podia ser feliz através do amor, viu Amasie em Notre-Dame, no dia 14 de fevereiro, dez anos antes do dia do grande *Te Deum* nacional, e ficou perdidamente apaixonado. Seguiu a moça, decidido a pedi-la em casamento já no dia seguinte.

Na noite do mesmo dia, ao voltar para casa, situada no cais Saint-Bernard, encontrou uma senhora de idade, à qual uma vez prestara um favor, protegendo-a dos insultos grosseiros de dois bêbados que saíam da praça aux Veaux. Acompanhou-a. Ela morava na mesma casa da moça: o senhor Bernardin ficou encantado! Manifestou grande contentamento por ter sido útil à senhora, que, lisonjeada com sua polidez, convidou-o a entrar. A esperança de ver sua bela o fez aceitar.

Assim que entraram, Amable correu ao encontro da mãe. Bernardin ficou maravilhado ao ver criatura tão bela; balbuciou alguns elogios. Um instante depois, Aimée, que estava em seu quarto, desceu e veio, brincalhona, acariciar sua mãe. Bernardin não sabia mais o que pensar, pois esta última lhe parecia ainda mais amável. Por fim, Amasie, que acabara de se pôr à vontade, entrou na sala. Bernardin, surpreso, maravilhado de se encontrar com a mãe das três moças mais lindas que ele já vira, permanecia imóvel. A senhora convidou-o a ficar para o jantar... Ele aceitou, demonstrando a mais viva alegria. Isso pareceu tão extraordinário que lhe perguntaram quem era ele. Suas respostas satisfizeram: o senhor Bernardin era conhecido, estimado. Ficaram encantadas de lhe dever algo: a noitada foi deliciosa e prolongada.

No dia seguinte, o rapaz voltou à casa do senhor e da senhora Dupré para propor-lhes ser seu pensionista. Eles aceitaram com alegria, e o moço se instalou no mesmo dia. Discutiu-se, no entanto, sobre o preço: mas foi para impedi-lo de pagar demais.

Bernardin admirou suas três anfitriãs durante vários meses. Esperava que, vendo-as todos os dias e convivendo com elas, se decidiria por uma das três. Com efeito, a cada dia decidia-se por todas as três, uma após a outra: era sempre por aquela que lhe falava por último, que lhe parecia a mais amável, e, quando estava prestes a pedir sua mão, uma das outras duas vinha mudar sua resolução.

Um dia, depois de ter conversado por muito tempo com Amable, ele se sentiu firmemente decidido. Foi até os aposentos da mãe, que estava junto com o marido, e confessou-lhes o desejo de se tornar seu genro. No momento em que ia tocar no nome de Amable, sem que lhe tivessem perguntado, as duas outras, Amasie e a jovem Aimée, entraram juntas. Ele não conseguiu falar. Os pais ordenaram que se retirassem, para não constranger a escolha; assim que elas saíram, pediram a Bernardin que se explicasse. Ele não conseguiu decidir-se: as três irmãs exerciam sobre seu coração, naquele momento, igual atração. Por isso ele respondeu que ser seu genro era tudo o que desejava, e que eles próprios dessem a mão da filha que julgassem mais conveniente.

A mãe gostava mais da caçula, o pai, da segunda; mas o costume e a razão favoreciam a primogênita. O pai e a mãe pensaram. A mãe não ousou propor Aimée, com medo de mortificar o marido; o senhor Dupré não ousou propor Amable, com medo de contrariar a mulher. Ambos pensavam que o correto seria propor Amasie. Diante das três opções, sem saber por qual das filhas se sentia mais atraído o pensionista, eles não conseguiram falar e permaneceram mudos... Bernardin insistia. Os dois, então, por pudor, não ousaram tomar a iniciativa em favor de sua favorita, e juntos escolheram Amasie.

Ao ouvir esse nome, Bernardin sentiu que perdera a esperança de obter Amable e teria de renunciar a Aimée... Estremeceu e balbuciou algumas palavras. "Escolhei!", disseram-lhe os pais. "Escolhei! Não queremos obrigá-lo a nada!" "Adiemos a decisão para amanhã!", disse Bernardin. E foi o que aconteceu.

No dia seguinte, o próprio Bernardin, encantado com Amasie, foi logo comunicar que a escolhera.

O pai assentiu com a cabeça. A mãe também. Bernardin notou a reserva e expôs os direitos que tinha Amasie. Obteve o consentimento desejado. Apressou-se a informar a moça, sua primeira inclinação, quando encontrou Aimée! Não queria parar, mas a danada estava tão bonita!... Ela o deteve: conversaram. O resultado foi que Bernardin, em vez de anunciar à bela Amasie que acabara de escolhê-la, voltou para junto dos pais declarando que estava absolutamente decidido por Aimée... A mãe abraçou efusivamente o futuro genro dizendo: "Meu caro amigo! Farás a felicidade de minha vida ao fazer a tua. Aimée é encantadora!" "Sim", disse o pai; "ela é minha filha, como as outras duas: mas... passar na frente de suas duas irmãs!... Se fosse a primogênita, não haveria disputa."

Apareceu Amable. Vinha prestar contas ao pai de uma tarefa que lhe fora confiada. Ao vê-la, Bernardin não sentiu mais nada pelas outras duas: ele era todo de Amable. Disse ao pai: "Tendes razão. Acabemos com isso, se a senhorita Amable consentir, e agora mesmo!" Amable enrubesceu. O pai concedeu a mão de sua filha ao genro, e o casamento foi decidido. Bernardin saiu, feliz com sua escolha.

Ao deixar seus futuros sogros, caiu nas mãos de Aimée. Ela o atiçou. Estavam sozinhos. Ela o enfeitiçou. Os sentidos falaram mais alto... e seguiu-se todo o resto.

Eis o senhor Bernardin decidido por Aimée. Correu para dizê-lo à mãe, sem, no entanto, confessar tudo. A boa senhora ficou felicíssima. Propôs que se fizessem os preparativos como se fosse para Amable, mas ele desposaria Aimée. Bernardin concordou.

No dia seguinte, Amable e Aimée foram às compras com a mãe, que ria dissimuladamente. "As compras de minha querida Aimée é que são para o casamento!", pensava ela. "Mas é preciso deixar Amable na ilusão..." Fizeram as compras.

Entretanto, Bernardin, que ficara sozinho na casa com Amasie, teve uma conversa com a moça, e ela lhe pareceu tão amável, tão terna, que ele se comportou da mesma maneira. Amasie não opôs muita resistência: acredita-se até que tenha correspondido. O resultado foi um amor completo.

Eis Bernardin bem embaraçado!... No fundo, era Amable quem ele mais amava. Sentiu-o, naquele momento. E era precisamente aquela que ele havia excluído de fato. Ficou muito contrariado, antes mesmo de revê-la, e mostrou-se desanimado, pensativo, pelo resto do dia, no dia seguinte, no outro... O pai lhe perguntou se estava desgostoso de se casar com Amable. "Ao contrário!", respondeu Bernardin. "É ela que eu adoro... mas... mas..." Ficou no segundo *mas*, porém o pai não lhe pediu explicações.

Ao deixá-lo, Bernardin fez uma reflexão singular!... "Esposarei aquela que amo um pouco menos em detrimento daquela que amo um pouco mais? Vejamos. É preciso que a natureza decida... Na verdade, amo as três irmãs: vou privar-me da que mais amo? Não! Não, e verei qual será a que a natureza quer que eu despose, tornando-a mãe."

Dito isso, avistou a bela Amable sozinha, foi até ela... Nunca houve beleza tão tocante... Mas sou historiador, e não é o caso, aqui, de ser pintor. Amable foi carinhosa com seu futuro marido, embora quisesse conservar-se intacta: opôs-lhe muitas dificuldades! Bernardin teve muito trabalho para superá-las. Entretanto, tudo o favoreceu, o amor, a solidão, os desejos, Vênus, ou a Beleza: ele tornou igual o destino das três Graças.

A partir de então, Amable passou a ser sua preferida. Ele estremecia ao pensar no que estava prestes a acontecer!... Adiava-se o casamento: o próprio Bernardin, no fundo um homem honesto, ficaria desolado em não desposar aquela que talvez fosse a única a engravidar... Esperou, com pretextos diversos, que inquietaram bastante os pais e as três moças! Todas elas fizeram confidências aos pais; Amable, ao pai; Aimée, unicamente à mãe; e Amasie aos dois, mas por último.

Depois da confidência de Amable, a primeira, o pai imediatamente apressou o casamento. Depois da de Aimée, poucos dias mais tarde, a mãe pressionou Bernardin para que desposasse a caçula; depois da confidência de Amasie, na semana seguinte, o pai e a mãe ficaram indecisos, inclinados a considerar Bernardin um aproveitador. Levaram alguns dias para deliberar. A dor se estampava em seus rostos. Finalmente resolveram falar.

Uma manhã, chamaram Bernardin para uma conversa particular: "Cavalheiro", disse-lhe o pai, "o senhor agiu de tal modo que se tornou uma desgraça para nós o fato de o termos admitido em nossa casa!" A estas palavras, cuja força sentiu, Bernardin pôs-se de joelhos: "Dignai-vos a me escutar, antes de me condenardes! Vossas três filhas são igualmente amáveis; amei-as igualmente mas de um modo singular! O mérito delas é tão semelhante que prefiro sempre aquela com quem estou, ou a última que deixo: eis por que me vistes tão incerto, vacilante. Tentei a felicidade: não o fiz como um vigarista, um trapaceiro: adorava aquela a quem eu me dava... Estou desesperado com o que fiz... Todavia, ainda tenho esperanças. A natureza decidirá meu destino. A primeira a ficar grávida será minha mulher."

O pai e a mãe, um pouco mais tranquilos, concordaram, ainda que dolorosamente... Esperaram.

O pai, defensor astuto de seus interesses, queria casar sua querida Amable: ela parecia com as belas mulheres da família, e por esse motivo ele a considerava mais sua filha do que as outras duas, que lembravam, Aimée, o lado materno, e Amasie, um antigo escrivão-chefe. O senhor Dupré, portanto, aconselhou sutilmente à segunda filha que simulasse sintomas de gravidez. Ela hesitava... No entanto, obedeceu ao pai. Aimée, ao contrário, e principalmente Amasie, escondiam uma gravidez real. Como resultado, o casamento com Amable foi decidido, para grande satisfação do pai e do próprio amante. Mantiveram tudo em segredo para não expor Amable e não desolar suas duas irmãs, em caso de acidente. Casaram Bernardin com Amable, após os proclamas e a dispensa de formalidades. As duas irmãs não souberam de nada. O dia do casamento foi um dia comum.

Entretanto, o tempo passava; ele roubava, ceifando, com sua foice, a vida, a beleza, o pudor e seus acessórios: a gravidez de Aimée não podia mais ser escondida; a de Amasie lhe causava sofrimentos... Foi preciso revelá-las. Amable, em compensação, continuava como antes do casamento. Que dor para os pais!... O próprio Bernardin ficou aflito... Mas Amable era tão bela que somente sua consciência se afligia! A mãe estava inconsolável... e não pensava em nada a não ser desmanchar o casamento, alegando erro. Ela preparava a trama quando Amable realmente ficou no mesmo estado que suas duas irmãs.

Escondeu-se a situação das duas inuptas; elas deram à luz secretamente e, ao final da gravidez de Amable, arranjaram-se as coisas de maneira a atribuir as três crianças a esta última. A tripla maternidade foi publicada, como um fenômeno, na gazeta de Leyde, e admirava-se o vigor dos trigêmeos. As duas irmãs não quiseram se casar: Bernardin tem hoje muitos filhos, que passam todos por serem de sua mulher. Se alguém julgasse esse grande número de crianças extraordinário, ele responderia (disse-nos uma pessoa confiável) *que as três são uma só.*

TERCEIRA NOITE

13 de julho[11]

No decorrer do dia, os bandidos do Faubourg Saint-Marcel haviam passado em frente a minha casa, a fim de se reunirem aos do Faubourg Saint-Antoine. Esses bandidos, nascidos mendigos, portavam suas horríveis armas de madeira podre; o conjunto formava uma turba temível, que parecia dizer: "É hoje o último dia dos ricos e dos bem de vida: amanhã será nossa vez. Amanhã dormiremos debaixo de acolchoados, e aqueles que deixarmos viver ocuparão, se quiserem, nossos covis tenebrosos." As mulheres tremiam. Quanto a mim, eu me dizia: "É agora ou nunca o momento de formar uma milícia nacional!" Eu não estava trabalhando. Levantei-me cedo, pela primeira vez depois de anos, e fui encontrar os operários, os artistas que conhecia: "Amigos!", disse-lhes eu, "ide a vossos distritos, dizei que é preciso que os burgueses honestos se armem para proteger-se desses bandidos e rufiões!"

Mal acabara de falar e Berthet, Binet e Cordier, e Meimac, e Jeannin,

---

11. Em 13 de julho, a Assembleia informa que Necker leva consigo "sua estima e seus pesares"; aponta os ministros como responsáveis. Paralelamente, a agitação popular cresce cada vez mais. Por quase toda Paris, grupos buscam armas. Fabricam-se piques; solicitam-se as armas de fogo ao preboste dos mercadores e, diante de sua recusa, em 14 de julho, grupos apoderam-se de 32 mil fuzis nos Invalides. Mas desde o dia anterior as lojas de armas já estavam sendo pilhadas. Os soldados das guardas francesas, nesse dia, recebem ordem de evacuar Paris; recusam-se a obedecer e colocam-se à disposição do Hôtel-de-Ville.

le roux, e Daniol, *le manceau,* Daniol, que alguns dias antes quisera me bater, e Brihamet, e Martin, le *barbouilleur*[12]; Eloi, Allois, Nerat, Saunier, Perchelet, Angot, e Desgosiers, e Fouquet, e Barri, e Filâtre, e Violot correm para fora do ateliê. Cada um deles vai levar a outros cem a triste notícia de que os bandidos, aproveitando a confusão, prometiam saquear a cidade na noite seguinte.

Imediatamente os burgueses honestos se reúnem, deliberam. Outros agem e se juntam às patrulhas. A noite, às dez horas, ao sair do Palais-Royal, vi com emoção a primeira patrulha burguesa. Um homem alto e belo, de sobretudo branco, de botas, a comandava. Caminhava com um ar grave e imponente: atravessa o riacho lamacento diante de Saint-Honoré, onde já se encontrava um corpo de guarda, e vem se identificar, dando, desde o primeiro instante, a ideia de distinguir as falsas patrulhas. Eu gostaria de conhecer e tornar conhecido esse digno cidadão; ele reconhecerá a si próprio, pela descrição: era segunda-feira, 13 de julho, dez horas da noite, quando o vi com sua patrulha, defronte ao café dos militares.

O alarme tocava, o Palais-Royal se agitava: tudo era confusão e consternação. Durante o dia, haviam ido aos Invalides buscar fuzis; e, no dia seguinte, iriam à Bastilha fazer a mesma requisição... A Bastilha, cujas torres altas repousavam ainda em suas fundações profundas, regadas pelas lágrimas de tantos infelizes!

Tranquilizado pela visão das patrulhas burguesas[13], eu ousava vagar pelas ruas da capital. Não sei por que não temia conspirações do exterior. Só temia os bandidos e via seus vigilantes "repressores"

---

12. *Le roux:* o ruivo; *le manceau:* o habitante da cidade e região de Le Mans; *le barbouilleur:* o mau pintor. [N.E.]
13. As patrulhas burguesas tinham sido organizadas, certamente, contra o poder real; porém mais ainda para defender a propriedade privada contra os ataques de malfeitores do gênero observado por La Bretonne. Essa característica fundamental da Revolução de 1789 — a defesa da propriedade — já se manifesta. Na manhã de 14 de julho, a deputação de Paris afirma orgulhosamente junto à Assembleia Nacional: "O estabelecimento da milícia burguesa e as medidas tomadas ontem deram à cidade uma noite tranquila. Consta que alguns civis foram desarmados e reconduzidos à ordem pela milícia burguesa."

armados. Mas, infelizmente, o abuso se insinua ao lado da lei e o veneno é vizinho do remédio. Chegando ao Marais, ouço gritos. Seis homens armados perseguiam uma moça, que me pareceu camareira. Do mesmo modo que a perdiz, fugindo da ave de rapina, às vezes cai nas mãos do caçador, a moça caiu direto em meus braços. Eu estava desarmado. Arrancaram-na de mim.

"Não queremos vos fazer mal", disse-lhe o chefe do grupo, "mas deveis abrir as portas: queremos saber se o homem que procuramos não está na casa onde íeis entrar, se ele não tem armas, pólvora." "Infelizmente, senhores, estou só: todos os criados saíram esta manhã, com meu patrão e minha patroa, e como senti que teria medo, ia dormir com uma conhecida minha, perto daqui, quando me vistes sair. Eu esquecera algo e voltava para apanhar: percebi vossa presença; tive medo e voltei atrás, correndo." "Parece plausível: no entanto, queremos inspecionar a casa." A mocinha foi obrigada a abrir. Ordenaram que me afastasse, e tive de me retirar.

Não fui longe: a despeito do perigo ao qual me expunha, ocultei-me na sombra e fiquei à escuta. Ouvi a mocinha gritar. No mesmo instante, avistei outra patrulha. "Senhores", disse-lhes eu, "uma patrulha entrou nesta casa; creio que é uma falsa patrulha, e o que confirma minha suspeita são os gritos da jovem camareira que foi obrigada a deixá-los entrar." Ouvindo isto, o chefe da patrulha aproximou-se da porta e quis entrar. Um guarda armado de fuzil, que haviam deixado ali, não permitiu que o fizesse: essa resistência redobrou as suspeitas. Forçaram a porta. A sentinela atirou para o ar e desapareceu. Escutamos um grande alvoroço na casa, pessoas que fugiam pelo jardim. Atirou-se neles, e eles largaram o que carregavam. Era uma falsa patrulha de ladrões, todos criados de casas próximas, que, sabendo da ausência dos patrões da mocinha, haviam formado uma patrulha para roubar. Um desconhecido a fizera revelar o fato. Quando se viram senhores da situação, acreditando-se longe de qualquer perigo, e tentados pela beleza de Joséphine, quiseram satisfazer seus desejos: mas ela gritara. O tiro da sentinela os avisara do perigo, e eles fugiram. Levou-se tudo de volta para a casa. A verdadeira patrulha se comportou como devem fazê-lo cidadãos honestos; fecharam-se bem as portas e a mocinha foi dormir na casa da amiga.

Esse foi apenas um dos numerosos acontecimentos dessa noite terrível, que precedeu um dia ainda mais terrível, um dia para sempre famoso nos anais da história francesa.

AS OITO IRMÃS E OS OITO AMIGOS

Pais honestos, mas de poucos recursos, possuíam uma família grande, composta de oito filhas, com um ano de diferença de uma para outra. Adèle, a mais velha, tinha vinte anos; Adélaïde, a segunda, dezenove; e, em ordem decrescente, Sophie, Julie, Rose, Victoire, Isabelle e, por fim, Adeline, a oitava, com treze. Eram todas belas e cheias de méritos, talentos, como quase todos os filhos de famílias grandes.

Um jovem de Lyon estava estudando em Paris. Era rico e bom rapaz. Um dia em que ele passeava, sonhando (pois ele fazia literatura), nos bosques do jardim des Plantes, ouviu duas mocinhas conversando atrás de um canteiro de lilases. Uma dizia à outra: "Sempre serei infeliz! Minha alma é muito sensível!" "Como sabes, na tua idade?", perguntou sua companheira; "só tens quinze anos!" "Sei", respondeu Victoire, "pela emoção que sinto quando vejo o moço que mora no início da rua des Fossés-Saint-Victor!... Não desejo, quando o vejo... que ele seja meu... pois não tenho grandes méritos... mas que ele seja feliz... Sinto, somente que se fosse eu a fazer sua felicidade... Ah! Como seria doce!" "E que o amas, minha criança!", respondeu Adèle: "eu não o conheço, mas ele deve ser amável, pois tens um gosto delicado."

Dorival quis ver quem estava falando e reconheceu duas encantadoras vizinhas. Victoire já o interessara: passou a adorá-la depois do que ela acabara de dizer.

As duas jovens se juntaram às seis outras, às quais chamaram de irmãs. Dorival estremeceu. "Veremos", disse a si mesmo, "se elas efetivamente são suas irmãs. Mas pelo menos são amigas ou companheiras." Ele cortou caminho e voltou por uma subida tortuosa, deparando com o formoso grupo, presidido pela mãe. Deteve-se... Um leve murmúrio agitou o belo grupo.

"Senhora", disse o rapaz, "perdoai minha curiosidade! Sois mãe dessas oito jovens?" "Sim, cavalheiro." "Estou encantado, senhora." "E eu também, senhor..." O moço se retirou, para grande tristeza de Victoire.

No dia seguinte, o senhor Pin (é assim que se chama o pai das oito irmãs) recebeu a visita de um rapaz, que lhe entregou uma carta de um amigo seu, estabelecido em Lyon, através de um rico casamento, cerca de 25 anos antes. Esse amigo, o senhor Dorival pai, observava ao senhor Pin que, ao enviar seu filho a Paris, recordara-se da antiga amizade que os unia para recomendar o rapaz e pedir-lhe que lhe desse conselhos e até que o recebesse como pensionista em sua casa. O senhor Pin estimava muito o senhor Dorival; ficou bastante sensibilizado com a carta e perguntou ao rapaz se ele era o filho do amigo. "Sim, senhor!" "Gostaríeis de se hospedar em minha casa como pensionista?" "É o que mais desejo: eu me sentiria em casa de meu pai estando na de seu amigo, do qual ele me falou tantas vezes, com tanta ternura." "Senti-vos aqui em vossa casa", respondeu o senhor Pin, visivelmente emocionado, "o filho de meu amigo será como meu..." E abraçou-o. Ficou decidido que Dorival ocuparia um pequeno apartamento no terceiro andar.

A senhora Pin não estava em casa e suas filhas não apareceram. O pai conduziu Dorival ao apartamento vazio e disse-lhe que bastavam suas ordens para que o apartamento fosse mobiliado. O rapaz encarregou-se dessas providências e saiu.

Reapareceu na hora do jantar. O senhor Pin falara por alto do rapaz à sua mulher. Ela ficou muito surpresa ao ver o jovem curioso da véspera!... Cumprimentou-o parecendo reconhecê-lo e puseram-se à mesa. Como batia o coração de Victoire!... Ela não comeu.

Dorival escreveu ao pai, na mesma noite, contando sua recepção na casa do senhor Pin.

Quinze dias depois escreveu uma segunda carta, em que se encontrava a seguinte frase: "Se não quereis consentir que eu despose uma das oito senhoritas Pin, é hora de eu deixar esta casa..."

Ao senhor Dorival não desagradava uma aliança com uma filha de seu amigo; mas ele queria que a nora lhe conviesse. Escreveu ao filho que queria ver sua escolhida: devolveu a carta de Dorival, pedindo ao senhor Pin que redobrasse a vigilância sobre o rapaz.

O senhor Dorival e sua esposa chegaram uma hora depois da entrega dessas cartas. Alojaram-se em um hotel confortável bem próximo à casa do senhor Pin; e, como estivessem vigiando o filho, foram até lá assim que ele saiu. A carta para Dorival ainda não lhe fora entregue. Os dois amigos deram as mais ternas demonstrações de afeição recíproca: o senhor Dorival disse ao senhor Pin que resolvera ocultar do filho sua vinda, após o que lhe pediu que apresentasse sua família.

O senhor Pin chamou primeiro Adèle, que se apresentou. "Se é essa a escolhida de nosso filho", exclamaram o senhor e a senhora Dorival, "não o contrariaremos: a mais velha das senhoritas Pin é encantadora..."

Adélaïde apareceu em seguida. Não foi considerada menos amável. Julie a sucedeu. Sophie a Julie. A esta, Rose. Isabelle apareceu depois. A ela seguiu-se Adeline.

"Nosso filho escolherá aquela que desejar. Todas são encantadoras..." "Eu só contei sete", disse a senhora Pin. "Falta Victoire...", disse a mãe. "Ela é tímida... Vou buscá-la." E levantou-se.

O senhor e a senhora Pin elogiavam as sete senhoritas, quando surgiu Victoire com a mãe. Ela os encheu de admiração. A senhora Dorival se levantou para colocá-la no colo. "Ah! céus!...", disse o pai do rapaz. Mas se conteve devido à presença de Victoire.

Assim que ela saiu: "Se o coração dos pais e o dos filhos", disse ele, "têm alguma relação, é essa que meu filho deve preferir, e é a única que queremos por nora... Mas ele pode voltar... O mais importante é que não nos veja... antes de declarar sua escolha." Saíram, e, quando Dorival filho retornou, a carta lhe foi entregue.

Leu-a com emoção, mas não a mostrou. Foi somente mais afetuoso, mais prestativo com o senhor e a senhora Pin. Suas atenções se tornaram a tal ponto idênticas para com as oito irmãs que não se podia adivinhar sua preferência... Passaram-se alguns dias. A senhora Pin contou a suas filhas parte do que acontecia, para que elas fizessem Dorival se explicar.

Um dia em que três delas e a mãe estavam na sala trabalhando, Adeline deixou cair seu novelo de lã. Dorival, que conversava em pé e sem chapéu com a senhora Pin, precipitou-se como um raio, apanhou o novelo e o entregou à jovem Adeline, que lhe agradeceu rindo.

Um instante depois, Adèle, a mais velha, deixou cair o seu, que veio parar entre as pernas de Dorival. Este o apanhou com a mesma prontidão e o devolveu com o mesmo ar gracioso. Continuou a conversar com a mãe.

Por fim, Victoire deixou cair seu novelo. Dorival o apanhou com ar sério; entregou-o com uma respeitosa reverência e voltou para junto da senhora.

"Senhoritas", disse esta severamente, "trata-se de uma brincadeira?" "Não, mamãe, não fiz por querer", respondeu Adeline. "Eu, sim, mamãe, para ver se o cavalheiro seria tão educado com a mais velha quanto com a caçula." "E você?" (olhando para a terceira). "Mamãe!", respondeu Victoire, enrubescendo. "O medo que eu tinha de que ele caísse fez com que escapasse de minhas mãos!" "Então", retomou a mãe, "ninguém é culpado, e estou feliz com isso." "Querida mamãe!", exclamou Adeline. "Ah! como sois boa..." Dorival se retirou.

Oito dias se passaram sem qualquer alteração. No nono dia, a senhora Pin teve a ideia de se apresentar a Dorival banhada em lágrimas! Este, assustado, precipitou-se para ela... "Senhora!... minha mãe!... o que tendes?" "Todas as minhas filhas me são igualmente caras... Mas, perder uma!" "Qual, senhora?" "Eh! o que importa, para uma mãe!..." "É verdade, senhora! Mas, o que ela tem... Qual delas, senhora?" "A pobre Adèle..." "Acalmai-vos, terna mãe, temos de socorrê-la..." "Ela está cuidando da irmã... Passou a noite fazendo isso." "Não é ela!" "Querida criança!... Adélaïde..." "Acalmai-vos!" "Vai substituir a irmã." "Não me dizeis quem..." "Julie." "Que pena! Se..."

"...e Sophie... estão inconsoláveis." "Senhora!" "Isabelle... Adeline... estão lá..." "Céus! Será Victoire?... *(baixo)* Ah! O céu quer minha infelicidade... e minha morte!..." "Acalmai-vos, meu caro Dorival!... Dentro de um instante... estarei de volta!" "Vou com a senhora!" "Não, não quero!" "Sabeis qual delas ele ama?", disse a senhora Pin ao pai e à mãe do rapaz, escondidos em uma sala e testemunhas desta cena que eles haviam exigido. "Sim", respondeu o senhor Dorival, "é Victoire! É nossa boa amiga... Ide buscá-la para junto de nós!"

A senhora Pin fez o que lhe pediram. Victoire, cuidadosamente informada de sua boa sorte, veio se acomodar na salinha, entre o futuro sogro e a futura sogra. Entretanto, Dorival estava desolado. "Oh, minha querida Victoire! Ídolo de meu coração! Divindade de minha alma! Se vos perdesse, eu não sobreviveria!" Victoire escutou esse monólogo. O senhor Dorival pai lhe disse: "Minha filha, que nunca vosso marido saiba que lestes seu coração. Deixai-o amar-vos à sua maneira."

A senhora Pin, de volta junto ao rapaz, disse-lhe: "Ela está descansando... deixemo-la repousar... A agitação seria perigosa!" Dorival beijou as duas mãos da senhora Pin, dizendo-lhe: "Ah! Eu daria... minha vida... por ela!..." Deixaram que ele saísse.

Quando voltou, ao final de uma hora, viu a bela Victoire, cabelos soltos, com um penteado que lhe caía muito bem, mas muito pálida... Entram o pai, a mãe e dois desconhecidos, que ficaram de costas. Dorival cumprimentou-os; depois, vindo beijar a mão da mãe, disse-lhe: "Ela está melhor?" Victoire sorriu. Estava tão bonita... que Dorival esteve a ponto de se jogar a seus pés... Seu gesto foi notado. "Meu senhor e minha senhora", disse ele sem reconhecer os estranhos, um, recoberto por um manto, o outro, por uma capa, "tenho sete amigos do peito, como o senhor Pin o é de meu pai. Fizemos um pacto: peço-vos permissão para apresentá-los." "Como quiserdes, meu bom amigo", respondeu o senhor Pin... Com uma inclinação, Dorival desapareceu.

"Será nosso filho um dos oito associados?", indagou-se o senhor Dorival... "Temos, em Lyon, oito rapazes, amigos em segredo, que juraram só esposar irmãs, ou amigas íntimas! Se assim for, suas oito filhas terão cada uma um bom partido, pois esses rapazes são todos tão ricos quanto o será meu filho."

A senhora Dorival deu os detalhes. Disse que esses rapazes se estimavam muito uns aos outros, que a felicidade de um fazia os outros felizes. Que nenhum dos pais sabia se seu filho pertencia ou não ao grupo; mas que eles deviam, todos os oito, se unir contra a desgraça.

Ela estava nesse ponto quando Dorival voltou, seguido de sete rapazes. Seu pai e sua mãe se afastaram. Os sete amigos cumprimentaram em silêncio. Dorival pediu que se chamassem as sete senhoritas ausentes. Elas apareceram, a pedido da mãe. Os rapazes foram, um após o outro, até o senhor e a senhora Pin, dizendo as seguintes palavras: "Com vossa permissão..." O pai e a mãe, para serem ainda mais lacônicos, apenas anuíram com a cabeça. Então, o mais velho dos oito pegou Adèle pela mão; o seguinte, com vinte e cinco anos de idade, pegou Adélaïde; o de vinte e quatro anos, Sophie; o de vinte e três, Isabelle; o de dezenove, Adeline. Por fim, Dorival bateu palmas dizendo: "Ah! Que amigos dignos! Eles sabem que sou o menos virtuoso e deixaram-me a esposa com a qual é mais fácil ser constante para sempre!"

A essas palavras de seu filho único, o senhor e a senhora Dorival deram um grito de alegria e se revelaram. O rapaz e Victoire se lançaram em seus braços.

"És um dos oito? Ei-los todos!"

"Sim, meu digno pai. Aquele que conseguiu se fazer amar deve escolher por último. É o que acabais de ver... Meus generosos amigos descobriram meu segredo, sem que eu nada lhes dissesse."

"Eu os conheço a todos!", disse o senhor Dorival ao senhor Pin; "eles são dignos de vossas filhas."

Os oito casamentos se efetuaram no mesmo dia.

QUARTA NOITE

14 de julho[14]

Eu levantara tarde, para concluir os *Tableaux de la vie,* que enviei a New-Wied: saio por volta das três e meia da tarde, ainda atordoado, e avanço como bêbado para os lados da ponte de Notre-Dame. O grande dia, resultado da libertação, começava a me despertar; respirava livremente, quando vi diante de mim uma multidão em tumulto. Não fiquei surpreso... Aproximo-me e... oh! Espetáculo de horror! Vejo duas cabeças na ponta de uma lança!...

Aterrorizado, informo-me... "São", diz-me um açougueiro, "as ca-

---

14. Os relatos do célebre dia são numerosos e bastante variados. O interesse de La Bretonne, aqui como em outros trechos, é apresentar o ponto de vista do basbaque, assustado, quando se depara cara a cara — se é possível dizer assim — com cabeças que passeiam na ponta de uma lança. Inversamente, são conhecidas as reflexões do poderoso e rico fidalgo Chateaubriand — embora seja o visconde ele próprio um espectador: "Eu assistia, como espectador, a esse assalto contra alguns inválidos e um governante tímido: se as portas tivessem sido mantidas fechadas, jamais o povo teria entrado nessa fortaleza. Vi serem dados dois ou três tiros de canhão, não pelos inválidos, mas pelos soldados das guardas francesas, já no alto das torres. De Launay, arrancado de seu esconderijo, após ter sido submetido a mil ultrajes, foi surrado até a morte nos degraus do Hôtel-de-Ville; o preboste dos negociantes, Flesselles, teve a cabeça estraçalhada por um tiro de pistola: era esse espetáculo que beatos sem coração achavam tão belos [...] Conduziam-se em fiacres 'os vencedores da Bastilha', bêbados felizes, declarados conquistadores nos cabarés; prostitutas e *sans-culottes* os escoltavam." Isso não o impede de mais tarde, nas *Mémoires d'outre-tombe,* reconhecer o valor simbólico do acontecimento: a emancipação de todo um povo.

beças de Flesselles e de De Launay..." Ouvindo isso, estremeço! Vejo uma nuvem de males pairar sobre a infeliz capital dos franceses... Mas a informação não estava inteiramente correta: a cabeça de Flesselles, o rosto desfigurado pelo tiro de pistola que havia pouco acabara com sua vida, rolava nas águas do Sena. Eram De Launay e seu major que eu via ultrajados!

Prossigo: mil vozes servem de arauto para a Novidade... "A Bastilha foi tomada..." Não acreditei e fui ver o cerco de perto... No meio da Grève, encontro um corpo sem a cabeça estendido no meio do riacho, rodeado por cinco ou seis indiferentes. Faço perguntas... É o governador da Bastilha...

Que pensamentos!... Esse homem, outrora impassível diante do desespero dos infelizes enterrados vivos sob sua guarda, por ordem de execráveis ministros, ei-lo!... Prossegui sem pedir maiores informações: minha alma experimentava demasiadas sensações; ela não conseguiria, em sua emoção tempestuosa, ouvir os pormenores.

Depois de passar pela arcada do Hôtel-de-Ville, encontro canibais; um, eu o vi, punha em prática uma horrível palavra, pronunciada a partir de então: ele levava na ponta de um *taillecime*[15] as vísceras sangrentas de uma vítima do furor, e esse horrível buquê não chocava ninguém!...

Um pouco adiante encontro, carregados em uma padiola, os mortos dos que tomaram o fortim: vi cinco, ao todo, inclusive dois feridos... Atrás deles vinham os inválidos e os guardas suíços prisioneiros; jovens e belas fisionomias... Estremeço de novo!... Gritavam: "Enforquem! Enforquem!" para esses infelizes... Mas o que mais me comoveu foi um soldado suíço alto e forte, a cabeça coberta com um boné de açougueiro, que caminhava espicaçado por um moleque montado nele. E esse pequeno tigre, que tive vontade de esbofetear, acrescentava às injúrias atrozes bastonadas nos tornozelos

---

15. *Taillecime:* Provavelmente neologismo de La Bretonne; corta-cimo, ou seja, corta-cabeça. [N.T.]

e nos ossos das pernas... Mas ainda não chegara sua vez; os dois infelizes inválidos já pendiam do fatal poste de luz...

Eu me aproximava para ver o início da tomada da Bastilha e tudo já havia acabado; o lugar fora ocupado: alguns selvagens jogavam papéis, documentos preciosos para a história, do alto das torres para as fossas... Um gênio destruidor pairava sobre a cidade... Vejo essa Bastilha temida, para a qual, passando todas as tardes pela rua Neuve-Saintgilles, três anos antes, eu não ousava erguer os olhos! Eu a vi cair, com seu último governador!...

Oh! Que pensamentos. Eu estava sufocado e mal podia desembaraçar o raciocínio... Voltei a mim: um sentimento de alegria, por ver aquele horrível espantalho prestes a tombar, misturava-se aos sentimentos de horror que me invadiam... Voltando à Grève, informo-me melhor: fico sabendo como De Launay foi capturado; as causas do furor que ele havia inspirado; como o virtuoso Delolme pereceu, mesmo defendido por um ex-prisioneiro. Como De Launay, indeciso, havia sido vítima da coragem de seu major, que queria defender-se. Como, em sua indecisão, mandara erguer a ponte levadiça depois de ter deixado entrar. Como mandaram atirar no povo sem sua ordem. Como fora apanhado por um granadeiro; como, conduzido à praça de Grève para ser apresentado à cidade, recebera de um moleque, em sua cabeça calva, uma bengalada que o fizera verter lágrimas e exclamar: "Estou perdido!" Como essa pancada, seguida de mil outras, foi o sinal de sua morte: como lhe haviam cortado a cabeça diante das primeiras casas de pilares do lado do porto e como ela fora carregada na ponta de uma lança. Como o haviam revistado e levado suas cartas ao Hôtel--de-Ville; como elas haviam acusado o desgraçado Flesselles, ao qual ocultaram a morte do governador. Como o haviam feito sair e como um homem corpulento e forte, chamando-o de traidor, estourara seus miolos... Como haviam enforcado no poste de luz os dois artilheiros inválidos da fortaleza, cujas cabeças haviam igualmente cortado!...

Fiquei arrepiado. "Ó Lambesq!", pensei, "vossa conduta imprudente lançou as mais sinistras dúvidas no espírito do povo, e sois vós que acabastes de assassinar esses cinco infelizes!"

Andei a esmo o resto da noite. Passando diante da praça Dauphine, ouvi o tambor: um homem bem-vestido anunciava ao público que havia, no Luxemburgo, subterrâneos que conduziam à planície de Montrouge. Fiquei tranquilo: senti que era um alarme falso, e que, se houvesse motivos reais para alarme, não teriam inventado este.

Fui ao Palais-Royal. Todas as lojas do lugar estavam fechadas: as cabeças, como a de Medusa, pareciam ter petrificado tudo por ali... Os grupos do jardim não estudavam mais, como nos dias anteriores, as moções; só falavam em matar, enforcar, decapitar: meus cabelos ficaram em pé...

De repente, chega um homem: "Senhores, corremos um grande perigo! Só há oito homens no posto mais importante, o da entrada da ponte Royal: seriam necessários oitocentos para guardar o canhão... Que todos os bons cidadãos mostrem seu zelo! Ide avisar o distrito de Saint-Roch, enquanto outros irão anunciar ao posto que o socorro está a caminho." Fui à ponte Royal.

De fato, vi somente oito homens. Atravessei a ponte e voltei pelo cais Quatre-Nations. Interpelaram-me: "*Quem vem lá?*", como nas praças de guerra. Os alarmes falsos deixavam todos em polvorosa. Segui em frente. Aqui, arrancavam-se os paralelepípedos para deter a cavalaria. Ali, amontoavam-se os bancos das igrejas, apesar dos gritos das mulheres que os alugavam. Todas as avenidas estavam patrulhadas e piquetes esparsos investigavam os transeuntes.

Foi assim que, tendo saído de casa, fui até a ilha de Saint-Louis, onde nunca deixara de ir, até esse dia.[16] No meio da rua Saint-Louis fui interrogado. Disse o que vira, e que naquele mesmo instante um

---

16. La Bretonne era um grande apreciador da ilha Saint-Louis. Ele lá passeava incansavelmente, gravando sobre as pedras do parapeito as lembranças de seus amores. Procuramos em vão os traços de sua caligrafia; as pedras haviam sido substituídas. Mas *Monsieur Nicolas* sobreviveu: encontram-se aí vários traços de seus passeios na ilha. Entre muitos outros: "Aqui retornei a minha querida ilha à noite: tudo me parecia mudado e belo; verti lágrimas de alegria; escrevi sobre a pedra: Com Sara na avenida do Temple" (éd. Pauvert, IV, p. 499).

cavaleiro chegara em disparada gritando: "*Às armas!...*" Um homem negro nota minha presença, diz meu nome: confirmo e me afasto.

Na entrada da ponte de la Tournelle, no caminho de volta para casa, uma sentinela, um homenzinho que me pareceu perverso, detém-me com ironia e me força a entrar na casa de guarda. Eu estaria perdido se o celerado, que recorria a um descarado, resolvesse aparecer!

Era bem certo que eu fora identificado, primeiro, porque a sentinela não me conhecia pessoalmente; segundo, porque o homenzinho negro que acabara de me reconhecer só me notara por causa de minha roupa vermelha; finalmente porque eu encontrei na casa de guarda um outro homem também vestido de vermelho que haviam detido pensando que fosse eu. A insolente sentinela, que me pareceu um malandro de beira de rio, da ilha, disse-me coisas insólitas, e queria revistar-me, não de imediato, mas depois de ter saído por um momento. Sem dúvida fora consultar o delator, que podia ver-me do lado de fora... Pedi a presença do oficial. Indicaram-me o sargento, que não fez muito caso de mim. Eu começava a ficar impaciente. Libertaram o homem de vermelho preso em meu lugar. Um rapazinho disse umas palavras ao sargento, e este saiu. Ao voltar, havia mudado completamente. "Mandaste embora o primeiro. Mando embora o segundo." A sentinela me apanhou pelo colarinho, dizendo: "Tenho informações! Tenho informações! É este o espião do rei." "Palavra!", disse-lhe eu, "sou o espião do vice, mas não do rei; nunca tive a honra de me relacionar diretamente com o chefe da nação... No entanto", acrescentei com firmeza, "o oficial está me libertando, sentinela! (empurrando-a) Obedece a teu oficial!" E consegui livrar-me. Estaria perdido, repito, se me tivessem levado ao Hôtel-de-Ville. O monstro delator gritaria enfurecido e me enforcaria no poste fatal. Naquele dia não se investigava nada.

Mas quem tão bem dispusera o sargento a meu favor?... Uma mocinha... Quando me prenderam, uma bela morena que me via todos os dias na ilha, que me olhava de sua janela, escrevendo minhas datas, ouviu o delator aconselhar que me prendessem. No mesmo instante, a jovem desce com a cozinheira e vem certificar-se de que sou eu mesmo, pela janela baixa da casa de guarda. Eu estava então me justificando. "Ah!", diz ela, "é o pobre *Dateur*, que as crianças passaram a chamar de *Griffon* desde que um homem mau, baixo e negro chamou sua atenção sobre ele. É um homem bom; dei-me ao trabalho de segui-lo para ler o que escrevia. E o que escrevia era bem inocente, posso garantir!" Ela chamou um rapazinho e o enviou à casa de guarda pedindo para falar com o sargento. Este veio até ela e a bela morena me defendeu. Foi isso que o fez libertar-me.

Ao me retirar, encontrei-a. A despeito da timidez natural, própria de seu sexo, da hora e do dia, ela me abordou: "Quero reconduzir-vos a casa", disse ela, "tendes um inimigo cruel, que ouvi delatar-vos... Dai-me o braço: vou defender-vos." Surpreso, confuso, agradeci-lhe.

A sentinela retornara a seu posto. Esse homem dependia do pai da jovem. "Quem sois vós?", perguntou-me ela. "Sou o autor do *Paysan perverti*."[17] "Vós... Ah! se meu pai estivesse em casa, ele gostaria de abraçar-vos!... Vamos, Madelon, levemo-lo até sua casa... Eu me interessava por ele sem conhecê-lo... E tu, miserável", disse ela à sentinela, "não perdes por esperar!..." Pusemo-nos a caminho.

"Eu vos apresentarei a meu pai, quando vierdes datar novamente." "Não virei mais, senhorita! Eu estimava minha ilha, mas ei-la profanada! Não voltarei mais!... Infelizmente, ela já estava profanada. Um celerado fez com que ali prendessem minha filha, por azar sua mulher[18]... Não consegui perdoar isso à minha querida ilha. Todavia, eu a amava com tanto carinho que não pude deixá-la... Mas hoje renuncio a ela... Ela me insultava através de suas crianças; eu a perdoava, porque as crianças ainda não se tinham tornado cruéis. Hoje, que já o são, profanariam a ilha enforcando-me em um de seus postes sagrados, que tantas vezes me iluminaram no silêncio e na

---

17. *Le Paysan perverti*, de 1775, é o primeiro grande sucesso literário de La Bretonne. Ele continuará esse romance com *La Paysanne pervertie* (1784), que é seu complemento, e finalmente reunirá, em 1787, as duas histórias em uma só: *Le Paysan et la paysanne pervertis*.

18. Uma filha de La Bretonne casara-se com um certo Augé. Esse casamento fora infeliz. O romancista narra as desventuras de sua filha em *Ingénue Saxancour* e em *Anti-Justine*. Augé, que se dava muito mal com o sogro, tenta fazê-lo parar.

obscuridade da noite (*virando-me e beijando a última pedra da ponte de la Tournelle*): Ah! minha ilha! Minha querida ilha, onde verti tantas lágrimas deliciosas! Eu te digo adeus, adeus para nunca mais! Todos os franceses serão livres, exceto eu! Fui banido de minha ilha! Não mais terei a liberdade de passear nela, e o último encanto de minha vida estará para sempre destruído!" Eu havia parado. A jovem que me acompanhava estava comovida. "Voltareis, por nós!", disse-me ela. "Não! Não, o celerado que arrastou minha família na lama faria com que me enforcassem diante de vossos olhos... Não voltarei mais..."

E não voltei. O dia 14 de julho de 1789 é a última data que inscrevi na ilha... "Ó 14 de julho, foste tu que, em 1751, me viste chegar à cidade pela primeira vez, tal como aparece na primeira ilustração do *Paysan-Paysanne*! Foste tu quem me tiraste do campo para sempre, e és tu quem me banes de minha ilha!"[19]

Caminhamos em silêncio. Ao chegar a minha casa, a jovem viu Marion, minha filha querida, e gostou dela; ainda gosta, elas se gostarão até o último suspiro!

AS GRADAÇÕES DO VERDADEIRO AMOR[20]

Um jovem de quinze anos, um pouco precoce, apaixonou-se por uma criança de cinco a seis anos de idade. O fato não é surpreendente, pois a pequena Adélaïde bem antes já suscitara duas paixões vio-

---

19. La Bretonne deve ter chegado de barco. O frontispício de *La Paysanne pervertie*, que é constituído por essa ilustração, é muito agradável. Nela se vê a camponesa com um cofre na mão, os olhos comportadamente baixos, descendo de uma passarela para pôr os pés na ilha. Mas se a ilha é um lugar privilegiado, a cidade é, em contrapartida, maldita, e Ursule encontrará lá sua infelicidade.
20. Essa encantadora história de amor por uma criança é sutilmente ligada à narração das aventuras revolucionárias. A um leitor apressado essas inserções de relatos parecem devidas ao acaso; mas, examinando-se mais cuidadosamente o texto, percebe-se que subsiste uma ligação entre a narração das noites revolucionárias e a intriga das novelas. Aqui, por exemplo, o amor perfeito se contrapõe à alusão ao genro funesto, como a luz às trevas. De outra parte, por ocasião do casamento, La Bretonne notará que, apesar da Revolução, os pais estão muito felizes por sua filha se tornar marquesa.

lentas. Ela tinha um rosto nobre, um riso delicioso e principalmente olhos tão belos que maravilhavam por seu brilho e que, com as pálpebras fechadas, inspiravam um sentimento de carinho. Ao ver Adélaïde num domingo, no Palais-Royal, o jovem Dorange achou-a tão bonita que sentiu que a adorava. Fitou-a por muito tempo: a pequena percebeu. Ao sair, a multidão os comprimiu: o jovem soltou um pequeno grito. Adélaïde, que já se interessava por Dorange, exclamou: "Ah! Senhor, cuidado!" Essa prova de interesse encorajou o moço.

Já no dia seguinte, Dorange foi falar com a mãe em seus aposentos: "Mamãe", disse ele, "tu me amas, queres que eu seja feliz... Pois bem! Só posso ser feliz através do amor de uma única pessoa." "Antes de mais nada, meu filho", respondeu a mãe, "são necessárias duas condições para que eu escute tua proposta: que tua amada seja bonita aos olhos de todos e que seja bem mais jovem do que és. Sem isso, nada feito: poupa-me a dor de uma recusa." "Exiges apenas isso, mamãe?", exclamou o moço. "E que ela tenha bons modos." "É evidente que sim", replicou o filho. "Só estas três condições?" "Por fim, que não seja filha de pessoas grosseiras; pois, apesar de tudo, eu não gostaria da filha de um carrasco, nem de um carcereiro, nem de um patife, pequeno ou grande." "Oh! Mamãe, todas estas exceções são naturais." "Não há mais condições."

"A jovem que eu amo", diz gravemente o rapaz, "é filha de pessoas honestas, nem ricas nem pobres, em relação a nós: é filha única, de sete, oito, nove ou dez anos de idade. Sua beleza é estontenante! Ela vai encantá-la, mamãe, assim como me encantou." "Como te apaixonaste por uma menina de dez anos?" "Não creio que seja amor: é afeição. Ela é tão bela que imagino amá-la um dia. Mas, mamãe, educado por ti, sinto todo o valor de uma boa educação! Temo pela de Adélaïde: queria educá-la eu mesmo, dirigido por ti, minha mãe!" "Tens ideias bem estranhas!" "Escuta meu plano: há algum tempo que penso na felicidade. Ela residiria em amar uma esposa o mais ternamente possível. Mas vejo que nem sempre depende de nós amar alguém. Vejo todas essas pessoas que se casam sem se conhecerem: muitas vezes o marido quer amar sua mulher, e esta não quer saber de nada; ou então é a esposa que quer amar, e o marido se afasta. Quero seguir um caminho diferente: quero ligar-me ao coração de minha mulher, através do hábito, muito tempo antes de desposá-la. Não temos relações pessoais com o pai e a mãe de Adélaïde: eles são comerciantes. Põe-me como pensionista na casa deles sob o pretexto de aprender a arte dos negócios. Caberá então a mim formar Adélaïde, evitar mil pequenos defeitos de caráter, dar-lhe os talentos que amo e as qualidades necessárias a minha felicidade."

"Como? Que belo filósofo vejo em ti!", exclamou a senhora Dorange. "Mas nada disso, embora muito interessante, fará decidir-me se a jovem não for bela." "Deves vê-la agora mesmo, mamãe. Vamos ao Palais-Royal: é dia da segunda comemoração da Páscoa, mas a loja deve estar aberta; Adélaïde estará enfeitada como ontem... Verás..." Partiram assim que a senhora ficou pronta.

Era uma hora da tarde quando chegaram ao Palais-Royal. Adélaïde entrava na loja com uma balconista: a mãe já se encontrava lá. Debaixo da primeira arcada, ainda de madeira, Dorange avistou Adélaïde, hesitante. Correu até ela para lhe dar a mão. A criança sorriu, mas não quis dar a sua. A senhora Dorange, por seu lado, admirava-a: ela o adivinhou. Adélaïde teve mais confiança numa senhora de aparência imponente; deu-lhe a mão para passar. "Se é essa a tua Adélaïde, meu filho", disse baixinho a senhora Dorange, "podes contar com minha permissão..." "É ela mesma." "Realizaremos teu projeto... Esses são os pais?" "Sim, o senhor Micron." "Conheço-o de nome como um homem correto: ele goza de uma reputação muito boa... Porém, arranjemos as coisas. E se eu a hospedasse?"

"Não, minha mãe", respondeu o rapazinho; "haveria muita distração; Adélaïde teria diante de si muitos exemplos das mulheres lá de casa! Sua educação não deve ser perturbada: além disso, ela me amará mais, e de fato, se me acreditar seu igual. Amanhã voltarás aqui como uma grande negociante e farás com que me aceitem na casa. Irei submeter-me a esse tipo de vida, uma vez que já terminei meus estudos. O assunto mais importante, no presente momento, é formar uma esposa para mim... Como o comércio ocupará pouco minha atenção, continuarei a me dedicar às coisas que um dia me serão necessárias."

A senhora Dorange estava decidida: a visão de Adélaïde, sua beleza, sua juventude lhe convinham; ela adorava o filho e quis fazê-lo feliz da maneira que ele escolhera. Examinou a jovem Micron à vontade, sem ser vista; viu-a passar com a balconista, jantar, correr. Só retornou a casa bem tarde, compelida pela fome.

No dia seguinte, ainda feriado, tão inadequado a Paris, a senhora Dorange, trajada como uma mulher abastada, levou o filho, vestido com uma roupa cinza e nova, à loja do senhor e da senhora Micron.

"Meu senhor e minha senhora", disse a senhora Dorange, "vossa reputação de probidade, de inteligência na arte de negociar no grande comércio que mantendes, e vossas demais qualidades, levam-me a propor-vos meu filho, que aí está, como aprendiz: pagarei uma pensão que vos compensará de sua inexperiência: sou muito conhecida pela senhora Esprit, a senhora Choufleurs, sua vizinha e vossa também, assim como por muitas outras pessoas do Palais-Royal."

O rapaz era examinado com curiosidade enquanto a dama falava. Ele agradou. No entanto, não respondiam. A mãe continuou. "Eu vos proponho 2,4 mil libras de pensão." "É então para quatro anos, senhora?", disse por fim o senhor Micron. "Não, cavalheiro. Meu filho ficará quatro ou seis anos, espero; é por ano que ofereço essa quantia." "Nós aceitamos", disse por sua vez a senhora Micron. "Mas a quantia poderia ser menor." "Senhora", retomou a mãe, "estamos bem de vida, e não é com os cuidados que dispensarão a meu filho que quero economizar". Ficou combinado. Falou-se em mandar a mala do rapazinho à tarde.

Nesse momento, Adélaïde chegou com a empregada. Soube com alegria que Dorange moraria com eles. Respondeu enrubescendo às carícias da senhora; em suma, foi encantadora... Depois de alguns momentos de conversa com Dorange, enquanto os pais terminavam de acertar os detalhes, Adélaïde disse ao jovem: "Serás como meu irmão; e, se quiseres, dividirás comigo meu pai e minha mãe; não terei ciúme. Dar-me-ás metade da tua." A senhora Micron, que adorava a filha, estava sempre atenta às suas palavras: não perdera nada do que fora dito e repetiu-o baixinho, encantada. "Isto me decidiria, se eu já não tivesse decidido", disse o senhor Micron.

Para começar, a senhora Dorange e seu filho jantaram na loja. A comida do dia a dia da senhora Micron era muito boa, e a senhora Dorange ficou satisfeita com isso. Mas o que mais despertou sua admiração foi o súbito e marcante interesse de Adélaïde por Dorange. Revelava-se através de pequenas atenções, um ar de contentamento que lhe mantinha sempre um sorriso nos lábios. Ora, a filha era o termômetro da mãe: a senhora Micron só pensava e vivia pela filha; assim, era igualmente atenciosa para com Dorange, e falava-lhe com tanta ternura quanto com a própria filha. A senhora Dorange ficou encantada com tudo isso e foi com menos pesar que se privou do convívio com o filho.

Na quarta-feira, Dorange começou a educação de Adélaïde. Primeiro, despertou sua admiração pelo mérito das senhoritas Grêtry, Levêque e Debelair, cujos talentos elogiou. Adélaïde ouvia: um instante depois, vendo a mãe ocupada, puxa Dorange pelo casaco. "Não poderias me tornar assim como elas?", disse-lhe em voz baixa. "Tentaremos, se quiseres." "Oh! sim, tentemos, meu querido Dorange!"

O jovem contou à mãe, por carta, e iniciou as aulas. Adélaïde se aplicou de tal modo que, de dispersa que era, tornou-se séria: Dorange, que desejava que ela tivesse ótima saúde, avisou aos pais que decidira terminar as aulas com um passeio pelo jardim, com a menina. Essa maneira de falar fez com que a mãe o adorasse. Ela se gabava sem cessar da felicidade de ter um rapaz, que pagava bem, como professor de sua filha. É que Dorange ensinava dança, música, gramática, geografia, italiano e inglês, além de harpa e cravo. Ele aprendera bastante e se exercitava fazendo demonstrações à irmã, como a chamava.

A mãe, e mais ainda o pai de Adélaïde, estavam desconfiados, por causa da beleza de sua filha. A pequena, que antes não teria dado a mão a outro que não ao pai, à mãe ou à empregada, estremecia de prazer quando era Dorange quem a levava ao jardim. Assim, eles fingiam, em casa, deixar o professor e a aluna em total liberdade; afastavam a filha da loja, mas era para espiar e escutar até a mínima palavra. Durante seis anos não houve uma expressão, um gesto que não transparecesse inocência e candura.

Aos catorze anos Adélaïde estava formada, e tão bela, tão bem-feita, que não se podia deixar de admirá-la. A senhora Dorange, cujo filho completava vinte e um anos, veio pedi-la em casamento. "Mas, senhora", disse a mãe de Adélaïde, "estará ele apaixonado por sua irmã? Ele não lhe disse uma palavra a respeito, nem a nós, desde que está aqui... Muitas vezes me arrependi de deixá-los se tratarem por irmão e irmã. Pois eles têm esse sentimento um pelo outro, e a ninguém mais senão a Dorange eu gostaria de dar a mão de minha filha." A senhora Dorange ficou encantada! Assegurou que falava em nome do filho. Os dois jovens foram chamados.

"Adélaïde!", disse a senhora Micron, "serás a mulher de teu bom amigo: a mãe dele pede sua mão." "Ah!", exclamou a mocinha, jogando-se nos braços de sua futura sogra, "como me fazes feliz! Se tivéssemos que nos separar eu morreria de dor!... Não é, Dorange?" "Eu não imaginava ser tão feliz!", respondeu o rapaz. "O quê? Não vês que eu não poderia passar um instante sem ti?" "Mas, minha pequena irmã, é recíproco!" "Estais vendo? Nós dois morreríamos se nos separassem."

Essa ingenuidade tocante comoveu a senhora Dorange até as lágrimas. "Nunca quisemos separá-los." "É verdade!", respondeu Adélaïde, "papai e mamãe me amam, e os ouvi outro dia recusarem um cavalheiro jovem, rico e bonito! (é o que se diz)... Alguém mais é tão belo quanto Dorange?" "Foi ele que vossos pais recusaram, minha querida nora; e era eu quem pedia tua mão, usando meu verdadeiro nome!"

"Ah! Mamãe Dorange", disse Adélaïde em um gracioso tom de censura que lhe caía maravilhosamente bem; "pregar-me essa peça!" "Dorange é um fidalgo!", disse o pai. "E muito rico", respondeu a senhora Dorange. "E ainda mais, amável?", indagou a jovem Adélaïde. "Claro, minha filha!", exclamou bondosamente a senhora Micron. "Nesse caso, muito me alegro, mamãe."

Foi celebrado o casamento. O senhor e a senhora Micron, apesar da Revolução, haviam conservado as antigas convenções, mais do que a própria nobreza e cem vezes mais do que a senhora Dorange: ficaram loucos de alegria ao verem sua filha marquesa. Mas Adélaïde, ao se casar, exigira não deixar a casa dos pais. A família do marido concordou. Um falso orgulho esteve a ponto de impedir seu pai e sua mãe de aproveitarem a felicidade que lhes era concedida. Queriam afastar a filha, para vê-la em uma mansão de nobres!... Adélaïde resistiu. O marido cuidara bem demais de sua educação para que ela não fosse uma excelente filha. Ele apoiou-a. "Fui feliz demais nesta casa para deixá-la!", disse o jovem Dorange aos pais da nova esposa.

Depois do casamento, esse jovem, que nunca falara de amor a sua amada, mostrou ser muito terno, muito amoroso. Sabia que Adélaïde amava os pais até a adoração; e ele os fazia felizes para que ela também o fosse... Ficou dois anos sem tocá-la; esperou que ela completasse dezesseis anos... Nesse meio-tempo, Dorange foi um amante carinhoso, atencioso, mas respeitoso. Ele dizia sempre: "Não quero tirar de minha mulher o prazer de fazer amor. Fui seu irmão, seu companheiro; agora sou seu noivo. Devo ser um pouco de tudo para ela. Daqui a algum tempo serei um recém-casado e, depois, seu marido; e acabarei como comecei, sendo seu companheiro e amigo."

Dorange realizou seus projetos. Com dezesseis anos sua esposa engravidou. Foi então que ele se tornou um marido terno, atencioso!... A boa senhora Micron estava maravilhada... A própria senhora Dorange admirava a conduta do filho. Adélaïde estava feliz, sem pensar em nada: mas a felicidade a tornava tão amorosa que ela encantava igualmente o pai, a mãe, a sogra e o marido.

Deu à luz um filho. Viu-se, então, com surpresa, Dorange mudar de tom: fez com que a mulher demonstrasse uma certa dignidade. Ele a dominava; mudou sua aparência; ela se tornou uma mãe de família adorável, respeitável... Ele parou por aí. Mas mudará de novo, quando sua mulher for mãe de crianças crescidas. A despeito da dignidade que ela demonstra hoje, vê-se que conserva algo da adolescente. Diz-se a uma mãe bonita que é preciso ser mimada durante os sofrimentos interessantes da gravidez; mas Dorange avisou sua mãe e os pais de sua mulher que, quando a marquesa d'Orange não tiver mais filhos, e que quando os seus forem grandes, ele espera ter uma felicidade tão doce quanto a que precedera o casamento; ela voltara a ser sua irmã. Serão dois amigos, e seus filhos verão neles um só indivíduo em dois corpos; eles terão todas as atenções, todas as deferências, mas unidas a toda a liberdade da amizade. O esposo tornará iguais os direitos dos dois: somente os jovens maridos devem mandar em suas mulheres; a igualdade perfeita convém aos pais e mães de família. A desigualdade não é então conveniente, nem mesmo decente aos olhos das crianças, que devem honrar do mesmo modo a um e a outro. Dois velhos, de sexos diferentes, devem ser iguais.

Assim é a doutrina do jovem Dorange; é por desconhecê-la, por confundir todas as ideias, que os maridos das cidades grandes são seres inconsequentes, cuja conduta louca inspira o desprezo ou a piedade.

Esta história é certa, assim como encerra uma moral verdadeira.

QUINTA NOITE

17 de julho[21]

Em meio aos alarmes, houve um dia de alegria e contentamento... Ó Rei! Chefe da nação! Honrando-te, é a si mesma que ela honra! Amando-te, ela demonstra com mais força a confraternização geral!... Bendito sejas, bom Luís XVI! A posteridade falará sempre de ti, e és mais imortal do que dez reis juntos!...

No entardecer do dia 16 todos repetiam: "O rei vem a Paris! Ele vem para nos provar que não quer mal à capital pela tomada da Bastilha!" "Que venha, então", gritavam alguns extremados; "mas ele não virá!" "Ele virá!", diziam com doçura os bons cidadãos, nesse jardim, a imagem da Quimera, cuja cabeça é de uma bela prostituta, cujos olhos lançam chamas, cuja língua é de uma serpente, cuja boca destila ora veneno, ora palavras heroicas, cujas mãos são de uma harpia, cujo coração é vazio, ou só fermenta pensamentos lascivos,

---

21. Desejando evitar a guerra civil, e aconselhado pelo duque de Liancourt, entre outros, Luís XVI decide, em 15 de julho, dispensar as tropas. Em Paris, a burguesia triunfa. O comitê permanente do Hôtel-de-Ville se transforma na Comuna de Paris, e Bailly é nomeado prefeito. A milícia burguesa torna-se guarda nacional, sob o comando de La Fayette. Em 16 de julho, Luís XVI readmite Necker e anuncia que ele partirá para Paris no dia seguinte. O texto de La Bretonne é interessante porque revela o espírito das camadas mais baixas da população, ainda muito apegadas ao rei e que veem em seu gesto um sinal de sua boa vontade. É sabido que Luís XVI foi recebido no Hôtel-de-Ville por Bailly, que lhe deu uma insígnia tricolor, ao que o rei afirmou: "Meu povo pode sempre contar com meu amor."

cuja região entre a cintura e os joelhos é fonte de males vergonhosos, cuja coxa é de bode, a perna de cervo e o pé de porco. "Ele virá! Conhecemos a bondade de seu coração." "Ele virá!", grita uma voz esganiçada. "E d'Artois foge! Embarca suas crianças. Os Polignacs se evadem!" "Temem a ebulição. Proscrevestes suas cabeças. A quem podemos impedir de fugir de uma morte cruel?!..."[22]

Era assim que se falava no jardim Chimère.

Entrementes, Luís preparava-se para vir à capital. A movimentação em Versalhes era intensa. A rainha treme. Os príncipes fogem. Só Luís se arma de firmeza... Chega a manhã do dia 17; Luís parte.

Dois homens honestos, Bailli, o virtuoso Bailli, e o jovem herói La Fayette haviam aceitado tomar as rédeas do governo municipal; um no setor civil, outro no militar. Este corre ao encontro do monarca. Aquele prepara o povo para recebê-lo... Bailli leva as chaves da cidade; todos os bons cidadãos levam-lhe as chaves de seus corações.

Luís chega. Fingem, no caminho, cobrir de terra os canhões assestados, as balas e os obuses.

Ó La Fayette, bendito sejas, pois só aceitaste o comando para servir dignamente tua pátria! Só aceitaste o comando para tirá-la das mãos dos intrigantes, dos perversos, dos traidores... Bendito sejas, herói dos dois mundos!... E tu, Bailli, bendito sejas!... Pois puseste a humanidade, a ciência, a modéstia, a sabedoria no lugar da opressão, da ignorância, da imprudência, que, antes de ti, ocupavam a chefatura de polícia! Todos ganhamos! Mas tu, tu perdeste o repouso, a doce relação das Musas! Teu espírito resseca... Mas o que estou dizendo?

---

22. A emigração começa depois de 17 de julho, quando o conde d'Artois parte para os Países Baixos com seus filhos. O príncipe de Conde e sua família não tardam a se juntar a eles; o duque e a duquesa de Polignac vão para a Suíça; o marechal de Broglie, para Luxemburgo. A aristocracia não pôde tolerar as concessões que o rei tivera de fazer à burguesia e à multidão de Paris. "Tudo se dispersou", escreve Chateaubriand em *Mémoires d'outre-tombe,* "os cortesãos partiram para Basileia, Lausanne, Luxemburgo e Bruxelas. Mme de Polignac encontrou-se, na fuga, com M. Necker, que retornava. O conde d'Artois, seus filhos, os três Condé, emigraram, arrastando consigo o alto clero e uma parte da nobreza. Os oficiais, ameaçados pela sublevação de seus soldados, cederam à torrente que os carregava para fora. Luís XVI permaneceu só diante da nação."

Dispensas um longo aprendizado de filosofia em favor da pátria, e exerces por fim o que meditaste por tanto tempo!... Bendito sejas!
Não pude resistir a esse desabafo de meu coração.
Não relatarei o que Bailli disse ao rei; ele lhe descreveu os sentimentos de amor de seu povo, pois era o sentimento geral. Luís só respondeu, movido pela sensibilidade: "Sempre amarei o meu povo!"
Haviam mandado suspender os clamores de "*Viva o Rei!*" à chegada do monarca, mas à saída do Hôtel-de-Ville as barreiras do coração se romperam: "*Viva o Rei!*" foi ao mesmo tempo o grito de todas as bocas. O rumor se espalhou mais e mais pela cidade, e os que haviam ficado retidos nos bairros mais afastados o repetiam: as mulheres, os doentes abriam as janelas e respondiam aos gritos das ruas: "*Viva o Rei!*"
Muitos outros repetirão o que se disse na corte, no centro da cidade; a história nada perderá. Eu, espectador noturno, vou para longe, recolher fatos ignorados: vi, ouvi o que acabo de contar; vi, ouvi o que ainda me falta reproduzir por escrito.
Era preciso, no entanto, haver manchas de sangue nesse belo dia, marcado por duas cenas de horror. Uma mulher grávida foi morta por uma descarga inconsequente de fuzil. Contudo, o povo da capital recuperou, nessa ocasião, a humanidade; ficou profundamente sensibilizado e jurou punir o primeiro que ousasse atirar... Estiveste a ponto de ser vítima desse juramento, jovem Garneri? Tu, cujo nome se tornou célebre em cem panfletos! Esse editor, ao entrar em casa para jantar, deixou cair seu fuzil. De imediato a multidão se junta, e, retomando sua selvageria, por humanidade, quer enforcá-lo!... Felizmente ele estava cercado de amigos, que juntaram à força material a força da razão. Foi salvo: sua amável e terna irmã, cujos encantos se igualam à virtude, reviu um irmão, que serve de pai à juventude!
A presença do rei, semelhante a um sol benfazejo, parecia ter dissipado as nuvens espessas que cobriam nosso horizonte: a tempestade só rugia ao longe. Eu mesmo já respirava com maior liberdade: ousava atravessar minha ilha. Buscava com os olhos a insolente sentinela. Meu negro delator estava escondido nos escombros da Bastilha,

de onde logo foi expulso... Eu ignorava que duas nuvens não menos terríveis se formavam, uma em Viri, a outra em Compiègne; que elas deviam juntar-se e desabar sobre a capital!...

Ao atravessar a ilha, vi a amável morena que me salvara a vida. Ela me mostrava a seu pai, pois eu já me encontrava sobre a ponte. Eles me fizeram sinal: mas só me detive no topo, lugar que me pareceu a fronteira entre o território da ilha e o distrito de Saint-Nicolas-du-Chardonnet. Foi lá que esperei pelo pai e pela filha. Eles acorreram e fizeram de tudo para me levar até sua casa: resisti. Havia jurado nunca mais retornar a minha ilha.

"Quando fui insultado pela primeira vez", disse-lhes eu, "por instigação do homem negro, escrevi aos magistrados: 'Tomai cuidado! Chegamos a um grau de efervescência, de insubordinação, que pode ter consequências! Não podeis tolerá-lo.' O apático C... não se dignou a prestar atenção a meu pedido; e fui insultado todos os dias. Mas nada tinha a temer por minha vida. Hoje, que o grito de uma criança, que a reivindicação de um comerciante de ervas podem conduzir à forca, terei o máximo cuidado em não proporcionar a meus compatriotas a oportunidade de um crime! Fugirei destes lugares queridos! Meu luto será privar-me deles. Porém, as pessoas honestas da ilha me serão ainda mais queridas!..." Fui-me embora.

A vinda do rei fora um bálsamo para meu sangue: meus temores por essa querida Paris, que se tornou minha pátria, dissiparam-se. Fiquei tentado a dar uma volta em minha ilha: um acontecimento imprevisto me impediu de cometer perjúrio.

Ao sair de casa, vi seis homens armados que caminhavam à sombra, encostados às casas. Chegando à rua des Rats, eles disseram: "É aqui..." Pediram informações sobre um advogado, dando seu nome a uma vendedora de frutas. "Ele não está mais neste bairro há um bom tempo! Acho que mora agora na rua du Jardinet, perto dos Cordeliers." Os homens armados se afastaram e eu os segui.

Sempre procurei conhecer o coração humano, e não se pode entrar nos corações; só se pode conhecer o coração através das ações. É o que me faz estudá-las, ainda que eu seja naturalmente pouco curioso. Por que sou pouco curioso? Vou dizer: o homem vazio, que tem poucas ideias, poucos pensamentos; a mulher, sobretudo aquela que tem um temperamento fraco, é muito passiva, são os seres mais curiosos porque as ações alheias lhes fornecem um espetáculo que causa tanto mais espanto quanto menos compreendem suas motivações. Pela razão oposta, o homem que pensa bastante, que tem uma ocupação interior, que tem paixões vivas, é pouco curioso: muitas vezes ele tem dentro de si um drama mais interessante do que as paixões de outros. Disto decorre que tenho de me violentar para ser curioso, enquanto outros têm de se esforçar para não o ser; daí decorre que eu nunca pregue peças nas pessoas, nem seja malicioso, porque não preciso disso para me divertir, para deixar de me entediar: nunca me entedio.

Segui os seis homens. Foram à praça Sorbonne; chamaram algumas pessoas. Vieram em seguida à rua Hautefeuille: recrutaram mais gente ainda. Depois foram à rua du Jardinet. O advogado estava em casa. Assustado, porém, ao ver cerca de quarenta homens, quis fugir pela janela. Caiu e quebrou a cabeça... Levam-no ao cirurgião e de lá à prisão... O que ele fizera? Um panfleto em que dizia a verdade, em tom de brincadeira; em que exortava os parisienses a não atemorizarem seus compatriotas; a não destruírem seu comércio; a não se lançarem na miséria!...

Não tive mais vontade de quebrar meu juramento e ir ver minha ilha. Fui trancar-me em casa.

Povo de Paris, da Normandia, da Bretanha, da Picardia, de Champagne, da Alsácia, da Borgonha; povo dos condados, dos delfinatos; povo da Provença, do Languedoc, de Berre, de Limoges, de Saintonge, de Poitiers, de Brie, de Beauce, etc., ó franceses![23] Quem acredi-

---

23. O resto do país segue de muito perto os acontecimentos em Paris. A revolução municipal prossegue nas cidades, em Rouen, em Dijon, em Montauban. Do mesmo modo, em toda parte são criadas guardas nacionais burguesas. As palavras de La Bretonne se explicam pelo temor de uma conspiração aristocrata que já se espalha pelo resto do país. Tenta-se reter os nobres que querem alcançar a fronteira: eles são revistados. Nas fronteiras temem-se os ataques de piemonteses e ingleses. É no fim de julho de 1789 que eclode o Grande Medo.

tais que semeia a desordem entre vós? Quem pensais que arma os bandidos que se opõem à Assembleia Nacional? Quem pensais que estimula o conflito, que encarece os víveres, que faz desaparecer o dinheiro? Não são os aristocratas fogosos, que se mostram audaciosamente arengando na tribuna: são os nobres, que vos lisonjearam, que vos afagaram; são os padres, esses Busíris[24] de batina, que vos abençoam com a mão e vos amaldiçoam com o coração; é uma multidão de nobres enfurecidos, que fazem, cada um deles, quanto mal conseguirem; são principalmente vossos irmãos, que as duas ordens destruídas monopolizaram com seus jantares, com seus afagos! "Cavalheiros! Estais a caminho da Assembleia Nacional! Entrai em minha carruagem! Iremos juntos!..." Ó senhores, desconfiai dessas propostas pérfidas! Não janteis, não caminheis com os inimigos natos do povo!... E vós, distritos, não oprimais a liberdade individual! Prendei apenas os bandidos, os desertores! Respeitai o escritor, o que quer que ele escreva[25]: se ele é antissocial, o desprezo público vos vingará. Que a imprensa seja livre! Que todos possam exercer a profissão de editor, bastando fazer uma declaração ao distrito, que a encaminhará ao comitê de polícia, que receberá o juramento do novo editor. Se este publicar uma obra incendiária, será obrigado a indicar o autor e a pagar uma multa de cem libras em benefício da cidade, a menos que tenha posto no final do panfleto uma nota explicativa sobre tudo o que há de repreensível na obra; neste caso, o editor não pa-

---

24. Busíris: rei de Tebas, que ele fortificou com poderosas muralhas a fim de repelir o ataque dos etíopes. Refere a lenda que, pelo fato de imolar vítimas humanas, para fazer cessar a peste que grassava em Tebas, foi morto por Hércules, que aboliu o execrável ritual (Spalding, T.O. *Dicionário das mitologias europeias e orientais*. São Paulo, Cultrix; Brasília, INL, 1973. p. 276.) [N.E.]

25. Ressaltamos essa defesa da liberdade de imprensa, tão veementemente expressa por um homem que é, ao mesmo tempo, escritor e editor. Mas La Bretonne sabe muito bem que essa liberdade não é possível sem uma certa liberdade política e econômica. Os *Cahiers de doléances* reivindicaram muitas vezes a liberdade de imprensa. Nos últimos dias do *Ancien Régime,* a censura já não funcionava; o que La Bretonne ataca aqui é o sistema de privilégios, que reduz o número de editores. A imprensa foi muito livre na França de maio de 1789 a agosto de 1792, embora com esse limite, não negligenciável, que o medo de represálias políticas impõe.

gará a multa, e o panfleto, assim estigmatizado pela nota, não poderá ser reimpresso, sob pena de mil escudos [*écus:* moeda de prata de cinco francos] de multa... Mas se quiserdes a liberdade de imprensa, estabelecei a liberdade de Estado! Sem isso, 36 editores privilegiados seriam tiranos do pensamento, mais cruéis do que todos os censores!... Ó Lebrun! Ó Marchand! Ó d'Albaret! Ó Mairobert! Ó visconde Toustain! Jamais perturbastes o pensamento e, nos anos mais terríveis do despotismo, não exigíeis senão um paliativo para as ideias mais fortes, ao passo que cada um dos 36, por temor ou desprezo, pela aristocracia de Estado, será cem vezes mais opressor que Dhemeri, Adnet, Lourdet, Pretot, Sartine e Marolles!

ÉLISE OU A AMANTE DO MÉRITO

Élise Demartinville era uma moça de dezenove anos, graciosa, viva, pálida, que se parecia, como ela própria dizia, com uma ratinha cinza. Mas era branca, esculpida pelas Graças; era encantadora.

Sendo assim, havia muitos homens apaixonados por ela: um escrivão, um advogado, um pintor célebre; um procurador bem-estabelecido; sem falar de dois escreventes, um dos quais era irmão de sua única amiga, e de dois abades que se aproveitavam do não celibato clerical.[26] Élise, acompanhada de Fanchonnette Tayi, era às vezes cercada por essa corte numerosa, que vinha ouvi-la dedilhar uma harpa, menos harmoniosa que sua voz, ou conversar: pois era inteligente e culta.

Foi à casa dessa moça tão requisitada que o jovem Demartinville, primo de Élise e amigo de um homem de valor, teve a ideia de levar este último.

---

26. Na época em que se insere esse romance, isto é, em julho de 1789, o casamento dos padres não é possível, já que ainda não existe o casamento puramente civil; e a disciplina eclesiástica permanecerá sempre intransigente sobre essa questão. Os padres e bispos — tal como o célebre Talleyrand — casados sob a Revolução são ou padres juramentados ou aqueles que se voltaram inteiramente ao estado laico. Entretanto, a ideia do casamento dos padres estava no ar.

O senhor Dupuits de Courson era autor de várias obras, e só o teatro faltava à sua glória.[27] Acabara de escrever uma peça, e Martinville, sabendo disso, propôs que ele a lesse a sua erudita prima. A proposta foi aceita; e o encontro, marcado para as quatro horas da tarde. Os apaixonados haviam chegado um após o outro: Élise os retivera ali. O círculo estava completo quando apareceu o senhor De Courson, anunciado pelo jovem Demartinville... O autor esperava encontrar apenas Élise: ficou muito surpreso ao ver um grupo tão grande e que ele não teria escolhido. Concederam-lhe a honra de sentar na poltrona, ao lado da jovem deusa, e ele começou a leitura...

Não reproduziremos aqui a peça; ela hoje está impressa. É *Le Libertin fixé*.

A obra era em prosa; tinha algumas coisas belas, muitos defeitos e principalmente um grande distanciamento das formas teatrais contemporâneas. O escrivão, o advogado, o procurador não gostaram. Eram homens importantes, cada qual em sua profissão, frios, e só a tentadora Élise conseguia tirá-los do sério; o pintor e os dois escreventes aplaudiram, o primeiro porque a peça lhe trazia evocações; os dois outros porque haviam encontrado paixão. Quanto aos abades, estes teriam preferido que a peça fosse em versos, entremeada de pequenas árias. Élise escutava com atenção, os belos olhos quase sempre fechados, para distrair-se menos.

O procurador pensou que ela estivesse dormindo e, ao final da leitura, disse-o respeitosamente ao autor. Élise, que estava bem desperta, desmentiu-o de imediato, e analisou a peça, da qual mencionou todos os momentos belos. Fez também alguns comentários sobre os defeitos. Acrescentou, porém, que estes lhe agradavam, pois di-

---

27. Pode-se, talvez, ver nessa frase uma alusão ao episódio que envolveu Molière e a Academia Francesa de Letras. Tendo rejeitado em vida o ingresso de Molière na Academia, os acadêmicos imprimiram em uma placa, que ainda hoje pode ser vista, a seguinte frase: "Rien n'a manqué à votre gloire; vous avez manqué à la notre." (Nada faltou à vossa glória. Vós faltastes à nossa.) Do mesmo modo, as peças de La Bretonne tinham sido rejeitadas por promotores teatrais; daí a frase "et le théâtre seul manquait à sa gloire" (só o teatro faltava à sua glória). O senhor Dupuis é evidentemente um alter ego de La Bretonne. [N.T.]

ferenciavam o senhor De Courson do carneirismo dos autores. Logo todos passaram a louvar a peça; o próprio procurador foi um dos que mais elogiaram.

Todos saíram quando Élise observou que era tarde. Todavia, a jovem reteve discretamente o autor e Martinville. Fanchonnette morava na mesma casa; ela voltou com o irmão, assim que os outros saíram.

"Cavalheiro", disse Élise ao senhor De Courson, assim que ficou a sós com ele e Martinville, "vossa peça me deu grande prazer. Não elogio, juro-vos, por adulação. Não! Ela me agradou. No entanto, não agradará ao grande público, às almas insensíveis, como o procurador Durenroches, ou o advogado Criardin, ou o escrivão Hum-hum-hum, ou os padres fúteis, cujo coração entediado é mais corrompido do que o de uma cortesã. Mas observastes o pintor? Ele vos compreendeu. Tayi, o irmão de minha amiga, apreciou-a porque tem de fato a alma sensível; e seu colega percebeu, no seu *Libertin,* pequenos desvios que o encantaram. Quanto a mim, amo o homem que aprofunda o coração humano, que não fica embaraçado em desconcertar um pouco as damas da nobreza com seu papel de Justine; que descreve a humanidade, não as nuanças fugidias, que vão desaparecer para sempre, do nobre e do burguês, da duquesa e da comerciante, ou da mulher do artista: todas as classes vão confundir-se, e todos os cidadãos e suas mulheres serão iguais uns aos outros em um país livre: eis o que pareceis anunciar."

"Ampliais meus pontos de vista", respondeu o senhor De Courson, "e procurarei elevá-los até os vossos." "Nada dessa linguagem, ela cheira a adulação aristocrática. Então não sei que minhas opiniões, inferiores às vossas, já que delas nasceram, só tiram seu mérito de minha idade, de meu sexo e talvez de meu jeito um pouco vivo? Nunca me conquistareis tentando esconder-me aos meus próprios olhos."

Fanchonnette e seu irmão entraram nesse momento. Élise pareceu não prestar atenção e continuou:

"Acabais de me mostrar o primeiro e o único homem que me pode ser útil. Compreendi-vos: quereis ser meu amigo?" "Sim, senhorita. Sob duas condições: a primeira é que nunca devo encontrar-vos enfeitada, nem mesmo limpa, calçada ou penteada: tereis de vestir um gorro redondo, sujo e maltrapilho, um sapato antigo e deformado; vossas mãos e braços ficarão cobertos por uma luva velha cor de limão, porque eu as detesto... A segunda, que jamais escondereis vosso estado de espírito, nem mesmo a raiva, ou a irritação!"

"Por que isso?", pergunta Élise. "É porque desejo ser vosso amigo, mas não vosso amante." "Muito bem!... Farei o que pedis, pois só quero estimar-vos, gostar de vós e não me apaixonar. Contudo, como sois ainda jovem, como sois... como os outros, que têm em alta conta a própria aparência, tereis a bondade de me visitar (todos os dias, se quiserdes) usando essa roupa marrom, da qual me falou Martinville, essas meias grossas, esses sapatos rústicos, esse chapéu revestido de oleado e com o casaco pesado?" "Pois seja, senhorita." "Então estamos combinados!" "Sem dúvida!"

Tayi disse à irmã: "Veremos como ficará tua amiga vestida de *quaker*![28] Na verdade, temo que ela fique ainda mais formosa!" "Não como uma *quaker*", respondeu Fanchonnette. "Nada de tão arrumado, tão limpo quanto as mulheres desta seita, pelo que me disseram: minha amiga será uma *diogenette,* e o senhor De Courson, Diógenes em pessoa."

"Jantai aqui", disse Élise ao autor. "Vou avisar minha mãe, que ficará encantada em vos ver, depois das palavras de meu primo, e a quem preciso apresentar-vos." O senhor De Courson aceitou o convite um pouco a contragosto: o jantar contrariava seus hábitos; mas Élise não era uma mulher a quem se pudesse recusar alguma coisa. Desceram aos aposentos da senhora Demartinville, que ficava no primeiro andar.

O senhor De Courson foi recebido com muita consideração. Conversaram. Élise brilhou, encantou. Fanchonnette, com a beleza de uma rosa, foi extremamente amável; ela queria favorecer o irmão, e sacrificá-lo, inspirando amor ao senhor De Courson. Uma

---

28. Há provavelmente aqui uma lembrança das *Lettres anglaises* de Voltaire e de seu elogio aos *quakers*.

bela jovem que quer agradar deve ser bem sedutora!... Despediram-se às onze horas...

O senhor De Courson não sabia o que pensar; e mesmo Martinville, por idiota que fosse, parecia maravilhado. Tayi, que se retirara com eles, disse para o autor: "Senhor, estou vos devendo um grande favor. Nunca havia visto todas as graças, todo o contentamento, enfim, todo o mérito da amiga de minha irmã, de Élise. Ela acaba de se mostrar superior a tudo aquilo que eu imaginava." "E a senhorita Tayi, então!", exclamou Martinville. "Como ela estava bonita! Oh! Ela é tão encantadora quanto minha prima." O senhor De Courson separou-se dos dois jovens na rua Aubrile-Boucher: Martinville, vendedor, ia para a rua Saint-Denis, à casa do senhor Levêque; e Tayi devia seguir pela rua Ferronnerie, para ir ao cartório, na rua Saint-Honoré.

Só, De Courson pensou... "Se eu não tomar cuidado, vou me apaixonar de novo... A cada quatro anos uma nova paixão?... Oh! Não quero mais amar! Sofri demais!... Eu a evitarei: quero que Élise só se vista para desagradar. Se ela se enfeitar uma única vez, eu fujo... Vou encontrar então um meio de enfrentar a beleza, graças aos meus gostos fingidos... Isso será maravilhoso!" Foi com essas belas ideias que o homem de letras voltou para casa.

No dia seguinte, por volta das três horas da tarde, depois do almoço, sentiu-se levado pela vontade de rever Élise. Vestiu-se como de hábito e foi à rua Saint-Nicolas-des-Champs. Ele chega... e bate... timidamente... um pouco envergonhado de sua aparência. Já o haviam visto. Élise, sem abrir, pediu que esperasse um instante. Abriu em seguida.

Usava um chapéu redondo sujo; uma roupa caseira desleixada; suas meias não estavam esticadas; tinha uns chinelos velhos de faxina, o mais repugnante de todos os calçados de mulher.

"Bom dia, senhor", disse ela, mostrando-se um pouco irritada. "Entrai, sentai-vos, e deixai-me acabar de copiar uma página de música." Demorou uma hora. De Courson olhava para ela, entediava-se. Por fim, ela terminou e eles conversaram.

O diálogo versou sobre a física, o sistema do mundo, a formação das coisas: o senhor De Courson expôs o sistema que se encontra no primeiro volume das *Nuits de Paris* e depois no *Monsieur Nicolas* ou *Ressorts du coeur humain dévoilés;* muito distante do sistema descabido, sem interesse e falso do senhor Bernardin.[29] Élise, que escolhera esse assunto para afastar as paixões, não alcançou seu objetivo; ela voltou ao amor, acrescido de admiração. Os dois filósofos se separaram muito contentes um com o outro: Élise não conseguira desfazer-se de seu sorriso delicado, de seus belos olhos, de sua boca maravilhosa, e seu rosto vivaz tornara bonito o boné redondo, feio e asqueroso.

Uma segunda visita decorreu do mesmo modo. Eles se viam todos os dias e iam aos poucos retirando os elementos mais desagradáveis das ridículas fantasias que vestiam... Variaram os assuntos: falaram de religião, filosofia... e finalmente de amor.

Nesse dia, Élise, em lugar do boné redondo, usava um chapéu pequeno enfeitado de renda; não ousando vestir um calçado melhor, pusera um sapato preto, é verdade, mas feito pelo Bourbon da rua des Vieux-Augustins, isto é, o mais provocante dos calçados; usava um corpete um tanto justo, que realçava graciosamente a cintura, naquela noite sua parte mais tentadora... De Courson também viera bem-arrumado... Ela reparou nisso, pois o censurou, dizendo: "O quê, cavalheiro, estais arrumado, enquanto eu..." "Não falemos de vós, traidora!", respondeu De Courson. "Estais cem vezes mais atraente do que se estivésseis enfeitada!..." Élise, segura do efeito de seu traje, conduziu a conversa na direção que lhe convinha.

É preciso que se diga que Élise, desde que começara a ver De Courson, gostava cada vez mais dele à medida que o tempo passava. Não era sua boa aparência que conquistava a moça: era a ciência,

---

29. *Monsieur Nicolas* é completado por *La Philosophie de Monsieur Nicolas,* que comporta uma parte inteira intitulada *Physique*. Segundo seus próprios termos, "ela mostra no autor a mais fecunda imaginação e sabedoria incomum". La Bretonne vale-se igualmente tanto de Voltaire, Rousseau, La Mettrie e Lavoisier quanto de Buffon. Na verdade, são referências mais sólidas do que Bernardin de Saint-Pierre, sobre o qual se deve admitir que, se é um admirável poeta da natureza, não tem, em compensação, qualquer inclinação científica.

uma espécie de mérito que lhe convinha. Courson tinha o que ela mais gostava: opiniões arrojadas, liberdade de pensamento, sistema filosófico peculiar e sedutor; linguajar fácil e caloroso... Ele era adorado. Élise, sem nada lhe falar, renunciara à ideia de casamento, porque o senhor De Courson era casado, embora vivesse só; ela queria se declarar, dar-se, ser feliz e filósofa. Falou de amor. Nesse assunto, como em todos os outros, Courson era único, inesgotável. Descreveu o amor como um homem que o conhece, que o sentiu...

Élise, por seu lado, não discursou: disse com simplicidade como queria amar, e fez disso uma obra-prima de delicadeza. No meio desse delicioso diálogo, o senhor De Courson abraçou a cintura delicada de Élise, apertou-a e disse suspirando: "Ah! que alma!... e por quê, novo Tântalo, não posso eu..."

"Por quê?", interrompeu com vivacidade Élise. "Somos livres, aqui: amemo-nos! O que nos impede de unir nossas almas?"

"As almas unidas querem unir seus corpos!", respondeu Courson. "Meu amigo", retomou Élise, "se fosse preciso, para tua felicidade, dar-te essa flor que guardei sem esforço... eu a daria para ti... Não a profanarei jogando-a assim... Espero que não busques colhê-la com desejos medíocres! Seria um sacrilégio... Mas se se tratasse de tua vida... de teu descanso, de tua felicidade... eu a sacrificaria a ti... Conta com minha amizade. Ela será mais terna, e não será menos pura por ter se tornado amor."

Essas palavras renderam a Élise mil agradecimentos... Os dois amigos se viram ainda algumas vezes. Um dia, porém, Élise não estava em casa. Courson, obrigado a ir embora sem vê-la, sentiu uma lágrima aflorar... Tremeu; estremeceu... Fez esforços para superar seu amor, deixando de ver Élise... Ela adoeceu... e pensou em morrer... Viram-se mais uma vez... separaram-se... Tornaram a ver-se... dez anos depois de terem se conhecido... Uniram-se, então, sem paixão, mas repletos de estima um pelo outro... Onze anos mais se passaram desde sua união; o sentimento que os prende um ao outro, no entanto, não envelhece; uma filha de vinte e um anos aumenta sua felicidade; eles vão casá-la.

SEXTA NOITE

22 de julho[30]

Todos os espíritos começavam a se acalmar com a vinda do monarca a Paris. Esse monarca adorado, tão digno de sê-lo, viera dizer a seu povo que nada do que fora feito havia sido contra ele, o povo, mas apenas contra os abusos — e Luís não estava de acordo com eles.

No entanto, um rumor abafado se espalhava: o *intendente de Paris está detido em Compiègne: apreenderam sua pasta, na qual encontraram documentos...* Que documentos? Nunca foram vistos... Duzentos e cinquenta homens da guarda de Paris tinham partido para buscá-lo. O infeliz estava sendo trazido.

Esse escândalo foi fatal a seu sogro, já odiado devido à fortuna, a uma felicidade constante, e talvez a uma certa dureza... Foulon

---

30. Como se sabe, a viagem do rei a Paris não bastou para acalmar a capital. Em 22 de julho, Louis Bertier de Sauvigny (1737-1789), intendente de Paris, e seu sogro, Foulon de Doué (1717-1789), adjunto do ministro da Guerra e encarregado pelo rei de abastecer o exército acantonado perto de Paris, foram enforcados na praça de Grève. Eram considerados os responsáveis pela fome. Essa manifestação do pânico popular foi interpretada de diversas maneiras. La Bretonne se deixa dominar pelo horror; Babeuf vê nesse ato o sinal da degradação de um povo alienado pela escravidão: "Em vez de nos policiarem, os dirigentes transformaram-nos em bárbaros, porque eles mesmos o são. Colhem e continuarão a colher o que semearam." Barnave, originário de Grenoble, pergunta impiedosamente: "O sangue vertido é pois tão puro?" A atitude de La Bretonne é diferente: a utilidade não justifica a crueldade. A necessidade seria uma desculpa. Mas haveria realmente necessidade?

(nome infeliz que se deveria mudar ao entrar-se no setor das altas finanças[31]) tomara a precaução de ser dado como morto. Estava escondido no campo, a algumas léguas de Paris. Os rumores o fizeram tremer. No dia 21, ao entardecer, ouviu, através de uma janela baixa, três camponeses dizerem: "Ele está ali... Ele disse que, se tivéssemos fome, que comêssemos capim... É preciso levá-lo a Paris, com um saco de feno na boca..." Estas palavras assustaram o infeliz... Com seus setenta e quatro anos, ele sai sozinho, no meio da noite, sem fazer ruído, e vai buscar refúgio em Viri, na casa do senhor Sartine.[32]

Estava sendo vigiado: seguiram-no. Na metade do caminho, os camponeses o detêm. Querem enforcá-lo, mas o bom senso os impede. Amarram-no: colocam-no numa carroça (sua antiga felicidade não deixara lugar à piedade no coração dos outros), com uma mordaça de feno na boca, enchem sua camisa de cardos e levam-no a Paris!... Ó velho desafortunado! Como expias cruelmente tua felicidade!... Ele que sonhara em suceder ao adorado Necker; ele que se chamava Foulon, e seu nome aumentava o infortúnio... Ele chega. Exibem-no diante do Hôtel-de-Ville... Os eleitores estremecem indignados... Nesses tempos conturbados um acusado era sempre culpado. Foulon fica seis horas na cidade. Seus únicos crimes são uma felicidade constante, a ambição de ser ministro e imensas riquezas... que não o salvarão. Ele fala; ouvem-no. E aquele que causava inveja até então está, nesse momento, abaixo do último dos miseráveis! O terror causado pelos rugidos de alguns furiosos sufoca a piedade...

No entanto retinham-no lá, esperando por um instante de calma para conduzi-lo à prisão. De repente a fúria cresce: os tigres que trouxeram Foulon pedem para ver sua vítima; mostram-na. Vão até ele para reconhecê-lo. O velho infeliz, para poder ser visto, sobe num dos baús trazidos com ele... Seria difícil de acreditar, mas soube disso

---

31. La Bretonne remete aqui ao sentido literal do termo *foulon*: pisoeiro, derivado de pisoar ou apertar, bater (os panos, os couros, as peles) com o pisão. [N.E.]
32. Antoine de Sartine (1729-1801) fora tenente-geral da polícia de 1759 a 1774. Teve o bom senso de se retirar em 1780 e de emigrar em 1790.

por uma testemunha ocular! Um homem atarracado avança, afasta os guardas, apanha Foulon e o joga no meio daqueles que o esperavam. Arrastam-no; batem nele; chegam ao poste fatal; amarram-no a ele: um homem o levanta, enquanto outros sustentam a roldana. O velho moribundo sufoca... A corda arrebenta... Separam a cabeça do tronco, que é abandonado no riacho, enquanto a cabeça enforcada, levada ao Palais-Royal, morada da volúpia e do horror, é destinada ao mais terrível dos fins.

Ó franceses! Ó meus concidadãos de Paris, que monstro nos animava então com seu espírito negro!... Ah! Só por vós, não teríeis cometido essas atrocidades, dignas de canibais! Um monstro vos conduzia, e os próprios camponeses, apesar de sua amargura, são humanos compassivos! Um monstro jogara veneno em seus corações ulcerados...

Eram apenas os prelúdios dessa horrível noite; tu chegavas, desventurado Bertier... Que não imaginem aqui que lamento os tiranos, os opressores! Não, longe de mim esse funesto pensamento! Sinto pena, porém, do homem, e nada do que é humano me é estranho... Reproduzo esses horríveis retratos, meus caros concidadãos, para vos alertar contra o futuro, contra motivações infernais... Sejamos homens antes de mais nada; depois seremos o que quisermos... Bertier estava em Versalhes quando pegaram uma de suas pastas (da qual não se falou mais): um de seus familiares corre a avisá-lo do perigo. O intendente de Paris se retira para Soissons. Lá, é informado de que suas ordens são necessárias em Compiègne, para que um comboio de trigo possa partir. Ele podia enviar sua assinatura; mas vai levá-la. Desce da carruagem. Seu subdelegado tinha se mudado e ocupava agora uma bela casa que acabara de construir. O intendente é obrigado a perguntar o endereço. Seu jeito o trai, embora estivesse usando uma peruca simples, um fraque cinza e anéis de ferro. Mostram-lhe a morada do subdelegado. Ele entra: almoçam.

Enquanto isso, o morador de Compiègne a quem ele pedira informações diz a um outro: "Acabo de falar com um homem, acho que é o intendente. Tu o conheces?" "Sim." "Vamos entrar com um pretexto qualquer." Pedem para ver o subdelegado. Ele é avisado. Como era preciso falar com eles, dadas as circunstâncias, o subdelegado sai e, no momento em que abre a porta, o intendente é reconhecido. Os homens falam qualquer coisa e saem. "É ele", diz o segundo homem. "Se é ele, devemos prendê-lo." Foi assim que começou a desgraça de Bertier.

Havia, perto dali, um marceneiro, proprietário de uma casa. Foi com ele que os dois homens se abriram. Este mostra muita vontade de colaborar; vinte outros se associaram a eles. A casa é cercada. Um criado do subdelegado adverte seu amo de que há tumulto na rua. "É ao senhor que eles querem", diz a Bertier o subdelegado, aterrorizado. "Tentemos fazê-lo sair pelo portão dos fundos." O intendente foi até lá. Abrem a porta com cuidado, não veem ninguém. Mas os habitantes do local, desconfiando da trama, armaram uma emboscada. Abordam o intendente, e com esse ar de troça que os camponeses sabem adotar melhor do que ninguém quando acham que não têm nada a temer: "É o intendente! Ah, ah! Então o senhor está aí! Aonde pensa que vai?" "Vou para casa." "De jeito nenhum! O senhor fica conosco." E eles o pegaram. Puseram-no sob a guarda de vinte homens, sem contar os que estavam fora, e mandaram uma mensagem para Paris.

A municipalidade da época, composta de eleitores, enviou 250 homens para trazer o intendente a Paris.

A notícia do perigo iminente que ele corre se espalha: seu filho mais velho vai a Versalhes, pede aos deputados pela vida do pai... Mas o que podiam eles fazer? Dispersos, pois a sala de reuniões estava sendo arrumada, não tinham onde tomar as decisões!...

Foi no mesmo dia da morte de seu sogro que Bertier chegou. Eram oito e meia da noite. Os agentes do canibalismo quebraram os eixos de sua carruagem, retiraram o bagageiro... Quem estava fazendo isso? Eram excelentes cidadãos? Não, não! Os excelentes cidadãos gemiam, tímidos, assustados; os aristocratas furibundos estavam mais satisfeitos do que tristes pelo excesso de mal; ainda esperavam fazê-lo recair sobre o povo...

Ao longo da rua Saint-Martin, mulheres jovens e bonitas gritavam das janelas: "Enforquem, enforquem!... Ao poste!" Insensatas... pois nesse momento um desgraçado maltrapilho mostra a Bertier a cabeça enforcada de seu sogro!... e uma das mulheres que acabava de gritar "Ao poste!" desmaiou; outra abortou; outra morreu com o choque... Eu o digo, pela honra da humanidade: a cabeça de Foulon provocou mais de dez acidentes no momento em que foi apresentada a seu genro...

E, no entanto, ele não a viu, o infeliz! Abatido, ainda que sem desconfiar da sorte que o esperava, andava de cabeça baixa, os olhos fechados...

Ele chega ao Hôtel-de-Ville... A partir desse ponto, sou testemunha ocular... Interrogam-no. Responde que não é culpado de nada; que só cumpriu ordens... Interrompem-no... Ele observa que há quatro noites não dorme: pede que adiem para o dia seguinte. Dizem-lhe que vai ser levado à Abadia. Ao cabo de sete minutos, ele sai. No meio da escada, ouvindo gritos de raiva, diz: "Como o povo é estranho, com esses gritos!" No mesmo intante acrescenta, dirigindo-se ao granadeiro que o escolta: "Eles me assustam! Meu amigo, não me abandoneis!" O soldado promete... será por ironia?

Ao chegarem ao patamar da escadaria, um grupo, composto de no máximo trinta pessoas, joga-se sobre a guarda que conduzia o prisioneiro, afastando-a; apanham-no, levam-no, batem-lhe. Um moleque de quinze anos, trepado no poste, estava à sua espera. Eu via a corda balançar... Aqui posso afirmar que apenas cinco ou seis pessoas clamavam, com fingimento, pela morte; que cerca de trinta moleques maltrapilhos repetiam os gritos, com o riso mais atroz de escárnio, não de furor. Disseram-me, mas eu não vi, que foi um legionário de honra de São Luís quem primeiro pôs as mãos no intendente. Talvez a insígnia na botoeira tenha enganado...

Chegando ao poste fatal, Bertier sente a morte de perto e grita: "Traidores!" Ele se defende, luta com os carrascos... Passam-lhe o nó cego, suspendem-no. Com a mão, ele tenta sustentar o peso do corpo. Um soldado quer lhe cortar a mão e corta a corda... A vítima cai e se joga sobre um carrasco, dilacera seu rosto... Suspendem-no de novo. Tendo a corda se rompido uma segunda vez, massacram-no ao pé do poste, estripam-no e cortam-lhe a cabeça...

Detenho-me em todos esses detalhes, que não vi, embora estivesse presente. Enforcavam Bertier, cortavam-lhe a cabeça, agitavam a corda, enquanto eu ainda o acreditava no Hôtel-de-Ville. De repente, vejo sua cabeça desfigurada... Fiquei aterrorizado....

Ó Grandes! Ó vós todos que, sendo apenas homens, acreditai-vos deuses! Considerai a sorte medonha de Bertier, de Foulon, de Flesselles, de De Launay, e dos outros infelizes que pereceram na Bastilha, e tremei! *Erudimini, qui judicatis terram!...*[33] E vós, ó meus concidadãos, considerai com horror esses atos bárbaros, que sua própria utilidade não justifica! Só a necessidade poderia desculpá-los. Contudo, foram eles necessários? Nada ouso afirmar...

Corri ao Palais-Royal, levado por uma pessoa que me acompanhava. Um adivinho nos precedera, pois lá se conheciam todos os detalhes da morte de Bertier e exibia-se sua cabeça. Afastamo-nos, para não revê-la, e pegamos a rua Dauphine, evitando os cais, caminho da Grève. Na encruzilhada Bussi, o homem que ia comigo me deixou e segui pela rua Saint-André. Caminhava de cabeça baixa, profundamente imerso em meus pensamentos, quando, em frente à rua de l'Éperon, encontrei-me no meio dos 24 moleques que eu vira na Grève: eles formavam uma forquilha e puxavam uma corda amarrada aos pés de um tronco... sem a cabeça. Gritavam: "Aí está o intendente de Paris!" Recuei, todo arrepiado, para não tocar com os pés o cadáver ensanguentado. Vi apenas as costas. Afirma-se que o peito estava aberto e o coração fora arrancado. Três mulheres morreram pelo choque e pelo horror, na rua Saint-André. Quanto a mim, não podia esquecer-me da imagem do cadáver que eu fora obrigado a olhar para não pisar... Eu via suas mãos se arrastando... a palidez de sua pele... Ao chegar em casa, senti-me mal... e meus filhos foram obrigados a cuidar de mim...

---

33. Salmo 2,10: "Instruí-vos, vós que governais a Terra." [N.T.]

Ah! Como estou longe de aprovar o tom desses celerados que, no dia seguinte, fizeram relatos engraçados sobre a morte de Bertier! Quanto a mim, procuro apagar a impressão de horror. Sou excelente patriota, mas digo a mim mesmo: "Se foram vítimas necessárias ao bem-estar público, consagremo-las e não as aviltemos!"

Concidadãos! Não vos deixarei com esses pensamentos sombrios, que me tiraram o sono: eis a história que o trouxe de volta:

A SEGUNDA ÉLISE, FANCHONNETTE E VICTOIRE

Três lindas moças haviam sido separadas pela natureza e pelo bairro onde moravam: não eram parentes; residiam em extremidades opostas de Paris. No entanto, foram reunidas pelo acaso.

Élise não se parecia com a primeira Élise; mas Fanchonnette e Victoire tinham o rosto exatamente igual. A segunda Élise tinha por amante um cavalheiro, o senhor De Ronci, que lhe dissera: "Sois bela o suficiente para justificar um atrito com minha família. Assim sendo, contai comigo, recusai todas as propostas, e vos desposarei tão logo meu tio ricaço morra. É um irmão de minha mãe, um homem de negócios; não quero contrariá-lo, pois tem mais orgulho de sua nobreza do que um Montmorency. Enquanto esperamos, como todo homem é homem, e como é preciso manter o coração ocupado, tolerai minhas visitas e até minha familiaridade. Não vos arrependereis."

Élise pediu conselhos. Disseram-lhe para arriscar um pouco, na esperança de uma gloriosa mudança. Ela seguiu facilmente esse conselho, sobretudo porque o senhor De Ronci lhe agradava.

Élise era... cabeleireira... Seus pais haviam sido ricos, mas arruinaram-se. Fora-lhe proposta, como aluna, uma jovem chamada Fanchonnette Giet. Era uma jovem encantadora! Com cerca de quinze anos, tinha um ar distinto, modos desembaraçados e um caráter amável. Élise ligou-se a ela, mas, por uma espécie de intuição, a escondia de seu pretendente.

Em uma outra casa de Paris, bastante afastada do bairro de Élise, morava a filha de um procurador, viva, mimada, brincalhona, bonita, que gostava de um certo senhor De Ronci, cliente de seu pai. O senhor De Ronci, por seu lado, começava a gostar da faceirice de Victoire de Vaufrouard. Ao prometer o casamento a Élise, ele dizia o que acreditava; mas Victoire lançou em seu coração a semente da inconstância. Ele não a preferia, contudo, a Élise, que era muito bela e ainda mais amável; mas... foi tentado pelo encanto provocante da mocinha... Para obter o último favor, prometeu desposá-la; com a intenção, todavia, de não cumprir sua promessa...

Foi bem-sucedido em seu projeto desonesto, desencantou-se, afastou-se... e deixou Victoire desesperada... Os pais haviam descoberto o segredo da filha, e, vendo o amante partir, acusaram-na de libertinagem: ia ser mandada para o convento.

Victoire escutou por acaso os projetos de seus pais. Fugiu, para evitá-los, e foi alojar-se na rua Nouvelle Halle, 14. Ali, vendo-se sem recursos, tomou a decisão de sair à noite e deixar-se seguir pelo homem que, fascinado por sua beleza provocante, parecesse a ela o mais amável e mais honesto... Foi então que a conhecemos. Em seguida, foi morar na rua Saintonge.

De Ronci se encontrava um dia na plateia do teatro des Français: alguns jovens, entre os quais Tayi e Martinville, falaram de Élise e de seu gosto por um certo senhor Edmond. De Ronci pensou que fosse sua Élise e ficou furioso de ciúme. Resolveu vingar-se da pérfida, enganando-a. Escutou os pormenores, que só confirmaram sua suspeita; e, no momento da explicação, a cortina se abriu... Ei-lo persuadido.

Ao sair do espetáculo, encontrou um de seus amigos, que conhecia Victoire. "Acabo de encontrar a filha do teu procurador!", disse-lhe ele. Ela se veste como uma costureirinha, e está encantadora! Mora para os lados da Estrapade. "Ora! disseram-me que ela estava na Nouvelle Halle, fazendo ponto." "Terá ela mudado tanto?... Vamos a sua nova casa; saberemos o que aconteceu. Mas ela está encantadora, adorável!"

De Ronci, a quem a pretensa infidelidade de Élise fazia desejar prazeres fáceis, concordou, sob a condição, no entanto, de se mostrar com precaução. Chegaram. Fanchonnette tinha acabado de prestar um favor a Élise. O amigo apontou-a. O próprio De Ronci confundiu-se com a semelhança entre aquela moça e Victoire. Abordou-a. Fanchonnette olhou-o com frieza. "Oh, como ela é descarada!", disse De Ronci. "Ela não se enrubesce com mais nada!" Dirigiu-lhe a palavra. Fanchonnette enrubesceu e pediu que ele se retirasse. "Nem sempre falastes assim!" Fanchonnette fugiu.

"Ela está entrando na casa de Élise!", exclamou De Ronci. "Diacho! Vamos ver se moram juntas." Seguiu-a, acompanhado pelo amigo. Fanchonnette bateu à porta da segunda Élise, que a deixou entrar prontamente.

De Ronci, seguro, apresenta-se de imediato. Élise, que não podia esconder Fanchonnette, enrubesceu de irritação e por ter guardado um segredo ao amante. De Ronci falou em tom de zombaria, do qual Élise não desconfiou. Falou de Edmond. Élise elogiou-o. Falou da aluna. Élise admitiu que a tinha escondido. "Tínheis razões para tal?" "Podeis presumi-las, agora que a vistes." "Sim, eu sei." Pararam por aí. Assim que pôde, Fanchonnette desapareceu. De Ronci saiu de lá persuadido de que Élise amava seu rival, Edmond, pelo qual ela renunciava a tudo, e que morava com Victoire. Não duvidou de que estivesse a par de sua aventura com a filha do procurador e, pelo jeito da pretensa Victoire, deduziu que ela não o lisonjearia. Resolveu não retornar à casa de Élise: até sacrificou a esse novo plano a satisfação de lhe dirigir censuras, que ele supunha merecidas.

Encurtemos. Ele se casou, oito dias depois, com uma rica e feia herdeira, que sempre rejeitara. Élise-segunda casou-se logo depois; indignada, por sua vez, apressou-se a desposar o tio de Fanchonnette, que a queria, e que ela sempre recusara. Realizados os casamentos, os dois amantes guardando ainda sentimentos de raiva, veio um esclarecimento tardio.

Havia, na rua Mêlée, 109, um ricaço libertino que corria atrás de todas as moças. Esse homem encontrou Fanchonnette, protegida de Élise-segunda, e fez-lhe propostas, que foram recusadas. Alguns dias depois, o senhor Blutel encontrou Victoire na rua Saintonge. "Ah! Minha bela", disse-lhe ele, "sois muito severa..." Esse senhor era cínico; fez-lhe propostas claras, acompanhadas de gestos significativos. Victoire fitou-o sorrindo. O ricaço beijou-lhe a mão, muito contente. Disse a ela que a honraria; que a convidaria para jantar com pessoas honestas, a fim de introduzi-la em um certo mundo. Victoire aceitou, e o dia do jantar foi marcado.

Na véspera, o senhor Blutel quis convidar Edmond. Mas, como era preciso formar pares entre os convidados, procurou saber quem interessava ao rapaz. Falaram-lhe de Élise. Ele conhecia por alto Élise-primeira. Foi convidá-la. Sabia onde morava Fanchonnette: escreveu-lhe que viesse ao jantar. Nesse momento, um homem do bairro de Estrapade, que conhecia Élise-segunda, disse ao senhor Blutel que era esta que Edmond via... O senhor Blutel convidou essa Élise: "Assim, nós teremos a verdadeira!", disse. Fanchonnette, sabendo que a esposa de seu tio iria ao mesmo jantar, aceitou o convite e arrumou-se. Victoire, embora não tivesse recebido a confirmação do convite, não faltou. O senhor e a senhora De Ronci eram a razão principal desse grande jantar; era um convite de retribuição.

Victoire foi a primeira a chegar. O senhor Blutel ficou encantado! Teve com ela, segundo seu costume nessas ocasiões, uma conversa muito particular, antes do jantar. Um instante depois, chegaram os recém-casados. O senhor Blutel colocou-os então diante da pretensa Fanchonnette, que ele trouxera para o salão. De Ronci ficou desconcertado: Victoire, toda vivacidade, ofuscava ainda mais a feia esposa de De Ronci: ele não sabia como dissimular o embaraço... Para melhorar sua situação, chega Élise-segunda com o marido... O senhor De Ronci achou que lhe estavam pregando uma peça! Ia sair com sua mulher quando Fanchonnette, retida na porta pelo surpreso anfitrião, deixou-o também pasmo. Não tiveram tempo de falar: entrou Élise-primeira. Só Edmond ainda não chegara. Anunciaram-no quando iam começar as explicações.

Edmond, que conhecia a semelhança dos nomes e dos rostos, desfez facilmente o equívoco, para grande surpresa da honorável assistência, que custava a acreditar. Edmond não poupou o senhor De Ronci, que não ousou zangar-se. Este compreendeu então que tudo o que ouvira de Élise-segunda fora dito a respeito de Élise-primeira. Que Fanchonnette não era Victoire, sua semelhança, etc. O senhor Blutel interessou-se bastante pela segunda explicação. Percebeu que a primeira moça com quem falara não era a mesma que a segunda e entendeu o porquê da conduta inconveniente desta.

O jantar foi alegre depois desses esclarecimentos; eles davam um ar romântico[34] ao grupo. Edmond pusera-se logo ao lado de Élise--primeira. Uma beata alta e soberba, que mantinha a casa do senhor Blutel e que fazia as honras da mesa com graças infinitas, aumentava ainda mais o encanto da situação. Ela estava curiosa: fora testemunha secreta da conversa do senhor Blutel, seu pretenso primo, com Victoire. Era preciso ver com que desprezo a servia! Esquecia-se dela, ou dava-lhe coisas não comestíveis, a ponto de o senhor Blutel ser obrigado a servi-la pessoalmente. No entanto, o senhor De Ronci, sem dizer nada dos descaminhos, falou da família de Victoire de uma maneira que surpreendeu a grande Agathe: esta mostrou um pouco mais de consideração pela moça depois que a soube filha de um procurador... Por fim, depois que Edmond sussurrou umas palavras a Victoire, ela e Agathe ficaram quase amigas antes de se separarem. É que se ficou por lá até bem tarde! Todas essas pessoas estavam tão surpresas de se verem reunidas que não conseguiam mais se separar... Foi preciso, no entanto, quando soaram onze horas.

Edmond acompanhou Élise-primeira e Victoire, que moravam mais ou menos do mesmo lado e as quais ele queria aproximar. De Ronci, ao sair, convidou as mesmas pessoas para um outro jantar, em sua casa, oito dias depois.

Ninguém faltou. Esse cavalheiro tivera pensamentos terríveis depois que ficara a par da inocência de Élise, pela qual havia recupe-

---

34. Nota-se que a palavra ainda não tem exatamente o sentido que ganharia em 1830. A palavra "romântica" foi a princípio utilizada para paisagens, no sentido de "selvagem", "pitoresca"; é assim que a emprega Rousseau quando fala das margens do lago de Bienne, pois se usava o adjetivo para situações, qualidades. Somente no início do século XIX passaria a designar um gênero literário (o "romântico", pouco diferente do gênero *noir*) e finalmente uma escola literária.

rado todo o amor. Ele morava em uma bonita casa, atrás de Sainte-Geneviève, com um grande jardim e quatro pavilhões. Recebeu os primeiros convidados num deles: eram Agathe e o senhor Blutel. A primeira Élise, Victoire e Edmond foram recebidos no outro; Élise-segunda, seu marido e Fanchonnette, no terceiro. Jantaram no jardim, debaixo de um caramanchão. Ao fim do lauto jantar, De Ronci procurou conduzir Élise-segunda até o quarto pavilhão: ela estava um pouco tonta por causa do champanhe. Ele se ajoelhou a seus pés, confessou-lhe seu amor e conseguiu sensibilizá-la... Foi dessa única conversa que se originou a única filha de Élise-segunda, uma das mais lindas pessoas que embelezam hoje em dia a cidade de Paris. Encontrei mãe e filha no Luxemburgo, na época da Revolução: não reconheci Élise-segunda, então muito mudada. Foi a filha, sua própria imagem, que me fez vê-la na idade de seus amores. Eu lhe disse: "Senhora, reconheço-vos nessa bela pessoa." "Ah! Como me lisonjeias!", respondeu ela... (*em voz baixa*) "Se soubésseis como ela me é querida! Não conseguiria olhá-la sem ternura... Que recordações ela me traz..."

Vão casar essa jovem, a quem seu pai dará o dote...

Felizes os que têm filhos carinhosos... Eles revivem nos filhos!... Infelicidade ao celibatário egoísta! Ele deixa de viver muito tempo antes de sua morte![35]

Outros contam de modo diferente o fim do senhor Bertier, que descrevi acima conforme os relatos públicos. Vou narrá-lo de acordo com o que disse uma testemunha confiável.

O intendente de P. recolhera trigo por conta do governo e o distribuíra nas províncias proporcionalmente aos bônus dos subdelegados e dos outros subadministradores. Apressado em prestar contas, recolhia todos esses bônus. Lembrou-se, em Soissons — onde estava hospedado na casa da senhora De Blossac, sua filha —, de que tinha

---

35. *La Philosophie de Monsieur Nicolas* contém um artigo intitulado: "Pourquoi le célibat est-il un crime?" A sensibilidade de La Bretonne está bem de acordo, nesse ponto, com a sensibilidade revolucionária: a Revolução instituirá festas de casamento, dos pais e mães de família.

um bônus de 45 mil libras para apanhar em Compiègne. Quis ir até lá, apesar dos argumentos e das súplicas do genro e da filha: esta chegou a abraçar seus joelhos. Ele partiu, acompanhado de um empregado de confiança. Chegando a Compiègne, almoçou com o subdelegado e quis ir ao castelo ver um certo senhor Thierry, criado de quarto do rei. A esposa do subdelegado deu-lhe o braço. Foram ao castelo. Thierry partira naquela manhã. O intendente retornava com a dama quando foi reconhecido por um guarda. Esse homem perguntou-lhe se não era ele o intendente. "Bem, sim! Do que se trata?" "O senhor está preso." "Com que direito?" "O senhor está preso." A discussão faz com que se junte mais gente. O intendente, detido, é conduzido à casa mais próxima, a de um marceneiro. Mantiveram-no ali, enquanto avisavam Paris. Ele passou dois dias e duas noites sofrendo, sendo insultado publicamente e sem poder dormir. Recusaram até a cuidar de seu ferimento: mandaram embora o cirurgião. Entretanto, ele deixara a pasta na carruagem. Só se pensou nisso três horas depois. Correram até lá. Mas o empregado inteligente desaparecera com a pasta e voltara a Soissons pelos campos. Chegou sem ser detido. Aí, abriram a pasta. Uma testemunha ocular assegura que só foram encontrados uma soma em ouro e 45 mil desses bônus, que o intendente recolhia quando foi preso. O resto é conforme a primeira versão.

SÉTIMA NOITE

5 e 6 de outubro[36]

Deixo de lado todos os fatos de segunda ordem e La Salle, que, correndo ao Hôtel-de-Ville, ouve que vai ser enforcado e recua; e as disputas dos Soulairs; e a aventura de La Reinie. Não falarei dos massacres de Saint-Germain e de Poissy; do prefeito de Saint-Denis; menos ainda do de Troyes: esses desventurados terão um dia sua própria história. Passo por cima dos distúrbios do Franco-Condado, dos da Alsácia, de Le Mans, ainda mais atrozes. Fecho os olhos para o horrível crime cometido em Caen, onde se viu uma... hiena com rosto de mulher fazer um troféu com a virilidade do jovem Belsunce! Só trato, infelizmente, de Paris, dessa cidade querida, a obra-prima e a maravilha

---

36. La Bretonne passa pois alegremente por uma série de acontecimentos importantes: o Grande Medo no campo (20 de julho a começo de agosto), a supressão dos privilégios, a noite de 4 de agosto, a Declaração dos Direitos do Homem, em 26 de agosto. Ele se interessa essencialmente pelos acontecimentos que se passam nas ruas da capital; é uma testemunha ocular, não um historiador da Revolução. As causas profundas das jornadas de outubro foram, evidentemente, econômicas, e políticas. A escassez de víveres castigava Paris. Eis o que escreve Marat, em 16 de setembro, no seu jornal *L'Ami du Peuple*: "As padarias são assediadas, falta pão para o povo [...] Será à raiva dos inimigos públicos, à ambição dos monopolistas, à imperícia ou à infidelidade dos administradores que devemos esta calamidade?" A Revolução sente-se ameaçada. O rei recusa sua sanção aos decretos do mês de agosto; ele concentra, novamente, tropas em Versalhes. Os panfletos e os jornais convidam o povo de Paris a sair de sua calma relativa e a vir em auxílio da Revolução, como fizera antes, em julho.

do universo, tão superior a Londres e às outras capitais quanto Luís XVI está acima de Luís XIII e de Carlos IX, e La Fayette e Bailli, de M..., M..., M..., V..., L...-T..., de E..., etc. Todos os dias de minha vida abençoarei Luís XVI; todos os dias de minha vida abençoarei Bailli e La Fayette!

Recordamos as barulhentas moções do Palais-Royal, onde Sainthuruge desempenhava papel secundário, acreditando desempenhar o principal: a fermentação provocada por elas não foi momentânea; ficou latente sob as cinzas até os primeiros dias de outubro.

No dia 4, a erupção começou: era um rumor surdo. No dia 5, à semelhança das crateras do Vesúvio ou do Etna, explodiu de re-

---

O banquete do corpo de guarda, em 1º de outubro de 1789, será o incidente que acelerará bruscamente a história. Durante esse banquete, no palácio de Versalhes, a insígnia tricolor foi, segundo dizem, pisoteada. Quando a notícia do incidente chega até Paris, dois dias depois, desencadeia-se uma efervescência extraordinária, particularmente no Palais-Royal. No dia 5 de outubro, mulheres do Faubourg Saint-Antoine e das Halles reúnem-se diante do Hôtel-de-Ville, exigindo pão. Instigadas por Maillard, decidem ir a Versalhes. A guarda nacional toma também o caminho de Versalhes, com La Fayette à frente. Os dois cortejos chegam a seu destino. Pressionado, Luís XVI aceita ratificar os decretos de 5 e 11 de agosto. O povo passa a noite em Versalhes; de madrugada, alguns manifestantes invadem os apartamentos da rainha. Pânico. A guarda nacional restabelece a ordem. Mas é preciso que "o padeiro, a padeira e o pequeno ajudante" retornem a Paris. A Assembleia declara-se inseparável do rei. No dia 6 de outubro, a uma hora, deu-se a partida para Paris: guardas nacionais, carroças de farinha, mulheres, carruagem real, deputados, formam um longo cortejo. O rei chega às dez horas da noite nas Tulherias. A Assembleia instala-se provisoriamente no arcebispado, enquanto se providencia para ela a sala do Manège. Essa vitória do povo é o sinal para uma nova onda de emigração. Malouet e Mounier abandonam a França. Camille Desmoulins, no número um das *Révolutions de France et de Brabant,* regozija-se de ver o poder assim concentrado em Paris, a "rainha das cidades".

L'Ami du Peuple é menos otimista: é preciso fixar o rei em Paris, até que a Constituição esteja pronta. "*L'Ami du Peuple* compartilha a alegria de seus prezados concidadãos, mas não se entregará ao sono." A Assembleia Constituinte vai então empreender a "regeneração" da França, enfraquecendo as instituições monárquicas e tomando o cuidado de dar muito poder a esse povo, ao qual no entanto a burguesia deve seu triunfo. Notar-se-á em todos esses textos um sincero apego de Restif de La Bretonne à monarquia, ao menos no começo da Revolução. Nesse aspecto ele representa muito bem o sentimento de uma grande parte do povo parisiense. Essa confiança ingênua no rei, tão amplamente expressa nos *Cahiers de doléances,* está ainda longe de se esgotar.

pente, com um estrondo insuportável. Foram as mulheres que se insurgiram. O alto preço do pão foi o pretexto: o desejo expresso, desde a moção Sainthuruge, de ter em Paris o rei e a Assembleia Nacional, o verdadeiro motivo. Admito que era esse o único meio de evitar a penúria e reanimar o comércio em Paris... Não censurarei esse projeto: ele trouxe uma vantagem, da qual eu próprio usufruo; e quem pode queixar-se, quando está aproveitando?...

De manhã cedo as mulheres da Halle se reuniram para ir a Versalhes. Não há o que temer nessas mulheres; são boas cidadãs. No entanto, duas espécies de pessoas se misturam a elas: homens disfarçados, que sabem do verdadeiro projeto, e criaturas vis, a escória e o detrito da civilização, as quais, depois de se terem prostituído quando jovens, são velhas cafetinas e intrigantes. Foram estas que provocaram toda a desordem.

As mulheres da Halle, assim misturadas, percorreram as ruas, detendo todas as pessoas de seu sexo e tendo um prazer malicioso (falo do conjunto) de arrastar na lama as mulheres e moças delicadas. Havia assim, no lodaçal, marquesas, condessas e, entre outras, uma baronesa, que parecia desempenhar seu papel com um certo deleite...

Antes, porém, de prosseguirmos com nosso relato, apresentemos o do *Courrier National*:

"Ontem, no *Oeil-de-Boeuf,* três criadas da rainha, depois de comprarem fitas brancas, decoraram os chapéus de nossos execráveis inimigos, ou de homens fracos o suficiente para se deixarem seduzir pela linguagem dessas sereias perigosas. Para terem a honra de serem condecorados cavaleiros por essas fêmeas aristocratas, ajoelhavam-se e, nessa postura humilde, recebiam a insígnia branca como a única que deveriam usar, segundo essas mulheres; recusá-la, diziam elas, seria insultar e trair o rei. Essa audácia inconsequente deve inspirar mais piedade do que fúria às pessoas sensatas. Entretanto, como tais gentilezas têm uma influência perigosa na triste conjuntura em que nos encontramos, essas nobres paladinas deveriam ser mandadas à Salpêtrière para distribuir condecorações."

PRIMEIRA PARTE

Carta de um bom cidadão de Versalhes
a propósito das insígnias negras

"Apesar da retratação do *Courrier de Versailles à Paris*, é bem certo que o estandarte da liberdade foi pisoteado. O que anunciamos ontem a esse respeito foi bastante confirmado: temos os mais fortes motivos para nos mantermos alertas. Estamos cercados por inimigos; se não os esmagarmos, estaremos perdidos. A seguinte carta informará nossos leitores, de forma sucinta, de todos os detalhes da cena escandalosa que originou os distúrbios que vemos nascer."

Versalhes, 4 de outubro de 1789

"Senhores: Fala-se muito em Paris da conduta indecente do regimento de Flandres. Ninguém melhor do que eu, porém, para informá-los da orgia escandalosa que a provocou: fui testemunha. Importa à conservação de nossa liberdade dar os pormenores... Na última quinta-feira, como todos sabem, deu-se um grande banquete em homenagem aos dragões, aos soldados do regimento de Flandres e ao corpo de guarda na sala do Ópera de Versalhes. O rei e a rainha, sem dúvida aconselhados por inimigos tão imprudentes quanto estúpidos, no momento em que todos estavam altos pela boa comida e pelos licores, apareceram nesse festim! Franceses, a sangue-frio, deixar-se-iam cortar em pedaços pelo soberano, ao senti-lo mais próximo deles. Os militares bêbados acumulavam loucura sobre loucura, inconsequência sobre inconsequência: foi o que aconteceu. Fez-se passar o delfim de mão em mão, e essa criança encantadora, com sua amabilidade ingênua, inspirou o entusiasmo do amor até a extravagância. A rainha, cedendo talvez demais aos arrebatamentos que seu augusto esposo e seu filho suscitavam, tirou uma cruz de ouro que levava ao pescoço e, não se sabe muito por quê, deu-a de presente a um granadeiro. O rei bebeu com eles. Gritaram: *'Viva o rei! Viva a rainha!'* e tomou-se cuidado em não gritar: *'Viva a liberdade! Viva a santa liberdade!'* Contudo, honraram-se os defensores de nossos direitos, nossos salva-

dores, os Menous, os Targets, os Chapeliers, os Rabauds, os Thourets, os Biauzats, os Barnaves e outros, com os epítetos mais injuriosos.
Cantaram os versos de *Ricardo Coração de Leão:*
O Richard, ô mon roi!
L'univers t'abandonne!
De repente, a essas palavras, tomados por um impulso insensato, que dificilmente a efervescência da embriaguez desculpará, todos, com uma voz culpada, gritaram a um só tempo: '*Só reconhecemos nosso rei! Só reconhecemos nosso rei! Não pertencemos à nação!*[37] *Só queremos pertencer a ele!*' Então, arrancando dos chapéus o distintivo nacional, esse símbolo da união, da fraternidade, da liberdade, esses sacrílegos o pisotearam! A partir daí, os excessos criminosos, que nos devem fazer estremecer, não param de se repetir; insulta-se indignamente, todos os dias, os verdadeiros cidadãos que, em Versalhes, como em Paris, consideram como glória maior marchar sob o estandarte da pátria e se sentem honrados em vestir o uniforme nacional. Nossa humilhação, nossa desgraça atingirá o auge se a espada da vingança e da justiça não cair sobre a cabeça de nossos inimigos traiçoeiros!

Inseri, eu vos peço, senhores, esta carta em vosso jornal: é fundamental que toda a França, toda a Europa saibam como estão se comportando em relação a nós; como fazem para seduzir as tropas que pareciam servir aos interesses da nação.

Tenho a honra de ser, etc."

Partida dos cidadãos de Versalhes

"O rumor, difundido no domingo, da injúria feita à nação fermentou durante a noite na cabeça de todos. O descontentamento geral, aumentado pela escassez prolongada do alimento mais necessário à vida, estourou esta manhã em todos os quarteirões da capital. As mulheres da Halle, reunidas em bloco, logo acompanhadas dos empregados e de outros trabalhadores, espalharam-se pelas ruas, a partir da

---

37. Eis o cúmulo da loucura! [N.A.]

Ferronnerie, forçando todas as mulheres a segui-las, chegando até a entrar nas casas para aumentar o número. No Hôtel-de-Ville, as lojas de armas e munições foram saqueadas. Dali, essas novas amazonas, arrastando consigo um canhão, puseram-se em marcha em direção a Versalhes. Os homens não tardaram a seguir seu exemplo, e hoje à tarde, por volta de cinco horas, vimos passar um exército inteiro de guardas nacionais, soldados ou não, misturados a voluntários de todas as idades e de todas as camadas, seguindo a passos largos o caminho de Versalhes, tambores rufando, estandartes desfraldados e uma artilharia... Essas tropas eram comandadas pelo jovem e generoso guerreiro, tão caro à liberdade francesa.

O que fará todo esse aparato formidável, esse exército patriótico? Nada, sem dúvida. Pelo menos é o que esperamos, desejamos. A aristocracia que, protegida pela calma, quis levantar sua cabeça odiosa, voltará ao antro de trevas onde se escondera; e essa segunda lição, essa unanimidade súbita dos verdadeiros amigos da pátria, sua prontidão em reprimir a audácia das iniciativas de nossos inimigos, talvez se imponha a eles para que não mais ousem acalentar a esperança de nos subjugar.

Às quatro e meia da tarde as mulheres da Halle chegaram a Versalhes. O rei estava caçando: um mensageiro foi avisá-lo para se abrigar em lugar seguro. Sua Majestade chegou, mas as mulheres não o viram. Foram recebidas com distinção pela guarda burguesa, pelos dragões nossos bons amigos e pelos soldados de Flandres, novamente cidadãos. Nunca será demais admirar a coragem e a ordem dessas heroínas da liberdade. Está escrito, portanto, no livro dos grandes destinos deste império que a grandeza orgulhosa será esmagada para sempre.

Os guardas, expulsos por essas mulheres, decidiram ser corajosos: fugiram por diferentes caminhos sem dizer palavra. Apenas um deles foi imprudente: ao passar pela avenida de Paris, então tomada pela multidão, levou um tiro fatal.

Ontem, domingo, 4 do corrente, os soldados do regimento de Flandres se reuniram com parte dos burgueses; beberam juntos *à saúde do rei e da nação;* amaldiçoaram o corpo de guarda e passearam gritando: 'Viva a nação! Ao diabo com o corpo de guarda do rei!

Bebemos o vinho deles, mas nós... deles!... E se nos mandarem ir contra os burgueses, não obedeceremos.'"

Retomo o relato interrompido.

Parte das mulheres armadas puseram-se a caminho ao meio-dia, até mesmo antes. Junto com elas iam homens disfarçados: a maioria das burguesas procuraram fugir. Os homens estavam armados. O povo pressionava La Fayette para que partisse. Os bandidos, no entanto, que sempre fazem das suas, em todos os levantes, haviam expulsado os representantes, e o comandante precisava, para partir, da ordem da municipalidade. Não obstante, o jovem herói desejava ardentemente partir. Ele sabia o quanto sua presença era necessária para a segurança do monarca e da Assembleia Nacional.

Durante os preparativos necessários, viam-se as mulheres desfilar. Uma jovem, bem bonita, montada num canhão arrastado por dois cavalos, parecia um general: "Eh! Fogem de mim?", dizia ela o tempo todo. "Avançai, vós também! Marchai, sem hesitar!", dizia aos que paravam... Ela mostrava uma parte de seus encantos e não se embaraçava com isso. Afirma-se até que teria respondido a alguém que a cobiçava: "Será para o soldado que melhor cumprir o seu dever!"

Às quatro e meia, o comandante-geral partiu, acompanhado da milícia nacional: ela era numerosa, pois pelo menos metade era formada de voluntários. A força dos elementos parecia ter se desencadeado contra os parisienses. Uma chuva fria os molhava até os ossos. Parte da tropa regular, exausta pela fadiga da véspera e pelas orgias, parava no caminho: outros, tentados pela perspectiva de um prazer fácil, interpelavam as amazonas com propostas amorosas. Mas estas, mais desejosas de chegar a Versalhes do que de gozar, prometiam favores aos galanteadores para depois do retorno da expedição.

As primeiras mulheres chegaram aos portões do castelo às cinco horas: era com elas que estavam os homens disfarçados, as prostitutas velhas e as bandidas; os dois últimos grupos iam saquear. Quiseram obrigar as sentinelas a arrebentar os portões e abri-los. Estas se recusaram: não se abre a porta a desordeiros, a furiosos, muito menos a furiosas... Estou longe de ser aristocrata! Abençoo a estada do monarca e da

Assembleia Nacional em Paris: digo mais, não censuro a coragem das honestas senhoras da Halle; mas os guardas seriam culpados de traição ao rei e à nação se tivessem imediatamente aberto os portões a homens disfarçados, a mulheres sem modos e descontroladas, estimuladas ainda por antigos espiões de polícia, os mais vis de todos os seres, porque os tenentes de polícia, cercados por celerados sem compromisso, não queriam dar-se o trabalho de escolhê-los. Logo os discursos dos espiões disfarçados e das cafetinas provaram como as sentinelas estavam certas. A primeira delas que resistiu, no entanto, foi morta; seu dever cumprido lhe custou a vida... Atribui-se à guarda burguesa a responsabilidade de ter atirado nos guardas do rei! Não! Não! Foi um moleque, um ladrãozinho da capital, astucioso, que deu o primeiro tiro de fuzil... Todos os esforços de um voluntário da Bastilha não puderam salvar um companheiro: esse voluntário abandonou-o, com medo de ser também atingido; o uniforme nacional não teria sido respeitado...

Pode-se dizer, todavia, que os guardas estavam errados: o banquete da quinta-feira anterior apresentara circunstâncias não somente imprudentes, mas criminosas, se as notícias forem fidedignas... A ariazinha que se cantou, *O Richard! Ô mon roi!*, era um ato indecente de compaixão, que visava enganar o rei sobre as disposições de seu povo... Se é verdade que as mulheres distribuíram distintivos com as cores da monarquia, elas mereciam uma punição severa... Se é verdade (o que não posso acreditar) que pisotearam o distintivo nacional, é um crime que mereceria a morte... Mas não acredito nisso, a menos que a embriaguez... Ah! É preciso evitar a embriaguez e os grandes banquetes em épocas de distúrbios civis! As grandes refeições sempre tiveram consequências funestas... E vós, guardas do rei, não tivestes culpa? Ah! O vergonhoso caso de Beauvais contribuiu mais do que pensais para a morte e o massacre de alguns de vós! Nunca, ó guardas do rei! Ó vós todos, meus concidadãos! Nunca o crime permanece sem punição! Quando os burgueses de Beauvais foram mortos na plateia do teatro por um bruto, um de vós, na ausência da lei, que se calou, era preciso que vós mesmos puníssseis os culpados... O reino inteiro vos teria aplaudido, e seríeis amados em Versalhes... E considerai, eu vos peço, que o merceeiro de Beauvais foi morto pelos vossos depois de um jantar... Considerai que sua mulher estava em trabalho de parto; que ela o havia afastado para lhe poupar as dores... Imaginai-vos no lugar dela quando lhe trouxeram o marido moribundo... Em meio à paz, apunhalar um cidadão no refúgio das diversões e do prazer é um crime horrendo e que mereceria a extinção de todo o corpo de guarda, que nele não reparou... Mas no dia 5 de outubro cumpríeis vosso dever...

Enquanto La Fayette não chegou, o crime, a insolência, o banditismo rugiram às portas do castelo. A consternação era geral. Mal se podia evitar a violência, e os guardas reais, apesar de sua resistência, foram obrigados a dar alguns tiros para defender suas vidas. Mas, por fim, às nove horas, La Fayette chega. O herói está assustado com a desordem: procura acalmar os ânimos. A quem falava ele, no entanto? As armas dos cidadãos honestos que o seguem fazem mais do que seus discursos. Ele corre para junto do monarca; assegura-lhe a fidelidade dos parisienses; informa-o de seu juramento, e foi só anunciá-lo para ver condescender o melhor dos homens e o melhor dos reis...

A rainha estava aterrorizada pelos gritos, não dos cidadãos, mas dessa turba vil de celerados e de mulheres proscritas que assaltava as portas dos apartamentos. Entretanto, tranquilizada pela palavra do herói dos dois mundos, voltou ao leito e, em um momento de calma, permitiu que o sono se aproximasse...

Que repouso esperar, no entanto, de uma multidão impaciente e inquieta, que só se acalmara para recuperar o fôlego?... Depois de alguns discursos, feitos no caminho pelas mulheres, o furor recomeçou por volta das três e meia. Ouvem-se gritos agudos... Foi nessa ocasião que se viu o que tanto se divulgara: que a indolência extingue o valor... Oficiais educados no luxo e na comodidade sentiram sua coragem enfraquecer: fatigados pela noite passada em claro, e ainda mais pelos gritos, eles tremiam!... Não são mais esses cavaleiros com armaduras de ferro, do século de Francisco I; são mulherzinhas molengas, menos corajosos do que as próprias mulheres. E eis como o nobre, o opulento, paga por fim a injúria e a opressão sobre o pobre que ele despojou. Está acostumado a depender dos serviços daquele que avilta. O momento da insurreição chega; o opulento e o delicado religioso veem-se reduzidos a tremer diante do populacho, acostumado com o trabalho! Esses oficiais, que eram louvados em nossas insípidas comédias, indo do prazer à glória, sem o canhão, que eles não manejam, sem o soldado, que eles comandam a cavalo (pois suas pernas não os sustentariam), não chegariam, esgotados pelo prazer, com suas devassas, senão à vergonha da derrota!...

Disse que eles tremiam. Ouvi isso de um tenente-coronel. O rei se levantara. La Fayette estava a seu lado. Luís XVI não tinha medo; ele ouvia seu coração, que lhe dizia que um bom pai só recebe homenagens de seus filhos... No momento em que conversava com o general, ouviram-se gritos: "Salvem a rainha!"

Direi aqui a horrível verdade, ou devo me calar?... Mas por que me calaria, se comecei por desculpar a nação?... Por que me calaria, já que designei os infames, essa escória dos povos, receptáculo de toda baixeza e de toda degradação humana... Antonieta, mulher destinada pela natureza, mais ainda que pelo nascimento, a ser uma rainha adorada, vós, a obra-prima de vosso sexo, a quem só se pode censurar por ser atraente demais. Ó rainha! Sabei que, naqueles tempos severos, em que os mínimos escritos licenciosos eram punidos com rigor, os escritos sacrílegos publicados contra vós eram impressos pelos espiões de polícia, os únicos suficientemente audaciosos, suficientemente donos dos meios para fazê-lo sem medo. Sabei, ó ministros atuais, que, em seguida, esses celerados sacrificavam trabalhadores ignorantes, somando ao dinheiro ganho com sua captura, com seu sangue, aquele recebido com a venda das obras! Sabei que é assim que o mais culpado dentre eles tem quarenta mil libras de renda!... Ó rainha, favorecei com todos os vossos poderes a liberdade de imprensa, a liberdade do exercício da profissão de editor, e os libelos infames serão mais raros, os autores serão mais facilmente descobertos, e os divulgadores de falsas notícias serão castigados pela lei!... Mas voltemos.

Os espiões disfarçados de mulheres, esses proxenetas de profissão, que vivem dos crimes mais atrozes e mais baixos, estavam reduzidos à desocupação absoluta pelo novo regime: auxiliados por instrumentos cegos, seus informantes, acreditaram poder derrubar o Estado instigando o mais horrível dos crimes. A rainha, que esses sacrílegos ousaram ameaçar, acorda aterrorizada; ela sai do leito e corre, seminua, para o abrigo mais seguro, os braços do rei. Com efeito, o regaço do monarca era, naquele momento terrível, o refúgio mais sagrado, o único do reino... Ela bate à porta. Não a ouvem. Seu terror aumenta... Por fim, os gritos de fora fizeram o rei pensar que a rainha podia estar assustada: quis ir ao seu encontro, e foi seu carinho que salvou Antonieta. Mal abrem a porta, a soberana, com o delfim nos braços, precipita-se para seu augusto esposo, com um grito que gela de horror homens acostumados a nada temer... Que cena!... Mas o que a ocasionava?

Os bandidos e as mulheres da rua tentavam derrubar a porta da rainha. O corpo de guarda os repelia. No entanto, objetos da execração pública em virtude do falso boato de que haviam atirado nas mulheres, iam ser obrigados a ceder: nisso, os granadeiros das guardas francesas, que sentem crescer em seu coração o amor pelo rei e por tudo o que lhe diz respeito, indignados com os gritos atrozes das mulheres perdidas, correm ao alcance dos guardas do rei, abraçam-nos e dizem-lhes: "Sustentamos a mesma causa!" Esse ato é imortal e deve tornar caros a toda a família real, a toda a França, esses corajosos granadeiros. Nessa circunstância, cada um deles valia por cem homens... Repeliram os tigres, cujas horríveis expressões denunciavam seus objetivos. É desse modo que o crime imprudente trai a si próprio.

Estando a rainha em segurança, ao raiar do dia, La Fayette tomou as providências para acompanhar o rei a Paris. O monarca, cujos desejos se adivinhavam (pois ele sentia que a capital necessitava de sua presença), apressava a partida. Só chegou, porém, por volta das seis horas da tarde no Hôtel-de-Ville... Eu digo porque vi; todo mundo ficou sensibilizado com a conduta dos guardas do rei, que, misturados ao povo, o distintivo nacional no chapéu, gritavam: "*Viva o rei! Viva a nação!*" Com efeito, era o mesmo grito: o rei é um chefe, e a nação, o corpo; são um só. Na verdade, enquanto perduram os Estados Gerais, o rei deixa a nação fazer as leis que ela quer ver executadas por ele; ele se reconhece representante:

cede o lugar aos representados, mas o retomará assim que a lei estiver pronta, pois não é preciso mais do que um chefe para executá-la...

A rainha oferecia um espetáculo ainda mais tocante: mostrava o delfim sentado em seu colo; ela o mostrava ao povo, do qual ele é a esperança. Afirma-se que essa augusta criança falou várias vezes, mas não tenho certeza disso.

Às oito e meia, o rei estava de volta às Tulherias.

Que outros se encarreguem de pormenores inúteis. Quanto a mim, só quis dizer coisas que resultem em algum bem. Desculpei a nação: procurei esclarecer as pessoas que imaginam que os parisienses violentaram o rei, a Assembleia Nacional; a verdade é que a presença do rei em Paris era necessária para o funcionamento dos negócios e para o bem de todo o reino. Paris é a rainha das cidades, assim como o rei é o chefe dos homens. Não pode haver prosperidade, não há glória nacional sem a união dos franceses a seu rei, sem a união das cidades a Paris. Descreveu-se a cidade como antropófaga. Não é verdade! É ela quem dá as delícias, é a amante do reino; se ela torna o reino feliz, não há nada que a pague. Ainda mais, retribui tudo o que lhe é dado... Amante generoso! Não lamentes tuas dádivas! Se não há nada mais vaidoso do que tua amante, não há nada de mais amável, e sua própria vaidade te beneficiará!

FÉLICITÉ OU O AMOR MEDICINAL[38]

"Estamos em 1790. Estará a caminho uma nova crise?... Não, não!, dizia Tefris aos cinquenta e cinco anos e meio; o de 1786 foi meu

---

38. O relato revolucionário se interrompe mais uma vez para dar lugar a uma aventura amorosa. Tefris, evidentemente, é La Bretonne, que tem exatos "cinquenta e cinco anos e meio" em 1790. Em seu *Calendrier*, que é uma "lista", não de "mil seres", mas das 365 mulheres cuja lembrança La Bretonne homenageia (na verdade, os 365 dias do ano não são suficientes, e há dias em que é preciso comemorar duas "santas"). Félicitette Prodiguer figura, em 16 de dezembro, junto com Victoire Trotel. A nota que lhe consagra La Bretonne é então muito seca: "1786. Félicitette Prodiguer. Ela é bastante conhecida pela história. É a nona e última de minhas grandes aventuras. Eu a comemoro."

último amor. Meu primeiro amor foi Agathe Tilhin. Eu tinha seis anos; quatro anos depois, amava Marie Fouard; eu tinha dez; quatro anos depois, foi Jeannette Rousseau: eu estava com catorze. Quatro anos mais tarde, em meio a um turbilhão que me fazia correr atrás de novos e variados amores, desejei Marie-Jeanne, Manon Prudhot, Madelon Baron, Colombe, Marianne Tangis, Adélaïde Mélos, Rose Lambelin, as senhoritas Laloge e Lalois, Dugravier e Linard: eu adorei... em excesso!... a senhora Paragon!... Quatro anos depois, Zefire... Quatro anos depois, Adélaïde Nécard; mais quatro anos, Rose, a celestial Rose, irmã da amável Eugénie... Quatro anos depois, Élise... Quatro anos depois, Louise, a ingênua, a tocante, a provocante Louise, tão digna da amizade que teve por ela a incomparável Thérèse! Quatro anos depois, Virginie, essa moça que de pérfida e infiel, por inexperiência, tornou-se boa... Quatro anos depois, Sara, que fingia tão bem fidelidade, afeição... Quatro anos depois, Félicité, moça deliciosa, vaidosa, mas decente e até honesta...

É uma grande singularidade essa sequência de quatro anos que dividiram minha vida em nove partes iguais... A décima vai acabar!... Infelizmente, ela não trará um novo amor!" Assim se exprimia o cinquentenário quase sexagenário Tefris, quando o abordamos...

"Contai-nos vossas aventuras, Tefris", dissemo-lhe. "Já foram todas contadas", respondeu; "só me resta uma ainda não relatada, e é a única que vos quero contar. Não quero que me acusem de tagarelice.

Estávamos em 1786. Eu era então amigo de um velho general de artilharia, que algumas vezes me convidava para jantar, acompanhado de minhas duas filhas. Um dia, ao me convidar por escrito, de uma maneira formal que lembrava a vida militar, acrescentou no final: 'Devereis apanhar no caminho uma senhorita no Port au Blé, um soldado da guarda e um cobrador de impostos, que jantarão conosco. Peço perdão a vossas filhas pela companhia que lhes ofereço, mas será preciso passar por isso para jantar comigo amanhã, passear sob minhas tílias e desfrutar das festas campestres.'

No domingo, ao meio-dia, fomos ao Port au Blé. Lá encontramos a senhorita Félicité, com a qual estava já um oficial do corpo de guarda, irmão do general, e o irmão da moça, diretor de uma administradora de fazendas. O irmão e a irmã estavam então adquirindo um belo sítio, do qual o general queria desfazer-se.

Pouco nos falamos. O velho militar e as três mulheres subiram no carro enviado pelo anfitrião, e nós fomos a pé, o diretor, um jovem advogado geral de um parlamento de província e eu.

Durante o jantar, conversamos, rimos. Fizemos um passeio no jardim, após a refeição. Foi nessa ocasião que tive a oportunidade conhecer Félicité... Ela não era bonita, mas seu rosto era amável e atraente; o tom de sua voz era agridoce, porém harmonioso, não deixando transparecer qualquer aspereza. Tinha os olhos negros e brilhantes, a boca pequena, o pescoço comprido, as pernas perfeitas, o pé pequeno e charmoso. Era realmente capaz de virar a cabeça de um homem de cinquenta e dois anos. Ela parecia querer ligar-se a mim. Elogiou-me; fiquei sensibilizado, mas não descobri a razão. Ela era bem mais rica do que eu; conhecer-me não lhe traria vantagem alguma. Eu admirava essa inclinação por alguém mais velho...

Tive a sorte de levá-la até sua casa, à noite, pois a carruagem passava em frente a sua porta. Minhas filhas continuaram o caminho e eu fiquei... Félicité, tomada por um espírito festivo, pois viera de uma reunião alegre, estava numa espécie de embriaguez... Sentou-se; eu me sentei no mesmo sofá; conversamos. Logo a acariciava e a considerava a mais amável das moças!... Reserva, decência, mas não um excesso de pudor... Duas horas se passaram de maneira deliciosa!... O irmão voltou, e eu me retirei.

Eu não estava apaixonado, mas me sentia encantado. Via Félicité todos os dias. O encanto aumentou, e nunca foi tão doce!... Sei admirar as mulheres: Félicité foi digna de louvor nos menores detalhes, sua voz, seu modo de falar, suas brincadeiras, seu corpo, seu caráter, o modo de elogiar, todos os encantos. É que uma mulher de trinta anos, cujos atributos físicos se louvam, é bem mais sensível ao elogio do que uma moça de dezessete: com toda razão. Quanto ao caráter, veremos por que Félicité gostava que se elogiasse o seu.

Essa moça tinha habilidade, e a habilidade é infinitamente útil para os homens de cinquenta e dois anos, tal como eu a experimentara, por volta dos quarenta e cinco, quarenta e seis anos, com Sara. Jamais alguém agiu com tanta arte, economia e suavidade... Eu estava então doente: Félicité, cujo nome era expressivo, tinha a arte de curar. Tivera, durante dez anos, um amante a quem ela amava, e cuja vida salvara pela felicidade. Ele tinha os pulmões frágeis; estava ameaçado por essa doença cruel, que se pode chamar o fogo de Meléagro. Enquanto esteve ao lado de Félicité, as doces carícias da moça, um amor terno, administrado em pequenas doses, mantiveram no sangue e no espírito do jovem Coupenoir uma circulação benéfica. A ambição, um belo posto, para o qual Félicité foi de certo modo a caução, afastaram-no dela. Foi como uma árvore arrancada: ele perdeu a seiva e a vida!

Minha situação foi inversa: sobrecarregado de sofrimento, de trabalho, eu sucumbia, quando conheci Félicité. Essa moça quis conservar-me; empenhou-se, por motivos particulares, em prolongar minha vida; só queria ser amada. Ela o conseguiu, assim que soube de meus gostos naturais e artificiais: era muito bem-dotada para os primeiros, como se viu. Quanto aos segundos, eles dependiam de sua toalete, e ela era absolutamente mestra nessa arte, com seu gosto distinto. Estudou todos os penteados: o chapéu negro à inglesa era o que lhe caía melhor; ele encobria levemente seu rosto e lhe dava mais delicadeza. Banhava-se todos os dias; era de uma limpeza impecável, estonteante; os sapatos eram cuidados até o exagero. Ela me fez assistir à sua toalete; leu meus olhares em todas as fases desse ritual: impressionou-me; e nesse momento foi aos meus olhos a mais provocante das moças. Reservada na intimidade, era terna, atenciosa, durante o passeio no jardim do general. Era lá que ela permitia, ou fazia às escondidas, uma dessas carícias que deixavam no coração uma sensação deliciosa...

Logo percebeu o efeito de suas atenções: aumentava o charme enquanto eu rejuvenescia. Quando ia jantar na cidade em uma casa para a qual eu não fora convidado, pedia-me para levá-la e dizia a hora em que eu deveria apanhá-la, à noite. Eram encontros amorosos; eu fazia o papel de um jovem extasiado que espera a amada. Félicité, sempre encantadora em sociedade, era cortejada pelos velhos oficiais. Ela se esquivava, evitava seus afagos e vinha encontrar seu preferido em um canto, e com ele essa ninfa suave voltava a pé para casa.

Em menos de seis semanas fiquei livre da dor no peito. Estava sempre ocupado com Félicité: eu a deixava bem tarde e a revia de manhã; jantava com ela quase todos os dias. Era a felicidade propriamente dita: a felicidade e a saúde são como irmão e irmã.

'Félicité!', dizia-lhe eu, 'como teu nome é adequado...' Foi assim que passei de 5 de maio, dia do primeiro encontro, até 29 de junho, quando Félicité partiu com o irmão, levando consigo minha filha mais velha.

Depois que ela se foi, esperei sentir sua falta. Sara, que não chegava aos pés de Félicité, por uma série de motivos, causara em mim uma saudade violenta. Sara era paga... Félicité, livre, minha igual, fizera-me reviver esses dias felizes, quando a juventude ama a juventude, e é amada. Não senti saudade alguma, no entanto; ao contrário, respirava com mais liberdade. Félicité me encantara até o último instante, e mesmo assim ela me cansava! E por quê? Refletindo depois, descobri que era pelos mesmos motivos que tornam os jovens inconstantes: ela me tornara seu igual, e eu não a encarava com esse sentimento profundo que inspira a moça jovem e protegida, que nos parece fazer um favor deixando que paguemos. Eu chorara por Virginie. Não conseguia, sem um doloroso enternecimento, recordar Louise e Thérèse; é verdade que estas me haviam encantado na maturidade, e que elas me amavam: a impossibilidade cruel em que me encontrava, descrita com tanta força no *Drame de la vie,* impressionara. Félicité, ao contrário, fizera-me sentir uma espécie de paixão que eu ainda não conhecia. Era um amor de marquês; um desses amores das pessoas da alta sociedade, que se convencem de que estão muito apaixonadas. Para mim, que sempre amara até o limite da raiva, e que conhecia não o amor curativo, mas o amor destrutivo, fiquei encantado de ter aprendido, aos cinquenta e dois anos, para ensinar a meus concidadãos, que uma mulher como Félicité é um excelente remédio para uma triste doença. Encorajo as mulheres que se interessam por determinados homens a utilizar essa receita. Os maridos, se é que essas senhoras são casadas, não devem ter ciúme; não é preciso acontecer nada de essencial entre o doente e seu amor medicinal: existem emoções, enternecimentos leves, admirações, o prazer da diversão, nada mais. As mulheres não se ligam ao doente. Elas o deixam sem sofrimento, e são deixadas do mesmo modo. Se é que posso julgá-las a partir de Félicité, são rosas absolutamente sem espinhos. Mas chega de reflexões.

Depois da partida de Félicité, trocamos algumas cartas. Os negócios, porém, que sua presença suspendera, retomaram o primeiro lugar na minha vida. Esquecemos um do outro. Ela fez algumas viagens a Paris; não nos vimos mais. Tal indiferença não é natural. Mas ela tinha seus motivos, embora eu os ignorasse.

Enquanto me cumulava de favores, de amizade, Félicité me traía cruelmente; ela impedia... que uma pessoa que me interessava muito conseguisse manter um relacionamento vantajoso comigo. Atingia-me assim no ponto mais sensível. É preciso que haja, entre as almas, certas relações: diferenças desconhecidas impedem que elas se confundam? As nossas 'colavam', mas não se misturavam... Essa descoberta, posterior a nossa ruptura, não foi a causa; apenas a confirmou.

Não se ficará surpreso agora se eu acrescentar que Félicité não era fiel. Que ela tinha três outros amantes, com os quais essa voluptuosa compensava a moderação tão sábia com seu doente. Quando soube de tudo isso admirei a impenetrável profundeza do coração feminino... Mas a própria impenetrabilidade é às vezes um bem, como se acaba de ver no meu caso. Seis semanas de felicidade devolveram-me a saúde por quatro anos. Sinto, no entanto, que teria necessidade de uma nova dose de Félicité!... Mas quem me dará? Onde encontraria eu uma mulher que tivesse a bondade de me enganar ainda, aos cinquenta e cinco anos e meio, para me prover de saúde até os sessenta?"

Assim nos falou Tefris, numa noite em que o encontramos no Palais-Royal. Conhecemos Félicité melhor do que ele. Essa Félicité, órfã, criada pelo irmão, quer um bem enorme a seu benfeitor! Ela o prefere a tudo, a seus amantes, a ela mesma. Curou Tefris unicamente porque acreditava que ele pudesse ser útil ao irmão. Eis por que quis conquistá-lo, torná-lo feliz, enfim. Seus outros amantes, do mesmo modo, só eram recebidos, favorecidos, devido ao irmão, que sempre ignorou essa devoção de sua irmã. Não sei se Félicité é sensata, mas, de qualquer modo, leitores, eu vos desejo uma irmã semelhante... Oxalá seu irmão nos lesse, para saber tudo o que deve a ela!

EXORTAÇÃO[39]

Franceses! Não adormeçais! Temei os aristocratas, esses inimigos da regeneração, partidários dos antigos abusos; esses vis sugadores de pensões e de todos os favores criminosos, cuja lista assustadora, registrada no *Livre rouge,* ao mesmo tempo indigna e consola. Nada mais cômodo do que jogar por terra esse enorme fardo. Falou-se que era necessário diminuir as vultosas pensões. Não era isso que precisava ser dito: devem-se suprimi-las inteiramente de quem já possui mil escudos de renda... Ó Léopard! Ó Licorne! Ó Griffon, que viveis suntuosamente dos benefícios do Estado, que serviços prestastes a ele!... Não falo de vós como literatos, e não sois talvez os piores dos pensionistas, principalmente Griffon. Ele traduziu *Thécolife,* escreveu *Elmanie* e, embora com certa rigidez, versificou *Kicraww.* Mas quantas sanguessugas públicas são inferiores em mérito a Griffon!...

Nação francesa, não alimenteis mais os Léopards, os Licornes, os Griffons! Alimentai os cavalos de trabalho, o boi, até o burro; eles são necessários; alimentai a ovelha, o carneiro, o porco, a cabra; eles são úteis; ajudai a abelha e mesmo o bicho-da-seda; eles são agradáveis;

---

39. La Bretonne recorre, nessa peroração, à alegoria animal, restabelecendo por meio dela uma antiga tradição medieval e popular. As pensões suscitavam, nos *Cahiers de doléances,* vivos protestos. Em 1781, pela primeira vez na França, Necker faz ser divulgado o orçamento, sob o título de "Compte rendu au roi" (prestação de contas ao rei). Ainda que essa prestação de contas tenha sido bastante suavizada (as despesas de guerra não figuram nela; as receitas foram aumentadas), ela revela aos franceses a enormidade das pensões que eram despejadas pelo tesouro real e a que ponto o orçamento do Estado era onerado pelos privilégios.

pode-se até tolerar o macaco; ele diverte; além disso, o homem lhe deve uma certa consideração, por causa da semelhança. O cachorro e o gato são animais necessários e, embora fosse útil dispensá-los, a dedicação tocante do primeiro e as adulações do segundo suavizam os infortúnios da vida; é um luxo: então, deve-se proscrevê-lo totalmente?... Contudo, o lobo, o tigre, a hiena, o crocodilo, a serpente sinuosa, a fuinha, a doninha insinuante, o rato, o incômodo camundongo, é preciso destruir esses monstros e esses vermes! Conservai somente o leão, para lançá-lo sobre nossos inimigos! Protejamos o camelo, para atravessar os desertos!...

Comecei pela sátira, que substituí por uma parábola. Ambas serão facilmente compreendidas...

Haveis visto, ó franceses! Na manhã do dia 21 de outubro, um infeliz... levado ao poste fatal porque era suspeito de reservar seu pão para alimentar as redondezas da Assembleia Nacional... Passo sobre esse incidente terrível, comandado, como os outros, pelos inimigos da nação: ele produziu a lei marcial, lançada não em favor dos leopardos, dos tigres, da hiena e do crocodilo, como se pensou em um distrito, mas para preservar o cavalo, o boi, a ovelha e o camelo.

Parlamentos de Rouen e de Metz, de Dijon, de Rennes, de Toulouse, de Bordéus! Imprudente bispo de Tréguier! Ó Robins! Ó clero! *Quae vos dementia cepit?* Que loucura é essa, a vossa? Não sentis que chegou o momento da regeneração? Que vos opordes é piorar vossa sorte, é mostrar imprudentemente que vossa causa é diferente da do gênero humano?... Ah! Cedei, se não quiserdes irritar as próprias pessoas que até o presente lamentaram vossa sorte e vos pouparam. Está feito: é preciso que as fantasias de minha infância se realizem. É preciso que o princípio fundamental do cristianismo se desenvolva e que ele produza a igualdade como seu fruto natural... A paixão em si, com um odioso egoísmo, opõe-se a essa concessão em vosso coração. Essas baixas motivações, no entanto, são viciosas e excitarão apenas a indignação... Os Montmorencys, os bispos de Autun, os Sieyès, os Clermont-Tonnerres foram sábios, agiram com sabedoria, enquanto os V..., os M..., os cardeais d'..., de ... e de ... foram para a esquerda! Em compensação, os próprios ministros tiveram a imprudência de revelar seus sentimentos aristocráticos!...

Ouvistes com que vigor a Assembleia Nacional rejeitou a audácia do parlamento aristocrático, que se arrogava a representação da Bretanha? Vedes Favras apanhado... Bezenval detido... Todos os seus desmentidos ainda não os salvaram... (E Favras foi punido.) Marat, endemoninhado, ou louco, energúmeno injusto, que busca destruir a confiança nos pais do povo, falso realista semianalfabeto, não é detido arbitrariamente: um decreto é emitido pelo tribunal; e no entanto seu distrito o protege!... Ele está certo?... Ninguém ousa dizer que está errado, ninguém ousa dizer que tem razão. Ele defendeu a liberdade sagrada!... Mas é preciso obedecer às leis... O distrito não deveria conduzir Marat aos juizes, e depois trazê-lo de volta? É esta minha opinião.

Sejamos unidos, ó concidadãos! Que as províncias não encarem a capital como uma cidade particular. Que não tenham ciúme. Não somos todos de Paris, mas essa cidade tornou-se nossa pátria: ela adota, como boa mãe, todos os seus habitantes. Ela os defende, os protege... Eis uma conversa que ouvi uma tarde no Palais-Royal.

Um parisiense tentava convencer um grupo de provincianos.[40]

"A cidade de Paris", dizia ele, "é invejada pelas da província. Pensai nisso, concidadãos: o que é a capital de um reino? Não é a cabeça e o coração? Ou o estômago?... Mas não apresentemos esta imagem, que lembra o velho panegírico de Menenius. Quero pensar em imagens mais alegres. A capital é uma amante querida, um pouco sedutora; ela acolhe todo mundo. Mas, ao contrário das cocotes comuns, quanto mais ela acolhe os preferidos, mais os

---

40. Este elogio a Paris é uma das passagens das *Nuits* que mereceriam figurar em uma antologia. Vê-se que, em La Bretonne, o rousseauísta e o ecologista fora de sua época não sobrepujam o apaixonado de Paris, de suas ruas e de seus espetáculos. Ele deixa o elogio ao campo e à virtude agreste para *La Vie de mon père* ou para as primeiras páginas de *Monsieur Nicolas*. Nas *Nuits,* ele canta Paris, inaugurando assim uma poética da cidade que será enriquecida por Baudelaire, Nerval, Aragon e tantos outros.

torna felizes. Enfeitemo-la todos à vontade! Tudo o que lhe dermos, ela nos devolverá em prazeres. Essa amante querida é uma rainha, que vai transformando em reis ou deuses cada um de seus amantes. Com efeito, concidadãos, se um gascão de Collioure, um bretão de Nantes, um normando de Saint-Lô, um delfinense de Senez ou de Embrun, um habitante dos Landes, de Beauce, de Navarre, de Limousin, de Poitiers e de Quatrevallées quiserem, durante quinze dias, provar os prazeres dos príncipes, proporcionar a si o gozo autêntico de todas as delícias, o que devem eles fazer? Não muita coisa: juntar uma insignificante soma de dinheiro, vir a Paris de condução pública e dizer, ao adentrar na amante comum, na distribuidora do prazer: 'Ó deusa! quero ser rei, príncipe, durante quinze dias. Dai-me todos os prazeres e dizei-me quanto devo pagar.' 'Meu amável amigo', responderá polidamente a sedutora capital, 'eu vos proporcionarei espetáculos deliciosos, lindas mulheres, passeios soberbos, concertos sagrados e profanos, cerimônias de todos os tipos, vestimentas, livros e pessoas cultas; tudo isto pelo vigésimo quarto milionésimo do que essas coisas custariam a um homem que quisesse aproveitá-las por sua conta. O francês da província não é ludibriado: ele dá qualquer dinheiro, trinta ou quarenta e oito vinténs, e vê no teatro National, representadas com pompa e verdade, as obras-primas de Corneille, de Racine, de Molière, de Voltaire, de Crébillon, de Regnard, de Destouches, de Lachaussée... Ele paga vinte e quatro vinténs e vê no teatro Italien a pequena ária satírica, ou a terrível moral do drama; ou o *vaudeville* libertino. Ele dá quarenta e oito vinténs e vê no Opéra... *Phèdre* e Sainthuberti; *Tarare,* que custa milhões... Por trinta vinténs ouve a deliciosa música da Itália, feita para os ouvidos dos deuses. Ele dá vinte vinténs e as Variétés o divertem como a um monarca... Ao sair... abuso fatal... mas enfim ele existe!... encontra algumas huris, que chegam a superar aquelas que Maomé promete a seus virtuosos seguidores... Ele..."

"Parai!", diz um camponês. "Parisiense! Querendo louvar a capital, vós a condenais aos olhos das pessoas severas. Por que não a apresentais como a mãe de todos os franceses? Sim, a capital é a mãe de todos nós. Ela nos recebe a todos como filhos queridos; ela nos socorre com as artes, as ciências, as técnicas... Teve-se a impressão de que censuravam sua jurisdição muito extensa. Loucura! Ao invés de diminuí-la, seria necessário estendê-la a todo o reino, para melhor unificá-lo... O quê! Não quereis que um queixoso aproveite de sua desgraça para ver pelo menos uma vez a capital, o centro da vida, da civilização, e se torne de fato homem e francês?... Ah! filósofos, filósofos! Sois cegos!... Eu amo Paris! E aprendi aqui que era preciso vê-la para amar sua pátria, para ter orgulho dela, para elevar a alma.... Paris corrompe... sim, os maus... Ela aumenta a virtude dos bons... Exaltemos a capital: que ela seja o centro único... ou tudo se desmembrará... Tenho pensamentos sadios: que me escutem, ou tudo estará perdido!"

O *JOURNAL DES FRANÇAIS* OU O *RÉGÉNÉRATEUR*

Espetáculos.[41] No dia 1º de janeiro, representou-se pela primeira vez em Paris o *Réveil d'Epiménide*. É uma peça em um ato, *à tiroir*[42], do senhor Flins. Os conhecedores encontram nesta peça versos de Fontaines. O tema é conhecido e foi tirado de uma fábula grega. Além de uma peça muito medíocre de Paul Poisson, igualmente intitulada *Réveil d'Epiménide,* existe também a do presidente Hénaut. O senhor Flins, porém, inspirou-se em parte nas *Nuits de Paris,* na qual a fábula de Epimênides é tratada de maneira muito mais extensa, e também numa peça em três atos, intitulada *Epiménide,* que se encontra na *Femme séparée*. Há ainda outra peça, *Le Nouvel Epimé-*

---

41. La Bretonne faz aqui uma crônica dos espetáculos parisienses sob a Revolução, que não deixa de ter interesse. Sabe-se com efeito que o período revolucionário foi marcado por uma grande atividade teatral.
42. *Pièce à tiroir*: peça teatral cujas cenas se sucedem sem ligação umas com as outras, nem com a ação global. A trama compreende cenas estranhas à ação principal, mas nela implícitas. [N.E.]

nide ou La Sage journée, publicada há um ano: tem cinco atos e é tão minuciosa que constitui um volume separado. Não acreditamos que o senhor Flins a conheça, pois do contrário ele a teria aproveitado em sua peça, que é fraca, incoerente e sem imaginação, e cujas passagens mais aplaudidas poderiam ter sido escritas por qualquer um. Não queremos criticá-lo. Achamo-nos somente na obrigação de informar o público que o autor do *Nouvel Epiménide* ou *La Sage journée* não intitulou seu trabalho com base na peça do senhor Flins mas sim a partir de seu próprio *Epiménide,* que foi publicado em *Ingénue Saxancour ou La Femme séparée.*

No dia 2 de janeiro foi representada pela segunda vez *L'Esclavage des nègres,* da senhora de Goujes. É mais um espetáculo do que uma peça. Aliás, tudo nesse trabalho é desconexo; a trama é inverossímil e desprovida de interesse. O que importa ao atual problema da libertação dos negros que um escravo tenha fugido após assassinar o capataz? Esse é um crime que merece a pena de morte, e a autora parece não ter percebido que assim tirava todo o interesse do assunto. O capataz, que queria violentar uma jovem negra, ordena que ela seja açoitada pelo próprio amante, também negro, que ela preferia ao capataz: o negro o mata. Eis o resumo da ação. O herói é apresentado em uma ilha deserta, para onde fugira com a amante. A autora deveria saber que o tema serviria bem para uma novela ou para uma história, mas nunca para uma peça dramática. É preciso bem mais do que isso!... E, também, que episódios, que aventuras!... Duas ou três exposições, uma em cada ato; nenhuma unidade de ação; entradas e saídas gratuitas; cenas narrativas, quando se teria necessidade de ação, tropas, marchas... Que pobreza de recursos!... Coisa que se pode, entretanto, desculpar a uma mulher que, desprovida de sensibilidade, usa a todo momento a palavra para substituir a realidade. Sim, a autora é cem vezes mais desculpável do que os homens medíocres que se servem desses pequenos truques. Voltaire é praticamente o único a não ter abusado desse recurso.

No dia 3 representou-se *Charles IX* pela décima vez. Que assunto!... Mas e a peça? Será que ela foi composta segundo os princípios dos gregos, que, visando tornar odiosos os reis, apresentavam aos cidadãos livres os crimes dos déspotas de Tebas, assim como os dos Átridas?[43]

No dia 4 foi representada *L'Honnête criminel* pela primeira vez. O tema é terrível, pungente e enternecedor... Porém, será que recebeu o tratamento adequado? Não, não! Deveria ser em prosa; foi um erro fazê-lo em versos. A peça começa de maneira obscura, com uma intriga secundária, a da jovem Amélie com o comandante das galeras. O papel do conde d'Olban, tão elogiado, é exagerado, fácil tanto para o autor quanto para o ator! Cécile é a única perso-

---

43. A batalha que se desencadeou em torno de *Charles IX,* de Marie-Joseph Chénier, foi justamente um dos aspectos do combate revolucionário. A representação desta peça em 4 de novembro de 1789 foi um grande momento da Comédie-Française. É conhecida a frase pronunciada por Danton, ao final dessa noite memorável: "Se *Figaro* matou a nobreza, *Charles IX* matará a realeza." Camille Desmoulins é igualmente afirmativo: "Senhores, eis uma peça que apressa a queda da monarquia e da padralhada, mais do que as jornadas de julho e outubro." A representação de *Charles IX* constitui um triunfo da Revolução. A encenação dos horrores da Noite de São Bartolomeu foi um meio bem transparente de atacar a monarquia e o clero, o despotismo e o fanatismo. A luta prossegue nos meses que se seguem à primeira representação. A Igreja e os fidalgos da Câmara obtêm da ala conservadora da Comédie-Française (Fleury, Naudet, Molé, Dazincourt) que a tragédia seja suspensa. Talma e Dugazon, ao contrário, defendem ardentemente a peça. M.-J. Chénier escreve aos redatores da *Chronique de Paris*: "A meta da tragédia de *Charles IX* é aniquilar o fanatismo que está enfraquecido, mas cujo germe subsiste sempre em uma religião exclusiva; é inspirar horror à tirania, ao perjúrio e às seduções funestas que rodeiam o trono." A peça é reapresentada na Comédie-Française, não no dia 3, como diz La Bretonne, mas em 13 de janeiro (cf. Daniel Hamiche, *Le Théâtre et la Révolution,* ed. 10/18, p. 67). É um sucesso considerável; a sala fica repleta, sendo preciso recusar a entrada de muitas pessoas. A receita dessa noite elevou-se a 4,2 mil libras. Pode-se notar que a contabilidade de La Bretonne, habitualmente tão prolixo, é aqui um pouco modesta, provavelmente pelo constrangimento que sente em virtude de seu apego à realeza tanto quanto por um certo ciúme. Do mesmo modo, Beaumarchais — que no entanto poderia ser sensível à analogia existente entre a batalha de *Figaro* e a de *Charles IX* — mostra-se bastante reservado a respeito da peça de Marie-Joseph Chénier. A luta continua nos primeiros meses de 1790. A peça de Flins, *Le Réveil d'Epiménide,* sobre a qual La Bretonne também fala, é considerada, ao contrário, a tábua de salvação dos elementos conservadores da Comédie-Française. Em 22 de julho, numa noite em que se anuncia a representação de *Le Réveil d'Epiménide,* apoiado por um grupo de deputados de Provença, Mirabeau exige a representação de *Charles IX*. Naudet alega ser impossível; Talma afirma o contrário. Os dois atores se enfrentam em duelo no dia seguinte, e, à noite, *Charles IX* é representado. Mas não antecipemos os acontecimentos.

nagem que escapa com poucas críticas; é generosa, sensível; ela se define de maneira pouco verossímil e com demasiada rapidez... Apesar disso, impressiona bem. *L'Honnête criminel* não é plausível na sua recusa em desvendar seu segredo!... Cécile tornaria público esse segredo, e o pai do herói seria novamente preso! Esse temor teria fundamento? Vê-se o apelo grosseiro do autor, que nos faz engolir tudo isso para depois trazer o velho e fazê-lo contar o que o filho fez... Não estamos falando da dicção, nem do comportamento. Contudo, é preciso que o tema em si seja bem interessante para conduzir toda a trama a um rio de lágrimas e de interesse!

No dia 5, mais uma vez *Epiménide,* com *Alzire... Alzire!* Peça comovente e terrível, elaborada a partir de motivos grandiosos, perante os quais os esquadrões e guardas desaparecem.

No dia 6, *Athalie*.[44] Sentiu-se a beleza dessa peça quando os filósofos despertaram o espírito de liberdade. Mas que ninguém se engane! Ela não podia ser apreciada no governo de Luís XIV, o que não é culpa dos homens de então; foi por causa das disposições que ela não teve sucesso... Não diremos aqui o que pensamos a respeito.

Sete de janeiro: a segunda representação de *L'Honnête criminel,* seguida de *Le Somnambule* para que, segundo o costume, as lágrimas fossem enxugadas pela fantasia. Esse era o antigo sistema das mentes superficiais; como é que o conservamos, depois de *La Régénération?* *Le Somnambule* é uma das produções mais imorais do teatro de la Nation. Declaramos duas coisas aos atores e atrizes: se quiserem conservar a qualidade de cidadãos que lhes foi conferida pelos decretos da augusta Assembleia Nacional, será preciso: 1) que purifiquem o teatro; 2) que os homens deixem de se pintar, em qualquer papel; cidadãos maquilados, como nos *Obsoleti* de Petrônio! Esta ideia é repelente...; 3) que não exagerem mais nos

---

44. *Athalie* é encenada com muita frequência durante o período revolucionário. Como bem observa La Bretonne, é uma nova interpretação da peça que se mostra com os acontecimentos políticos, e que leva o público a preferir doravante, no repertório raciniano, esta peça até então considerada menor. Representa-se com igual frequência Corneille, cuja interpretação política é ainda mais fácil.

papéis, como faz o senhor Dugazon; tal orientação não é digna de um cidadão; 4) que as atrizes não sejam mais mulheres sustentadas, nem esposas de bailarinos ou músicos de segunda categoria, mas sim de um ator ou de um cidadão honesto.

Representou-se, no dia 8 de janeiro, a ópera de *Nephté*. Um belo espetáculo. Foram excluídas todas as danças que pudessem torná-lo artificial; a ação se desenvolve bem, como sempre desejamos. A música é do senhor Martini, do qual Gluck dizia ser o único a compor música dramática. Achamos, no entanto, que Nephté estava um pouco exagerado nos dois primeiros atos; mas seu desempenho foi mais dramático no último ato. Essa ópera provocou em nós uma reflexão: que os primeiros sacerdotes foram reis teocráticos; que seu governo foi brando; que os soldados abusaram dessa brandura, usurparam o poder e elegeram seu rei; que nos primórdios da realeza os sacerdotes temperavam, por meio da revelação, da magia, dos encantamentos e de outras ciências ocultas, o poder demasiado absoluto dos chefes ignorantes; e que, no momento em que as ciências se vulgarizaram, o povo não teve outro recurso, que não a coragem, contra a tirania. Em nossos dias, os padres, ao invés de protegerem o povo contra o despotismo, transformaram-se em seu principal apoio. Eis a diferença entre os antigos sacerdotes e os padres modernos.

O balé da *Rosière*, apresentado em seguida, é agradável, mas pouco inspirado; o segundo ato é uma repetição do primeiro: uma inverossimilhança chocante, essa de mostrar a aldeã dançando como uma bailarina qualquer, quando ela só deveria dançar como aldeã. Todos os pormenores são minuciosos, mas insuficientemente desenvolvidos... Ah! Que belo tema para um balé seria um que conhecemos! Nós o lemos no final das *Parisiennes*; é o *Jugement de Pâris,* em cinco atos... cheio de graça, terror, variedade. Por que não foi escolhido pelos senhores Gardel? Por que apresentar somente banalidades?

Nove de janeiro. Representaram, no teatro des Italiens, *L'Indigent,* do senhor Mercier. É uma dessas obras substanciais, que alimentam a alma. Talvez seja romântica demais; mas que lições! A pobreza virtuosa do irmão e da irmã; sua dedicação ao trabalho; seu horror ao vício e à baixeza; os sentimentos de amor filial; a nobre repulsa do pai quando lhe dizem que deve a liberdade ao sedutor de sua filha... Que belo papel o do escrivão!...

Juntaram a esta peça *La Veillée villageoise*, uma futilidade sem propósito, para a vergonha dos espectadores que, por ser ela novidade, tornaram-na moda... Uma moça usa os tamancos da mãe para ir a um encontro amoroso. Perde um deles: o tamanco é encontrado; investiga-se; a mãe é uma das mais interessadas no caso... até que se prova que o tamanco na realidade é seu... São assuntos bobos, ou ruins, ou imorais, que desonram o teatro, o ator e a nação.

Publicaram num jornal que a senhorita Contat deixava de ver outros espetáculos para se dedicar exclusivamente ao seu. Acharam sua atitude pretensiosa. A senhorita Contat é uma atriz célebre... mas não é necessário que ela diga isso, muito menos que o repita.[45] Que não se esqueça de que *Suzannee* é sua obra-prima... Ela representa a *Coquette:* trabalha bem em *L'Écueil des moeurs,* menos bem, no entanto, em *La Fausse Agnès...*

O senhor Molé endurece seu tom de voz: o público não sabe o que ele ganha com isso... Molé agiu bem renunciando à tragédia, pois, ao invés de declamar versos, ele os *atirava*. Esse ator é um verdadeiro artista. Porém, como tal, está três graus abaixo de Lekain, dois abaixo do senhor Préville e um abaixo do senhor Brisard; um grau acima de Bellecour, dez abaixo da senhorita Dumesnil; é igual à senhorita Clairon; está três graus acima do senhor Fleuri, trinta acima dos senhores Sainfal e Talma... e sessenta acima do senhor Naudet.

Os empresários foram obrigados a colocar nos cartazes os nomes dos atores: é um trabalho suplementar para o impressor, mas o públi-

---

45. A senhorita Contat era acusada de fazer parte do clã aristocrático da Comédie--Française. Em setembro de 1790, Déchosal relata, no *Chronique de Paris,* seus propósitos: "A senhorita Contat dizia, havia algum tempo, que nunca receberia ordens de um magistrado munícipe que fosse seu fabricante de velas ou seu fornecedor de tecidos." Déchosal acrescenta maldosamente: "Ela prefere receber suas mercadorias sem pagar por elas; isso é mais justo."

co nada lucra com isso. A surpresa do aparecimento dos bons atores é um prazer que nos foi tirado. Ao mesmo tempo, a repulsa causada pelo aparecimento dos maus atores nos é poupada. Não podemos mais nos queixar. Seria injusto e descarado vaiar; afinal, viemos conscientemente ver um cidadão ator.

Notícia. Os habitantes de Avignon não querem mais pertencer à França. *Nota:* são os padres de Avignon, após o decreto que incide sobre os bens do clero.[46]

O caso de Toulon foi um dos mais escandalosos da Revolução. Perguntaram a um homem do campo o que se deveria fazer com um oficial de insígnia preta: "Açoitá-lo? Marcá-lo? Condená-lo a nove anos de trabalhos forçados?" "Para o senhor de Rioms? Um mês de sessão nas galerias da Assembleia Nacional." "Mas isso não é um castigo." "Não, mas esse valoroso oficial não deve ser desonrado e sim instruído."

O sangue corria no Luxemburgo nos primeiros dias deste mês (dizem). Os patriotas de Brabante acabam de tomá-lo. (Não.)

O Castelo de Cressol, na Borgonha, denunciado como foco aristocrático. Lá encontraram apenas três fuzis descarregados. O crime do proprietário foi ter pedido socorro às comunas de Beaune e de Arnai-le-Duc contra os devastadores de seus bosques.[47]

Bela atitude de Luís XVI em relação ao presidente da Assembleia Nacional, no dia 20 de dezembro. (Seria preciso repetir todos os dias a mesma coisa.)

---

46. Em 2 de novembro de 1789, a Assembleia Nacional coloca os bens do clero à disposição da nação. Em 19 de dezembro ela os coloca à venda por quatrocentos milhões, correspondentes a uma soma igual de *assignats*. Sabe-se que o *assignat*, uma espécie de vale do Tesouro garantido pelos bens do clero, tornou-se rapidamente um tipo de papel-moeda e que a inflação galopante resultou disso.

47. Nesse começo do ano de 1790, a agitação contrarrevolucionária se organiza ativamente no interior do país. Em maio e em junho, eclodem agitações em Montauban e em Nîmes; em agosto, um grande agrupamento se instalará em Jalès, no sul de Ardèche. De outra parte, revoltas camponesas eclodem em diversos pontos do país; os castelos são pilhados.

DISCURSO PRONUNCIADO PELO REI NA ASSEMBLEIA NACIONAL, EM 4 DE FEVEREIRO DE 1790[48]

"Senhores. A gravidade das circunstâncias em que se encontra a França traz-me entre vós. O enfraquecimento progressivo de todos os vínculos da ordem e da subordinação, a suspensão ou a inatividade da justiça, os descontentamentos que nascem das privações particulares, os ódios infelizes que inevitavelmente acompanham as longas dissensões, a situação crítica das finanças e as incertezas relativas aos bens nacionais, enfim, a agitação geral dos espíritos, tudo parece juntar-se para alimentar a inquietação dos verdadeiros amigos da prosperidade e da felicidade do reino.

Um grandioso objetivo está diante de vossos olhos! Mas é preciso que ele seja alcançado sem o aumento da agitação e sem novas convulsões. Devo confessar que era de uma maneira mais branda e tranquila que eu esperava vos conduzir a esse objetivo quando planejei reunir-vos e congregar, para o bem público, as inteligências e as vontades dos representantes da nação; nem por isso minha felicidade e minha glória deixam de estar intimamente ligadas ao sucesso de vossos trabalhos.

Eu protegi esses trabalhos, através de uma contínua vigilância da influência funesta que sobre eles poderiam ter as infelizes circunstâncias em que vos encontrais. Os horrores da miséria, temidos pela França no ano passado, foram afastados por cuidados redobrados e por um imenso abastecimento. A desordem que o estado anterior das finanças, o descrédito, a escassez excessiva de dinheiro e o rebaixamento da renda deviam fatalmente acarretar, essa desordem, pelo menos em sua plenitude e em seus excessos, foi até hoje evitada. Fiz diminuir em todos os lugares, principalmente na capital, as perigosas consequências do desemprego; e, apesar do enfraquecimento

---

48. Este discurso de Luís XVI é bem característico dessa política de conciliação dos princípios de 1790, período durante o qual a influência de La Fayette é considerável. Sabe-se que essa política estará, entretanto, fadada ao fracasso.

de todas as formas de autoridade, mantive o reino não na calma que eu desejava, pois que isto não era possível, mas num estado de tranquilidade suficiente para que recebesse os benefícios de uma liberdade prudente e bem ordenada; finalmente, apesar de nossa bem conhecida situação interna, e apesar das tempestades políticas que agitam as outras nações, preservei a paz exterior e mantive com todas as potências da Europa os laços de respeito e amizade que podem tornar essa paz duradoura.

Após vos ter protegido de grandes contrariedades, que tão facilmente poderiam atrapalhar vossas atenções e vossos trabalhos, creio ter chegado o momento em que é do interesse do Estado que eu me associe, de uma maneira ainda mais expressa e manifesta, à execução e ao sucesso de tudo o que tendes elaborado, para o benefício da França. E eu não poderia escolher ocasião mais solene para fazê-lo, quando apresentais à minha aprovação os decretos destinados a estabelecer no reino uma nova organização, que deverá ter influência tão importante e propícia sobre a felicidade de meus súditos e a prosperidade deste império.

Sabeis, senhores, que havia mais de dez anos, e numa época em que a vontade nacional ainda não se manifestara nas assembleias provinciais, eu já começara a substituir por esse gênero de administração aquele que havia sido outrora consagrado por um longo e antigo hábito. Como a experiência me assegurou que não me enganara quanto à utilidade de tais instituições, procurei fazer com que todas as províncias do meu reino gozassem do mesmo benefício; e para que as novas administrações ganhassem a confiança geral, quis que os membros que as compunham fossem nomeados livremente por todos os cidadãos. Melhorastes esse sistema de muitas maneiras, sendo a mais essencial, sem dúvida, a subdivisão igual e sensata que, enfraquecendo as antigas separações entre as províncias, e estabelecendo um sistema geral e completo de equilíbrio, subordina primordialmente a um só espírito e a um único interesse todas as partes do reino...

Entretanto, tudo o que lembra a uma nação a antiguidade e a continuidade de serviços prestados por uma raça respeitada é uma distinção que não pode ser destruída por nada; e como isso está associado aos deveres de reconhecimento, aqueles que, em todas as classes sociais, aspiram a servir com eficácia sua pátria, bem como os que já tiveram a sorte de tê-lo feito, têm interesse em respeitar a transmissão dos títulos ou das lembranças que constituem a mais bela de toda herança que se pode deixar para os filhos.

Não se poderá igualmente abolir o respeito devido aos ministros religiosos; e quando a consideração que lhes é devida se unir intimamente com as santas verdades que são a salvaguarda da ordem e da moral, todos os cidadãos honestos e esclarecidos manifestarão interesse em mantê-la e defendê-la.

Não há dúvida de que aqueles que abandonaram seus privilégios pecuniários e que não mais formarão, como antigamente, uma ordem política dentro do Estado, estão sendo submetidos a sacrifícios cuja importância conheço bem; mas estou convencido, no íntimo, de que eles serão generosos o suficiente para procurar uma compensação em todos os benefícios públicos que são esperados com o estabelecimento das assembleias nacionais.

Eu próprio também contabilizaria perdas se em meio aos interesses maiores do Estado me detivesse em interesses pessoais; mas encontro uma compensação que me é suficiente, uma compensação plena, no crescimento do bem-estar nacional; e é do fundo do coração que exprimo agora este sentimento.

Defenderei, portanto, e manterei a liberdade constitucional, cujos princípios foram consagrados pela vontade geral, de acordo com a minha própria. Farei mais do que isso: de comum acordo com a rainha, que partilha de todos os meus sentimentos, prepararei antecipadamente o espírito e o coração de meu filho para a nova ordem de acontecimentos trazida pelas circunstâncias. Eu o habituarei, desde a mais tenra idade, a ficar feliz com a felicidade dos franceses e a reconhecer sempre, a despeito da linguagem dos bajuladores, que uma constituição equilibrada o protegerá dos perigos da inexperiência; e que uma liberdade justa acrescenta novo valor aos sentimentos de amor e fidelidade dos quais a nação, há tantos séculos, dá aos seus reis provas tão comovedoras!

Não devo portanto duvidar que, ao terminardes vossa tarefa, ocupar-vos-ei prudentemente, e com dedicação, do fortalecimento do poder executivo, que é uma condição sem a qual não poderia existir nenhuma ordem duradoura dentro do país e nenhuma consideração fora dele. Racionalmente não é possível que dentro de vós permaneça qualquer desconfiança; pois é vosso dever, como cidadãos e fiéis representantes da nação, assegurar, para o bem do Estado e da liberdade pública, a estabilidade que somente pode provir de uma autoridade ativa e tutelar. Com certeza sabeis que, sem tal autoridade, todos os elementos de vosso sistema constitucional permaneceriam desvinculados e sem correspondência; e por vos preocupardes com a liberdade, que tanto amais e que também amo, não vos esquecereis de que, na administração, a desordem, porque acarreta a confusão dos poderes, frequentemente degenera, através da violência cega, na mais perigosa e na mais alarmante de todas as tiranias.

Assim sendo, não por mim, senhores, pois esqueço tudo o que é pessoal diante das leis e instituições que devem governar o destino do império, mas pela própria felicidade da nossa pátria, pela sua prosperidade, pela sua soberania, eu vos convido a que vos liberteis de todas as impressões do momento, que vos poderiam impedir de considerar como um todo aquilo que é exigido por um reino como a França, pela sua grande extensão territorial, pela sua imensa população e pelas suas inevitáveis relações exteriores.

Não deixareis também de fixar vossa atenção sobre aquilo que os legisladores exigem: os costumes, o caráter e os hábitos de uma nação que se celebrizou muito na Europa pela natureza de seu espírito e de seu talento para que possa parecer indiferente alimentar ou alterar nela os sentimentos de doçura e bondade que lhe valeram tanta fama, etc."

Um dos colaboradores deste jornal nos diz: "Senhores, não há nada contra os deputados! Sua pessoa é sagrada!" "O quê!", respondeu um outro, "não se poderá dizer que o abade Mauri e o conselheiro Duval d'Epremesnil sobem à tribuna somente para se opor ao bem público, sustentar teses errôneas, disputar o poder com a nação, contrariar as reformas mais úteis e até mentir, caluniando os senhores Bailli e La Fayette? O quê! Não se poderá dizer que o abade Beauvais dirigia o arcebispo de Paris e o abade Mauri? Que o visconde de Mirabeau... Que o conde de Virieu (que deve ser elogiado por ter-se demitido da presidência)... De muito bom grado eu elogiaria o abade de Montesquiou, ainda que apoiando o abade Mauri: mas que diferença! Se não se pode dizer tudo isto, temos uma terrível aristocracia, digna de Veneza! E eu não apenas renuncio a escrever, mas a ser francês; e parto amanhã para o Brabante... Mas tudo isso é permitido; e se preciso for, responderei por tal diante da augusta Assembleia Nacional."

A cidade de Cernai, na Alsácia, acaba de se cobrir de uma glória imortal. Depois que lhe foi comunicado o decreto sacrílego da câmara eclesiástica de Colmar, pelo qual esta câmara, apostatando o nome *francês,* unia-se aos príncipes do império para reclamar contra os decretos da Assembleia Nacional relativos aos bens do clero, a comuna de Cernai declara traidores da pátria todos os que contribuíram para aquele decreto e proíbe aos cidadãos qualquer espécie de comunicação com eles.

Teatro. Nove de janeiro. No teatro de la Nation, o *Réveil d'Epiménide,* precedido de *Iphigénie en Aulide.* Sabe-se como foi a estreia desta tragédia, sintetizada em *Eriphile.* Como pôde o próprio Racine enganar a si mesmo, a ponto de usar esse método menor e ridículo, digno de nossos autores medíocres de hoje?

No teatro des Italiens: *Aucassin e Nicolette; Blaise e Babet.* Que diferença entre estas duas peças! Na primeira, a ação é interessante, mágica em sua realidade; na outra, miados, recursos pobres, *pieguices.* Ó meus concidadãos! Como vossa escolha, e os sucessos que provocais, honram pouco vosso gosto!

Dez de janeiro. *Figaro.* Esta comédia, a mais original do teatro, atrai sempre a mesma afluência de espectadores. É porque interessa, diverte e surpreende. Surpreender, divertir, interessar, serão sempre os meios mais seguros de se ter sucesso. Fala-se da imoralidade desta peça!... É preciso dizer que os que a criticaram não passavam de intrigantes ou de empregados de procuradores: somente para essas pessoas é que a peça é perigosa! Ela as expôs a esse desprezo útil, que deu origem à Revolução. A condessa e seu pajem serviram somente de subterfúgio para a pretensa imoralidade: os tolos foram aqui logrados pelos intrigantes ou por um intrigante, por aquele que foi espertinho a ponto de jogar versos pela amurada, no dia da segunda representação; não tinha sido preparado para a estreia, porque não lhe permitiram assistir ao ensaio geral... As senhoritas Sainval e Contat são vistas sempre com prazer renovado. Lamenta-se Olivier, sem que Emilie desagrade: os senhores Dazincour, Molé, Dugazon e outros provam o mérito da peça com seu desempenho, pois o autor tem sempre grande valor quando consegue dar ao ator tais recursos.

No teatro des Italiens representaram-se *Le Comte d'Albert* e *Suite*. Somente o senhor Sedaine consegue fazer esse tipo de peça. Não são acadêmicas, mas divertem.

Onze de janeiro. Segunda-feira, no Variétés, os *Cent Louis, La Veuve, La Loi de Jatab, Rico*. A primeira peça é de uma futilidade perigosa, capaz de introduzir conflito e insubordinação em todos os lares: são peças que não deveriam ser toleradas e que difundem entre o populacho, lavadeiras, costureiras, cabeleireiras e sapateiras, as mesmas perigosas máximas que *L'École des maris* difundiu nas altas rodas!

La Loi de Jatab não passa de um divertimento; mas também é perigosa para o povo e para as mulheres: é um quadro nu, que não pode ser apresentado a moças de qualquer classe social e que só convém às senhoras idosas da cidade ou às ninfas do Palais-Royal.

La Veuve é uma peça bem inocente, mas cuja proposta está muito acima da execução! Fazer *rir, cantar, dançar* e *mascarar* uma viúva desolada seria um projeto digno de Molière, executado por Calot.

Rico é um tema inspirado em *La Vie est un songe*, do antigo teatro italiano: tais situações, que têm como pais a Natureza e Sancho, sempre agradam. Mas no Variétés o tema é prejudicado pelo peso do autor, e principalmente pelo ator, que representa usando seus próprios recursos, que são os piores possíveis.

Como é que os espectadores, que se mostram tão exigentes no teatro de la Nation, no teatro de l'Ariette e no Drame, no Opéra e no Monsieur, aceitam entregar seu gosto e sua moral no Variétés, no Danseurs, ou no Ambigu? Há, neste último espetáculo, um senhor Mussot

Arnoud, que faz pantomimas, cujo efeito é atrair todos os operários e aprendizes de tipógrafo, joalheiros, relojoeiros, armeiros, chapeleiros, marceneiros e até padeiros. Falaremos disso na primeira oportunidade. Informaram-nos que no teatro Arietteurs Italiques acabam de expulsar os verdadeiros atores do espetáculo. É uma infâmia, uma atrocidade que não deveria ser suportada pela nação! O quê! No momento da regeneração, no instante em que todos os franceses vão transformar-se em homens, tolera-se que o único espetáculo que apresentava dramas excelentes nos reduza à categoria de maricas! O quê! Teremos somente banalidades em nossos principais teatros, peças de Desforges, de Lachabeaussière, de Anseaume? O quê! Os costumes públicos, os costumes humanos, os costumes franceses, serão diariamente, sem cessar, insultados com exclusividade por um Michu, um Dorsonville, um Meunier, um Philip, um Chenard, um Clerval, uma Dugazon, uma Crêtu, uma Adeline... uma... uma... sem que os machos tenham um só dia em que possam vir alimentar-se de um espetáculo vigoroso?... Sim, o gênero de Mercier é mais vigoroso que a tragédia, pois está mais próximo da humanidade...[49] Não sou partidário cego de Mercier: frequentemente eu o contradigo, na sua política, no seu *Tableau de Paris* e em mil outras coisas. Mas, por Deus! Os aristocráticos atores itálicos são... Não quero insultar ninguém; *Lucien* os interpreta mal, pela boca do próprio Júpiter: os aristocráticos atores itálicos, dizia eu, são inimigos públicos que denuncio aos sessenta distritos, ao comitê policial, à Assembleia Nacional! O assunto é grave demais para ser adiado. Seviciai, seviciai, ó senadores, esses ímpios profanadores! Esses antipatriotas criminosos!... Literatos! Vamos nos reunir e tirar desses vis itálicos o seu teatro, para entregá-los aos verdadeiros atores!

---

49. Nota-se aqui que La Bretonne sustenta com ardor a reforma do teatro empreendida por Diderot e continuada por Sébastien Mercier e que consiste em criar o "drama burguês" como um novo gênero literário, mais capaz de representar a verdade da vida, fora das coações clássicas: os heróis não serão mais príncipes da Antiguidade, mas burgueses contemporâneos, ou mesmo simples artesãos. A distinção entre cômico e trágico será abolida, como ela o é na vida cotidiana.

OITAVA NOITE

28 de outubro, às dez horas da noite

Um respeitável pai de família acabara de voltar a casa, após a labuta diária; ia começar a escrever ao senhor prefeito de Paris quando ouviu um barulho na porta da rua. Sua filha mais velha correu para abri-la. A guarda nacional apresentou-se... Mas nosso amigo contará, ele próprio, o que aconteceu.

HORRÍVEL DELAÇÃO DE UM GENRO CALUNIADOR CONTRA SEU SOGRO[50]

---

50. A história de Augé é narrada várias vezes por La Bretonne, que remete a *La Femme infidèle* e a *Ingénue Saxancour*. Eis como, em *Mes ouvrages*, La Bretonne apresenta esses dois romances. *La Femme infidèle:* "Eu executei rapidamente essa obra nos meses de abril e de maio, depois da violenta crise que Agnès Lebègue causou-me com suas calúnias e cartas contra mim [...] Coloquei em seguida a história das infâmias que lançou contra nós o abominável l'Échiné, à minha filha Agnès Restif e a mim. Ele atacou-a na rua, arrastou-nos aos comissários, foi dizer horrores contra nós ao bom Saint-Sarm, ao fraco Toustain-Richebourg, etc." *Ingénue Saxancour* é a continuação de *La Femme infidèle:* "Minha filha mais velha aí relata sua história, desde a infância até o casamento e sua separação do execrável l'Échiné [...] Quando ela chega a seu casamento, suas narrações causam horror... Sabe-se já, e reconheço a verdade em minha história, que todas essas infâmias não pertencem a l'Échiné, mas que são um amálgama daquelas cometidas contra uma dama Moresquin, mulher grande e soberba, e contra sua filha mais velha. Essa dama [...] fora vendida, prostituída em um antro, etc." Esse "amálgama" é a própria condição da atividade romanesca. Está claro também que o autor de *L'Anti-Justine* quis cair

Existem casos que talvez autorizem a publicação dos próprios infortúnios: são aqueles em que a atrocidade da calúnia torna obrigatório invocar-se o testemunho dos concidadãos: é quando se tem como filhos seres fracos, infelizes, aos quais a morte de um pai e a sobrevivência de um celerado podem fazer mergulhar num abismo de calamidades. N. E. Restif de La Bretonne encontrou-se nessa situação duas ou três vezes, caluniosamente denunciado... Por quem? Por seu próprio genro![51]

Origem de Augé

Charles-Marie nasceu em Paris, na paróquia de Saint-Séverin, de um certo senhor Augé, fiscal da fazenda, e de uma senhorita Decous-

---

no gênero do divino marquês. Mas é um gênero que combina mal com ele; e o realismo de La Bretonne está a cem léguas do universo onírico de Sade.

O traçado de La Bretonne nessa obra é vasto e generoso, como de hábito: trata-se "menos da Reforma de nossas leis, que não empreendi, do que [do] projeto de uma lei única para todos os povos ao mundo". Ele acrescenta: "Há muitos traços relativos a minha história, neste volume V: esses traços são aqueles das *Nuits de Paris* e, sobretudo, de *La Semaine nocturne,* que constitui seu volume XV. Devem servir de suplemento ao *Coeur humain dévoilé:* aí se encontra a estúpida carta do infame l'Échiné para Toustain-Richebourg e a resposta que escrevi a ela e dei a este último."

Pode-se achar talvez que La Bretonne se tenha estendido demais sobre essa aventura e sobre as maldades de seu genro. Esses textos das *Nuits* não são, entretanto, sem interesse: além de constituírem um testemunho muito direto e muito ardente sobre as delações durante a Revolução de 1789 e sobre o modo como os pretextos políticos puderam servir para acertos de conta pessoais, eles nos mostram também como funciona a escrita em La Bretonne e a passagem incessante da autobiografia à crônica revolucionária e ao registro romanesco. Todos os níveis da escrita se encontram encadeados, carregados pela violenta eclosão dessa necessidade de escrever e de se expor.

51. No momento em que publicamos isso, ouvimos falar que Augé dá sinais de loucura e alienação. Nós acreditávamos que se tratava de um celerado; e os fuzileiros que o levaram até o Hôtel-de-Ville tinham a mesma opinião. Mas, ah! Se estivesse louco, pediríamos que lhe fosse retirado nosso neto, que ele pode prejudicar entregando-o ao senhor Augé, avô paterno, e que seja pronunciada a separação de Agnès Restif do louco. Mas se Augé for louco poderá, num acesso, concretizar as ameaças de assassinato! Que se leia *La Femme infidèle* e *La Femme séparée,* nas quais Augé assegura se reconhecer; é de assustar! Remontemos a *La Femme infidèle,* toda a parte IV, e depois a *Ingénue Saxancour ou La Femme séparée,* parte II, p. 251 e segs., para saber com quem é que o senhor Augé modestamente se identifica. [N.A.]

si, sua esposa. Foi raquítico na infância; mau e tolo na adolescência; atroz, tolo e mau na juventude. Sustenta que todos os pormenores de sua vida estão reunidos em duas obras, publicadas com autorização, *La Femme infidèle* e *La Femme séparée.* Lemos atentamente essas obras e, não tendo encontrado nelas seu nome, pareceu-nos que os fatos eram verdadeiros, uma vez que Augé neles se reconheceu, apesar do mistério que o cercava.

Foi em 1780 que tivemos a infelicidade de ver pela primeira vez o delator-parricida. Augé conseguira se introduzir na casa da viúva Bizet, comerciante de joias, no cais de Gèvres, que tinha sido vizinha de seus pais na sua infância, mas que nunca mais os revira. Quando a senhora Bizet os conheceu, eles eram mais do que abastados; ela sabia que Charles-Marie era filho único; mas ignorava que o comportamento dele tinha diminuído consideravelmente a fortuna dos pais e não suspeitava que esse homem, que conhecera na idade da inocência, havia adquirido todos os vícios. E assim recebeu-o em casa. Que complacência fatal! Que julgamento cego e funesto!

Não repetiremos tudo o que o se pode encontrar em outros lugares; Augé diz a todo mundo que os escandalosos pormenores da vida de um certo L'Echiné-Moresquin estão contidos, desde sua infância, nas duas obras citadas, *La Femme infidèle,* parte IV, e *La Femme séparée,* partes II e III. Por mais mentiroso que seja, deve-se acreditar nele quando diz: "Eu sou esse monstro." Protestamos aqui, no entanto, que a única intenção do autor foi fornecer uma imagem do vício. Daremos, portanto, ao senhor Augé a mesma resposta dada por são Jerônimo a um certo Bonasus: "Toda vez que falo sobre o vício, Bonasus acha que estou falando dele. Bonasus e o vício devem, pois, se assemelhar muito!" *(Ep. fam. Select D. Hier. 16)*

Já havia algum tempo não se ouvia falar dele quando uma carta da senhora Restif ao marido informou-o de que, no dia 11 de junho de 1789, à noite, ela tinha sido atacada por Augé, que a agarrara indecentemente pela gola, cobrindo-a de injúrias e exigindo sua mulher; que ela tinha se refugiado na confeitaria da esquina da rua Saint-Victor, de onde mandara chamar os guardas. Augé arrastou-a de comissário em comissário; à praça Maubert (ausente); à rua de la Vieille-Boucherie (ausente); por fim, à rua Saint-André-des-Arts, à porta Bussi. No caminho, Augé, entre outros insultos, chamava-a de alcoviteira; dizia, vendo-a passar mal: "Dá o braço ao guarda, anda; deves estar acostumada a isso!" Diante do comissário ele fez uma queixa tola, que deve constar: e a senhora Restif apresentou uma mais bem motivada, de acordo com o que escreveu a seu marido; e esta queixa deve estar com o comissário Chenu, segundo acreditamos, pois não guardamos essas cartas; elas foram entregues a um amigo, pessoa muito conhecida.

Estamos resumindo os fatos.

Depois desta cena escandalosa, conhecemos apenas uma outra, a do dia 16 de setembro de 1789. Nessa data, Augé teve a ousadia de escrever ao visconde de Toustain-Richebourg a carta transcrita no *Thesmographe,* p. 489.

De nossa parte, indignados com a canalhice de Augé, juntamos a esses documentos um protesto vigoroso, publicado na p. 492, mas que não foi enviado: nunca mandamos cartas ou livros a Augé e nós o desafiamos a mostrar uma única linha escrita por nós.

Na quinta-feira, 1º de outubro, voltamos para casa antes das nove horas, contrariando nossos hábitos. Às onze e meia, o senhor Desmarquets, procurador, ao abrir o portão, deu de cara com um homem que montava guarda diante da casa; era Augé, que se comportou como será minuciosamente descrito mais adiante, na *Denúncia de nossos vizinhos*. Estávamos tranquilos em relação à ameaça de assassinato: era uma reincidência, pois já havíamos dado queixa disso ao comissário Dulari, na Ilha, em 25 de maio de 1786. Nossa única precaução, ao voltar para casa, à noite, foi olhar bem para ver se não havia ninguém nos espreitando na saída das ruas du Fouarre, des Rats ou du Petit-Degré. Por uma ou duas vezes acreditamos ter visto Augé, mas ele não nos atacou.

Finalmente coroou suas perfídias com uma delação estúpida, no dia 26 de outubro de 1789, em seu distrito, a qual infelizmente foi aceita!... Eu estava doente, prestes a tomar um remédio, quando fui preso, na noite do dia 28, às dez e meia. Augé desempenhara o papel de espião; ao nos ver chegar, correu para avisar o batalhão de guardas da rua de la Bûcherie.

Fomos conduzidos à cidade pelos fuzileiros e apresentados ao comissário de polícia, que nos interrogou. Fomos isolados, bem guardados; foram então procurar Augé e o interrogaram. Chamaram-me novamente, deliberaram. Novo interrogatório, pela terceira vez. Verificaram nossos papéis.

Aqui estão os documentos.

Delação de Augé no distrito Saint-Louis-la-Culture

Senhores!

"Um cidadão patriota, esmagado por circunstâncias sucessivas e deploráveis (1), acredita vos oferecer um meio seguro de denunciar validamente, se não diretamente, os inimigos do bem público (2), pelo menos um de seus principais sustentáculos, Nicolas-Edme Restif de La Bretonne, autor conhecido por produções desonestas que sempre acompanharam as circunstâncias (3) e o qual sempre ridicularizou os diferentes regimes de nossos políticos e de nossos governos (4), prejudicou os seus, desonrou ou desuniu cada um de seus concidadãos (5). Seria preciso jamais ter lido suas obras para não concordar com isso e para não reconhecer, desde o início do primeiro volume, o que é ou não escrito por ele (6). Dito isso, eu o denuncio e afirmo que ele é o autor, depois da Revolução, de três panfletos um mais infame que outro, e me consideraria culpado perante meus concidadãos (7) se não os submetesse à denúncia. São eles:

1. *Moyens sûrs à employer par les deux Ordres, pour dompter, subjuguer le Tiers État, et le punir de ses exactions* (8), etc.

2. *Dom Bougre aux États Généraux, ou Doléances du portier des Chartreux,* par l'auteur de la F—manie. *Latet anguis in herba.* A F—polis, chez Braquemart, librairie, rue Terevit, à la C—lle d'or, avec permission des supérieurs (9).

3. E, por fim, veementemente suspeito do *Domine, salvum fac regem* (10), etc., que se vende hoje clandestinamente.

Do número 1 só conheço o manuscrito, sobre minha denúncia deste, como me falou o próprio autor, domingo, o qual poderia ter impedido sua publicação (11); mas quanto ao segundo, sustento que é inequivocamente seu; eu o possuo e o anexo aos documentos para que sirva de confirmação à minha atual denúncia (12). Pode ser lido, na página 8: 'Só seria preciso seguir o sistema do falecido senhor Restif de La Bretonne'; e mais abaixo: 'Acrescentaremos, às reflexões do senhor Restif (13), etc.'

É possível ver que os dois nomes pertencem a uma só pessoa, que é seu costume fazer-se passar por morto, e que tenho até seu testamento, encontrado depois de sua morte (14) numa de suas obras, *La Femme infidèle*.

Depois disso, viram-se sua *Ingénue Saxancour* e outras obras, todas do mesmo gênero, e cujo único fim é perturbar o reino, a cidade e cada indivíduo, que ele não cessa de ultrajar (15). Sua vida e seus costumes são dos mais suspeitos, pois tem em Paris tantos domicílios quanto são os bairros e os mantém sob diferentes nomes (16). Sua residência mais conhecida é a rua de la Bûcherie, na casa do senhor Frazé, comerciante de espelhos, no terceiro andar, na frente; e também tem um térreo, ou loja, na rua de Saintiaques, defronte à do Plâtre, casa que é conhecida como de la Vieille-Poste; o senhor Fournier, merceeiro, aluga a loja do senhor Noizet, proprietário, e o senhor Berthet, seu gravador, mora no terceiro andar.

É conclusivo dizer que o domicílio de sua mulher e de sua filha mais velha, ausente, é o lugar que abriga o que nos importa descobrir (17).

Entregue no comitê do distrito de Saint-Louis-la-Culture, em Paris, 26 de outubro de 1789. Assinado: *Augé, rua Saint-Paul, edifício de la Probité, na casa do cabeleireiro, nº 23.*"

Respostas

(1) Essas circunstâncias deploráveis que o esmagaram são as mesmas que fizeram com que a mãe o deserdasse, passando a herança ao neto; isto é, sua má conduta, sua maldade de caráter, seus propósitos

caluniadores contra seus comitentes. É um primo que recebe em Paris, em lugar de seu pai, aposentado em Melun, etc.

(2) E é um genro quem diz isto!

(3) Ao contrário, jamais fazemos obras circunstanciais.

(4) Onde? Em qual de nossas obras? Revelamos os abusos gerais em *Les Nuits de Paris*.

(5) Dividir nossos concidadãos com nossas obras! Esse homem é louco!

(6) É claro que temos um estilo muito pessoal; todo mundo diz isso.

(7) O celerado calunia o sogro e blasfema contra a santa faculdade de falar e de escrever!

(8) E nós, Restif de La Bretonne, que falamos francês, denunciamos Augé como autor desse título que não corresponde a obra alguma; o título estúpido é bem de seu estilo. Denunciamos um caluniador, um falsário, um parricida.

(9) Não somos o autor dessa produção, de que nos leram somente uma passagem, na qual somos citados como autor do *Pornographe*; sabemos que tanto o autor como o editor e o livreiro são conhecidos. É bem estranho e atroz acusar o próprio sogro do que não existe ou do que é conhecido como sendo de outra pessoa: mas essa canalhice foi cometida por duas pessoas; por um carregador, ex-criado infiel, expulso da casa de um autor e da de um livreiro, e que deu a ideia a Augé, seu amigo e sócio.

(10) O senhor P... não suportará que Augé tire dele, para dar a nós, uma obra da qual se vangloria de ser o autor!

(11) O que quer dizer o caluniador?

(12) Para acabar com a calúnia atroz.

(13) Já que Augé sustenta que somos o autor dessa porcaria, será obrigado a prová-lo ou poderá ser punido como ímpio caluniador.

(14) Augé diz ser o Echiné de *La Femme infidèle*; nós nunca afirmamos ser o seu Jeandevert.

(15) Imprimir esse estilo bárbaro nos faz corar... Mas seu conteúdo é ainda pior. *Ingénue Saxancour* perturba o reino e as cidades! Não; esse livro destina-se a *demonstrar o quanto é perigoso para as moci-*

nhas casar precipitadamente e por teimosia, contra a vontade de seus pais: tal obra só perturbará, portanto, os Moresquins, os Echinés e os Augés.

(16) Esse é o principal motivo que nos fez imprimir o auto. Merecerá cem luíses aquele que conseguir provar que mantivemos diversos domicílios com nomes falsos. Eis nossos principais endereços, como cidadão, desde que nos mudamos para a capital.

1) 1761: rua Saint-Jacques, diante da fonte Saint-Séverin, no segundo andar.

2) 1763: rua de la Harpe, diante da rua Poupée, no quarto andar.

3) 1764: rua Galande, esquina da rua des Rats, no terceiro andar.

4) 1765: rua de la Harpe, diante do colégio de Bayeux, ao lado do colégio de Justiça, no primeiro andar.[52]

5) 1767: rua Traînée-Sainte-Eulalie, por causa de um comerciante de tecidos que se associou a nós.

6) 1768: o mencionado comerciante quis ir para a rua Quincampoix, ao lado do palácio Beaufort.

7) Depois que o comerciante se separou de nós, voltamos, em 1769, para a casa de Edme-Rapenot, livreiro, no colégio de Prêle, defronte aos carmelitas.

8) Em 1770, fomos morar na casa do editor Valeyre, o primogênito, que publicara nossos livros.

---

52. O honrado distrito teria tremido se tivesse sabido que um genro ímpio nos denunciava! É certo que o comitê do distrito, após ter ouvido a delação desse tal Augé, antes de concorrer com sua recomendação para a detenção de um cidadão pai de família, deveria ter prestado atenção nas inverossimilhanças palpáveis e na estupidez da denúncia: dever-se-ia, assim nos parece, perguntar ao vil delator quais as relações que tinha com o acusado; quais eram seus motivos e suas provas. E assim, deparando-se com um genro denunciando o sogro, dever-se-ia rejeitá-lo com horror e preservar nosso século desse pavoroso escândalo, a eterna vergonha das proscrições romanas. Antes de terminar este artigo, admitamos que, durante o tempo de nossa estada na Quincampoix, ocupamos um pequeno quarto, que dava para a rua des Carmes, porque na época estávamos imprimindo *Lucile* e *Le Pied de Fanchette*, e também revisando as provas para os livreiros, e o percurso até nossa residência nos tomaria muito tempo... Estamos em condição de prestar contas de todos os nossos atos e de seus motivos, desde 1752: que o senhor Augé faça o mesmo. [N.A.]

9) De lá, em 1772, para a rua du Fouarre, defronte às lojas do Hôtel-Dieu, pois publicávamos nossos livros através do senhor Quillau, na mesma rua.

10) Em 1776, o primo do procurador, principal locatário, requisitou nosso apartamento: saímos amigavelmente, sem aviso, e para nos recompensar pela mudança antes da data prevista, fomos desobrigados de alguns consertos que deveríamos efetuar.

11) Em 1781 fomos para a rua des Bernardins, de onde saímos em 1788 por causa de uma atroz calúnia do senhor Augé contra nossas filhas (relatada numa nova obra) para ir morar na rua de la Bûcherie, onde moramos até hoje. Durante um ano, 1785-1786, mantivemos um quarto para depósito, na rua Saint-Jacques.

Daremos cem luíses a quem provar que moramos em outros lugares, ou que tivemos um domicílio secreto sob nome falso, ou que nos tenhamos feito passar por mortos.

(17) A mulher do senhor Restif mora em outra casa, onde ele não vai nunca: sua filha mais velha e também a caçula moram com ele.

Conclui-se dessa denúncia que Augé, guiado por um furor parricida, é um infame caluniador que não disse uma palavra sequer de verdade.

Quanto às nossas disposições relativas aos assuntos públicos, elas são conhecidas: acabamos de divulgá-las no *Thesmographe,* obra que publicamos atualmente e que, se parece um pouco desconexa, é porque a impressão começou em novembro de 1788 e terminou somente em novembro de 1789; como os fatos se alteraram durante sua redação, deixaram incoerentes o plano e a execução.

Auto do distrito, para admitir a delação de Augé

"No dia 26 de outubro de 1789 apresentou-se na câmara civil e de polícia do comissariado de Saint-Louis-la-Culture o senhor Augé, morador, etc., que nos solicitou permissão para denunciar uma obra, intitulada *Dom B.,* etc., livro infame do qual ele depositou imediatamente um exemplar em nosso escritório, requerendo que se fizesse um inquérito sobre o autor de obra tão abominável e nos indicando o lugar onde tal livro, bem como outros do mesmo autor, poderiam estar estocados, declarando que se tornava urgente agir contra o autor e contra tais produções (18). E ele concluiu solicitando que lhe fosse dado um documento de sua denúncia. O que lhe foi outorgado pelo nosso comissário de plantão, subscrito. Assinado: *Lemeroyer de Chezy*."

Interrogatório do senhor R. pelo comitê de polícia dos representantes da Comuna de Paris

"Na data de hoje, 28 de outubro de 1789, foi trazido a nossa presença, em virtude de uma ordem dos senhores do comitê de polícia (19), o senhor Restif de La Bretonne, o qual foi por nós interrogado. Ele respondeu da seguinte maneira:

Interrogado sobre sua qualificação, respondeu que era autor.

Interrogado sobre seu domicílio, declarou que morava na rua de la Bûcherie, na casa do senhor Frazé, comerciante de espelhos.

Interrogado sobre qual era sua última obra, respondeu ser *Les Nuits de Paris.*

Interrogado se não publicara nenhuma outra obra neste ano, respondeu que havia três anos não publicara mais nada além da obra citada.

Interrogado se conhecia uma obra intitulada *Moyens sûrs à employer par les deux Ordres, pour dompter, subjuguer le Tiers État* (20), *et le punir de ses exactions,* respondeu que não somente não a conhecia, mas que era contrário a seus princípios.

Interrogado se conhecia uma obra intitulada *Dom B. aux États Généraux, ou Doléances du portier des Chartreux,* que tem por epígrafe *Latet anguis in herba,* respondeu que era vergonhoso ser suspeito de ter escrito semelhante obra, que nunca ouvira falar dela e que podiam dar busca em sua casa, que ele estava pronto a mostrar todos os seus papéis.

Interrogado se tinha motivos para esconder sua existência e se fazer passar por morto, respondeu que ia, havia muito tempo, três vezes ao dia até a casa da senhora Duchesne, livreira, rua Saint-Jacques, para tratar de assuntos seus e ler as publicações.

Tendo sido feita a ele a leitura de uma passagem da obra mencionada acima sob o título de *D.B.*, iniciada com estas palavras: 'o remédio para todos os abusos', etc., e concluída com estas: 'em diferentes casas', respondeu ser ele realmente o autor do *Pornographe* (21).

Interrogado se lera uma obra intitulada *Domine, salvum fac regem* e se não possuía o manuscrito da mesma, respondeu que lera a obra, mas não a escrevera.

Interrogado se fizera seu testamento, respondeu que não, nem mesmo o planejara.

Interrogado se era autor de uma obra intitulada *Ingénue Saxancour,* respondeu que nesse volume havia somente três peças de teatro em que trabalhara: *Le Loup dans la bergerie, La Matinée du père de famille* e *Le Réveil d'Epiménide*; e que, aliás, tal obra fora publicada com autorização.

Interrogado se era casado, respondeu que sim.

Interrogado se sua mulher morava com ele, respondeu que ela fora passar algum tempo no campo e que, desde sua volta, fora morar sozinha, com o consentimento dele, Restif de La Bretonne, mas que viviam bem, como poderia provar por suas cartas.

Interrogado sobre quantos filhos tinha, respondeu que tinha duas moças, sendo uma delas solteira, e a outra, casada com um tal de Augé; que esta, tendo motivos de queixa contra seu marido e tendo apresentado, em 1786, um pedido de separação, tinha sido autorizada pelo tenente civil a voltar para a casa de seu pai, onde permanece até hoje.

Interrogado sobre o que fazia o senhor Augé, respondeu que o mesmo se dizia empregado, mas que no momento ignorava sua ocupação.

Interrogado sobre onde morava o senhor Augé na ocasião do casamento e onde mora agora, respondeu que morava na rua de la Mortellerie; e que ignora seu domicílio atual.

Interrogado se não tinha um estabelecimento comercial na rua

Saint-Jacques, defronte à do Plâtre, respondeu que havia mais de três anos não ocupava essa loja.

Interrogado sobre o uso que fazia do mesmo, respondeu que nele guardava seus livros, para os quais não tinha lugar em casa. E assinou este termo, depois que lhe foi feita a leitura do mesmo e de tê-lo reconhecido como verdadeiro.

Assinados: *Restif de La Bretonne, Dameuves, Cholet de Jepfort, Robin, Quinquet, Lefebvre de Saint-Maur.*"

Interrogatório do delator Augé

"Após ter deliberado sobre o presente interrogatório, o comitê julgou conveniente pedir a presença do senhor Augé.

O dito senhor Augé, depois de entrar, foi interrogado sobre seu nome, qualificações e domicílio, e respondeu que se chamava Charles-Marie Augé, que trabalhava como adido no secretariado do senhor Pelletier, preboste da administração pública, e agora burguês de Paris, domiciliado à Saint-Paul, nº 23, casa do cabeleireiro.

Interrogado se era casado, respondeu que sim, por infelicidade (22), embora declarasse amar sua mulher, cuja presença não cessa de reclamar.

Interrogado sobre com quem se casara, respondeu que era casado com a senhorita Agnès Restif, filha do senhor Restif de La Bretonne.

Interrogado se morava com a esposa, respondeu que não, que ignorava seu domicílio e que havia mais ou menos um ano obtivera do tenente civil uma autorização para reavê-la, onde quer que ela se encontrasse (23); que o senhor Restif, seu sogro, tinha vindo retirá-la de sua casa no dia 22 de julho de 1785, sem que ele soubesse; que o mesmo tinha levado de sua casa tudo o que pudera tirar (24) e que havia levado a senhora Augé para a casa do senhor Berthet, gravador, domiciliado à rua Saint-Jacques, numa casa chamada Vieille-Poste, onde a mencionada senhora tinha adotado o nome de senhora Dulisse.

Interrogado se tinha filhos, respondeu que lhe restava um menino dos dois (ou três) filhos que teve com ela, e que o mencionado menino, de oito anos, morava com ele.

Tendo-lhe sido apresentada a denúncia contra o senhor Restif de La Bretonne, e interpelado se ela tinha sido escrita e assinada por ele, declarou que sim e se ofereceu para assinar, em nossa presença, tanto a mencionada denúncia como uma brochura anexa, que tem por título *Dom B. aux États Généraux*.

Interrogado se denunciava a mencionada brochura como sendo obra do citado senhor Restif, e se pretendia apresentar-se como seu delator, quer em relação a esse livro, quer em relação aos dois outros mencionados em sua denúncia, declarou que somente denunciava a brochura *Dom B.*

Interrogado se conhecia o editor, respondeu que acreditava tratar-se do senhor Maradan, editor habitual do senhor Restif (25).

Interrogado se tinha outras denúncias a fazer, respondeu que achava ser seu dever denunciar ainda: 1) *La Femme infidèle,* obra em quatro partes contidas em dois volumes, por ser insultuosa não somente a ele, Augé, como à própria mulher do senhor Restif (26); 2) *Les Nuits de Paris,* obra em vários volumes, por ser nominalmente insultuosa a ele (27); 3) *Ingénue Saxancour ou La Femme séparée,* obra em três volumes (28), como atentatória a sua tranquilidade e a sua honra. E como prova da denúncia, apresentou os dois volumes de *La Femme infidèle,* em cujo frontispício e nas primeiras folhas há notas infames escritas por ele (29) e etiquetadas no verso como 'Oeuvres d'un scélérat', as quais ele declarou ter mandado acrescentar de propósito (30); os três volumes da *Ingénue Saxancour,* tendo cada qual sobre o falso título uma nota infame igualmente escrita e assinada por ele; finalmente o primeiro volume das *Nuits de Paris,* impresso em 1788; todos esses volumes foram entregues em nosso escritório, assinados e rubricados, em nossa presença, na primeira e na última página.

Interrogado se o senhor Restif teria uma tipografia, respondeu que acreditava que sim e que suspeitava disso (31).

Interrogado se conhecia todos os diferentes domicílios que tinham sido mencionados em sua queixa, respondeu que não, mas que afirmava haver ainda outros.

Interrogado sobre a razão de sua denúncia, respondeu que era para o bem público (32).

Interrogado sobre como arranjara os volumes que entregara ao escritório, respondeu que, tendo ido jantar um dia na casa do senhor Bochet, estalajadeiro, na rua du Dauphin, um desconhecido lhe havia entregue a *Ingénue Saxancour* (33), depois de lhe ter perguntado se era o senhor Augé, e que, tendo sido sua resposta afirmativa, o dito desconhecido se retirara sem dizer nada, deixando os volumes.

Interrogado se tinha ainda alguma coisa a declarar, respondeu que acreditava dever observar que na página 210 de uma obra do senhor Restif, intitulada *La Vie de mon père,* em nota de rodapé da mencionada página encontra-se a prova de que o senhor Restif é o autor de *La Femme infidèle,* ainda que tal obra esteja sob o nome de Maribert-Courtenai; e como prova dessa nova declaração, entregou no escritório a dita obra, intitulada *La Vie de mon père* (34).

Tendo sido feita a leitura do auto, ele declarou não ter nada a acrescentar a não ser que fora por intermédio da polícia que, cerca de três meses após o sequestro de sua esposa (35), tinha conseguido encontrar seu domicílio, fato que pudera constatar por ocasião da procissão dos cativos em Mathurins; que tinha então subido até lá e que a princípio tinha sido bem recebido (36); mas que, tendo o senhor Restif chegado, este, furioso, o forçara a sair, sem considerar que ele estava na casa do senhor e da senhora Berthet, e na presença do casal. E assinou e rubricou o presente auto, dando-o como verdadeiro. Assinado: *Augé*, etc.

Tendo o senhor Augé se retirado, chamamos novamente o senhor Restif.

Interrogado sobre onde morava sua esposa, respondeu que ela morava perto da Comédie-Française (37)... Se há muito tempo sua filha, a senhora Augé, morava com ele e se ele havia conservado seu sobrenome; respondeu que ela saíra da casa do marido no dia 23 de julho de 1785 para ir morar com um casal, defronte à rua du Plâtre-Saint-Jacques, onde tomou o nome de senhora Dulis, de uma das avós maternas do senhor Restif de La Bretonne.

Interrogado se o marido dela tinha entrado no mencionado domicílio para ver a mulher, concordou que ele lá entrara inesperadamente.

Interrogado se conhecia uma obra intitulada *La Femme infidèle* e uma outra intitulada *La Vie de mon père,* respondeu que a segunda era sua e que, quanto à primeira, conhecia-a mas não era dele.

Interrogado se *Ingénue Saxancour* não tinha sido escrita em alusão a fatos passados em sua família, respondeu que tinha feito as três peças de teatro, mas que o trabalho tinha sido compilado por uma outra pessoa.

Interrogado se conhecia essa pessoa, respondeu que não.

Interrogado se tinha mandado distribuir gratuitamente uma obra intitulada *La Femme infidèle* ou *Ingénue Saxancour,* respondeu que não.

Interrogado se conhecia em Paris inimigos seus, respondeu que só podia citar um, obstinado; que tal homem viera, na primeira quinta-feira do presente mês, falar com o senhor Desmarquets, procurador, domiciliado na mesma residência, o qual havia sido interrogado por esse inimigo, que lhe perguntara se o senhor Restif já havia voltado a casa, que ele queria seu bem e que esse bem era sua mulher, e que ele esperava o senhor Restif para lhe dar um tiro na cabeça (38).

Interrogado sobre o nome desse inimigo, respondeu que o senhor Desmarquets o daria.

Tendo ouvido a leitura deste, pediu que imediatamente fosse dada uma busca em sua casa para que se constatasse que ele não era o autor dos três panfletos, como seu delator o acusa; ofereceu-se até para ficar na prisão, se nós assim o exigíssemos. E assinaram: *Restif de La Bretonne; Cholet de Jepfort, Robin, Dameuves, Quinquet.*

Em consequência do pedido do senhor Restif de La Bretonne concordamos que dois de nós fossem tanto ao domicílio atual do senhor Restif como ao antigo e também, em caso de necessidade, à casa onde vive sua esposa (39). Assinado, etc.

E no mesmo dia e ano acima mencionados, nós, Cholet de Jepfort e Dameuves, acima mencionados, acompanhados do senhor Broquin, subtenente da guarda nacional e comissário do distrito de Saint-Séverin, do senhor Pitart, sargento da mesma guarda e comissário do mesmo distrito, do senhor Sciard, secretário do comitê do mesmo distrito e fuzileiro da guarda nacional, e do senhor Poitou, ajudante-mor do batalhão, fomos até o apartamento do senhor Restif de La Bretonne, na rua de la Bûcherie, onde procedemos à busca de que fôramos encarregados. O resultado das várias investigações foi que encontramos, nos diversos cômodos que compõem o apartamento, apenas exemplares dos *Contemporaines* e das *Nuits de Paris,* bem como várias outras brochuras autorizadas, alguns manuscritos de peças de teatro e finalmente o índice dos *Contemporaines:* isto é tudo o que declarou ter e tudo o que encontramos. Como testemunhas, subscrevemos o presente, com o senhor Restif e os cidadãos acima mencionados, neste 29 de outubro de 1789.

E no mesmo dia e ano acima, acompanhados das pessoas supramencionadas, e na presença do senhor Noizet, proprietário de uma casa situada à rua Saint-Jacques, defronte à rua du Plâtre, o qual assinou conosco, nós nos dirigimos a um apartamento que fica nos fundos da citada casa, no terceiro andar, ocupado há três anos pelo senhor Restif; onde, depois de uma busca, não encontramos nada impresso, nem as obras enunciadas na queixa acima. E tendo o senhor Noizet declarado que não tinha nenhuma tipografia em sua casa, pedimos que ele assinasse conosco, o que fez. E depois de elaborado este auto, fizemos com que o senhor Restif se recolhesse a sua casa, com a promessa de que voltaria a se apresentar, caso necessário.

Assinado: *Noizet*, etc.

E no mesmo dia, tendo voltado ao comitê de polícia, às sete horas da manhã, e tendo procedido à leitura dos autos que constatam a execução da missão de que fomos encarregados, nós, representantes da comuna subscritos, julgamos que o senhor Augé deveria ser conduzido à prisão, no palácio de la Force, até nova ordem (40), em vista das declarações e das provas de convicção de calúnia entregues no escritório. Assinado: *Dameuves, Cholet de Jepfort, Quinquet, Lefebvre de Saint-Maur.*

E em vista desses documentos e de outros anexos, o senhor Restif de La Bretonne está autorizado a recorrer perante os juízes contra o dito Augé, seu caluniador. E, no entanto, o culpado deve ser posto em liberdade, tendo em vista a não denúncia do senhor seu sogro, o qual declarou ser sua vontade deixar o genro delator com remorsos e com a vergonha de seu crime. Assinado: *Boussemer de la Martinière.*

Para expedição conforme os originais, entregues no escritório do comitê de polícia, no Hôtel-de-Ville de Paris, e entregues ao senhor Restif de La Bretonne, que os requisitou.

Assinado: *Manuel*; Leseize-des-Maisons.

Assembleia dos representantes da Comuna de Paris: comitê de polícia. 29 de outubro de 1789.

Solicita-se que o senhor Restif de La Bretonne compareça ao comitê de polícia no dia que lhe convier para assuntos que lhe interessam.

Manuel, Isnard de Bonneuil, Delabastide

O senhor Restif de La Bretonne se apresentou; prometeram enviar-lhe os documentos que lhe interessam e que estão no comitê de polícia. Lavrado no comitê de polícia, no dia 4 de novembro de 1789.

Abade Fauchet

P.S. Hoje, 9 de fevereiro de 1790, terceiro aniversário da tentativa enraivecida feita por Augé em Montrouge, na casa do senhor Letourneur; as tentativas do monstro continuam inúteis. Recusamos uma de suas cartas no dia 20 de janeiro. Esperamos."

Fim

Sequência das respostas
(18) Imaginai, honestos cidadãos, um velho, levado pelos fuzileiros, atravessando a praça tenebrosa onde Augé poderia encontrar-se, gritando ao monopolista que, se a lei marcial não tivesse existido... Abandono esse quadro... Imaginai esse velho, interrogado como um criminoso, respondendo a perguntas sobre seu comportamento mais íntimo... Depois disso, pensai que foi um genro caluniador que o conduziu a isto! Repetimos que Augé não teve a coragem de dizer no comitê de seu distrito que se tratava de um genro denunciando o sogro! O comissário teria estremecido de horror! Pois bem, senhores do distrito de Saint-Louis-la-Culture, denunciamos vosso concidadão Augé como parricida intencional, quase efetivo.

(19) Se os senhores do comitê de polícia de Saint-Louis-la-Culture o tivessem informado, antes de mandar violar o domicílio de um cidadão honesto, conhecido em toda a Europa por suas obras, estimado por todos aqueles que convivem com ele, por todos os artistas que ele emprega, não teriam agido contra os princípios sagrados da liberdade, contra esses princípios que eles mesmos proclamam com uma energia digna de louvor! A denúncia carece de senso comum, pois o próprio delator parricida abandona duas de suas partes com seu comparecimento. E depois dessa retratação parcial, que deveria fazer duvidar do resto, foi que se provocou a ordem mais cruel, com a mais terrível cláusula, a de arrombar as portas!... Arrasta-se, às dez e meia da noite, um velho doente para fora de sua casa; este não conta com nada a seu favor a não ser a consideração pessoal que inspira aos guardas; deixa sua família desolada, a vizinhança inquieta; o respeitável Frazé, de oitenta anos, ficou acordado a noite toda! Será que os senhores do comitê de polícia do distrito de Saint-Louis-la-Culture não ficariam desolados se tivessem causado nossa morte a partir dessa denúncia praticamente desmentida por um vil caluniador?... Ele foi punido, mas não o suficiente; persistiu em sua acusação sobre *Dom B.*, cujo autor é bem conhecido; deveria ficar na prisão até que provasse ou então pedisse perdão de sua felonia. É na Assembleia Nacional que iremos denunciar esse parricida, pois sentimos que não

poderemos persegui-lo nos tribunais, por causa de seu filho. Mas é preciso, no interesse dessa mesma criança, nosso único neto no momento, que nos livremos de qualquer acusação: nosso nome é conhecido; o de seu pai é conhecido somente por suas perfídias; é somente de nós que essa criança herdará; nós é que devemos ser puros.

(20) Afirmo que esse título estúpido é de Augé; somente ele poderia inventar um título semelhante. No domingo 11 de novembro, terceiro dia de sua prisão, alguém lhe perguntou por que decidira fazer tal denúncia. "Foi um golpe fracassado", respondeu. "Eu me saí mal. Mas o que vão fazer? Vão me enforcar? Pouco me importa. Eu tinha alguns títulos para pagar no fim do mês e não tinha nem um centavo; aqui, estou tranquilo." Quando lhe disseram que os vizinhos de seu sogro iam denunciar suas ameaças de morte, respondeu: "Eu bem que desconfiava. Quando um homem está no fundo do poço, todo mundo cai sobre ele." Disse, numa outra ocasião, falando de sua mulher: "É por causa de uma p... que estou aqui!" E poderá ser constatado, por sua carta ao senhor Toustain, *que ele não tinha nada contra sua mulher,* a qual, no entanto, ele acusa nas cartas verdadeiras, que reproduziríamos aqui como provas, se não pudessem ser encontradas nas obras citadas por Augé.

(21) Dissemos, além disso, que o projeto do *Pornographe* foi executado em Viena, pelo imperador, já em 1786.

(22) E mais ainda pelo de sua esposa infeliz, de seu sogro, de sua cunhada! Somente o avô Augé ganhou um neto, um neto tão belo quanto horrível é o pai. Ó pobre criança! É por ti, por tua infortunada mãe, que eu publico isto. Teu avô paterno é um homem honesto porém fraco; teu avô materno, arrastado na lama, é geralmente estimado; saberás disto um dia! E então, o que pensarás de teu pai culpado?

(23) Que mentira! Que ele mostre essa autorização! E quando a teria obtido? Ela não é contraditória, e Agnès Restif se oporia a ela. O quê! Voltaria ela para o homem que a maltratou, esbofeteou-a no jardim du Roi? Que fez com que fosse presa pelos guardas, na ilha Saint--Louis; que a caluniou no café Desbrosses! Que quer assassinar seu pai, unicamente porque ele alimenta e veste essa infeliz! Que a cha-

mou de puta, na prisão, no dia 1º de novembro último!... Que tentou acabar com a vida e a honra de seu único arrimo, seu pai! Não! Não. Louco canalha! As leis não o permitirão!

(24) O pai não estava com sua filha quando esta abandonou o marido. A infeliz mulher só pôde levar consigo seus trapos, e assim mesmo parte deles; o relógio, que lhe tinha sido dado pelo pai quando ainda era solteira, estava penhorado; e ela ainda tem a cautela; mas o relógio foi vendido. O miserável, que precisava de duzentas libras para pagar o aluguel, iria, no dia seguinte, penhorar até a última peça de roupa de sua vítima. Ele joga, bebe e não trabalha. Péssimo sujeito, despedido de todos os empregos, tanto antes como depois do casamento; sempre foi despedido por causa de suas calúnias e seus procedimentos infames.

(25) Não existe nenhum editor Maradan. O honesto livreiro que tem esse nome nunca publicou *D.B.* Ele somente aprovou *La Femme I.* e *I. S-ur.*

(26) Poderá ser constatado, se publicarmos essas cartas, como o monstro a tratou, no dia 15 de junho: soubemos disso por ela.

(27) Não se trata do senhor Augé, genro do senhor Restif, no primeiro volume das *Nuits de Paris*; basta ler a passagem. Aliás, o fato citado aconteceu há 21 anos, época em que o senhor Restif ainda não tivera a infelicidade de conhecer o senhor Augé.

(28) Pergunta-se aqui a Augé como ele descobriu quem é o monstro horrível da *Ingénue:* seu nome não é mencionado na obra. Será que reconheceu suas ações? Pior para ele, para sua mulher e para nós.

(29) Disseram-me que essas notas eram infames: ainda não as vi, até a data de hoje, 1º de março de 1790; mas, no comitê de polícia, ficaram de me fornecê-las, e eu as publicarei.

(30) Retiveram esses livros no comitê de polícia: Augé não os mostrará mais. Foi por tê-los mostrado a seu último empregador, que não conhecemos, que perdeu o emprego. Quanto às etiquetas, seu filho é que nos vingaria. Essa criança, um dia, censuraria seu pai por ter querido macular a única faceta de sua existência que poderia causar--lhe orgulho. "Oeuvres d'un scélérat", em *La Vie de mon père!* Oh, sacrilégio!

(31) Que bom genro! Que homem honesto! Somente por esta acusação, nos tempos dos subtenentes Hémeri e Goupil, teríamos sido presos na Bastilha. Felizmente o malvado fez isso numa época em que não é mais um crime ter uma editora.
(32) Uma denúncia falsa, feita conscientemente, tendo em vista o bem público!
(33) Mentira, como tudo mais. Foi V..., mascate nas Tulherias, que vendeu *L'Ingénue* ao senhor Augé; foi V... que, tendo recebido da senhora Bizet, tia por afinidade, *La Femme infidèle,* emprestada por sua mulher, vendeu-a ao senhor Augé. São crimes cometidos por V...; e nós dizemos isto, porque é verdade.
(34) *La Femme infidèle* foi publicada com autorização, assim como *L'Ingénue*. Não há portanto nada contrário aos costumes públicos! Longe disto! Os maus costumes são descritos apenas para causar horror. Sabe-se que, uma vez obtido o consentimento do censor, o autor não precisava identificar-se. Neste caso, melhor ainda, pois o autor não devia fazê-lo. O motivo é que sua identificação transformaria, para algumas pessoas, o que deveria ser uma descrição geral em descrições particulares: o que é preciso evitar nos lançamentos. Aliás, já declaramos e voltamos a declarar, e isto é verdade, que não são de nossa autoria todos os episódios nos quais Augé se identifica. Quanto à nota existente em *La Vie de mon père,* e onde aparece o nome de Maribert-Courtenai, refere-se a um homem que morreu há quatrocentos ou quinhentos anos. Não vemos qual seria sua relação com Augé... Ah! Oxalá estivéssemos também assim tão afastados dele!
(35) Augé é um desajeitado que se vangloria, perante juízes cidadãos, de ter usado os espiões da polícia, como faziam todos os outros tipos desonestos.
(36) Que Agnès Restif seja interrogada. Ela dirá que, por ter se sentido mal com a presença de Augé, não conseguira falar com ele, embora para este homem seja uma demonstração excelente alguém desmaiar de pavor por sua causa!
(37) A que inquisição nos expôs esse genro ímpio! Como consequência de suas atrozes incriminações, esquadrinharam toda a nossa vida

particular; penetraram em todos os detalhes referentes a nossa esposa e a nossos filhos!... Foi preciso que um canalha entrasse, contra nossa vontade, na família, para que fôssemos expostos a vexames cruéis perante comissários, magistrados civis, criminais e de polícia, onde jamais havíamos antes comparecido!

Denúncia de nossos vizinhos

(38) Nós, abaixo-assinados, tendo sido informados de que uma denúncia anterior, feita espontaneamente por nós, perdeu-se no escritório do comitê de polícia do Hôtel-de-Ville, devido à urgente necessidade resolvemos fazer uma outra, relativa aos fatos abaixo mencionados. A saber:
"Eu, abaixo-assinado, François-Julien Desmarquets, procurador da corte, declaro que, na quinta-feira, dia 1º de outubro último, ao entrar em casa, entre onze horas e meia-noite, encontrei um homem diante de minha porta, o qual parecia estar à espera de alguém; que, de dentro de casa, tendo-me postado à janela, percebi que o mencionado falava com alguns outros, perto da esquina da rua des Grands-Degrés. O qual, voltando, perguntou-me se o senhor Restif de La Bretonne já havia retornado para casa. Ao que lhe respondi que eu não era o porteiro, e que não sabia de nada; que se ele tivesse algo para dizer ao senhor Restif que voltasse no dia seguinte pela manhã. Ao que o mencionado me respondeu que era costume ir de dia à casa dos homens honestos mas que se esperava pelos canalhas à noite; e que, se eu quisesse descer, ele me contaria algo muito interessante. Subi imediatamente até a casa do senhor R..., para saber se já havia voltado e para lhe contar o que me haviam dito; que a senhorita Restif, acompanhada de um de seus primos, veio logo a minha casa para ver se reconhecia o mencionado tipo, pois suspeitava tratar-se de seu cunhado; que, quando desci, voltei para minha janela e vi o mencionado senhor falando com quatro elementos que pareciam estar com ele; o qual, voltando para a frente do edifício, novamente me pediu para descer; que finalmente desci, com o sobrinho do senhor Restif;

e depois de abrir a porta ao mencionado e deixá-lo entrar, perguntei-lhe o que tinha para me dizer. Que o mencionado tipo começou por dizer coisas horrorosas contra o senhor Restif, o qual, segundo ele, mantinha em sua casa a esposa dele contra sua vontade; e acabou por me dizer que o estava esperando para lhe estourar os miolos e que ele morreria pelas suas mãos. Diante disso, observei ao mencionado que sua conduta era muito repreensível e que só o prejudicaria; ele respondeu que pouco lhe importava isso e disse que se chamava Augé. E depois de muito discutir, mandei embora o mencionado, e ele se foi."

Paris, 15 de novembro de 1789. *Pro duplicata.*

Desmarquets

"Eu, François-Urbin Frazé, comerciante de espelhos, principal inquilino da casa de nº 11 da rua de la Bûcherie, defronte à rua des Rats, ouvi o senhor Augé dizer coisas terríveis, que sei serem falsas, contra o senhor Restif de La Bretonne, do qual ele se diz genro, ameaçando assassiná-lo."

Frazé

"Eu, Antoine Delarue, comerciante de roupas usadas defronte à mencionada casa nº 11, vi frequentemente um sujeito que se chama Augé. Este tem vindo a minha casa, sem me conhecer, com o único propósito de difamar o senhor Restif, seu sogro, e para jurar que o assassinará ou mandará assassiná-lo; que há três pessoas nesse complô; e, ainda, que na noite de quarta-feira, dia 28 de outubro, ele veio pedir à minha mulher que não depusesse contra ele; e que ela então lhe pediu para se retirar, dizendo que conhecia o senhor Restif como sendo um homem honesto e ele, Augé, como um homem perigoso."

Delarue

"Eu, Guillaume Page, alfaiate, morando ao lado da mencionada casa nº 11, frequentemente tenho ouvido o senhor Augé falar com outros contra a reputação da senhorita Restif, sua cunhada."

Page

É assim que toda uma família honesta é difamada por um crápula que nela se introduziu de maneira inopinada!

(39) Um homem honesto, honrado pelos seus concidadãos, vê-se obrigado a impor um trabalho penoso à guarda nacional, quando esta poderia ser mais útil em outro lugar! Iam conduzi-lo até a casa de sua esposa, sem o senhor Cholet de Jepfort.

(40) Foi necessário esse ato de justiça para convencer Augé que ele era reconhecido como caluniador. E, no entanto, advertimos o distrito de Saint-Louis-la-Culture, bem como os senhores representantes do comitê de polícia da cidade, que Augé, depois de sair da prisão no dia 3 de novembro, à noite, continua com suas calúnias e a sustentar que somos o autor de *D.B. aux États Généraux,* brochura que, segundo nos disseram, é infame; pois ainda não a lemos. Em vista do quê, devido à atrocidade de seu crime e ao inconveniente que nos causaria ter de processá-lo judicialmente, resolvemos denunciá-lo à Assembleia Nacional como parricida, não movidos por um sentimento de vingança (longe de nós esse motivo baixo e vil!) e sim para preservar para sempre de seus atentados nossa infeliz família, composta de sua mulher, nossa filha mais velha, nossa filha caçula e do filho do mencionado Augé, nosso único neto, que seria mal-educado e arruinado por tal homem.

Carta ao senhor Augé pai

"Senhor! Quando se tem a infelicidade de ter um filho como o vosso, assassino em potencial, caluniador, delator, tem-se a obrigação de reprimi-lo com eficácia. Eu vos advirto que os senhores comissários de polícia declararam, entregando-me as provas de seus crimes contra minha pessoa, que eu tinha motivos de sobra para enviá-lo ao pelourinho. Eu o denunciarei, portanto, senhor, se não vos ocupardes do assunto. E antes de mais nada exijo que lhe retirem o filho, já que o miserável poderia educá-lo mal e pô-lo a perder. Depois, que não deixeis à disposição dele qualquer renda, mas que, seguindo o exemplo de vossa falecida esposa e mãe dele, legueis a herança a vosso neto, para que esta criança, vossa única esperança, que talvez carregue vosso nome, não se veja um dia privada dos direitos de cidadão ativo em virtude das dívidas do pai.

É por respeito a vossa infelicidade que me subscrevo, senhor. Vosso amigo,
Restif de La Bretonne"

Foi no mesmo dia da primeira denúncia de nossos vizinhos, e pouco antes de ela ser levada ao comitê de polícia, que Augé saiu da prisão, no domingo, dia 3 de novembro.

Tomamos todas as providências necessárias para ter em mãos o auto acima, bem como as três obras em cujas margens, orelhas e páginas falsas Augé escreveu coisas terríveis sobre nós. Essas coisas são assinadas por ele, e querem arquivar essas infâmias, aparentemente para que a posteridade acredite nelas! Tais documentos nos deveriam ser entregues para que os destruíssemos, ou para que, publicando--os aqui, pudéssemos anulá-los, refutando-os. Eles nos foram prometidos. Como daremos um fim à execrável história do monstro que envenena nossa vida? Não sabemos, pois estamos ameaçados pela espada assassina! Só podemos conjecturar.

Depois de tal atrocidade, não poupamos mais nada: lemos a delação de Augé ao senhor Mercier e a um outro homem célebre. Ambos nos responderam: "Não há mais nada a temer deste homem; ele próprio acaba de se destruir." Com efeito, depois de uma calúnia tão detestável, o que poderia fazer Augé, se fosse um homem? Mas não se pode imaginar que Augé não seja homem! É difícil imaginar quão vil, atroz e baixo seja, e até que ponto esse tolo e malvado tem capacidade para sentir, pensar, corar, arrepender-se, ter remorsos! Não tem princípios. Educado por uma mãe limitada e por um pai fraco, tendo passado a juventude em empreguinhos, ao lado de ajudantes de escriturários, ratos de subterrâneo, auxiliares de barreiras, só respirou maldade! Tem uma sensibilidade voltada somente para o prazer diabólico de fazer mal aos outros, de mergulhá-los na dor e no desespero!... E há entre o povo muitas pessoas como ele. O populacho tem a malícia do macaco. Assim é a natureza, diga o que disser J.-J. Rousseau: somente a boa educação pode corrigi-lo. Que azar o meu! Caiu sobre mim a infelicidade que eu mais temia! Tenho em minha família um homem sem educação e sem princípios! Mais infelizes ainda são minhas filhas, uma como sua esposa, a outra, como cunhada! Elas serão um dia as vítimas da brutalidade do malvado e da loucura de um maníaco!

A INFELIZ DE DEZESSEIS ANOS[53]

No dia 29 de outubro, no mesmo dia em que havíamos sido visitados, depois de uma noite passada no Hôtel-de-Ville, um conhecido nosso encontrou uma camponesa que conversava com uma jovem de dezesseis anos, enquanto caminhavam. Era perto do Port au Blé, nas cercanias da rua de Longpont; elas iam para os lados da ilha de Saint-Louis. Nosso amigo seguia pelo mesmo caminho e ouviu sua conversa... A mulher dizia à mocinha: "Ele não mora mais lá; casou-se novamente; sua segunda mulher o deixou; ele a maltratava muito. Chegou a dar uma bofetada em vossa mãe no dia em que ela morreu. Quanto à segunda mulher, ele a fez passar uma noite numa escada, em trabalho de parto, em pleno inverno... Ele vos mataria, minha menina, ou vos venderia, como quis vender a segunda mulher quando ela fugiu... Ficai comigo, criança! O pouco que vossa tia-avó deixou poderá ajudar-vos a encontrar um camponês, com o qual vivereis tranquilamente. A Revolução já foi feita; não há mais aristocratas; podeis ser tão feliz como mulher de um camponês quanto como esposa de um homem da cidade."

---

53. *L'Infortunée de seize ans:* este romance, muito mais bem-sucedido, em nossa opinião, do que *Ingénue Saxancour,* desenrola-se aqui muito naturalmente, como um prolongamento da terrível história de Augé, o delator. É ainda um exemplo dessa fusão entre a narração autobiográfica e o romance nas *Nuits.*

"Mas minha aia", respondeu a moça, "como foi que minha tia-avó conseguiu salvar-se de meu pai malvado? Pois tudo o que dizem sobre ele é aterrorizante!"

"Foi quando viu que ele era um mau-caráter, que se corrompia com os colegas, todos eles celerados, e maltratava a mulher, que era meiga, boa, econômica e trabalhadora a ponto de arruinar a saúde com o trabalho; é por isso que sois franzina. Ela me disse, quando vos trouxe a mim: 'Não entregareis essa criança a ninguém que não apresente um papel escrito por mim.' E eu não vos poderia entregar a ninguém, pois só conhecia a ela. Acho que ela disse ao vosso malvado pai que tínheis morrido, pois ele nunca se preocupou convosco. Mas agora que já sois grande e ajuizada, e que vossa mãe e vossa tia-avó não pertencem mais a este mundo, o padre me disse que era preciso ter cuidado... Ah! Vou dar a ele boas informações!... Dizem que vosso pai vive como um bandido. Esteve recentemente na prisão por ter caluniado..."

Ao ouvir essas palavras, o interesse que as duas pessoas haviam despertado em meu amigo aumentou. Ele se aproximou delas e ofereceu-lhes seus serviços. A camponesa parecia desconfiada. Mas quando o honesto homem, que morava na entrada da rua des Nonains-d'Hyères, apresentou-se como um dos representantes da Comuna, ela se mostrou confiante e chegou até a aceitar a oferta de morar em sua casa.

O senhor de Jepfort era casado, pai de família e muito abastado. Quando viu de perto a jovem Sophie, ficou encantado. Duvidava que ela fosse realmente a filha do homem vil e covarde que conhecera. Pediu mais detalhes da história. Não diremos se eles anularam ou confirmaram suas conjecturas... Mostraram-lhe o certificado de batismo; ele viu os nomes do pai e da mãe; Sophie ainda tinha avô paterno; sua madrasta estava viva. O senhor de Jepfort resolveu apresentá-los. Foi informado que a criança, tida como morta pelo pai indigno, tinha permanecido na casa da ama de leite até aquela data. Mas agora que estava crescida, formada e ajuizada, era preciso pensar em casá-la. Não se podia fazer isto, porém, sem revelar toda a história. Havia, na aldeia, um bom partido, do qual Sophie não gostava, e um outro pretendente muito pobre, que a moça preferia. A camponesa apressara-se em afastá-la desse último, pois temia que a jovem se declarasse a ele. E por esse motivo, fora consultar o pároco. Tal era a situação de Sophie.

No dia seguinte pela manhã, o senhor de Jepfort escreveu ao avô de Sophie. O velho era um homem tacanho. Mais do que depressa contou tudo ao filho. Felizmente Quistrin armou um tremendo escarcéu! As duas mulheres, assustadas, disseram que voltariam para a aldeia; mas, seguindo um conselho salutar, a camponesa voltou sozinha, deixando Sophie com a madrasta.

Esta viera a Paris só por três dias; estava no campo, junto a uma amiga moribunda. Levou Sophie consigo. E como o monstro do Quistrin tinha ficado com seu filho, ela se vingou, conservando consigo a filha dele, conseguindo ser adorada por ela.

Sophie, que até então tinha sido educada por aldeões grosseiros, achava que os hábitos deles contrariavam sua natureza delicada. Só os tolerava por não conhecer ninguém melhor. Contudo, desde que fora viver com a senhora Quistrin, passou a se sentir em seu ambiente. Em pouco tempo aprendeu boas maneiras e tornou-se encantadora... Ficou com a madrasta durante uns cinco ou seis meses.

Depois da morte da amiga da senhora Quistrin, ambas voltaram a Paris. Um dia em que tinham ido tomar ar na ilha de Saint-Louis foram vistas pelo monstro, que reconheceu sua mulher. Ele se escondeu para escutar a conversa. Ouviu a mocinha chamar a senhora Quistrin de mãe. Sua imaginação logo se pôs a trabalhar. Via nos outros todos os horrores de que ele próprio é capaz... Naquele momento, a sorte o favoreceu. Três canalhas, seus amigos íntimos, l'Échiné, Moresquin e Lemore, estavam juntos naquele lugar. Quistrin contou-lhes o que tinha descoberto. Como os três eram tão maus quanto ele, ficaram todos encantados! Puseram-se à escuta. Sophie, que adorava a madrasta, brincava com ela e repetia "mamãe" a todo momento.

Foi então que os quatro miseráveis se puseram a conjecturar. Quistrin achava que sua mulher tivera aquela filha ainda muito jovem, antes de se casar. L'Échiné assegurava que não havia dúvida quanto a isso. Moresquin gritou que tivera uma ideia luminosa, mas que ainda não podia contá-la. "Mas eu conto!", exclamou Lemore. "Esta moça, que ela parece amar tanto, é fruto de um amor incestuoso... é o resultado da união do pai com a filha." "É isso mesmo que eu pensei!", retrucou Moresquin. "Claro!", exclamou l'Échiné. "Apesar do que Quistrin nos disse, que durante três noites foi contrariado pela deusa Angustia." "Isso é porque ele não foi muito hábil", disse Moresquin. "Sim!", repetiu Quistrin. "É isso, eu não fui muito hábil. Eram obstáculos inventados. O que vamos fazer?" "Prendê-las, levá-las ao distrito e denunciá-las." "Vamos segui-las!", acrescentou Lemore. Todos concordaram com ele.

A senhora Quistrin e sua enteada se retiraram por volta das onze horas. Os quatro bandidos, que tinham uma única alma e que pareciam ter um só corpo quando se tratava de fazer mal a alguém, esperaram que elas passassem por um lugar isolado, em frente à rua Poulletier. Lançaram-se então sobre elas. Entretanto, já não era mais como na época do *Ancien Régime,* quando l'Échiné mandara prender sua mulher e a arrastara traiçoeiramente à presença de um comissário; com os gritos das infelizes, a sentinela nacional do cais assobiou e a guarda burguesa acorreu.

Em primeiro lugar foram ouvidas as damas, que contaram como tinham sido atacadas. Os bandidos foram ouvidos em seguida e causaram horror. O comissário do distrito ordenou que as duas voltassem provisoriamente para casa, resguardando ao marido o direito de processá-las judicialmente. Os quatro homens foram repreendidos pelo presidente com severidade.

Quistrin tomou efetivamente providências judiciais, denunciando a mulher como adúltera. Fez com que as três testemunhas depusessem. Convocou também o testemunho dos vizinhos. O resultado foi que a senhora Quistrin reconheceu realmente Sophie como filha e Sophie reconheceu-a como sua mãe.

Com base nos depoimentos, a senhora Quistrin foi levada a julgamento. Compareceu perante o tribunal com Sophie, assistidas, uma e outra, pelo pai da senhora. Interrogada, disse a verdade. Respondeu modestamente que Sophie não era sua filha, mas que tinha o direito de chamá-la assim. E que as alegações do senhor Quistrin eram horríveis, não passando de meras suposições, e que ele deveria provar o que dizia. Essa defesa foi excelente, e o miserável, que conseguia caluniar, não tinha a mesma capacidade para inventar fatos verossímeis. Mas tinha a seu favor aquela parcela malévola do público, que sempre necessita de culpados e que, à semelhança dos espíritos malignos de nossas escrituras, só se satisfaz com o suplício alheio. O pai viu que a situação se tornaria desfavorável para a filha e para ele próprio se ambos silenciassem sobre a origem de Sophie, no momento em que circunstâncias imperativas impediam de ocultá-la. Aconselhou que tudo fosse revelado, e assim a senhora Quistrin contou a origem de sua enteada. O odioso Quistrin quis contestar. Forneceram as provas. Então, aconselhado por um desses advogados que são indicados para os culpados, pessoas úteis à tímida inocência, mas às vezes perigosas, Quistrin pediu que a filha lhe fosse devolvida. Sophie gritou, opondo-se a isso. Os juízes ficaram comovidos com os motivos que as duas, madrasta e enteada, repetiram e com a leitura das cartas da tia-avó; ordenaram então que a senhorita Quistrin voltasse para a casa do pai. Mas, por meio de um *retentum,* nomearam para ela uma tutora secreta, uma senhora caridosa da paróquia de Saint-Paul, mulher prudente e confiável.

    A senhora Quistrin e Sophie mergulharam na dor com a sentença e se recusaram a cumpri-la. No entanto, seus amigos fizeram-nas compreender que deviam submeter-se para depois conseguirem novo julgamento. Infelizmente a justiça não prevê a atrocidade! No que tem razão, em relação a ações passadas; mas está errada no que se refere à conduta futura. Será que os juízes não reconhecem melhor do que ninguém a perversidade do coração humano em certos indivíduos?

    Sophie, persuadida, foi para a casa do pai; a senhora Quistrin não quis abandoná-la; voltou igualmente para seu abominável marido... Qual foi o resultado disto?

    Quistrin, embora arruinado, só estava preocupado em exibir para a vizinhança a glória que conquistara, isto é, que forçara a mulher a voltar, a aia de sua filha do primeiro matrimônio a entregá-la a ele, etc. Vangloriava-se dos efeitos do acaso. Logo em seguida, contudo, não conseguindo mais sustentá-las, retomou as maquinações mais baixas. Fez com que outro homem entrasse em sua casa, durante a noite, e tomasse seu lugar junto à mulher. Ele conseguiu o que queria; sua mulher tinha trinta anos e não desconfiava mais de tais manobras. Mas havia dois libertinos ricos que, excitados com o que tinham ouvido, queriam tornar-se heróis de tais infâmias, possuindo a mulher e a filha de Quistrin; era um prato apetitoso para eles.

Como Sophie era jovem, inocente e bela, foi ardentemente desejada. Ofereceram uma soma a Quistrin, e ele respondeu: "Mas como querem que eu faça? Se sentir um homem perto de si, começará a gritar como Melusina[54] e tudo será descoberto. Tratem de seduzi-la."

A essas horríveis palavras seguiu-se a execução do plano. Mas Sophie era a própria virtude. Aliás, a madrasta estava sempre a seu lado, e a jovem seguia seus conselhos para tudo. A senhora Quistrin, que não se acreditava maculada, defendia a virtude da enteada e pagava por ela... A inseduzível Sophie foi por fim condenada à desonra, quando uma considerável soma foi oferecida a Quistrin. Afastaram a madrasta sob um pretexto qualquer e, tendo a jovem permanecido em casa, todas as portas foram fechadas e ela se viu presa; e foi violentada...

A madrasta não voltou. Quistrin a fez compreender que deveria retornar à casa do pai. E ela foi. Não se pode pensar em tudo ao mesmo tempo: ocupada com sua própria dor, sofria a falta de Sophie mas não suspeitava de sua desgraça. Só depois de vários dias foi que sentiu uma necessidade imperiosa de ter notícias dela. Os vizinhos disseram-lhe que Sophie não aparecia mais em público. Sua inquietação aumentou, e ela solicitou uma visita a Quistrin, o que conseguiu através de vários pretextos: gritos sufocados tinham sido ouvidos, viam-se desconhecidos entrar e sair da casa, com ar suspeito...

---

54. Melusina: fada que os romances de cavalaria e as lendas do Poitou representam como a avó e a protetora da dinastia dos Lurignan. [N.E.]

Chegaram à casa de Quistrin, de surpresa, à meia-noite. Um vizinho, que voltava para casa, abriu a porta lateral. Puseram-se à escuta junto a uma veneziana: barulho... gritos... soluços... A porta foi arrombada. Entraram. Procuraram. Sophie não foi encontrada. Não ouviram sequer o som de sua voz. Quistrin fingia estar tranquilo. Mas essa atitude já era um indício. Ele foi levado. E quando a senhora Quistrin, depois de sua partida, conseguiu entrar na casa, encontrou a enteada num quarto de portas duplas e sem janelas, de cuja existência ela suspeitava, embora nunca tivesse ali entrado. Sophie estava segura por dois homens que ameaçavam esfaqueá-la ao menor grito...

A jovem foi salva como por milagre. Os dois patifes foram presos, como Quistrin, e a madrasta levou a infeliz jovem para a casa de seu pai.

Alguns dias mais tarde, Sophie e a madrasta adoeceram. Muitos médicos foram chamados, mas o único de que necessitavam era o doutor Mittié: as duas infelizes... tinham contraído uma doença... vergonhosa... Constatou-se seu estado. Encontraram-se testemunhas, que declararam ter ouvido Quistrin vangloriar-se do projeto de contaminar ou mandar contaminar sua mulher. Quistrin foi interrogado: foram-lhe arrancadas todas as confissões... Mas que castigo merece o canalha? Todas as leis silenciam sobre esses crimes, mais raros ainda do que o parricídio...

É impossível dizer como a doença se mostrou rebelde. Temeu-se, por um momento, que se tornasse fatal. Finalmente, Sophie e a madrasta foram salvas. Se o competente médico, porém, houvesse empregado o método comum, sem dúvida elas estariam desfiguradas... Hoje, as duas infelizes vivem juntas; foi proibido ao canalha de se aproximar delas, e ele perdeu os direitos de marido, em relação a uma, e de pai, em relação a outra!

SEQUÊNCIA DOS ACONTECIMENTOS POSTERIORES À OITAVA NOITE

Julgaram o barão Bezenval, que foi absolvido.
A acusação não foi comprovada.

Os irmãos Agasse foram condenados à morte.
Por fazer circular notas falsas.
(O distrito protegeu essa honesta família da desonra, dando-lhe patentes na guarda nacional.)

O pseudomarquês de Favras, intrigante e conspirador, foi julgado, condenado e executado; morreu como homem preparado; mas teria falado, se lhe houvessem prometido a revisão do processo. O insensato complô do conde de Maillebois foi descoberto e ele fugiu para Breda. Depois de ter incitado, com veemência, certas pessoas, o abade Mauri[55] foi ameaçado pelo povo ao sair da Assembleia Nacional, no dia 13 de abril, à noite; a guarda nacional defendeu-o. O caçula dos Mirabeaus e Cazalès[56] também foram vaiados e defendidos, embora o primeiro tenha chegado a tirar a espada. Afirma-se que uma mulher tenha gritado: "Deputado! Estais acima das pessoas comuns, mas bem abaixo da nação: ela vos condena. Sede modesto e arrependei-vos!" O dia seguinte a esse foi memorável por causa do decreto definitivo que tirava do clero uma propriedade escandalosa, apóstata, pois as riquezas dos ministros opõem-se diametralmente ao código evangélico. O rei fez um discurso comovente à filha, a senhora Royale, dando-lhe sua bênção por ocasião da primeira comunhão. Os *assignats* são decretados no dia 18. O senhor Virieu se demite da presidência da Assembleia Nacional, depois de ter ocupado o cargo por meia sessão.

Dias 16, 17 e 18 de abril de 1790

Eu me chamo Guillot[57], editor do *Semaine nocturne* ou *Sept nuits de Paris,* que se seguirão ao *Palais-Royal,* que acabo de publicar; sou

---

55. O abade Maury (1746-1817) faz parte da direita da Assembleia, dos *noirs* ou aristocratas. Ele é muito violento. Opor-se-á energicamente à Constituição civil do clero; emigrará em 1792. Será feito arcebispo de Paris em 1810 por Napoleão.

56. Cazalès também é um *noir* e brilhante orador. É o momento em que Mirabeau, o primogênito, "se vende" a Luís XVI. O caçula se beneficia, se assim se pode dizer, da impopularidade momentânea do primogênito.

57. O espectador noturno não pode estar em todos os lugares ao mesmo tempo. Assim os acontecimentos se multiplicam em Paris e no resto do país. La Bretonne dá então a palavra a Guillot, que relatará o que se passa em Lorraine.

granadeiro da guarda nacional; fui obrigado a fazer uma viagem de negócios à minha cidade natal, Verdun. Saí de Paris no início de abril. Chegando a Verdun saboreei um desses prazeres deliciosos que se sente intensamente mas não se consegue expressar: encontrei todos os meus compatriotas, todos os meus antigos amigos com o uniforme nacional! E disse ao primeiro que me apertou a mão: "Todo o império tem um só coração, a mesma linguagem, o mesmo uniforme!" "Como se comporta La Fayette?", perguntou ele. "Como um herói: sempre vigilante, sempre alerta!"[58]

Logo vieram dizer-me que as senhoras de Verdun estavam passando uma lista a fim de conseguir fundos para que a guarda nacional da cidade tivesse bandeiras; e como sou um dos filhos dessa querida terra apressei-me em assiná-la, em lugar de minha mulher.

Um instante após minha chegada foram anunciados os deputados de Nancy, que vinham convidar a guarda nacional de minha cidade para uma confederação patriótica. A proposta foi recebida com alegria: ficou decidida a ida a Nancy, no dia 18 de abril, dos representantes de todas as cidades de Lorraine e dos três arcebispados para jurar uma coalizão constitucional e sagrada, a fim de proclamar a lealdade cívica e a execução dos decretos da augusta Assembleia Nacional. Imediatamente se tomaram as providências necessárias à partida.

Deixei Verdun, com destino a Metz. Fiquei surpreso quando encontrei a porta da cidade fechada. Perguntei o motivo. Responderam-me que, como a guarda nacional de Thionville estava para chegar, o senhor Bouillé, comandante da guarnição, tinha proibido a entrada dos soldados e que, para impedi-la, colocara toda a sua tropa de prontidão, distribuindo quinze cartuchos para cada fuzileiro... Nesse

---

58. La Fayette, "herói dos dois mundos", fascina tanto por sua personalidade como por sua aventura americana. Ele sonha com uma monarquia à inglesa, em que seriam conciliadas a aristocracia e a alta burguesia. Comandante da guarda nacional, seu poder é imenso. A. Mathiez não hesita quando diz "La Fayette, prefeito do palácio", e G. Lefebvre chama o ano de 1790 de "o ano La Fayette". A partir de abril de 1790, La Fayette e Mirabeau colaboram na defesa do rei. Mirabeau escreve a La Fayette: "Vossas grandes qualidades necessitam de meu impulso, meu impulso necessita de vossas grandes qualidades."

meio tempo a guarda nacional de Thionville chega diante da porta, que é mantida fechada. Os soldados deliberam, indignados... Mas o patriotismo leva a melhor: a guarda vai depor suas armas numa aldeia que fica a meia légua dali e volta em seguida para se misturar com a guarda nacional de Metz, que tomara a dianteira.

Instalei-me no albergue Pontamousson. Quando saí do teatro e voltei para jantar, deparei com uma visão esplêndida: vejo, à mesma mesa, numa sala imensa, toda a guarda nacional de Metz, tratando como convidados os soldados de Thionville! Perguntaram-me se eu era soldado da nação e respondi: "Granadeiro de Paris." "Da guarda dos cidadãos de Paris?... Ah! Os corajosos parisienses são nossos irmãos!" "Nossos pais!" "Nossos pais!" "Nossos benfeitores!" "Os instigadores da santa liberdade!"

Sou carregado e me colocam no lugar mais elevado. E bebemos... "Em primeiro lugar, à nação!" "À nação!" "À nação e à sua augusta Assembleia!" "Sem adulação, a Luís XVI, rei dos franceses!" "Pai da pátria!" "Restaurador da liberdade!" "O melhor dos homens!" Meu coração vibrou de alegria ao ouvir louvar e abençoar Luís e a Constituição! E então, com lágrimas de alegria nos olhos, gritei: "À saúde de La Fayette!..." Com esse brinde patriótico pareceu-se ouvir as ondas de um mar agitado! Mil vozes se ergueram! "A saúde de La Fayette!" "Nosso general!" "O herói dos dois mundos!" "O protetor da liberdade nascente!" "O repressor dos canalhas!" "A todos os bravos soldados da guarda parisiense!" "O exemplo do reino!..." Eu estava mudo: a emoção da alegria me deixara sem palavras...

Entrementes, eu me tornara o centro da conversa: todos os olhares convergiam para mim. Falavam da qualidade e do preço do pão. "O pão que comemos é ruim!", disse um granadeiro de Thionville. Tendes um pão excelente em Paris. Vós bem o mereceis!"

Para resumir: apresso-me em partir para Nancy[59] a fim de anun-

---

59. Durante o verão de 1790, os distúrbios se multiplicam no exército. Já em dezembro de 1789, o almirante d'Albert se havia oposto aos marinheiros patriotas. O *affaire* de Nancy começa, como se sabe, pelas reclamações que fazem os guardas suíços de Châteauvieux, cujos soldos estão atrasados. Os patriotas locais lhes

ciar a chegada da guarda de Metz, juntamente com a de Thionville. Os habitantes de Nancy me acolhem como a um deus! Querem saber as novidades. Falo-lhes do rei, da augusta Assembleia, de La Fayette, da guarda nacional de Paris, cujos sentimentos expresso; anuncio as guardas confederadas de Metz e Thionville, depois tento falar um pouco dos meus negócios... "Nada de negócios!", exclamam. "Nosso único negócio no dia de hoje é receber os confederados e mostrar a toda a França o quanto o povo de Lorraine é francês! Nossos irmãos estão chegando; só ouvimos e só vemos a eles. Granadeiro parisiense! Ajudai-nos a recebê-los!" Detêm minha carruagem e me arrastam; vinte cidadãos disputam a honra de me alojar: na minha pessoa festejam e reverenciam a cidade de Paris. Em todos os lugares, o júbilo, o entusiasmo e o encantamento estampam-se nos rostos. Cumulam-me de gentilezas, mostram os bufês transbordando de petiscos destinados aos confederados; fazem-me provar vinhos deliciosos... E finalmente chegam as guardas nacionais da província inteira!

À medida que chegam à praça Royale, os guardas se alinham ao redor da estátua do antepassado do rei dos franceses. Uma banda militar, instalada no balcão da prefeitura, mistura o som dos clarins guerreiros com as incessantes aclamações dos habitantes de Nancy. Esse espetáculo maravilhoso vai até as dez horas da noite. Só então as atenções da terna fraternidade substituem os esfuziantes clamores de patriotismo. Cada qual gostaria de, sozinho, hospedar toda a guarda nacional da província. Há quem vá se queixar na municipalidade de

---

são favoráveis; mas eles se chocam evidentemente com as autoridades militares. La Fayette aconselha seu primo, o marquês de Bouillé, comandante em Metz, a "dar um grande golpe". Bouillé reconquista a cidade em 31 de agosto. O saldo é pesado: trezentos mortos; 33 guardas suíços supliciados na roda e enforcados; outros colocados nas galeras. O rei felicita o marquês de Bouillé. A partir desse momento, La Fayette aparecerá como a alma da contrarrevolução, o que Marat estigmatiza violentamente: "Pode-se ainda duvidar", escreve ele, "que o grande general, o herói dos dois mundos, o imortal restaurador da liberdade não seja o chefe dos contrarrevolucionários, a alma de todas as conspirações contra a pátria?" Mas no momento em que La Bretonne envia seu "repórter" a Nancy esses distúrbios ainda não eclodiram, e lá então se celebra La Fayette como, segundo os nativos da cidade, "o protetor da liberdade nascente".

que um vizinho hospeda vinte soldados, enquanto o queixoso só tem seis hóspedes; os cidadãos cedem suas camas e sobem para o sótão; as mulheres se reúnem, vinte ou trinta numa só casa, para ceder seus quartos durante a noite e deixar os hóspedes em total liberdade. Um emissário de cada família percorre as ruas, para ver se ninguém ficou sem alojamento... Ó noite para sempre memorável!

Um fato comovente: sessenta aldeões, pensando que o pão devia ser caro em Nancy, haviam trazido consigo sessenta medidas de trigo. Mas havia abundância; agradeceram aos aldeões. Estes bons cidadãos deram seu trigo aos pobres da cidade.

Entretanto, a aurora já começava a iluminar o hemisfério, anunciando um dia límpido; o sol afasta as nuvens para ser testemunha da augusta cerimônia que se prepara. Os pássaros parecem celebrar com seus cantos a sagrada confederação dos bravos lorenos; uma banda marcial precede-os na montanha de Donnons, onde vão fazer juramento solene de morrer pela pátria e pela liberdade. Uma multidão incalculável segue os filhos de Marte e junta seus gritos de júbilo ao som agudo das clarinetas e dos oboés. Chegam ao cimo do morro; uma esplanada onde a vista se perde, e da qual se descortina toda a província, é o templo persa em cujo centro foi erguido um altar federativo, cercado de tendas militares. Inicia-se o augusto sacrifício.

Um silêncio religioso e profundo anuncia que um deus vai descer! Nesse instante supremo, dez bocas de cobre manifestam a presença do Senhor do universo! Uma música suave que as substitui diz aos homens que é seu pai!... Todos se prosternam; depois se levantam; os braços erguidos atestam a divindade do juramento que vai ser feito!... O sacrifício termina e o canhão dá o sinal. Sessenta bandeiras, entre as quais se destacam as da guarnição, deixam as fileiras e, seguidas do mesmo número de destacamentos, cercam o altar; o prefeito, primeiro magistrado de um povo livre, discursa com aquela eloquência do coração que o amor pela pátria inspira. Enuncia o juramento cívico: "Juro que serei sempre fiel à nação, à lei e ao rei dos franceses." "Juramos verter até a última gota de nosso sangue para manter os decretos da Assembleia Nacional!..."

O cenário, então, muda: os clamores sucedem ao recolhimento, e todos voltam a Nancy dando gritos de alegria: "Viva a nação! Viva o rei! Viva La Fayette e os patriotas!" Na cidade, festins suntuosos esperavam pelos bravos soldados... Que espetáculo deslumbrante oferece essa cidade feliz! Ela se transforma em uma única família, lembrando ao mesmo tempo o século de ouro e os belos dias de Esparta: todas as mesas são da comunidade, e nelas os pobres são admitidos! Os pobres! Mais estrangeiros que os hotentotes, para os seus concidadãos.

"Eis o que se chama gozar da liberdade, ó habitantes de Nancy!", diz comovido um deles. "Vós vos mostrais dignos desse bem sem igual, do qual durante tanto tempo estivemos privados!" Um perfil desse agricultor: na noite anterior ele estava de guarda à porta de seu regimento; fazia frio e não trouxera nenhum agasalho. "Entre, bom velho, para se esquentar e beber um trago", disseram-lhe. "Estou guardando a bandeira." "Ninguém vai roubá-la." "Mas eu tenho de guardá-la, mesmo em casa de amigos." "Venha, venha." "Uma sentinela é uma cariátide: estou faminto, com sede e com frio; mas deveis falar com aquele que me deu esta ordem." E no entanto era um camponês que jamais saíra de sua aldeia.

Um sapateiro passava por ali: é acolhido e convidado a se alistar. Concorda. Dão-lhe um capacete e o sabre, e ele é levado ao general: "Sereis um bom soldado?" "Não serei eu francês?" O general abraçou-o.

A noite convidava ao repouso, depois de um dia tão cheio. Cada cidadão de Nancy volta finalmente para casa, acompanhado de uma multidão de hóspedes: a esposa e as filhas lhes dedicam cuidados de mãe e de irmãs; depois vão reunir-se com suas concidadãs nos gineceus preparados pelo pudor.

No dia seguinte, ao amanhecer, todos os guerreiros correm para a praça e se enfileiram sob as bandeiras. Os tambores anunciam a partida. Esse sinal adverte a municipalidade de uma separação que não se acreditava tão pronta. Ordenam que as portas sejam fechadas. Em seguida, a população vai para a praça, precedida pelo prefeito. "Então, irmãos, já nos deixais?", exclama o chefe dos cidadãos. "Mal provamos a confraternização com nossos caros confederados eles já querem se separar, antes de conhecerem nosso coração e nosso amor! Ficai mais um pouco conosco. Dai-nos todo o tempo que podeis roubar às vossas interessantes famílias! Nancy, vossa irmã, vos pede, vos suplica, por meu intermédio, que continueis a nos honrar com vossa presença!" E ele se calou.

Todos os confederados, chefes e soldados se emocionaram até as lágrimas com este comovente discurso; agradeceram à irmã Nancy por tão honroso convite; adiou-se a partida e recomeçaram as diversões. Sucederam-se com rapidez os prazeres da mesa, os concertos, os torneios e o baile, no qual as belas moças de Nancy exibiram suas graças provocantes. O jogo, o perigoso jogo que envenena todas as festas, não apareceu nesta; o patriotismo não permitiu que ele se mostrasse. No torneio de armas entre a guarda nacional e a guarnição, os campeões avançaram na arena e deram-se as mãos: parecia estar-se em um circo romano. Com destreza e graça foram usados todos os recursos de habilidade, tudo o que a arte da esgrima tem de sutileza: mil golpes foram dados e aparados. Os espectadores, em silêncio, chegam até a esconder por quem torcem. Finalmente declara-se a vitória da guarda nacional, e os próprios vencidos, tão generosos quanto valentes, aplaudem os vencedores. Feito memorável, do qual não nos vangloriamos. Afinal, todos nós somos soldados franceses.

A festa cívica termina com um baile, no qual foi possível observar que aparentemente o garbo é inerente ao costume e aos exercícios militares: todos os guardas nacionais fizeram boa figura no baile. A sala era imensa e faustosamente iluminada. As damas de Nancy não haviam poupado esforços para brilhar; foi a mais bela das festas, oferecida na mais importante das circunstâncias aos homens aos quais interessava agradar. Por isso as mulheres pareciam fadas. Sexo amável, querido, adorado! Recebe a homenagem franca e sincera de um granadeiro, no qual causaste uma impressão que nunca mais se apagará.

O momento da partida se aproxima. A artilharia já se faz ouvir; todos estão reunidos, e os chefes de cada tropa avançam em direção à municipalidade para exprimir todos os sentimentos lisonjeiros do coração humano. A comoção é geral; o sinal é dado e as portas se abrem: os irmãos se separam! Uma música guerreira abafa a dor!... Os habitantes de Nancy, o copo na mão, acompanham seus hóspedes...[60] Tenho dito.

---

60. Assim termina o primeiro volume, que relata sete noites revolucionárias, isto é, a décima quinta parte do volume XVIII das *Nuits de Paris*. A décima sexta parte (nossa segunda parte) é intitulada: "Vinte noites de Paris, para darem continuação às 388 já publicadas em quinze partes, ou continuação do *Spectateur nocturne*." Um erro na edição original fez com que as vinte noites se transformassem em vinte e uma (as noites de 16 a 17 de julho e de 26 a 27 de setembro são na realidade numeradas como sétima noite).

SEGUNDA PARTE

VINTE NOITES DE PARIS

"Não sinto compaixão por um rei: que os reis lamentem os reis; não tenho nada em comum com essas pessoas; não são meu próximo."

Drame de la vie, p. 1332

ADVERTÊNCIA

Les Nuits de Paris é uma obra que deve ter uma continuação, enquanto essa cidade existir. No decorrer de minha vida terei o cuidado de redigi-la relatando todos os acontecimentos noturnos e os diurnos que as noites terão ocasionado. Esta vasta obra se iniciou muito tarde; os fatos interessantes e que dizem respeito ao público poderiam ser mais desenvolvidos por algumas pessoas iniciadas na antiga administração. Quanto aos fatos novos, asseguro procurar escrupulosamente suas causas; quando não as encontrar, porque
O tempo presente é a arca do Senhor,
não deixarei de colocá-las no volume seguinte: é um aviso para meu sucessor, se eu não estiver mais aqui.

Advirto meus leitores que não me sujeitei ao purismo: transcrevo os fatos como eles são. Há alguns obscenos, mas não sou eu, são os atores que fazem a obscenidade. De resto, declaro que, tendo chegado à velhice, convenci-me da inutilidade do purismo das mulheres e até dos homens. Considero uma coisa vã e sem objetivo o grande flagelado; não acredito que os costumes sejam afetados pelos discursos modestos nem atingidos pelo relato das ações livres. Tenho ainda muitas outras opiniões que me espantariam. Contudo, a propósito disso, remeto à *Juvénale* [relato juvenil] intitulada *Les Bulles de savon,* impressa em *Le Paysan et la paysanne pervertis,* tomo II, parte VII, p. 420 e seguintes.

Já disse uma vez que sempre punha meus relatos em primeira pessoa para não variar sem motivos o estilo. Mas por respeito à verdade devo admitir que certos fatos não foram vistos por mim. O que importa, se eles foram assistidos por pessoas tão confiáveis quanto eu?

Um outro aviso precisa ser dado: os fatos foram relatados à medida que os acontecimentos ocorriam e de acordo com a opinião então dominante. Pensei que deveria abandonar esse verniz, pois ele é tão histórico quanto a própria narração. Entretanto, minha profissão de fé política poderá ser encontrada no final desta parte. Há alguns acontecimentos públicos dos quais eu esperava poder dar o desfecho, mas este tarda muito. Espero que os fatos se multipliquem para que eu possa logo fornecer uma nova parte. 28 de outubro de 1793 (*não ass.*).

PRIMEIRA NOITE

13 a 14 de julho de 1790

FEDERAÇÃO[61]

Retoma, coruja, teu voo tenebroso! Lança ainda alguns gritos fúnebres sobrevoando as ruas solitárias desta enorme cidade, para afugentar o crime e os perversos!

No dia 13 de julho, eu rumava pela rua Saint-Honoré para passar pela ponte nova a fim de alcançar o Champ de la Fédération. Cami-

---

61. Agitações antirrevolucionárias manifestam-se por quase toda parte, tanto em Paris como na província. A nação prova sua adesão à Revolução formando a princípio federações locais. Já em novembro de 1789, os guardas do Dauphiné e do Vivarais se federalizam. No começo do ano de 1790, aparecem federações em Lyon, em Lille e em Estrasburgo. Em 14 de julho de 1790 realiza-se a festa da Federação Nacional, no Champ-de-Mars. Talleyrand celebra a missa e La Fayette, em nome dos departamentos, faz o juramento "que une os franceses entre si e os franceses a seu rei, para defender a liberdade, a Constituição e o rei". O rei também presta juramento. A política de La Fayette parece triunfar. Triunfo efêmero, como o analisa com muita pertinência Albert Soboul: "A Federação de 14 de julho de 1790, o povo, certamente entusiasta, foi menos ator do que espectador. Se, na declaração de federação, a guarda representa a força armada *burguesa*, é por oposição à tropa, que não é senão a força armada *real*, e no sentido burguês da nova ordem. A guarda torna-se verdadeiramente *nacional* quando o povo nela se insere à força, depois da derrubada do trono e do sistema censitário, em 10 de agosto de 1792." Restif de La Bretonne é ainda uma vez uma testemunha insubstituível das reações populares, da emoção, do entusiasmo de muitos dos homens da rua. Mas os sentimentos da sociedade real e as ameaças que pesam sobre essa aparente unidade certamente não lhe escapam.

nhava pensativo, sem casaco. Chegando à barreira dos sargentos, vi a sentinela diante da porta e, atrás de mim, um homem que cuspiu em minhas costas. Fiquei surpreso! Voltei-me prontamente. Defronte à loja do antigo confeiteiro Travers fui atacado por uns três, quatro ou cinco jovens, entre os quais acreditei ver um gravurista. Eles me cercaram, revistaram-me, dizendo em voz baixa uns aos outros: "Ele está marcado!..." Um apalpa o bolso do colete, outro os bolsos do costume, outro os do sobretudo; tudo isso em um piscar de olhos... "Eh, senhores ladrões, não tenho nada, nada!", disse-lhes eu. Como nada tinha, deixaram-me. A vendedora de jornais, que estava junto às grades da loja de meias, dizia a eles: "Eh, respeitai pelo menos sua condição!" Ela me confundiu com um abade; eu usava um velho costume preto com ornamentos que pareciam galões. "Não vedes que são ladrões?", disse-lhe eu. "Não! São cavalheiros!" "Tirai, por favor, o escarro de minhas costas. É a marca deles." Ela me limpou. Continuei meu caminho até o Palais-Royal, onde vi roubarem descaradamente. Eu me expunha, porque não corria risco. Não carregava nada comigo, desde que com esse mesmo costume preto fora atacado, na rua des Vielles-Étuves, por seis homens, que me haviam marcado, empurrado. Eu descobrira a tempo suas intenções e os enfrentara, encarando-os, mas pouco se importaram. Fui seguido por um deles até uma travessa, onde entrei. Saí correndo e fui me colocar ao lado da sentinela da coluna Médicis, na Nouvelle Halle... Às dez e meia saí do jardim e, às onze, cheguei ao Champ-de-Mars: examinei esse trabalho dos cidadãos, e o altar da pátria me lembrou os belos dias da Grécia. Sem ser devoto, acredito em um ser-princípio, único ser real, uma vez que tudo só existe por ele: pois ele chama a si mesmo com o mais expressivo e filosófico dos nomes: "Sou aquele que sou." Eu me prosternei; minha alma se lançou para ele e orei por minha nação. "Fonte da vida! Vede a união de vossas crianças! Fazei, oh, fazei com que o sol, ao percorrer seu caminho, nada de maior veja nesse globo do que o nome francês!..." Levantei-me para voltar a casa. Alguns lampiões difundiam uma luz vacilante, por meio da qual fui notado. Uma sentinela me detém. "Deixa, deixa-o passar", diz-lhe uma outra, que eu não havia visto; "ele acaba de fazer pela nação a oração que Horácio fez outrora para Roma." Deixaram-me portanto ir embora.

Eu fora pelo lado das Tulherias; voltei pelos Invalides. Caminhava mergulhado em meus pensamentos, conjecturando sobre os acontecimentos futuros, tremendo às vezes. Recordava, em seguida, a história dos tempos passados: via a sucessão dos governos, que nunca se detêm, tendam ao despotismo ou à liberdade. Perguntava-me em seguida se os homens podiam criar o bem e o mal. A questão se resolvera havia muito em minha cabeça, como prova minha *Juvénale des bulles de savon,* impressa na edição conjunta do *Le Paysan et la paysanne pervertis.* Perdia-me nessas ideias morais e políticas, sabendo-me, ou melhor, considerando-me certo de que os grandes movimentos produzem sempre um grande mal às almas fracas que compõem a massa do gênero humano.

A MOÇA VIOLENTADA

Aflito com esses pensamentos, vi um homem e duas mulheres que se arrastavam com dificuldade. Ofereci-lhes minha ajuda: aceitaram. A princípio, mantiveram-se em silêncio. Chegando às ruas, o homem me disse: "Creio que aqui posso falar. Sois um homem honesto e vos reconheço pelo casaco azul. Vou contar-vos um fato terrível, com a permissão destas damas." A mais velha fez um sinal de consentimento e o homem começou o relato.

"Ainda hoje, às dez horas da noite, eu passava diante das Tulherias a caminho do Champ de la Fédération. Estava no meio do grande muro da calçada quando escutei lamentos, aparentemente de uma mulher, atrás das grandes pedras empilhadas para serem cortadas. Aproximo-me, a despeito de meu terror, e avisto... uma mulher de quarenta anos segurando em seus braços uma jovem de catorze a quinze, desmaiada ou morta. Fiquei um pouco mais calmo. 'Ah! Se sois um ser humano, vinde me ajudar!... É minha filha: não se mexe, mas seu coração ainda está batendo. Dois homens... dois monstros acabam de... violentá-la!... Com um punhal em seu peito impediram nossos gritos. Tendo satisfeito seus desejos em uma criança, desmaiada desde o começo do ataque, eles nos deixaram e foram para o lado da ponte Royal.' Apesar de meus temores e da fadiga, ajudei a mãe a carregar sua filha, que voltou a si, e perguntei-lhes onde moravam. 'Rua de Beaune', respondeu a mãe. 'Vou levá-las até sua casa.' 'Ah! Não sigamos por este caminho! Poderíamos encontrá-los!' Elas me obrigaram a seguir pela ponte (ainda chamada de Luís XVI, hoje ponte de la Révolution). Chegamos com dificuldade ao outro lado do rio e começávamos a nos dirigir ao Faubourg Saint-Germain quando encontramos três homens, ao invés de dois. Conversavam em voz muito baixa, mas nós escutamos: 'Ei-la!' 'Quero minha parte', disse aquele que ainda não havia aparecido. 'Não, não!', retomou um dos primeiros, 'ela está com seu pai. Quando uma jovem está acompanhada só de mulheres, temos que aproveitar; mas quando há um homem, qualquer homem, sinto uma consideração natural por meu semelhante.' No entanto, aquele que queria ser tão culpado quanto seus companheiros aproximou-se: 'Alcoviteira, preciso de tua filha; ou então acabo com os três, com esse velho, com tua filha e contigo.' E ele me derrubou com um soco violento. A mãe e a filha se jogaram a seus pés. Ele violentou a moça; deu um pontapé na mãe, ao se levantar, e em mim alguns golpes com um bastão espinhudo; os outros impediram que ele me matasse, dizendo-lhe que podia chegar gente. E eles nos deixaram."

Eu tremia de horror. Disse às damas e ao homem que não os deixaria enquanto não os houvesse levado até sua casa... Caminhávamos em silêncio; havíamos chegado à rua de Seine, perto da rua de Buci, quando ouvimos correrem atrás de nós. A jovem se jogou para mim e eu a escondi debaixo do casaco. Virávamos a esquina da rua de Buci quando fomos abordados: eram os três homens. Iam nos atacar; nesse momento vi uma patrulha, silenciosamente escondida sob a marquise. Gritei: "Socorro, cidadãos!" A patrulha acorre. Os três homens querem fugir. Pondo em risco nossas vidas, jogamo-nos na frente deles, a mãe, o homem e eu. Iam furar a primeira com um punhal quando um guarda segurou seu braço. Foram presos. Eu os reconheci, então. Ah! Que vergonha a deles quando reconheceram o espectador noturno!... Foram conduzidos ao corpo de guarda: eu disse seus nomes e onde moravam. Foram então levados à municipalidade: a mãe deu queixa; nós, o homem e eu, confirmamos seu depoimento. Mas o homem fora o único a presenciar. Os três escreventes de procurador, mais aristocratas do que os nobres, tinham amigos entre os juízes; foram soltos, de acordo com a máxima *Testis unus, testis nullus* (testemunha única, testemunha nula). Não ficaram impunes, contudo. A jovem tinha um irmão, então empregado em um escritório. Instruído do que era preciso saber, ele emboscou os três, à noite, um após o outro, e apunhalou-os. Falou-se muito de duas dessas mortes; mas não se suspeitou do autor desses crimes. O terceiro foi preso; o irmão da jovem teve o grande cuidado de ser um dos membros do júri que contribuíra para colocar o último escrevente de procurador na prisão.

Eu não tinha mais idade para desafiar o cansaço: depois que ajudei, com os cuidados e o testemunho, a mãe e a filha, fui descansar, até o momento em que fui acordado pelos tambores. Levantei-me de imediato para ver a cerimônia da Federação. Passei por todo o Champ-de-Mars: vi chegarem as diferentes guardas, a Assembleia Nacional e por fim o rei. Foi o último dia glorioso de sua vida. Vi-o bem grandioso; acreditei que estivesse satisfeito. E acho que realmente estava. Os que o cercavam, porém, não podiam estar... Vi-o jurar a Constituição. Era uma bela ação, ou foi um crime... Os acontecimentos mostraram qual era a alternativa. Não disfarcemos nada: há princípios imortais, dos quais não se pode esquivar. Um rei que jura à nação deve manter seu juramento... Nunca uma cerimônia foi tão grandiosa, tão majestosa: a França inteira reunida ostentava pela última vez suas antigas bandeiras, propunha a congregação de cem populações diversas, que há muito formam um só corpo. Fiquei comovido, tocado. Creio que o desafortunado Luís também: penso ter visto lágrimas em seus olhos. Seriam de emoção?...

Esse grande dia, o mais belo da Revolução, findou com alegria: La Fayette estava então no auge de sua glória... Ela passou como um sonho.

SEGUNDA NOITE

CONTINUAÇÃO DA MOÇA VIOLENTADA

Fui, na noite do dia 14, à casa da mãe da garota. Encontrei as duas de cama. A jovem sentia mais seu infortúnio pelo desconsolo da mãe. Se meu amigo Préval ainda vivesse, eu as teria levado até ele. Aconselhei a mãe a chamar o doutor Mittié, já no dia seguinte, acrescentando em voz baixa que ouvira os celerados dizerem que não gozavam de saúde perfeita. Revelei também que compreendera serem eles inimigos mortais de seu filho. Ela mandou buscar imediatamente o doutor, que veio em seguida. Forneci-lhe todos os detalhes necessários. Ele começou um tratamento normal mais *preventivo* do que *curativo*. Essa sábia precaução protegeu a jovem dos efeitos de uma doença que mostrara apenas alguns débeis sintomas, não tendo tido tempo de corromper a massa do sangue. Eu a revi depois, resplandecendo de saúde. Ela se casou no começo de 1793, com um homem de posição.

Ao deixar essa casa, fui ao café Robert, antigo Manouri. Encontrei todas as pessoas embriagadas. Um homem, que comera demais, fazia muito barulho: discutia com todos os que elogiavam La Fayette e acabou desafiando para um duelo uma espécie de *quaker*, um professor primário imbecil que o havia contrariado. Fizeram o professor fugir. Eu examinava o fanfarrão, julgando reconhecê-lo: era um dos três estupradores. "O quê?!", disse-lhe eu em voz baixa, "Já solto? Fugistes, então?" "O quê? O que é isso? Fugi de onde?" Estávamos sendo ouvidos. Um belo jovem me interrompeu, pois ele me ouvira: "Quem é esse homem?" "Silêncio!", disse-me o bruto; "tenho que vos falar." Não lhe dei atenção; afastei-me com o jovem, a quem no entanto nada informei. Em seguida, busquei com os olhos o espalhafatoso personagem, mas ele havia desaparecido. Contei então toda a aventura ao jovem rapaz, testemunhando-lhe minha surpresa por ver o culpado já em liberdade! "É um aristocrata extremado: as pessoas de seu partido, patriotas disfarçados que ocupam quase todas as posições, temeram a indiscrição desses três celerados e os conservaram apenas por algumas horas na prisão..." Soube depois que aquele com quem eu falava era o irmão da jovem violentada, a quem acabei informando quais os autores do crime contra sua irmã. Haviam se recusado, no comitê, a dar-lhe os nomes dos três culpados.

Inúmeros foram os acontecimentos até o dia 27 de fevereiro de 1791.[62] Mas os perigos da noite, os temores que me haviam inspirado minha detenção na ilha de Saint-Louis no dia 14 de julho e aquela da noite de 28 de outubro, pela calúnia do infame Augé, retinham-me no café Robert-Manouri todas as noites.

---

62. Entre os acontecimentos desses sete meses, que La Bretonne tranquilamente omite, deve-se assinalar o *affaire* de Nancy (cf. nota 59), a recomposição do gabinete imposta no começo de outubro pelas seções parisienses. A inquietude do monarca aumenta. Em dezembro de 1790, ele exclama: "Preferiria ser rei de Metz do que permanecer rei da França em tal situação, mas isso logo terminará." A partir de então passa a contar mais com o exterior e pensa em se estabelecer perto de uma fronteira de onde ele possa dissolver a Assembleia e retomar o poder.

TERCEIRA NOITE

27 a 28 de fevereiro de 1791

OS CAVALEIROS DO PUNHAL[63]

Luís XVI, atormentado pelos antigos nobres, por sua mulher, sua irmã, suas tias, talvez lamentando ver reduzida sua autoridade absoluta, pensava em deixar Paris, para se lançar nos braços das potências vizinhas à França a fim de, com a ajuda desses exércitos, voltar vencedor a seus domínios. Como esse infeliz não sentia que essa era a pior coisa que podia fazer? Henrique combatera por si mesmo jogando metade do reino contra a outra; e Henrique, vitorioso, para permanecer de posse de suas terras teve de ceder ao partido vencido. Que podia então esperar Luís XVI quando voltasse como conquistador? Ceder aos vencidos tudo aquilo que a Assembleia Nacional lhe tirava e terminar como Henrique. E a situação em que se encontrava era bem pior! Voltaria com os estrangeiros, que o tratariam como escravo; seriam seus senhores; aviltariam-no, assim como à nação. Pobre escravo coroado. Ele se degradaria pelo resto de seus dias

---

63. Os emigrados, cada vez mais numerosos, se organizam; tentam provocar uma intervenção estrangeira para restabelecer a monarquia em seu antigo esplendor. Os *noirs*, os aristocratas, tentam igualmente uma guerra econômica contra a Revolução. Por fim, não hesitam em recorrer à força. Em fevereiro de 1791, precisamente, os "cavaleiros do punhal" pretendem carregar Luís XVI para as Tulherias. O campo de guardas da realeza de Jalès subsistirá até fevereiro de 1791. A Vendeia já se agita.

envenenados!... Seria menos infeliz se estivesse morto!... Ó Artois, ó Stanislas-Xavier! Paladinos loucos, aconselhados por traidores imbecis e furiosos, credes que teríeis reinado sobre um povo aviltado, esmagado por impostos? Não: vós mesmos, escravos do prussiano e do austríaco, teríeis sido cobertos de ultrajes, teríeis bebido o desprezo; teríeis visto os subsídios do Estado engordar os tesouros dos estrangeiros e pagar suas dívidas!

... Condé é mais culpado: tem mais experiência; Bouillé é um furioso; Calonne é um mau-caráter; todos os outros, Broglie, La Fayette, Luckner, etc.[64] são imbecis. O golpe foi desferido; nem um deus poderia impedir que acontecesse o que aconteceu... E essa cega nobreza, esse bando de efeminados, esperando a volta das prerrogativas, que pesavam sobre o povo somente por força do hábito, como não sente que se mantinha apenas pelo calço do navio prestes a ser lançado ao mar? O golpe fez com que caísse; todo o poder humano é impotente para recolocá-la no lugar em que estava. Ó nobres, o mal está feito; deveríeis ter silenciado, ou se exposto à morte para impedir um golpe fatal: mas ele foi desferido; tudo está perdido para vós, e os estrangeiros apenas duplicarão o mal. Vossa emigração serviu à Revolução de duas maneiras: por vossa ausência, que lhe subtraía inimigos, e por vossos bens vendidos, que lhe forneceram um subsídio! E se tivésseis de lidar com outras pessoas além das que vossos costumes corromperam, dois anos atrás vossa perda estaria consumada! Nobres! O mal é grande para todos mas principalmente para vós! Pois vossos pretensos amigos vos sacrificariam, se entrassem na

---

64. Trata-se de Louis-Joseph Condé (1736-1818). Ele é partidário das reformas na Assembleia dos Notáveis, mas logo manifesta sua hostilidade à Revolução. Emigra e torna-se o chefe do "exército de Condé", que luta contra o exército revolucionário. Bouillé torna-se, em 1790, o general em chefe do exército de Meuse, Sarre e Moselle. É ele que reprime a revolta dos guardas suíços de Châteauvieux (cf. a esse respeito a nota 59). Calonne, o antigo fiscal geral das Finanças, após cair em desgraça, parte para a Inglaterra. Traz o suporte financeiro ao exército dos príncipes. Luís XVI havia confiado, em 1789, a Victor-François de Broglie (1718-1804) o comando das tropas de Versalhes e o ministério da Guerra. Ele comandará as corporações dos emigrados em 1792.

França para reconquistar o povo subjugado. Eles não precisam de vós, mas necessitam do lavrador, do viticultor, do sapateiro, do pedreiro, do homem de todas as profissões, que trabalha duro, e é a ele que vos sacrificarão!... E vós, nobres que ficastes, oficiais de justiça, financistas, grandes comerciantes, editores privilegiados, credes que é por vós que Leopoldo e Guilherme, e os ingleses, e o espanhol, e o piemontês conquistariam a França? Vós os chamais por vossos interesses, mas sereis os primeiros a serem pilhados, e eles não se dignarão sequer a vos lastimar depois. Vedes como tratam os próprios emigrados desde 21 de janeiro de 1793?...[65] E esses emigrados não seriam vossos piores inimigos?... Pensais então, cegos que sois, que a antiga consideração de que desfrutáveis se devia à antiga ordem das coisas, ao hábito; que o fio se rompeu; que não estais, em um Estado em guerra, sobrecarregados de necessidades, assediados por todas as partes a não ser por bocas inúteis!... Ah! Luís XVI vos perdeu! Ele fez a infelicidade dos aristocratas e dos democratas! Só havia um meio de se salvar, e salvar-nos todos com ele; era permanecer firmemente ligado à Constituição, como à âncora da salvação... E vós, Maria Antonieta, quantas censuras não tendes a vos fazer?... Como fazem normalmente as mulheres, quando se imiscuem nos negócios, estragastes tudo!... Mas sois já bastante infeliz para que eu venha agravar ainda vossa sorte...

Seduzido pelos duques que o cercavam e por seus irmãos, um dos quais lhe escrevia, outro o atormentava, Luís deu ouvidos aos projetos de fuga. Não se lembrou mais de Jacques II. Foi cercado, na noite do dia 27 de fevereiro, pela nobreza da corte, ou seja, por pessoas mesquinhas e imprudentes, armadas de punhais que pareciam feitos de cortiça em suas mãos débeis. Luís preparara tudo para fugir. La Fayette concordou: um distúrbio suspeito, provocado no Faubourg

---

65. Essa data, assim como o conjunto da reflexão política, demonstra bem que esse texto foi escrito muito tempo depois do acontecimento. Se não houve ruptura entre o primeiro e o segundo volume dessas *Nuits révolutionnaires,* no que concerne à narração dos acontecimentos, ela se deu no momento da redação, o que se manifesta por uma mudança de tom.

Saint-Antoine, o havia atraído até lá; esperava-se assim distrair a atenção das Tulherias. Insensatos! Ignoravam que, quando um milhão de olhos estão abertos, eles enxergam por toda a parte!...
Todas as carruagens estavam prontas. Bailli fechava os olhos e tentava convencer o povo a deixar o rei livre. Nada ofusca o colosso de um milhão de olhos: ele vê tudo, até os punhais escondidos. Fica então furioso. Maltrata os nobres; sente prazer em humilhá-los, pelo tratamento que recebia outrora. Porém, nessa noite, ele não foi cruel... Luís adiou o projeto de fuga. Ele próprio tomou providências para desarmar os que se diziam amigos, mas que, em sua cegueira, só pensavam estupidamente em si mesmos. "Ah! que covardes!", exclamou La Fayette, referindo-se a sua conduta.

Fui testemunha de uma parte do que se passava. Eu olhava espantado. Felizmente era conhecido de alguns guardas nacionais, senão meu ar observador me tornaria suspeito. Ao contrário, e eu estava errado nisso, nunca participei de intrigas, nunca conspirei: convencido de que os homens não podem criar o bem nem o mal, deixo as coisas como elas são; apenas estendo a mão ao desafortunado, quando posso.

A DAMA QUE PROSTITUI UMA OUTRA NO LUGAR DE SUA FILHA

O medo de me tornar suspeito me fez sair do castelo. E como fazia tempo que não visitava o jardim, adentrei-me. Eu estava na pequena alameda próxima aos arbustos, sob o terraço que dava para o rio, caminhando com tanto cuidado que ninguém poderia ouvir-me, quando avistei três pessoas que falavam perto das treliças. Retive a respiração para escutar e fui colocar-me atrás de uma das estátuas da fonte octogonal. Um homem dizia: "O quê, senhora, pretendeis negar que Breteuil abusou de minha filha? Da filha de um homem como eu? Meu inimigo pessoal! Ter-me dado essa punhalada!" "Não, senhor duque. Fui instruída pelo criado que recebeu Augusta de vossas mãos para entregá-la ao seu senhor. Esse criado não poderia dizer-vos o que não sabia." "Ah! Vejamos, senhora! E que vossa justificativa seja clara como o dia! Estamos seguros aqui: a corte parte, sem dúvida. Não quis aparecer no castelo por causa de Villequier, que não suporto; mas que, no entanto, serve-nos a todos, nesse momento." "Meu senhor, vamos até minha casa: lá tenho provas concretas para vos mostrar." "Primeiro, vossas explicações." "Está bem, então; mas é tempo perdido."

Breteuil, sem ter visto vossa filha, queria possuí-la de qualquer maneira. Corrompeu uma criada. Esta empregou diferentes estratagemas para lhe entregar Augusta. Entretanto, nenhum deles teve sucesso, pois vossa filha não se deixou seduzir por nada do que lhe propuseram. Como ela gostava muito daquela criada, não me disse nada. Contudo, eu via não sei o que de intrigante na mulher e de constrangimento em vossa filha. Pus-me a escutar e descobri a verdade. Breteuil é muito poderoso! O que acabara de fazer com o cardeal me intimidou. Tomei uma decisão: chamei a criada em meu gabinete. Assumi um tom de voz terrível. A infeliz jogou-se aterrorizada aos meus pés. Disse-lhe que tinha duas alternativas: servir-me e trair Breteuil ou ser apunhalada. Ela prometeu me servir. Perguntei-lhe se Breteuil havia visto minha filha. 'Nunca. Sabe apenas que é bonita e quer possuí-la porque ela é vossa filha...' 'Neste caso, podes ganhar o que ele te prometeu e estar segura quanto a mim.' 'Ah! Senhora, somente o interesse me determinava; sabei que sou toda vossa.'

Deixei as coisas assim. No mesmo dia fui a um pensionato de órfãs: escolhi uma e a pedi, dando meu nome. Eu a recebi, assinando um ato de reconhecimento. Conhecia a criança que estava escolhendo e sabia que nosso inimigo jamais a vira. Tinha a idade de nossa filha. Eu a vesti; melhorei suas maneiras durante alguns dias. Por fim, tudo estava arranjado, e uma noite entreguei-a com o rosto coberto à criada; disse-lhe para levar Augusta ao emissário do ministro. A criada me olhava. Disse-me então: 'Senhora, ela vai apunhalá-lo?' 'Não, não; ela se entregará aos desejos dele. Leva-a e diz para que sejam bem pontuais na hora de devolvê-la a ti. Tu a trarás imediatamente, sem vê-la. Não falhes, pois serás observada.' A criada obedeceu. Devolveram-lhe minha pretensa filha às quatro da manhã. Ela a trouxe sem tê-la visto; e o que a surpreendeu, ao receber a recompensa prometida, foi a ordem de levá-la novamente dentro de oito dias.

Eu afastei nossa filha dessa criada, e a substituta não morava na casa. Breteuil teve assim a falsa Augusta durante três meses... Finalmente aconteceu a desgraça. Eu não tinha mais medo e queria desfrutar de minha vingança. Era simples. Fiz com que lhe dessem a falsa Augusta ainda uma vez após sua destituição, que ele chamava de demissão. Ordenei à órfã que lhe entregasse, ao deixá-lo, um pacote fechado e que fugisse enquanto ele o lia. A órfã, temendo ser detida, pois sofria bastante com tudo isso, depositou o pacote na lareira, sem ser vista, e, já na carruagem com a criada, disse ao homem que a trouxera para mostrar a seu amo um pacote fechado que estava na lareira. A carruagem se afastou.

Avisado, Breteuil pegou o pacote e retirou muitos papéis brancos. Finalmente encontrou, na última folha, as seguintes palavras:

'Monstro: pensas ter possuído a filha do duque de..., teu inimigo; como podes ter-te convencido de uma coisa tão inverossímil? A que tiveste é uma órfã, apanhada em um orfanato. Enrubesce e geme.'

Uma hora após a chegada da órfã em minha casa, recebi esta resposta:

'Não acredito no que o furor te dita. É tua filha: meus espiões me asseguraram. Fica porém sabendo que nas duas últimas vezes não fui eu quem aproveitei, mas o criado do carrasco de...'

Ele me respondera antes de investigar. Depois de refletir, porém, ordenou que se descobrisse em qual pensionato eu pegara a órfã, o que conseguiu com facilidade. Imaginai qual não deve ter sido sua fúria e desespero quando encontrou essa criança, que reconheceu como aquela que haviam trazido para ele, e quando não teve dúvida de que ela era sua filha natural, a quem pagava indiretamente uma pensão através de uma ex-criada. Ele tivera essa filha com uma nobre, que dera à luz em segredo, auxiliada pelo doutor Préval. Nunca a tinha visto, para não comprometer seu segredo, mas se propunha vê-la antes de casá-la. No auge de sua raiva, tentou fazer com que me apunhalassem. Mas eu estava atenta. Por fim ele foi obrigado a fugir. Podeis ter a certeza de que vossa filha nada sofreu de injurioso e que ela está pura como no dia de seu nascimento."

"Tratarei de me certificar", respondeu o homem. "Vamos até vossa casa. O que vai ocorrer é que, longe de vos querer mal, vos serei bem grato!"

Eles se afastaram; quanto a mim, saí das Tulherias pelo terraço que dá para o rio, por meio de uma vara que vi encostada ao muro. Era uma hora da manhã quando entrei em casa.

QUARTA NOITE

17 a 18 de abril[66]

Dois meses depois, soube no café Robert-Manouri que o rei deveria ir no dia seguinte a Saint-Cloud. Um jacobino, desses que são chamados de *enragés* [radicais], encontrava-se no local. "Não devemos permitir essa viagem!", exclamou. "Ela esconde uma armadilha! E La Fayette, assim como Bailli, fazem parte do complô!" Ele arengou por um bom tempo. Uns o aprovavam, outros o censuravam e depositavam inteira confiança em Luís. Todavia, por mais segredo que se tivesse recomendado, uma mulher, encarregada da alimentação da rainha (a mesma que reaparecerá mais tarde), ouvira tudo. Não foi avisar Bailli nem La Fayette: foi

---

66. A partir de outubro de 1790, o rei está decidido a abandonar a França e contata as cortes estrangeiras por intermédio do barão de Breteuil — esse Breteuil que inspirou a história anterior, "La dame qui prostitue une autre pour sa fille" — e também pelas solicitudes do embaixador austríaco Mercy Argentau e o famoso Fersen. Luís XVI conta com o rei da Prússia para reunir um "Congresso europeu apoiado por um exército". Não surpreende que a atmosfera seja a partir daí de desconfiança em relação ao rei. Em fevereiro, tudo está pronto, graças à solicitude do marquês de Bouillé. Em 18 de abril de 1791, o rei, que fizera sua comunhão pascal — e com um padre refratário —, quer ir a Saint-Cloud. A guarda nacional parisiense opõe-se a isso, acreditando ser uma manobra de fuga. Luís XVI representa: escreve à Assembleia Nacional que a Constituição "faz sua felicidade". O ministro Montmorin alega que o rei nunca sonhou em fugir, enquanto tudo está pronto para a fuga. O testemunho de La Bretonne é, mais uma vez, extremamente valioso; ele nos mostra a desconfiança do povo e o papel das mulheres nos movimentos de rua. O "espectador noturno" movimenta sua câmera numa espécie de reportagem, ou melhor, de "cinema-verdade".

direto aos jacobinos, que ficavam a dois passos dali; mandou chamar um homem que conhecia e disse-lhe o que sabia, como o soubera, isto é, tal qual ouvira. O jacobino revelou aquilo a poucos companheiros, número suficiente, no entanto, para agitar o Faubourg Saint-Antoine e o Saint-Marcel: não esqueceram da seção das Tulherias.

Eu tinha ido às cercanias desse jardim, onde não consegui entrar. Dei a volta pelo castelo. Olhava através dos portões dos pátios que dão para o Carrousel quando vi, naquele que leva às galerias do Louvre, duas mulheres que, tendo saído da pequena escadaria, se encaminhavam para o portão. Escondi-me. Abriram-lhes a porta suavemente, e elas saíram. O guarda suíço, ou seu substituto, procurava com os olhos; avistou-me e me entregou um pacote grande, dizendo: "Não as sigais de muito perto: vosso colega sairá em menos de quinze minutos." Segurei o pacote e caminhei a quarenta passos das duas mulheres, que andavam depressa e sem falar. A mais velha parecia ter vinte e dois anos; era muito amável e bem-feita de corpo; a segunda não parecia ter mais que dezesseis anos. Chegaram à parada das carruagens, além da ponte Royal, onde um coche as esperava. Então eu as vi de frente e lhes entreguei o pacote. "Eh, o quê?", disse-me a mais velha, "onde está o meu..." Parou. "O segundo pacote chegará dentro de alguns minutos", eu lhe disse. "Quem sois?" "Um desconhecido; mas não achei que devia recusar-me a trazer o embrulho." "Ah, céus!" "Não temais nada, minhas senhoras! Duas jovens de vossa idade e tão bem-apessoadas não podem ter más intenções." A mais velha me ofereceu dinheiro, talvez pelo meu esforço; mas eu me retirei. Meu "colega" chegou sem fôlego, trazendo o outro pacote, que jogou aos pés das senhoras, muito surpreso por ver o primeiro! Ele falou baixo demais para que eu pudesse ouvir o que dizia, exceto as palavras finais: "Preciso conhecê-lo." Correu para os lados da ponte Royal; contudo, eu me escondera ao lado da porta atrás das carruagens. Fiquei ali até seu retorno. As senhoras subiram então e partiram, atravessando a ponte. Não vi uma só patrulha. Voltei pelo cais Voltaire ao de la Vallée, à meia-noite... As duas jovens voltarão a aparecer.

No dia seguinte, excitado pelo que soubera à tarde e vira à noite, fui às Tulherias. A tática de La Fayette fora deixar que todos se aproximassem. Havia um grande alvoroço, como se fossem vozes falando todas ao mesmo tempo. No entanto, percebi que pessoas instruídas formavam grandes grupos em torno da carruagem do rei e ao longo de toda a calçada sob os muros das Tulherias; conjecturei nesse momento que Luís não partiria. Eu tinha então, como muitos outros, confiança em La Fayette, que eu julgava partidário da Revolução. Luís vem: ele chega a subir na carruagem. Logo, gritos horríveis emanam dos grupos que a rodeavam. O comandante-geral e o prefeito exortam o povo a deixar o monarca partir: mas o povo parecia surdo. "Ah! Sim!", respondeu uma mulher. "Fomos pegos uma vez e não o seremos mais. Está tudo arranjado: as tias partiram, graças aos belos decretos da Assembleia, que deixam partir os que devem ficar. Temos nossas razões! Onde estão as tias? Estão fazendo suas oraçõezinhas em Roma; não poderiam ser feitas da mesma maneira em Paris?" Elas haviam sido detidas em Moret. Caíram sobre nossa guarda nacional a golpes de sabre, essas cadelas de tropa vendidas, que só queriam massacrar o povo se a corte ousasse. "Palavra!", respondeu um homem às duas mulheres, "foi de novo ele quem os impediu de ter essa audácia, todos esses bandidos da corte; é o melhor dos quatro; assim, que ele fique, e todos os outros podem ir se quiserem. Vamos, vamos, desatrelemos a carruagem!..." A multidão grita: "Desatrelemos a carruagem! Desatrelemos a carruagem!" La Fayette comanda. É ameaçado. Está furioso, tanto quanto se pode ficar: mas bem se vê que se contém. "Ah! Deixaste as tias partirem!", grita-lhe um homem. "Mas não ajudarás o rei a partir!" "Não, não!", gritaram as mulheres. Um coro de vozes discordantes repetiu: "Não, não!", em todos os tons possíveis. Era um barulho estonteante, bem como assustador. A tropa, no entanto, não parecia disposta a obedecer a seu estado-maior, que ia de fileira em fileira sondá-la. Os oficiais fizeram um relatório a La Fayette, que, depois de tê-los ouvido, foi até a carruagem para parlamentar. Foi então que os gritos contra as tias fugitivas duplicaram; choveram maldições sobre elas, o que deve ter assustado mais do que tudo.

Assim acabou essa segunda tentativa. Luís é obrigado a descer da carruagem e a voltar a seus aposentos. Foi nesse momento que o rei disse as belas palavras: "Se meu ato tiver de custar uma gota de sangue, eu fico."

Os jacobinos o impediram, naquela manhã, de cometer uma grande imprudência! Que sorte para esse desventurado se seu segredo fosse sempre traído desse modo! Pois é certo que ele só ia a Saint-Cloud para fugir; seus falsos amigos o conduziam à perda e, sem o saber, selavam sua própria. Sim, o que quer que aconteça, os grandes, os nobres, os aristocratas de todas as classes estão perdidos para sempre, não apenas na França, mas em toda a Europa; se não for em 1700 será em 1800; o empurrão foi dado; uma nova ordem de coisas vai começar, mesmo que os franceses sejam liquidados. Eu não serei mais, então, a coruja espectadora, mas ó vós que o sereis, fazei justiça ao que a previsão natural das coisas me terá mostrado!

Assim se passou o dia de 28 de abril; Luís ficou com raiva dos parisienses. Resolveu, mais determinado do que nunca, deixá-los.

A MENINA RAPTADA POR RANCOR

Tendo saído de dia, contrariando meus hábitos, voltei pelo Louvre. No meio do pátio da Couronne vi uma mulher suja, gorda, vermelha, baixa e redonda, acompanhada de uma garotinha de rosto doce e encantador, com um chapéu grande que a tornava ainda mais encantadora. A pequena pediu desses doces com figuras que se vendem no pavilhão Froid-Manteau e sua mãe lhe deu dois. Voltaram depois pelo pátio. Estavam na esquina dos quatro pavilhões quando uma mulher, que vinha pela rua de l'Oratoire, olhou para a garotinha e gritou: "É minha filha!" Ao mesmo tempo, segurou-a pela mão. A pequena retirou sua mão com força. "Vejam, vejam!", disse a primeira, "como é sua filha!" Perguntaram à criança. Entretanto, enquanto a interrogavam, a primeira mulher desapareceu, e quando a procuraram para o confronto não estava mais lá. A garotinha foi então entregue pelo público àquela que a reclamava. A mãe verdadeira, chocada com a má vontade de sua filha, que não queria reconhecê-la, disse-lhe chorando: "Se a amas mais do que a mim, e ela te faz feliz, prefiro me privar de ti: diz-me onde ela mora e vou levar-te até lá." A pequena indicou a rua de la Monnaie, a primeira entrada ao lado da esquina ocupada por um vendedor de livros. A mãe foi até lá, e dois ou três de nós a seguimos. Subimos ao segundo andar, nos fundos, e batemos à porta. Ninguém atendeu. "Tenho uma chave", disse a pequena. Abriu. Encontramos móveis, pois o quarto fora alugado mobiliado, mas os baús da mulher e da pequena tinham sido levados. Chamaram o zelador. Ele parecia perturbado. Perguntaram-lhe sobre a mulher. "Ela acabou de entregar as chaves e levou as malas; pagou-me o mês, de forma que não voltará mais." Isso confirmava sua culpa. Saímos e nos informamos com os vizinhos. "Bem", disse-nos uma marceneira, "essa garotinha? Ela está com uma infeliz, que a leva para fazer ponto todas as noites; ainda ontem saíram." "Oh, meu Deus, sim!", disse uma quitandeira, "e eu a insultei ainda outro dia, quando veio aqui comprar minhas verduras, pelas barbas do Pai Eterno! Ela era vendedora no Saint-Esprit." "Ah! Eu também a conheço bem", disse a mãe, "fomos amigas e vendíamos as mesmas coisas; depois nos tornamos inimigas, não sei por quê, pois não lhe fiz nada. Tínhamos cada qual uma filha; a dela era loira, a minha morena, como vocês veem, e ambas bonitas. Um dia, eu lhe contei como queria afastar minha filha do mau exemplo que ela dava, às vezes, para sua filha. Vi que ela fazia careta. No dia seguinte, deu-me uma bofetada sem motivo; por fim deixou o bairro. Algum tempo depois, minha filha desapareceu. Eu a procurei e mandei procurá-la em toda parte, certamente porque minha pequena Gertrude, subjugada, não queria aparecer... Oh! Minha pobre criança!... — ela nem tem doze anos... — irás te recuperar do mal que ela te fez! Vem, minha pobre filha. Vem, mostrarei como são as sem-vergonhas, em cuja categoria a Chardon queria te colocar, e verás se queres ser isso. Eu te levarei aos lugares onde elas se encontram; verás... Vem, eu te amarei tanto!... Darei tudo o que quiseres, e não terás que te sujeitar ao vício. És meu sangue, não és dela. Vem, minha criança, encontraremos a filha dela; e aposto que, enquanto queria transformar-te em prostituta, educava muito bem sua própria filha, para que ela te desprezasse um dia. Oh! Estou certa! Pois agora conheço a Chardon! É muito cruel."

Ficamos todos encantados com o discurso e as disposições daquela mulher e não vimos nada melhor a fazer do que encorajá-la a seguir a conduta a que tão sensatamente se propunha. Exortamos também a criança a seguir suas lições. E, naquele momento, uma infeliz da pior categoria passou por ali: nós a detivemos, para que a pequena a visse coberta de feridas, coberta de unguentos. Ela sentiu-se mal... Eu disse em seguida à mãe que gostaria de ser informado de seu sucesso, e ela me prometeu... Fui trabalhar.

QUINTA NOITE

20 a 21 de junho[67]

Ela chegou, essa época terrível que preparou o dia 21 de janeiro de 1793!... Reinava na capital uma profunda segurança, garantida por La Fayette, que empregava como estratégia, naquele momento, nada mais que a inércia... Às nove horas, eu estava no café Robert-Manouri. O jacobino, que depois chamamos de maratista, chegou às dez e meia, sombrio, pensativo. Pediu uma limonada e se pôs a declamar contra La Fayette, com um ardor que sua bebedeira não diminuiu. Eu disse a Fa-

---

67. A história da fuga de Varennes é bem conhecida: a família real foge das Tulherias por uma porta não vigiada; Luís XVI deixa o palácio em 20 de junho de 1791, por volta da meia-noite, vestido de camareiro. La Fayette cuida da partida. Ao longo de toda a estrada há postos preparados para a troca de cavalos, sob o pretexto de que um tesouro deve ser levado pelo correio ao exército de Bouillé. O rei deveria alcançar Montmedy através de Châlons-sur-Marne e Argonne. Tudo parecia bem organizado; mas a berlinda real atrasa-se. Os postos estabelecidos em Châlons, não vendo chegar a berlinda, retiram-se. Quando Luís XVI chega a Varennes, na madrugada de 21 para 22 de junho, não encontra o posto da cavalaria e para. Mas, já em Sainte-Menehould, o rei havia sido reconhecido por Drouet, filho do encarregado dos postos de troca. Este se precipitara para Varennes e formara barricadas na ponte sobre o Aire. Soa o alarme; os camponeses chegam; os hussardos se unem a eles; e, em 22 de junho, Luís XVI deve retornar a Paris. O testemunho de La Bretonne restringe-se, evidentemente, ao ângulo pelo qual optou: mas é aí que reside seu interesse. Relata a fuga de Varennes tal como foi sentida por um parisiense, informado pelos rumores da cidade. Seu julgamento político é contudo muito seguro: "Assim, foi verdadeiramente nesse dia que a realeza foi aniquilada na França."

bre, outro jacobino, porém mais moderado: "Está acontecendo alguma coisa hoje! Nosso extremista está furioso!" "Não: estou vindo, como ele, da sede dos jacobinos; tudo está tranquilo." Algo me dizia que não. Saí do café. Fui para o lado das Tulherias e, chegando aos novos *cerdeaux*, parei. Ouvia uma movimentação abafada. Via pessoas caminhando sozinhas, mas a pouca distância umas das outras. Sentia dentro de mim um turbilhão; parecia que a agitação dos que fugiam me eletrizava... Será que algumas vezes, no homem, o físico substitui o moral?...

Enquanto mil ideias confusas me agitavam, ouvi um barulho atrás da grande barraca de um *cerdeautier*. Fui ver com cuidado do que se tratava. Vi um homem com o uniforme da guarda suíça. Tive medo, pois, além de essas pessoas não se curvarem à razão, como diz o provérbio, ele podia estar embriagado. Afastei-me um pouco para me ocultar atrás de uma outra barraca. Esperei lá cerca de quinze minutos; o que, sem dúvida, me fez perder uma cena mais importante. Vi por fim o suíço sair de trás da barraca onde ficava a palha com uma mulher alta e bem-feita, que tinha os olhos cobertos por uma tira de pano. "Fica aí", disse-lhe ele com severidade, mas em voz bem baixa, "até que eu esteja bem longe... E toma bastante cuidado!..." Foi na direção da nova passagem. Não o segui. Tinha ainda esperança de falar com a mulher.

Com efeito, assim que o suíço alcançou a passagem, abordei-a. "Senhora, eu vi tudo. Posso ser útil de alguma forma?" "Sim; pareceis honesto; dai-me o braço e levai o pacote que meu criado deixou cair ao receber um golpe de espada do suíço que acabou de me deixar." "Ele foi violento convosco?" "Não vos ocultarei o que vistes; ele tinha a baioneta apontada para minha garganta: eu cedi... Caminhemos." Atravessamos a mesma passagem pela qual o suíço escapara. Estávamos no meio da praça do Carrousel quando fomos barrados por uma grande carruagem que seguia em marcha lenta. O criado da senhora encontrava-se dentro dela: veio até onde estávamos e tomou-me o embrulho. A dama me agradeceu e pediu que me afastasse, assegurando que havia perigo. Segui seu conselho. Voltei-me um instante depois para vê-la se afastar: ela desaparecera. Acredito que tenha subido na grande carruagem. Não vi nada mais que pudesse ocultá-la.

Quem era? Que carruagem era aquela? Uma palavra a mais poderia ser um grave erro; não se pode pronunciá-la. Observarei somente que ela não tirou a venda dos olhos.

Voltei direto para casa, muito contrariado por não ter esclarecido a situação. O alvoroço que ouvi na ponte Saint-Michel me fez voltar atrás para tomar a rua Gilles-Lecoeur, que me pareceu perfeitamente tranquila. Na esquina da rua de l'Hirondelle estava, à porta de sua casa, uma mulher da vida, dona do bordel. Ela me chamou. Perguntei-lhe o que fazia ali tão tarde, em uma rua onde não passava ninguém. "De onde vens?", perguntou-me. "Das Tulherias, da praça do Carrousel." "Será que sabes?" "O quê?" "Ah! Podes falar agora, pois já deve ter acontecido." "Acompanhei uma mulher." "Ah! Sabes!... Estou esperando um suíço que também sabe, e que, para não voltar para a caserna, deve vir dormir aqui: não sabe muito bem onde moro; só conhece a rua. A quem perguntaria ele, a essa hora?..." No mesmo momento ouvimos passos no cais. De imediato deixei a mulher, entrando pela rua de l'Hirondelle, mas me escondi na esquina onde fica a antiga escola pública de desenho. Alguém chegou: era o suíço, o mesmo que eu vira sair de trás da barraca. Ele subiu com a mulher, e eu voltei no mesmo instante à porta. Conversavam em voz alta.

A mulher, que ouvira meus passos, olhou por um vão de janela que iluminava a escada. Fez o suíço entrar e voltou até onde eu estava. "Ele está no quarto com uma garota; mas talvez estejas tão embaraçado quanto ele... Se quiseres, te hospedarei." Aceitei. Ela me concedeu a honra de ceder uma cama em seu quarto e, felizmente, não era a sua. Deitamo-nos em silêncio, e eu dormi profundamente.

Por volta das quatro ou cinco horas, fui acordado pelo barulho que o suíço fez ao despertar, pois seu quarto era separado do nosso apenas por uma fina divisória. Ele se pôs a conversar com a cafetina. "Não ter gostado de tua garota nem um pouco: provei de uma outra ontem à noite que era bem melhor!" "Está tudo feito?" "O que querer dizer?... Se saber o que parecer saber, eu cortar tua cabeça! Não saber de nada?" "Não, não!", respondeu a cafetina, assustada. "Tu fazer bem de esquecer!"

Ele saiu logo depois, e eu fui embora sem saber ainda o que se passara. Só constatava que deviam ter acontecido coisas importantes.

FUGA DO REI

A primeira pessoa a dar o alarme foi aquela mesma encarregada da alimentação da rainha de quem falei antes. Às seis horas, ou seja, no momento em que eu saía do bordel, ela foi fazer sua declaração na delegacia. "Às onze horas, fui sorrateiramente trancada no meu quarto, em cuja porta eu deixara a chave. Em seguida escutei muitas idas e vindas durante uma hora e meia. Minha porta foi reaberta sem que eu percebesse; só o descobri quando tentei sair de novo. Vesti-me, então, e pus o nariz para fora. Perguntei à primeira sentinela se havia acontecido alguma coisa. Ela não sabia de nada. Porém, descendo pela galeria, vi uma certa agitação. Ouvi até alguém dizer em voz bem baixa: 'Acham que o rei partiu... Mas para onde? Só pode ter ido a Saint-Cloud.' Por essas poucas palavras compreendi por que me haviam trancado; o plano de sua fuga fora premeditado. Venho para vos indicar a hora, que deve ter sido entre meia-noite e uma, a julgar pelo barulho que ouvi. Só podem ter saído pelos pátios que dão para a passagem das Tulherias, na rua de l'Échelle, enquanto outras carruagens procuravam ser detidas na praça do Carrousel, para distrair a atenção." Essa mulher estava certa em suas conjecturas.

Eu me pusera a trabalhar assim que voltei para casa. Só fui informado do caso quando saí pela primeira vez, ao meio-dia. Não o teria sabido senão à noite, mas ouvi uma grande tagarelice das lavadeiras de minha rua, e algumas palavras chegaram distintamente a meus ouvidos. "Ele partiu *essa* noite: Monsieur também, e Madame. O rei, a rainha, a senhora Elizabeth, Madame, o delfim." Vi então que ocorrera algo muito importante! Vesti-me; saí; a desgraça foi confirmada. Encontrei, no fim da ponte Neuf e de la Vallée, o astrônomo Lalande, pálido, desfigurado: concluí que ele não era aristocrata. A consternação era geral: fui às Tulherias, ao Palais-Royal; voltei pela rua Saint-Honoré... Vi por toda parte destruírem os brasões reais e até as plaquinhas dos escrivães. Assim, foi realmente nesse dia que a nobreza foi liquidada na França. Três dias de distúrbios e agitação! Enquanto isso, na noite do dia 22, soube-se da detenção em Varennes de Luís e de sua família. Soube-se como o chefe do posto de Sainte--Menehould dirigiu-se ao cocheiro: "Pare ou atiro na carruagem!" Luís disse: "Nesse caso, pare." Ele foi posto em um quarto de taberna. Essa foi sua primeira prisão.

SEXTA NOITE

23 a 24 de junho[68]

Um único assunto ocupava todos os espíritos nos dias 21, 22, 23 e 24: era neste dia que Luís deveria reentrar em Paris. Mas que volta!... Dois comissários da Convenção, Barnave e Pétion, haviam ido ao seu encontro em Varennes; eram eles que iriam trazê-lo. Paris o esperava

---

68. O retorno de Luís XVI a Paris faz-se em meio ao silêncio, entre duas fileiras de soldados, na noite de 25 de junho. O povo acredita que uma invasão militar será a consequência dessa fracassada tentativa de fuga, o que resulta em um levante de cem mil voluntários para barrar um ataque eventual. A. Soboul vê, com justa razão, nesse episódio de Varennes, um momento essencial para o levante do "fervor nacional" e democrático. E isso não apenas em Paris, mas também na província. Do Sul, assim como do clube dos Cordeliers, chegam pedidos de deposição do rei e estabelecimento da República. Diversas soluções são propostas. Condorcet quer uma República na qual La Fayette seja o presidente. Danton deseja uma regência de Filipe d'Orléans. Marat quer uma ditadura popular. Quanto a Barnave, ele exclama na Assembleia Nacional: "Vamos terminar uma Revolução, vamos começá-la? Um passo a mais seria um ato funesto e condenável: um passo a mais no sentido da liberdade seria a destruição da realeza; no sentido da igualdade, a destruição da propriedade." São palavras bem características de uma classe burguesa que quer uma revolução que a leve ao poder, sem ameaçar a preciosa propriedade privada, que será salvaguardada, mesmo nos dias mais agudos do Terror. Bailly propõe que se faça acreditar na retirada de Luís XVI e portanto em sua inocência. As declarações do marquês de Bouillé servirão de prova. Mas isso não convence ninguém. O rei é suspenso; ele perde seu direito de veto. Na sessão de 15 de julho, a Assembleia Nacional declara o rei inviolável. Nenhum processo será movido contra ele, e ele será restabelecido se ao menos assinar o ato constitucional. A Assembleia trabalha em uma revisão da Constituição. O rei rompe com La Fayette, mas pede, em compensação, uma revisão da Constituição em um sentido autoritário.

desde a noite do dia 23, e eu fui, como os outros, até a frente das Tulherias. Soube-se então que ele não viria, e todos se dispersaram. Mergulhado em meus pensamentos, eu avançava na direção dos Champs-Elysées, sem perceber que me afastava. Passei diante do local onde estivera o efêmero Colisée, obra fugidia do último e mais nulo dos Filipes, embora tenha feito tanto mal!... Eu repetia esta frase do salmo, *Transivi, et non erat*; "Passei de novo, e ele não estava mais lá." Um pouco mais adiante entrei na praça onde ficava o jardim usurpado da Pompadour. "Quantas glórias que se perderam!", eu exclamava. "Todas as outras passarão da mesma forma." Fui até os portões de Chaillot; mergulhando em minhas recordações, lembrei-me de ter tido ali um encontro delicioso com três atrizes e meu amigo Boudard. Lembrei-me de um jantar mais delicioso ainda com meu amigo Renaud e a bela Deschamps, a heroína da penúltima novela do volume XXII das *Contemporaines*! Recordava *Zéfire*, a obra-prima da sensibilidade, e *Virginie*. Senti então que estava me perdendo: voltei; soaram onze horas. Escolhendo o caminho mais solitário, andei ao longo dos jardins. Ao chegar ao fim da rua de Marigny, diminuí meus passos. Um homem e uma mulher estavam sentados em um jardim, na amurada interior do fosso que os separava de mim. Eu andava sem fazer barulho, e a altura da cerca me escondia de seus olhares. "Que terrível revolução!", dizia o homem, "onde irá parar? Emigrar, é abandonar o lugar aos inimigos! No entanto, se não emigro, estou desonrado! Já me mandaram um sinal... Respondi que eu era necessário aqui. Pensava em partir amanhã; mas eis o rei de volta! Quem sabe o que vai acontecer? Como sair dessa situação?" "Era preciso emigrar, senhor", respondeu a dama; "não se pode argumentar com o dever. O que fazeis aqui, ao lado de um rei fraco, mais vosso inimigo que os democratas?... Enfim, acredito que ele será morto, já que foi novamente pego! Sentis, senhor, que bom seria para nós, e para todas as pessoas honestas, se a cabeça do fraco Luís rolasse? Vede toda a Europa em armas; todos os reis unidos! Vede até os soldados mercenários servirem à nossa vingança, como os cachorros que são instigados a brigar uns contra os outros... Só podemos esperar a salvação com a morte de Luís XVI. Enquanto ele existir, enquanto conservar uma aparência de autoridade, de liberdade, de bom tratamento, estaremos perdidos, e as potências agirão com fraqueza." "Ah! Senhora! como as conheceis mal!..." "Eu as conheço melhor do que vós, essas potências das quais esperais auxílio para recuperarmos nossos direitos! Elas se felicitam em segredo pelo estado aflitivo de um império poderoso que desejavam; aguardam o momento favorável para se lançar sobre nós e dizimar a todos, nobres e plebeus." "Desfazei vossas ilusões, senhora. Nossa posição é terrível e, se eu não seguisse mais a raiva do que a razão, há pouco já teria abraçado a causa dos revolucionários." Nesse momento, a senhora levantou-se depressa e partiu. O homem a chamava. Ouvi somente estas palavras: "Não, não! Não quero nunca mais vos rever!" Ele a seguiu. Gritei-lhe: "Não importa por qual motivo, tornai-vos patriota." Afastei-me o mais rápido que pude.

Na rua des Champs-Elysées, defronte à porta do senhor de la Reynière, lembrei-me de seu filho, meu antigo amigo, hoje inimigo mortal; ele não o era ainda, e eu chorava por ele.

A cem passos dali, próximo à rua do Faubourg Saint-Honoré, encontrei três mulheres, duas das quais amparavam a mais jovem, segurando-a pelos braços. Eu passei. Elas me chamaram. "Ajudai-nos, bom homem", disseram. "Não, não, ele é muito velho!", disse a mais jovem. Vi logo que eram malandras. Afastei-me, e um homem muito bonito passou perto de mim. Voltei-me para ver se as três mulheres o atacariam. Não fizeram outra coisa. O homem parou, e eu me escondi. Então a jovem se pôs a lamentar: "Senhor, tende piedade de mim; venho de Passy, com minha mãe e minha tia; no meio dos Champs-Elysées fomos atacadas por bandidos, que quiseram... Que quiseram... Defendi-me... e eles me bateram... bateram tanto... que não consigo parar em pé!... O senhor mora por aqui; não poderia hospedar-nos?... Pois moramos no Faubourg Saint-Marceau." O homem concordou. Entrou pela porta dos fundos de uma casa perto dali com as três mulheres. Imediatamente bati à porta. Ele veio atender pessoalmente. Tomai cuidado com essas perigosas hóspedes! Eu vos previno de que são ladras; é bom mantê-las sob vigilância." Falei em voz bem baixa e me retirei. Cheguei a minha casa à uma hora, sem ter encontrado patrulhas.

VOLTA DE LUÍS

No dia seguinte, tudo estava em alvoroço. Os jovens e os homens com menos de quarenta anos estavam armados. O fugitivo só devia chegar à tarde. Esperei-o para ir até à casa do homem bonito que encontrara na véspera. Antes de chegar, porém, vi a entrada de Luís, que eu considerava destronado a partir desse momento. A guarda nacional formava, desde os bulevares até o castelo das Tulherias, uma barreira dupla, as armas apontadas para baixo; um silêncio profundo reinava, interrompido apenas por algumas injúrias abafadas. Ele entrou precedido de mil boatos falsos; confundiam-se seus cocheiros com fidalgos acorrentados, embora não o estivessem. Luís viu-se de volta ao lugar onde morava, envergonhado pela fuga fracassada. Não foi, todavia, punido, nem mesmo pela sequência natural das coisas. A Assembleia Constituinte, fiel a seu princípio decretado de que a França era uma monarquia, desculpou o monarca e acreditou ser possível criar laços de afeição prestando-lhe toda a consideração que ela ainda podia lhe prestar. A partir daquele momento, os Lameths e Barnave mudaram de princípios. Mirabeau, o grande Mirabeau, não existia mais desde o começo de abril: o que teria ele feito nesse momento? Pelo que se soube depois a seu respeito, tudo parece indicar que teria contribuído com todas as suas forças para o restabelecimento da monarquia; que teria levado em conta as potências estrangeiras; que teria paralisado a força interna; que não teríamos a guerra. Mas o que seria de nós? É fácil predizer, pelo conhecimento que todos têm do caráter despótico e duro, até a barbárie, do grande Mirabeau: ele seria hoje nosso cardeal Richelieu, e Luís XVI, como Luís XIII, apenas um primeiro-escravo. Os Lameths, Barnave e alguns outros não passariam de empregados, pela mudança das circunstâncias. La Fayette seria generalíssimo, talvez condestável. Mirabeau, porém, seria o chefe do palácio e, não fosse a atual oscilação da Europa, Pepino, o Breve. D'Orléans, sob todos os pontos de vista, estaria perdido; Mirabeau não usaria meias medidas para se desfazer dele. Conheci o âmago de Mirabeau, quando ainda vivia, por um de seus secretários, rapaz de mérito que ele tratava como a um condenado.

Depois de ter assistido ao regresso de Luís, voltei ao Faubourg Saint-Honoré pela praça equestre, seguindo para a casa do homem que recebera as três mulheres da véspera. Pedi para vê-lo. O porteiro me recebeu mal, mas acabou sendo obrigado a chamar o homem. Um criado veio me apanhar ao pé da escada e me conduziu até seu senhor, que assumiu um ar severo: "De onde conhecíeis as três mulheres de ontem?", perguntou-me ele. Contei-lhe o que elas haviam dito e o que eu ouvira depois; tendo-as visto atacá-lo, acreditei ser meu dever adverti-lo. "Nunca as tínheis visto antes?" "Nunca, pelo menos que eu saiba." "Sabei que são mulheres respeitáveis, que aparentemente não éreis digno de socorrer. Pois quem sois?" "Quem sois vós, para ousar interrogar com essa audácia o *Paysan perverti?*" "Ah! Eu vos conheço... Não, não ocupastes nenhum cargo... Se fôsseis um dos sustentáculos da Revolução, eu..." Ele parou. Conduziu-me depois pessoalmente por uma escada escondida. Confesso que me senti perdido. Entretanto, era preciso avançar. Desci a um jardim e o homem me conduziu até o final; abriu uma porta que atravessava o fosso dos Champs-Elysées e pôs-me assim em liberdade. Sendo o local iluminado, reconheci o homem como aquele que eu ouvira conversar com uma senhora ao voltar de meu passeio noturno aos portões de Chaillot... Informei-me depois; e soube que as três mulheres estavam disfarçadas, que tinham vindo esperar a volta da corte e que falaram daquela maneira com o único propósito de afastar minhas suspeitas.

SÉTIMA NOITE

16 a 17 de julho

No dia 16, à tarde, fui ao Faubourg Saint-Germain. Ao passar pela rua Mazarine, para alcançar o cais, vi sair um homem que eu conhecia, segurando pelo braço uma bela jovem, também conhecida. "Coitada!", pensava eu, "tens a infelicidade de ser abordada por esse celerado! Ó desafortunada! Estás perdida!..." Eu os segui passo a passo; só ouvi declarações, promessas de casamento. "Ela já se entregou, ou está prestes a fazê-lo!", pensava eu. Seguiram pelo cais Quatre-Nations, pelo de Voltaire, depois pelo do Champ-de-Mars ou da Révolution. Tomei tantas precauções para espreitá-los (pois eu queria ser útil), que não fui notado. Eles caminhavam. "Vamos até o Champ-de-Mars", disse Scaturin à jovem e bela Tiervau, "talvez amanhã o altar não exista mais: há alguma coisa no ar!" Discorreu depois contra a Revolução, contra a Assembleia, e não poupou a corte. "Esse homem está descontente com todos", pensava eu. "Ah! Se ele se conhece, como deve estar descontente consigo mesmo!..." Chegaram. Foram até o altar, sobre o qual Scaturin cuspiu, tomando o cuidado de não ser visto pela sentinela. Voltaram em seguida e, no caminho, ele arriscou algumas liberdades, que foram rejeitadas com pouca convicção. Fiquei tentado a entrar um momento, depois deles, para advertir a mãe. Bateram em uma outra casa e eu fiquei um pouco desnorteado. Não ousei ir até os pais da moça. Retirei-me para minha casa, com uma sensação penosa; propus-me levantar cedo para ver o que iria acontecer.

LEI MARCIAL[69]

Uma fermentação surda agitava os espíritos desde a fuga e a captura de Luís. Os jacobinos e seus chefes queriam a República, mas não dispunham de meios para declará-la. Propuseram, através do clube dos Cordeliers, uma petição que deveria ser assinada no Champ-de-Mars, sobre o altar da pátria, no domingo, 17 de julho... Coitados... Ignoravam que todas essas cerimônias de altar só servem para povos novos, crianças ainda sensíveis às superstições...[70] De um lado, La Fayette e

---

69. Como escreve A. Soboul: "A fuga do rei constituiu um elemento decisivo no fortalecimento da consciência nacional entre as massas populares." É então que o povo sente profundamente o elo que existe entre Luís XVI e o exterior — elo que Luís XVI acredita ser bom reforçar, mas que já existe em seu próprio sangue, pois esse rei, que vai ser simbolicamente sacrificado, tem um dezesseis avos de sangue francês! O povo se mobiliza, portanto, a partir de Varennes. A Assembleia Nacional retira cem mil voluntários da guarda nacional. Os Cordeliers agitam o povo de Paris. Em 17 de julho, eles se reúnem no Champ-de-Mars para assinar, sobre o altar da pátria, uma petição solicitando a instauração da República. A Assembleia é em boa parte constituída de burgueses que temem a desordem; ela encarrega o prefeito de Paris de dispersar a multidão. Proclama-se a lei marcial, e a guarda nacional invade o Champ-de-Mars, atira e mata cinquenta pessoas. Esse acontecimento constitui o ponto de partida da repressão: prisões, fechamento do clube dos Cordeliers. Momentaneamente, o partido da democracia é posto em xeque. É daí também que data uma cisão profunda entre dois grupos opostos do partido patriota. Os girondinos, mais conservadores, já haviam fundado o clube dos Feuillants, enquanto os jacobinos, com Robespierre, endurecem sua posição. A burguesia constituinte vence. A revisão da Constituição, de fato, reforça o caráter censitário: os eleitores devem ser proprietários ou locatários de um bem equivalente a 150, 200 ou 400 jornadas de trabalho. De outra parte, a guarda nacional é reorganizada: somente os cidadãos ativos podem fazer parte dela. É um meio de evitar os excessos populares, que começam a aterrorizar os burgueses proprietários e partidários da ordem. O rei aceita a revisão da Constituição, em 13 de setembro de 1791, e no dia seguinte jura fidelidade à nação.

70. A opinião de La Bretonne sobre os cultos revolucionários não é sem interesse. Essa explicação histórica reúne as proposições teóricas que ele expõe em *La Philosophie de Monsieur Nicolas:* "A religião serve para enganar os homens; e como, a partir desta premissa, um homem religioso poderia concluir com segurança que o culto é, portanto, útil para controlá-los, vou provar que somente a verdade é útil a eles." Eis como *Monsieur Nicolas* resume ao mesmo tempo a moral e a teologia de La Bretonne: "Não pode existir senão uma só religião verdadeira: a da natureza. Religião que resulta da explicação do sistema que acabo de apresentar. Ela consiste em classificar os seres superiores, e a honrá-los, não através de palavras que eles não compreendem, que não podem compreender, mas pela utilização conveniente e moderada de nossas faculdades."

Bailli; os Lameths e Barnave, do outro, queriam igualmente que os peticionários fossem incomodados, intimidados: talvez eles planejassem até eliminar seus chefes. Premeditaram a publicação e a execução da lei marcial. Os Lameths, porém, inimigos de La Fayette, não queriam que este e seu cavalo branco detivessem toda a glória desse dia. Sacrificaram, ao que se diz, dois miseráveis. Com a ajuda de seus agentes, doutrinaram dois loucos, que, no domingo de manhã, foram se esconder sob o altar da pátria. Isso parecia sem objetivo. Esses homens eram tão pouco precavidos que falavam em voz alta: teriam sido descobertos cem vezes pelo cidadão comum, e o pior que lhes podia acontecer era serem expulsos de seu posto. Contudo, aqueles que os haviam colocado ali queriam que fossem liquidados, provocando um escândalo. Enviaram seus comparsas. Estes excitaram o povo, ou os maus elementos do povo, antes mesmo que os homens fossem descobertos. Acusaram-nos de profanadores do altar da pátria. As pessoas se aglomeram. Cercam-nos. Eles são vistos, ouvidos, pois não se escondem. São arrancados de lá e enforcados no Gros-Caillou... Uma grande repercussão! O partido de La Fayette, que nunca soube escolher senão o mau caminho, sem nada fazer para evitá-lo, regozija-se com esse acidente: "Nossa lei marcial sairá mais fácil!" Os Lameths e os Barnaves, que pensavam por esse meio ter afastado a ideia de se levar a petição ao altar da pátria, não sabiam que estavam lidando com teimosos muito cegos. Assim, longe de evitar o triunfo do cavalo branco e de seu cavaleiro, eles o asseguraram.

No final da tarde, o clube dos Cordeliers sai. O povo, na crença de que o evento fora adiado, viera pacificamente ver o lugar onde houvera confusão; onde, na mesma semana, assistira à cerimônia de renovação da Federação e o enforcamento tumultuado de dois homens. Os clubistas chegam. Sem agitação. Instalam-se sobre o altar, como funcionários públicos em sua escrivaninha. Fazem com que os seus assinem o documento, pois o povo não assinava! É nesse momento que uma municipalidade nula, posta em ação pelo cavalo branco, que desejava mostrar-se, chega, seguida por uma guarda nacional então devotada a La Fayette — ou a seu cavalo. Faz-se uma proclamação que ninguém ouve. Ninguém se mexe. Cinquenta jovens cabeleireiros, que haviam frequentado as tabernas do Gros-Caillou, ouviram dizer que se estava indo para lá a fim de impedir a assinatura de uma petição que eles não conheciam. Atiram pedras na guarda nacional que os ofusca, e fogem. Alguns bêbados os imitam no ataque e na fuga. Todos atiram e matam... mulheres, crianças... alguns cidadãos pacíficos, que não sabem para onde fugir e só estavam ali para tomar um pouco de ar... Como La Fayette, como Bailli, como a municipalidade de então não perceberam que só atingiriam inocentes?... Ó La Fayette! Como és culpado! E tu, Bailli, como eras fraco! Ó municipalidade! Como eras covarde... Vi esses efeitos da intriga e do espírito de partido com indignação. Mas ela não recaiu, como a do povo, sobre a guarda nacional. O povo assemelha-se ao cão, que morde o bastão em vez da mão que o segura. Voltei para casa, depois que o caso ridiculamente cruel terminou, e fiquei bastante feliz por salvar a vida de um jovem membro da guarda nacional, defronte à loja do comerciante de meias do Palais-Royal. Ele fora cercado por um grupo de vendedoras de maçã e vendedoras de peixe, que o sufocavam. Um moleque de dezesseis anos ia golpeá-lo com um facão emprestado por uma açougueira. Segurei-lhe o braço e apoderei-me do facão, com o qual afastei as mulheres, e o jovem guarda afastou-se. A única coisa que sofreu foi ser chamado de poltrão. Quanto a mim, meu velho chapéu, meus sapatos ferrados me protegeram. Joguei em um respiradouro a faca da açougueira, que já estava prestes a me retalhar o fígado, e esgueirei-me pelo grupo de desconhecidos que chegava, entre o qual me confundi, para correr em direção ao jardim l'Égalité.

Não contarei agora a continuação da história de Scaturin... Ao entrar no jardim, que tantas vezes observara, procurei os abusos que me acostumara a ver ali. Em quase todas as arcadas eu era convidado por pessoas da pior aparência possível para me reunir a um círculo seleto (de jogadores). Um pouco além, via uma mulher perdida conduzindo uma outra bem nova, mas encantadora, cujos princípios e saúde ela imolaria ao vício. Um instante depois, observava um horror ainda maior: eram crianças dos dois sexos, na idade da mais terna inocência, vestidas de forma provocante, confiadas a megeras que profanavam sua infância e ceifavam suas vidas, assim como a gulodice do homem faz com que os açougues vendam vitela. Quis aprofundar esse último abuso, que aqui apenas menciono, em *Les Filles du Palais-Royal,* publicado pelo falsário de Passy, Guillot, decapitado em 27 de agosto de 1792, hoje vendido por Louis, livreiro na rua Saint-Séverin; mas remeto a essa obra para uma infinidade de outros detalhes preciosos, que me foram dados pela alsaciana de rosto alongado, a qual, antes de se dedicar a esse ofício, fora amante de um bispo... Algumas mulheres levam crianças, como eu disse na obra citada, com o único propósito de aparentar serem mulheres de família, a fim de iludir velhos celibatários indiferentes. Outras, no entanto, prostituem essas ternas vítimas a Tibérios modernos que têm esse gosto depravado: moças, rapazes, tudo é igual, nessa idade, para os libertinos. Eles se divertem com a inocência das perguntas, com a impudência que essa mesma inocência dá às carícias obscenas. Depois que excitam suas paixões sujas até o limite, servem-se da boca, em lugar das outras aberturas ainda vedadas pela natureza. Algumas vezes, entretanto, eles as forçam, e frequentemente segue-se a morte para as garotinhas. Pagam então pela criança, como se paga por um animal esgotado de cansaço, um preço combinado de antemão entre os pais e a mulher que as leva, que sempre ganha na negociação, tendo assim interesse em sacrificar as crianças. E quem são as vítimas? Algumas vezes simplesmente os filhos de uma verdureira, na casa da qual mora a mulher da vida; ou crianças roubadas quando pequenas; ou crianças achadas; ou crianças compradas das pessoas mais pobres do bairro — estas são vendidas à mulher da vida, que faz delas o que quer, sem ser obrigada a informar sobre seu destino. Esse tráfico infernal existia desde antes do novo Palais-Royal; constituía a porção mais significativa das rendas do imaculado inspetor das mulheres da vida, que talvez desse uma parte ao chefe de polícia. Ele era por demais odioso para ser um dia denunciado, incomodado, punido. Mas Mairobert, o censor, o mesmo que se matou em 1779, em Poitevin, o conhecia, e foi o primeiro que me fez suspeitar da existência de tal comércio... Eu nunca pensara em conhecê-lo pessoalmente. Naquela tarde, tendo avistado duas crianças, um garoto e uma garota, conduzidos por uma mulher alta e de boa aparência, abordei-os. A mulher convidou-me a subir. Aceitei. Chegando ao pavimento intermediário entre o térreo e as arcadas, perguntou-me qual das crianças eu queria... E, antes que eu respondesse, forneceu-me detalhes de seus talentos lúbricos. Enquanto ela falava, as infelizes crianças faziam diante de mim, fingindo brincar, demonstrações obscenas. Eu estava revoltado; mas compreendi o quanto o discurso da infame corruptora devia excitar os libertinos! Pois as crianças mostravam sucessivamente todas as partes de seus corpos nus. Havia no entanto algo repugnante: é que se via que elas não estavam brincando; pareciam aborrecidas, cansadas, sofridas. Quando a mulher terminou de fornecer os detalhes do cardápio, repetiu a pergunta. Respondi-lhe que já vira o suficiente; que iria pagar-lhe. E que, apesar disso, pedia que me desse alguns detalhes sobre sua condição, o que ela não negaria depois de ouvir meus motivos. "Bom, bom! Eu te reconheço", disse-me ela: "Eu te vi com Saintbrieux! És um bom tipo, mais bobo do que malvado: tinhas o sapato de uma certa senhora, que cultuavas como a uma relíquia. És autor, mas não fazes teus livros: pois alguns deles me divertiram. Pois bem; comprei essas duas crianças de uma... Mas não quero te dizer, embora eu não corra nenhum risco hoje! Viste com certeza essas quatro mulheres, que também têm crianças, sem contar as que não vemos; muito bem, tem uma que recolhe todas as crianças abandonadas. Tem uma mulher que faz isso para ela. As crianças são criadas a leite de cabra, e ela toma tanto cuidado que não perde nenhuma. Vende essas crianças para nós, quando estão na idade. É uma mulher bastante útil! Frequentemente paga adiantado a mulheres que escondem a gravidez de seus maridos e vão dar à luz na casa dela. Isso não é tudo: ela impede muitas moças de família, assim como criadas, arrumadeiras e cozinheiras, de destruírem seu fruto, facilitando o parto. Outras compram crianças das pessoas pobres, que não podem alimentá-las, escolhendo as mais bonitas. Se, entre as crianças compradas no ventre da mãe, houver algumas deformadas, estas são levadas ao asilo de crianças abandonadas, mas tarde demais, e todas morrem. Às vezes é preciso percorrer muitas províncias para conseguir algumas esplêndidas! Então suborna-se a babá, que vende a criança; ela é mostrada ao padre como se estivesse doente; é levada embora, e enterram-se uns trapos para que o padre forneça o atestado de óbito. Esse comércio é praticado aqui com as criadas e as governantas, mas é raro, por causa do risco. A criança fica doente, parece definhar por alguns dias e depois morrer. Enterram-se pedaços de pano." "Mas como são usadas essas crianças?" Então a desgraçada me deu os detalhes cujo resumo forneci. "Temos sorte", acrescentou ela, "quando, nessas práticas, não machucam, não estropiam uma criança bonita. É menos grave quando um libertino apenas lhes transmite sífilis: temos pessoas que tratam delas. Quando uma criança é demasiado franzina, nós apenas a limpamos para que dure seis meses, um ano, período em que a fazemos passar por tudo..." Não quis ou não consegui ouvir mais: eu me senti mal e ia desmaiar. Saí e, como a mulher estendesse a mão, entreguei-lhe, já na escada, um cupom de três libras. Retirei-me enojado.

OITAVA NOITE

26 a 27 de setembro

A Constituição foi revista[71]: é toda favorável a Luís; ele ressurge em seu trono cercado de nova glória. Maria Antonieta saboreia um pequeno momento de alegria. No entanto, seu coração mortificado não está satisfeito. Abomina os Lameths; abomina Barnave, no colo da qual (sic) a Madame, ainda real, voltou de Varennes; abomina La Fayette, por quem sente o nojo que inspiram os odores insípidos e a quem deve favores que considera insuficientes.

"Ah!", diz ela a um ex-duque que lhe falava do aparente privilégio desses homens, "como poderíamos imaginar que voltaríamos a nos aproximar sinceramente, que um dia amaríamos nossos inimigos mortais? Oh, não, duque! Eles não detêm privilégios! Jamais deterão!" E seu olhar para o céu, seus olhos úmidos confirmaram suas palavras... É certo que, se tivesse sido prudente, Luís XVI ter-se-ia contentado com as imensas vantagens da revisão insidiosa e pérfida, ainda que então sensata, de nossa Constituição. Pois seu objetivo era evitar a guerra. Luís deveria usar seu veto com prudência e sensatez,

---

71. A Assembleia Constituinte irá separar-se em 30 de setembro de 1791. "Viva o rei! Viva a nação!", proclamará, feliz por ter realizado, acredita ela, a aliança da realeza e da burguesia e ter, assim, vencido tanto os aristocratas quanto o povo. Esse sistema de aliança fora o da monarquia absoluta desde a Fronda. Mas a monarquia, em 1791, não pode mais fechar os olhos; sai dessa crise sem força e sem futuro. Os verdadeiros vencedores dessas jornadas revolucionárias são os burgueses.

principalmente no momento em que o povo desejava o decreto. Infelizmente, conselheiros imprudentes, cabeças quentes e malvadas desviaram-no do caminho, pela mão de Maria Antonieta, bem desculpável por acreditar no que desejava... Mas, repito, por que então a tolice de seus dedos aveludados cegara essa alta nobreza? Não conseguia ela se guiar senão governada pelos bonachões do Terceiro Estado? (Afinal, era o Terceiro que reinava havia muito tempo.) O criado, comprado por suas baixas amizades, influenciava o ministro, e este só fazia o que o Terceiro Estado queria, convencido por seus criados e amantes: seus subalternos o governavam nos negócios públicos, e estes eram movidos pelos agiotas e intrigantes, que, por sua vez, o eram pelo comerciante e pelo alfaiate que os vestiam. Desse modo, todos os comerciantes, alfaiates, cabeleireiros, livreiros e sobretudo antigos editores, todos os que vendiam aos ricos, e só a eles, são hoje aristocratas, ao menos debaixo da pele. E não fosse a pouca confiança que se tem no imoral Artois, no inconsequente Monsieur, no devasso Calonne, no fogoso Bouillé, na máquina Broglie, o rei da Prússia, o imperador, e todos os estrangeiros, já teríeis visto toda essa gente aderir à contrarrevolução. Mas essa massa pensante não é impulsiva como a nobreza: raciocina e nunca joga tudo ou nada sem ter certeza de que irá ganhar. "O que os estrangeiros farão conosco?..." Ela vê sua conduta atroz, impolítica, e continua ligada à Revolução que detesta. Essas são verdades úteis, não as de Marat, cuja política se reduz à dos espanhóis, que acharam mais prático aniquilar os índios da América do que esclarecê-los. Ainda se poderia desculpar os espanhóis: era difícil formar esses povos; talvez nunca fosse possível dominá-los, e, se o copista Thomas Raynal tivesse avaliado suas razões, teria visto que não ousaram tentar o impossível. Mas Marat deve saber que nossos aristocratas de segunda e nossos comerciantes não são peruanos ou mexicanos; são pessoas não para serem mortas, pois são necessárias, mas para serem tratadas com diplomacia, a fim de que fortifiquem nossas finanças, com seu trabalho, e nossos exércitos, com bons soldados.

Revista a Constituição, a Assembleia Constituinte prestes a se dissolver, a segunda legislatura nomeada e chegando a Paris, havia como que uma estagnação em todos os mecanismos da máquina política.[72] Foi este o momento que a aristocracia idiota escolheu para Luís sair com segurança do reino. Tudo estava pronto. Deveriam ajudar sua indecisão com um pouco de violência. A guarda nacional fora escolhida, os postos confiados a nobres; a própria rainha de nada sabia; ela deveria mais partir sem ser avisada, com sua família, numa outra carruagem. Por necessidade, um criado do rei é posto a par do segredo; não sabe o que pensar. Envia um emissário fiel para avisar La Fayette. O comandante chega e desfaz o complô. Em sua opinião, o rei não deveria mais partir. O próprio Luís, no auge da indecisão daquele momento, recusou-se a tomar parte e até se dirigiu com certa severidade a seus autores... Diz-se que Calonne e Bouillé lá estavam, e que essa recusa os desencorajou.

Não fui testemunha ocular do fato. Naquele momento, ocupava-me de outra coisa.

A BELEZA DISFARÇADA DA FILHA

A caminho das Tulherias, eu tomara a rua Saint-André em vez do cais de la Vallée, da Pont-Neuf e do café Robert-Manouri. Na esquina da rua de l'Éperon, no mesmo lugar onde eu estremecera ao

---

72. Os eleitores designados em junho pelas assembleias primárias haviam nomeado seus deputados nos primeiros dias de setembro. A Assembleia Legislativa irá reunir-se pela primeira vez em 1º de outubro de 1791. Tratava-se forçosamente de homens novos, pois, a pedido de Robespierre, os constituintes não podiam ser reeleitos (decreto de 16 de maio de 1791). À direita, 264 deputados *feuillants;* à esquerda, 136 deputados jacobinos. No centro, 345 deputados independentes ou constitucionais. Era uma Assembleia de homens jovens, em que se destacariam alguns oradores notáveis: Brissot, Vergniaud, Gensonné, Grangeneuve, Guadet, Couton, Carnot, etc. Não se deve esquecer o papel dos salões na preparação dessa nova fase da vida política francesa: o de Mme de Staël, de tendência fayettista, o de Mme Roland, foco do brissotismo. Os clubes eram muito ativos: o dos Feuillants, muito burguês, o dos Jacobinos, mais democrático, finalmente o dos Cordeliers, nitidamente popular. As 48 seções parisienses se reúnem regularmente em assembleias gerais: é nelas que a vida política popular atua e passa às ações.

ver o corpo de Berthier sendo arrastado, vi uma mulher encapotada que obrigava uma menina de onze ou doze anos a caminhar muito depressa. A criança estava um tanto indócil, o que fez com que me aproximasse. "Não, não quero!", dizia ela; "vós me levais todas as noites para a casa da tia Jorge, o rosto coberto por uma máscara, enquanto a pequena Gigot fica em nossa casa muito bem enfeitada, com raiva até de meu nome!" "Cala-te, filhinha! Sabes muito bem o que tua tia te disse, que era para teu bem. Ah, se soubesses por que te levo!... Minha pobrezinha!... Um dia alguém te dirá." A mulher e a criança continuaram seu caminho sem dizer mais nada e entraram numa casa da rua du Battoir.

CONTINUAÇÃO DE JULIE E SCATURIN

Fui a seguir à rua Mazarine e, como conhecia os pais da jovem Tiervau, achei ser meu dever entrar sob o pretexto de perguntar se passavam bem. Encontrei na mesma sala o pai, a mãe, a filha e Scaturin. Estes dois conversavam a sós perto da janela. Falei de coisas sem importância. Scaturin fingiu não me reconhecer, porque eu mesmo não dera mostras de reconhecê-lo. Permaneceu em seu lugar, e pareceu-me falar com a jovem com muito empenho. "Julie!", disse-lhe sua mãe, "não cumprimentas o senhor? Então Julie fez uma reverência e pediu-me notícias de minhas filhas. Respondi-lhe brevemente, e ela voltou a seu *tête-à-tête* preferido.

Após ter conversado por quase uma hora (que muito lamentei!), esperando que Scaturin se fosse, fui obrigado a ir embora primeiro. Como a mãe me acompanhasse à porta da rua, disse-lhe: "Parece-me, senhora, que ides casar vossa filha: afinal, severos como sois, vosso marido e vós, um *tête-à-tête* tão íntimo, mesmo em vossa presença, só seria admissível caso se tratasse de casamento..." "É verdade: é um senhor muito honesto, muito inteligente. Pediu-nos a mão de Julie, que parece adorar, e é um excelente partido, um fidalgo. Como poderão pensar melhor, o pai e eu achamos que devíamos consentir..."

"Só devo dizer-vos o seguinte (vendo que ela parava): cuidado! É um homem de artimanhas! Não direi mais nada: cuidado!" E retirei-me. "Não digais meu nome a esse homem. Vi-o, há dois meses, passeando com vossa filha, à noite, às vésperas do massacre no Champ-de--Mars." "Não era ela: seu pai a levara para a casa de uma vizinha e fora buscá-la." "Enganaram-vos... Adeus." Afastei-me, pois entrevi Scaturin, que vinha nos ouvir.

NOITADA NAS TULHERIAS

Fui às Tulherias pela ponte Royal. Com as ferramentas que me servem para fazer gravuras, consegui muitas vezes entrar nesse jardim depois de fechado. Escolhi, no terraço do rio, o lugar onde não havia sentinela e entrei sem dificuldade. Vi algumas pessoas. Esgueirei-me para chegar às arvores sem que me notassem. Era ali que havia mais pessoas, separadas em diferentes grupos, todas sentadas nos locais mais protegidos. Não ousava parar nem me aproximar demais. Mas finalmente, tendo-me postado atrás de uma grande árvore bem próxima do grupo mais numeroso e mais barulhento, ouvi que tratavam de negócios de Estado. "É perigoso", dizia um homem, "chamar os estrangeiros para a França: basta ver com que alegria receberam a primeira oferta!" "Mas, senhor duque", disse uma mulher com amargura, "o que será de nós?" "Devemos arriscar tudo, sacrificar tudo", disse uma outra, mais jovem, "para restabelecer nossos direitos..." "Prudência! Prudência!", disse um segundo homem. "Sua Majestade já reconquistou bastante; nossa vez chegará..." Naquele momento, um homenzarrão levantou-se para urinar perto de minha árvore. Felizmente para mim, uma mulher disse-lhe: "Ides longe demais." E ele se voltou para responder: "Quereis que permaneça debaixo de vosso nariz?" Afastei-me sem fazer barulho durante essa resposta, que provocou uma réplica insignificante demais para ser relatada.

Considerava as cercanias desse grupo as mais interessantes, mas demasiadamente perigosas. Afastei-me para um lugar mais solitário.

Lá, vi uma jovem mulher, bela e alta, caminhando ternamente recostada ao ombro de um homem que a levava pela cintura. "Eu deveria estar lá", disse ela; "estão falando de coisas importantes: mas vós fazeis com que eu me esqueça de todo o universo... E, no entanto, que época para fazer amor! Talvez véspera de uma fuga... de uma guerra sangrenta!" "Minha bela, só se sabe quando se vai sair de casa!", respondeu o homem; "mas não se sabe quando se voltará... No entanto, se partirdes, vos acompanharei... até o fim do mundo. Mas sem vós, jamais!" E ele a beijou. Sentaram-se numa cadeira. E a cadeira estalou, quebrou-se; e a moça resmungou; e eles deitaram-se na grama, que era um lugar mais sólido... Nada vi, nesse comportamento, senão o natural, e não eram coisas comuns que eu procurava...

Pensei: via que se tramava algo e sabia o suficiente para tentar informar-me. No entanto, só o soube muito tempo depois! Compreendi a seguir que eram as mulheres que obrigavam os homens a emigrar e que eram elas que suportavam com maior impaciência a Revolução.

NONA NOITE

19 a 20 de junho de 1792

Muito tempo se passou sem acontecimentos notáveis.[73] Dois decretos da legislatura, submetidos ao veto por Luís, provocavam uma violenta efervescência desde o mês de novembro: o decreto contra os padres refratários e aquele contra os emigrados. O patife Duport--du-Tertre, saído da poeira de seu celeiro para a eminente função de ministro da Justiça, prevaricava, enganava a todos... Foi punido por

---

73. A Assembleia Legislativa teve de enfrentar todo tipo de dificuldades econômicas e sociais (baixa do *assignat*, aumento do custo de vida; motins ao redor das lojas a partir de janeiro de 1792, levantes na província e saques) e também religiosas: em agosto de 1791, o clero refratário provocou perturbações na Vendeia e, em fevereiro de 1792, em Lozère; a aliança entre a aristocracia e os refratários é cada vez mais patente. A tudo isso acrescentam-se as dificuldades da política externa, que aumentam a partir de Varennes e da declaração de Pilnitz (27 de agosto de 1791): os emigrados anunciam a invasão da França; as tropas de Condé reúnem-se em Coblenz.

De fato, não são dois, como diz La Bretonne, mas quatro os decretos votados contra os emigrados e os refratários. O de 31 de outubro concede dois meses para o conde de Provence voltar à França para não perder seu direito ao trono. Segundo o decreto de 9 de novembro, os emigrados que não voltassem seriam considerados suspeitos, e seus bens confiscados. Pelo decreto de 29 de novembro, os padres refratários são obrigados a prestar um novo juramento cívico. E, finalmente, o decreto de 29 de novembro exige que o rei obtenha dos eleitores de Trèves, Mayence, etc. dar um fim à aglutinação de emigrados nas fronteiras. O rei opôs seu veto aos decretos relativos aos emigrados e padres refratários. Aceitou os dois outros decretos: desejava a guerra, que lhe parecia a única solução para vencer a Revolução.

isso... Na noite de 19 de junho saí por volta das nove horas e tomei um caminho que não seguia desde o dia 26 de setembro anterior. Passei pelas ruas Saint-André-des-Arcs e Mazarine. Vi patrulhas frequentes e numerosas, cujo objetivo eu ignorava. Mas logo soube que no dia seguinte o Faubourg Saint-Antoine e o Saint-Marceau iriam encaminhar uma petição à Assembleia e até mesmo ao rei para a supressão dos dois vetos. "Uma petição não é uma violência", pensei, e tranquilizei-me... Entrei na casa dos pais de Julie Tiervau, da qual não mais ouvira falar.

CONTINUAÇÃO DE JULIE E SCATURIN

Estava muito preocupado com relação a Julie e Scaturin. Este acabara de anunciar uma viagem. Julie estava desolada, os pais, preocupados. Disse então para mim mesmo, olhando Julie de esguelha: "Infeliz! Concedeste-lhe tudo; não fosse isso, o monstro não iria embora! Deixaste teu papel de amante cobiçada para te tornares uma amante fraca e suplicante! Se o amas, estás perdida, pois caíste nas mãos do mais impiedoso dos pérfidos: há muito tempo o celerado foi endurecido pelo crime, pela falta de todos os procedimentos que dão segurança ao comércio e liniment à sociedade." Levado por minha imaginação, eu falava em voz baixa, mas inteligível. A mãe escutava-me. Percebi-o tarde demais. Ela empalideceu, foi sentar-se. "Minha filha está perdida!", disse ela consigo mesma. "Perdida! Ainda não: para onde ele vai?" "Para Lyon, a negócios." "É do Poitou, mas pode ter negócios em Lyon." "Ah, estamos perdidos!", disse a mãe para si mesma... Não consegui saber mais nada, mas minha opinião era a da mãe, de que sua filha estava perdida. Saí e continuei meu caminho, não pelo cais, mas pela ponte Neuf. Entrei no café Robert-Manouri, onde soube dos detalhes da petição armada do dia seguinte. "Armada!", disse um homem. "Um decreto proíbe petições armadas!" Um mau-caráter respondeu: "É para torná-la mais eficaz." "É derrubar qualquer lei e qualquer governo", disse-lhe eu, "substituir a razão pela força e o amor ao governo pela insurreição contínua". Fui chamado de *feuillant*. Saí e fui às Tulherias. Tudo me pareceu tranquilo por lá. Entrei como o fizera no outono precedente. Mas não encontrei as mesmas pessoas. Alguns homens de preto passeavam sozinhos ou de dois em dois. Não conseguia ouvir nada. Comecei a passear. Ao lado da estátua de Arria Poetus, dois homens tagarelavam com muita volubilidade. Surpreso com esse tom em tal lugar, àquela hora (onze horas), aproximei-me por trás da estátua. Eram Scaturin e Snifl, um alemão, seu amigo e comensal, aquele que lhe abrira as portas da casa Tiervau.

"Então enjoaste?", dizia Snifl. "Que diabo! O que queres que um homem como eu faça com uma rapariga como ela? É bom para uma diversão... Se ela ainda fosse filha única... Mas tem irmãos; é ainda pior do que irmãs!... Parto para Lyon, onde provavelmente me esperam lucros consideráveis que recuperarão meus negócios... Lá vão dez anos que minhas rendas estão nas mãos dos credores: isso não acaba nunca! Os novos substituíram os primeiros. No entanto, não tenho uma aparência requintada, só uso essa roupa cor-de-oliva... Estou decidido. Ela inspirou-me um gosto muito ardente... mas sabes que meus gostos duram pouco." "Ela é bonita!" "Sim; por muito tempo seu rosto apresentou-se a mim todas as manhãs, ao despertar, como uma das Graças. Atribuía-lhe esse tipo de beleza; as outras mulheres só eram belas quando comparáveis a ela." "Estás dizendo exatamente o que teu inimigo dizia um desses dias sobre a encantadora Filon: estás certo?" "Sim, sim, mas esta tem um rosto teimoso e amuado que dá um toque especial à sua beleza. Ao passo que Julie... é..." "O quê?" "Terna demais. Nada torna uma mulher tão insípida quanto a ternura." "Queres portanto que sejam todas libertinas?" "Não, mas..." "Não sabes o que queres." "Oh, quero fortuna. Prometeram-ma em Lyon; corro para lá e caso-me."

Levantaram-se encerrando o assunto. "Pobre Julie!", pensei, "destinada pela natureza a saborear e dar felicidade a um homem delicado, caíste nas mãos de um celerado e irás submergir no infortúnio!" Fico a pensar se devo avisar a mãe. "Não, o mal está feito: será jogar palavras fora..."

Não sei se disse como saí do jardim na noite de 25 a 26 de setembro. Foi com o auxílio de uma vara que encontrei no terraço. Passei-a para fora e escorreguei por ela. Desta vez foi diferente. Como não encontrasse uma vara, pensava em outro meio de escapar e avancei até a porta do castelo, diante da grande alameda. Dali saiu uma mulher que, ao me ver, pegou-me pela mão e disse-me: "Muito bem, muito bem! Nem mesmo o diabo o reconheceria." Guiou-me, fez-me atravessar os pórticos e deixou-me no pátio. Não sabia se devia esperá-la. Entretanto, resolvi aguardar sua volta. Ela reapareceu um instante depois e colocou um recém-nascido em meus braços. "Ide embora, depressa! Depressa! Ele pode chorar!" Ia perguntar para onde, quando um homem de casaco vem até perto de mim, toma-me a criança e desaparece. Afastei-me rapidamente, pressentindo o perigo. Observei assim mesmo que o homem saíra pelo pátio do Manège e que a mulher olhava-me ir embora; mas ela nada disse... Parti pela rua de l'Échelle.

PRETENSO ASSALTO ÀS TULHERIAS

No dia seguinte, despertei preocupado com a petição armada dos bairros. Abandonei minhas ocupações (como sou tão frequentemente obrigado a fazer desde a Revolução) e dirigi-me às Tulherias. A deputação numerosa, na qual se insinuaram muitos bandidos disfarçados, carregava como troféu um velho calção rasgado. Arrastavam um canhão. Naquele momento perguntei-me se iriam fazer um cerco. Tenho o costume de falar em voz alta em certas circunstâncias. Um homem respondeu-me: "Não, é para que o castelão não tenha vontade de nos fechar suas portas e erguer as pontes elevadiças..." Entramos sem obstáculos, e a deputação solicitou uma audiência à legislatura. Esta não permitiu que a força armada entrasse: só admitiu uma deputação desarmada, que lhe garantiu ter vindo pacificamente informar o monarca do verdadeiro desejo do povo a respeito dos dois vetos. "Se, após conhecê-lo, ele não o subscrever", acrescentaram, "será a vez dos outros departamentos falarem". Não se aprovou nem desaprovou a deputação armada: provavelmente a legislatura temia comprometer a autoridade soberana... Finalmente, tendo chegado a hora de entrar nos aposentos do rei, uma multidão indisciplinada subiu aos apartamentos. Criados mal-intencionados e bandidos derrubaram a porta a machadadas. Luís apareceu sem medo, sem inquietação. Perguntou o que queriam. Um orador da deputação tomou a palavra para pedir a supressão do veto duplo. Nessa ocasião verificou-se o adágio: *Vox populi, vox Dei.* Luís podia, sem comprometer-se, revogar a suspensão dos dois decretos; pois eram, infelizmente, justos, não de acordo com o direito, mas de acordo com as circunstâncias. Faz menos de um ano, e os acontecimentos posteriores já o provaram... Ele prometeu que iria pensar a respeito, que daria satisfações... Eu observava tudo, mas ouvia mal. Nessa época, publicaram que o rei foi insultado, que debocharam dele: mas pessoas grosseiras, sem querer insultá-lo, sentiram-se à vontade a ponto de convidá-lo a colocar a boina vermelha, então chamada simplesmente de boina jacobina. Fizeram mais (e nisso vejo mais cordialidade do que se acredita): convidaram-no a tomar um cálice de vinho. Ele o fez alegremente, rindo, e eu o admirei... A cena foi essa. Não se desrespeitou de forma alguma o chefe do poder executivo; não se proferiu qualquer injúria contra sua família, e todos foram embora por volta das seis horas, após cerca de três horas de permanência nos apartamentos.

Jamais aprovei a forma dessa deputação; ela era ilegal e até insensata sob todos os pontos de vista: mas, feita de forma conveniente, era o exercício da relação legítima do povo com o monarca. Sempre admirei a sensatez da Assembleia Constituinte, que, como um médico hábil, não quisera curar depressa demais. Seus sucessores viram as coisas de outra forma. O efeito logo mostrará quem tinha razão. Quanto a mim, indulgente com todos os homens, pois tenho necessidade de indulgência, só censuro lamentando e louvo com arrebatamento.

Voltemos ao que interessa. Essa foi a cena apresentada a toda a Europa como a mais escandalosa de que já se ouvira falar!... Ao ver todos os jornais aristocratas ecoando esse pretenso escândalo, não conseguia recobrar-me de minha surpresa: foram Royou, Durosoy, Fontenay e os nobres que criaram esse escândalo posteriormente e que, através dele, provocaram uma terrível catástrofe: pois não sou daqueles que se acostumam aos horrores, mesmo necessários... Voltei para casa, à noite, quase contente. Mas teria sido dolorosamente afetado se soubesse o efeito que aquele dia produziria!... Nunca tive relações com a corte, com os magistrados, com os que governam de qualquer maneira: viver laboriosamente isolado foi meu único desejo constante. Se observei, foi para conhecer o coração humano e coletar os inumeráveis fatos dispersos em minhas obras. Sempre tive horror aos espiões, mesmo necessários, assim como ao carrasco, que também o é. Não tinha qualquer contato com esses seres vis, e preferia ignorar a saber através deles. Por quinze anos dei emprego a treze pais de família, gravadores, desenhistas, impressores, encadernadores, sem falar dos livreiros. Consegui dinheiro com minhas obras até da Rússia: foram traduzidas na Inglaterra e na Alemanha: eis meus títulos junto a meus contemporâneos e para posteridade. Nunca mendiguei como D'... sei ser corajosamente pobre, arruinado pelas falências e pelo abalo que a Revolução provocou na literatura; estou doente e trabalho. Não escrevo para jornais porque encontro dito tudo o que teria dito. Cultivo a literatura antiga; ainda observo, e a morte que vejo aproximar-se quase não me amedronta. Tudo o que me acontece, a pobreza, a infelicidade, as desgraças familiares, têm uma vantagem: ajudam a morrer.

DÉCIMA NOITE

9 a 10 de agosto[74]

Chegamos àquela noite memorável e terrível, preparada por dois partidos opostos. Foi seguida de um dia ainda mais memorável.

---

74. Os girondinos foram totalmente ultrapassados pelas dificuldades da política interna e externa. Em 11 de julho de 1792, declara-se que a pátria corre perigo. Brissot exclamara energicamente: "Um grande número de tropas avança em direção de nossas fronteiras; todos os que têm horror à liberdade estão se armando contra nossa Constituição. Cidadãos, a pátria está em perigo." Em 10 de julho, os ministros *feuillants* apresentam sua demissão. Os girondinos entram em negociações com a corte. Em 26 de julho, Brissot declara-se contra a deposição do rei e contra o sufrágio universal. Em 4 de agosto, Vergniaud manda anular a deliberação da seção de Mauconseil, que não mais queria considerar Luís XVI como rei dos franceses. Os girondinos temem as revoltas populares, mas sua aproximação de Luís XVI só faz acentuar a separação que se estava estabelecendo entre o povo das seções e a Gironda. A insurreição de 10 de agosto é a consequência lógica desse estado de coisas. As seções parisienses são cada vez mais poderosas; pronunciam, em maioria, a deposição do rei. Robespierre exige a dissolução da Legislativa e sua substituição pela Convenção para reformar a Constituição. O manifesto de Brunswick foi conhecido em Paris no dia 1º de agosto: em lugar de intimidar o povo, como a família real esperava, as ameaças que ele continha exasperaram-no. A Legislativa dispersa-se em 9 de agosto sem ter se pronunciado sobre a deposição do rei. As seções parisienses enviam comissários, que se instalam no Hôtel-de-Ville: essa comuna insurrecional substitui a comuna legal. Os federados marcham sobre as Tulherias. Os marselheses entram. Os guardas suíços atiram: depois, Luís XVI ordena-lhes o cessar-fogo. O rei e sua família estavam refugiados junto à Assembleia, no Manège. A Assembleia hesita e só pronuncia a deposição do rei quando a vitória da insurreição é dada como certa. Vota a convocação da Convenção, eleita por sufrágio universal, e não mais censitário. A revolução de 10 de agosto instaurava uma "república democrática e popular", como sublinha A. Soboul.

BARREIRA DE COMPLACÊNCIA

Desde a época de 20 de junho haviam fechado as Tulherias, e o povo sofria por não mais poder passear em seus jardins. A princípio sofreu-se a privação com impaciência. Pouco tempo depois, alguns membros da legislatura obrigaram-na a decretar que a área, as cercanias e as avenidas da Assembleia Nacional estavam sob sua vigilância. De acordo com esse decreto, foi aberto o terraço dos *Feuillants,* e nele se pôde passear; mas o público foi convidado a não mais descer para o jardim. Não desceu, e foi o público que se tornou guarda de uma frágil barreira erguida por ele próprio. Aquela barreira era uma complacência! De propósito, ou por falta de atenção, um velho desceu. Disseram-lhe suavemente que deveria emigrar, ir para Coblentz. Voltou a subir. Uma elegante senhora, suspeita de fazê-lo de propósito, desceu também numa outra ocasião: foi vaiada. Quis voltar: não lhe permitiram entrar de novo no terraço. Foi obrigada a pedir aos guardas suíços que a ajudassem a sair por um outro lado. Isso não é tudo. Logo a barreira ficou repleta de papeizinhos, onde se escreveram os sarcasmos mais violentos contra os reis, contra o veto, contra a corte e seus protegidos... Não os transcreverei: como não os escrevi, cairia mal enfeitar-me das plumas do pavão. Aliás, assim que eles eram colocados na barreira, via-se um homem que vinha pegá-los, recolhê-los: esse homem um dia será autor, como tantos outros, e talvez já o seja. No entanto, não deve levar sua obra a Sautereau-de-Marsy, pois a coletânea será curta e mais carregada de notas que de versos. Via-se, contudo, ao longe, gente passeando nas alamedas, mas eram criados da corte.

Eu examinava tudo aquilo e dizia a mim mesmo: uma crise violenta está se preparando! Mas como explodirá?... Um dia, fui abordado por um homem que me disse: "Fazeis um jornal legal ou clandestino?" "Não." "Teria um excelente material para vos fornecer." "Senhor, de acordo com sua natureza, podeis levá-lo aos jornais existentes." "Poderíamos descer para o jardim? Nós nos afastaríamos e eu vos mostraria tudo isso..." Fitei-o, voltei-lhe as costas e não respondi. Sua proposta só pretendia envolver-me em problemas, pois eu tinha motivos para acreditá-lo um pérfido que queria me testar. Vi-o alcançar alguém e, um instante depois, não me vendo mais, abordaram o mais covarde de meus inimigos. Observei-os: pareciam descontentes com o fracasso. Aproximei-me da forma mais hábil possível e ouvi Daniel, *le manceau,* o que tentara convencer-me a descer, dizer a meu inimigo: "Ele é mais sutil do que vós, não caiu na armadilha!" "Nunca caiu nas armadilhas que lhe preparei. No entanto, é aristocrata, pois jantava com os grandes." "Isso não é um bom motivo", respondeu Daniel, "se quiser arruiná-lo, deve agir com maior habilidade!" "Já tentei, e quem foi parar na prisão fui eu." Estavam então comigo dois conhecidos do café: tomei-os como testemunhas e apresentei-me aos três celerados, que desapareceram... Mas estamos no dia 10 de agosto de 1792.

Ao sair de casa, não sabia absolutamente de nada. O homem trabalhador e pacífico, ao mesmo tempo que o intrigante excita a agitação que irá engolir a todos, vive na mais profunda segurança... Encontrei, como na noite de 20 de junho, patrulhas numerosas e frequentes. "Está acontecendo alguma coisa!", pensei, "mas o quê?" Fui informar-me: passei pelo cais de la Vallée; entrei na casa do livreiro mais célebre, o cidadão Merigot, o jovem. Lá fico sabendo que temem pela noite, que há complôs, que uma parte da guarda nacional está a favor do rei, que os marselheses, recém-chegados a Paris, são contra, etc. Ouço e, como a ovelha que vê cães e lobos brigando, torço pelos primeiros.

CONTINUAÇÃO DA JOVEM DISFARÇADA

Saio para correr até o café Robert-Manouri. Mas pego a rua de Savoie devido a um sentimento religioso pela memória de minha filha Zéphyre que, num dia como aquele, entregara ao Ser supremo sua alma sensível e pura. Já deixava a rua, depois de me haver prosternado, quando vi, na esquina da rua Christine, uma mulher e uma menina, que reconheci como aquelas que encontrara na rua du Battoir ou de l'Éperon. Elas voltavam para lá mais uma vez. Deixei-as entrar. Um instante depois, bati à porta. Só sabia o nome da pequena Gigot. Disse à mãe da menina mascarada: "É a vós que procuro, senhora: o que fizestes com a pequena Gigot?... Deveis conduzir-me imediatamente até ela." "Está em nossa casa, senhor, na rua de Savoie, casa do cabeleireiro, terceiro andar." Enquanto isso, a mãe e a tia tremiam. Jogaram-se a meus pés, dizendo-me: "Caro senhor, não façais escândalo, não somos tão culpadas quanto talvez vos tenham feito acreditar: vamos levar-vos até minha casa e contaremos tudo." Levaram-me. Encontrei a pequena Gigot muito bem-arrumada. Perguntaram-lhe se o senhor viera: "Ainda não", respondeu a jovem. "Senhor", disse-me a mãe, "escutai-me com paciência e até o fim, eu vos peço!"

HISTÓRIA DA JOVEM DISFARÇADA

"Eu tinha um marido terrível, ainda o tenho, mas é vivandeiro no exército. É um lambe-botas, como vereis. Tivemos esta filha. Ele olhou-a, assim que nasceu, e disse-me: 'Será bonita! Se tiveres bastante leite, alimenta-a, senão procurarei uma ama de leite.' Respondi-lhe que acreditava ter bastante leite. Certificou-se disso e deixou-me alimentá-la..." "Mas vossa filha não é bela", interrompi. Embora muito assustada, a mulher sorriu; desamarrou um cordão sob a touca, tirou uma máscara de pergaminho e mostrou-me... um milagre de beleza. Ao mesmo tempo tirou alguns panos de sob o corpete, e o corpo correspondia ao rosto. Todo o resto, o braço, a mão, a perna, o pé, era perfeito. A pequena quis permanecer bela durante o relato. A mãe disse-lhe: "Está bem, minha Zemirette, mas ide brincar, tu e Gigotine-Rouxette, enquanto converso." Zemirette levou Rouxette para o quarto ao lado. A mãe continuou:

"Quando minha filha foi desmamada, meu marido me fez mais dois filhos; eram meninos. Ele não só me impediu de alimentá-los, como os levou, acredito, para o asilo de crianças abandonadas: nunca abriu a boca sobre o que fizera com eles. Vendo isso, o coração magoado, não quis ter mais filhos, e não os tive... Minha filha crescia e estava cada dia mais bonita. Eu conhecia bem demais meu marido malvado para não temer que a usasse mal. Eu via sempre uma senhora Gigot, mulher alta e bonita, muito inteligente. Fui confiar-lhe meu problema. Ela suspirou dizendo: 'Em matéria de marido, estou ainda pior que vós. Meus pais me deram ao mais horrível e poderoso dos homens porque ele era muito rico. Era viúvo e só tinha uma filha, muito bonita. Fingia, por esse motivo, que não era dele: mandara-a para longe, para um convento; e quando ela fez quinze anos, há dezoito meses, tornou-a sua amante, sem que ninguém o soubesse. Eu descobri o fato, porque não era mais atormentada por esse sátiro como antes... Contar-vos-ei como soube... Nós tínhamos uma filha, que hoje tem catorze anos. À medida que ela crescia, assemelhava-se cada vez mais à sua irmã mais velha, da outra mãe. Seu pai a olhava com avidez. Eu não sabia o que isso queria dizer. Finalmente, um dia, após tê-lo visto introduzir misteriosamente sua amante em casa, fiquei escutando atrás da porta e ouvi o seguinte: — Querida Émilie! Mudarei de comportamento contigo!... Perdoa meu erro, que me fez tratar-te... como moça da rua e exigir de ti complacências degradantes! Isso não vai mais acontecer. És filha de minha primeira mulher: e como ela jamais me amou e como és bela, e eu feio, acreditava-te adulterina. Quis, por isso, vingar-me de tua mãe, obrigando-te a servir a meus prazeres. Tive provas, porém, de que és minha filha, e vou agir como pai... Minha segunda mulher, que me detesta, estava encantada por eu ter uma amante, o que a resguardava de minhas carícias; mas será necessário que ela as suporte até uma certa época. Sinto que a justiça exige que não sejas a única a ter-me servido. Tua irmã terá o mesmo destino, para que vos torneis iguais: ela tem oito anos; esperarei que se torne núbil... Vamos, fingirei retirar-te de teu antigo convento e voltarás a ter teus direitos.

    Minha enteada pareceu muito contente de não ter mais de se sujeitar às brutalidades do senhor Gigot... Quanto a mim, fiquei apavorada por mim mesma e mais ainda por minha filha. Conformei-me

com meu destino; e, para afastar o horrível crime premeditado por
um monstro, entreguei-me como nunca o fizera. Ele ficou satisfeito
comigo: testemunhou-o, garantindo-me que eu valia mais do que todas as mulheres que conhecera; desprezava principalmente as jovens
sem experiência, dizendo que só os gostos depravados amavam os
frutos verdes e não a maturidade. Fiquei encantada com essas novas
disposições... Minha filha então teve varíola, mas não muito forte.
O senhor Gigot disse-me: — Gostaria que enfeiasse: é bonita demais.
Suas palavras iluminaram-me. Ela curou-se e não ficou marcada: mas
mandei fazer uma película finíssima que podia ser aplicada no rosto; ela ficou horrorosa... O senhor Gigot nem olhou mais para ela.
Mantive-a assim até os dezesseis anos, quando a casei fora de Paris.
Revelei o segredo ao pretendente em sua primeira visita. Ele viu
que um corpo perfeito estava escondido por panos, etc. Revelei meu
segredo a várias mães: uma sofria impacientemente com o temor de
que dessem atenção demais a sua filha; a segunda queria proteger
a sua da sedução de um grande senhor, que nem a olhou mais; e a
terceira, cuja filha era mais jovem, queria apenas evitar-lhe a vaidade.
Posso mandar fazer uma máscara para vossa filha?'

Aceitei. E aí está, senhor, como disfarcei a beleza de minha filha.
Minha Zemirette tinha só treze anos quando me deram a entender
que eu deveria dá-la a um senhor que me mostraram. Fiquei desolada. Não sabia a quem recorrer. Mas meu marido estava decidido:
iriam dar-lhe mil francos por mês, pelo menos por seis anos. Iria
matar-me, se eu recusasse. Não sabia o que fazer, quando a senhora
Gigot me trouxe uma pensionista.

'Minha boa senhora Raisin', disse-me ela, 'vou confiar-vos um segredo: quando casaram Émilie, a filha mais velha de meu marido, ela
estava grávida de três meses. Como seu marido se ausentou pouco
depois do casamento, ela deu à luz secretamente, aos cinco meses e
meio; escondeu a criança, e só confiou o caso a mim. Coloco-a como
pensionista em vossa casa, e pagarei. Não diga nada a ninguém... Estou vos contando porque sabeis de tudo.' Aceitei a menina. Quando
recebi a ordem de meu marido, fiquei bastante confusa! Então ele

partiu, mas deixou bem claro que voltaria para me matar se eu não recebesse seus mil francos, dos quais me deixaria cem libras por mês. O que quereis? Não pude suportar a ideia de prostituir meu sangue a um homem horrível... Mascarei Zemirette (a quem meu marido dera de propósito esse nome, já que a destinava a servir aos prazeres dos homens) e enfeitei Rouxette, como vedes. O homem veio. Mal olhou para minha Zémire; confundiu Rouxette com ela, jogou-se sobre a pobre criança, que me deu pena!... Entretanto ela já estava tão apaixonada que aguentava tudo sem reclamar muito... Mas (eu vos digo, porque sabeis de tudo): o pior..."

"Já sei", interrompi, "já estava adivinhando quando vi o homem sair da casa..." Estremeci com a aventura: proibi-lhe que voltasse a entregar Rouxette ao homem e prometi assustá-lo. Consegui; e, para não expor a mulher, ele continuou pagando ao marido, que, tendo-se distinguido por um feito no exército, tornou-se conhecido e não deve ser citado... Nunca chegamos a vê-lo.

Minha noite foi consumida com essa aventura. Voltei a uma hora. Evitei as patrulhas, que não deixariam de me prender; cheguei em casa às duas horas e ouvi o alarme soar. Quando jovem, teria corrido para ver o que era, mas estava esgotado.

No dia seguinte fui despertado de manhãzinha pelo ruído da artilharia. Ouvi, na rua, o povo contando o que se passava. Então levanto-me e corro. Chegando à extremidade da ponte Royal, vejo a fuzilaria. Informo-me. Recebo apenas detalhes confusos. Finalmente compreendo que a corte, a partir do boato de uma outra deputação dos *faubourgs,* colocou-se na defensiva: chamou ao castelo os nobres vulgarmente conhecidos com "cavaleiros do punhal" e todos aqueles nos quais confiava; que contava com parte da guarda nacional, cujo estado-maior estava a seu favor, e com os guardas suíços que a cercavam... Fico sabendo que enquanto ela fazia soar o alarme em Saint-Roch para reunir seus partidários, os marselheses soavam-no em Saint-Sulpice para reunir os patriotas. Fui informado de que o Faubourg Saint-Marceau pegara os marselheses nos Cordeliers; que o batalhão de Henrique IV assestara seus canhões contra estes e que seu comandante Carle acabara de ser morto. Vi os suíços degolados... a guarda nacional reunida... Estava confuso: não concebia como, às vésperas de um tumulto tão grande, vira tanta gente tranquila!... Informo-me sobre a corte. Luís e sua família se haviam refugiado na sala da Assembleia Nacional antes do primeiro tiro de fuzil... Então temi menos pela salvação pública... Avanço: vejo mortos amontoados... Passo no cais do Louvre. Vejo que atiram das janelas das galerias. Colo-me às muralhas, e uma mulher, que tomara a precaução contrária, é morta a vinte passos de mim. Vejo tombar um jovem açougueiro na passagem Saint-Germain-l'Auxerrois, a duzentos passos da colunata do Louvre, de onde atiraram nele.... Atos covardes, dos quais os cavaleiros do punhal se tornaram por demais culpados... Ah, para que esses assassinatos inúteis? Pretendiam aniquilar a classe popular? Seria uma loucura e uma desgraça para eles próprios. Agora, examinemos imparcialmente a demência desse comportamento. Quem dera à corte a ideia de evitar a deputação dos *faubourgs* pelos meios extremos que empregava? Gente sem experiência, sem conhecimento das verdadeiras disposições do povo e de suas forças. Seria possível dizer que, em todo seu comportamento de então, a corte só seguira o conselho de crianças furiosas, mulheres ou efeminados, mais imprudentes que as mulheres. Nada a corrigia, nada a instruía. Foi preciso que seus próprios partidários secretos massacrassem seus cúmplices... Oh, meus concidadãos! Eis o que causa vossas desgraças: é a incerteza daqueles que temem as consequências da Revolução. Essa incerteza os faz agir só na aparência, seguindo os acontecimentos. Retardam a marcha quando a veem rápida e fácil. Se os revolucionários se irritam e os ameaçam, eles próprios empurram para depois deter o carro da liberdade. Por esse meio, fazem sempre o mal. Afirmo de fato que, por pior que seja a decisão tomada por uma nação, é preciso que seus membros estejam todos do mesmo lado: todos os refratários são dignos da morte, pois causam o pior dos males, a divisão. Pergunta-se se a nobreza era um mal: não sei. Não sou bastante hábil para decidi-lo. Mas digo que ela dividiu a nação em dois partidos que, agora, em 1º de abril de 1793, lutam obstinadamente em nossos departamentos marítimos. A nobreza hereditária é um bem?...

Luís passou dois dias nos aposentos do logógrafo e num apartamento vizinho: depois foi conduzido ao Temple. A Convenção, nomeada, sucederá à legislatura: um tribunal revolucionário derruba várias cabeças culpadas, ao menos pelo crime de divisão, sempre capital. O caso irá agravar-se e chegar a um ponto que apenas alguns chefes poderiam prever.

Logo após a Revolução do dia 10, a legislatura declarou que se achava incapaz para os negócios públicos e que, de acordo com seu direito, decretaria a convocação de uma convenção nacional. Tão logo se formaram as assembleias primárias, os intrigantes se agitaram: nomearam-se eleitores e, pelo péssimo método adotado nas seções, o boato foi considerado maioria. Nomeados os eleitores, nova agitação para nomear os deputados! Paris escolheu os seus. Estou muito envolvido para julgá-los: como saber se um representante do povo é bom ou ruim antes que tenha acabado sua representação?...[75] Quem julga demais, calunia; e eu não gostaria de caluniar nem mesmo Marat. Mas, durante essas nomeações, outras coisas aconteciam. Derrubavam-se estátuas de reis; o próprio Henrique IV, por tanto tempo idolatrado, teve o destino de Luís XIII, de Luís XIV e de Luís XV. Desse Luís XIII que ordenou o massacre dos habitantes de Nègrepelisse[76], onde se enforcaram os homens nas árvores de seus próprios jardins e aí violentaram suas mulheres antes de degolá-las; onde se amontoaram os irmãos apunhalados para violentar suas irmãs sobre seus corpos palpitantes... onde... como eu diria!... É preciso... onde o soldado, cansado de violentar, fazia com que enormes cães o substituíssem!... E Luís XIII era filho de um homem cuja vida os habitantes de Nègrepelisse salvaram!... Desse Luís XIV, tão presunçoso, mas que

---

75. Como se vê, La Bretonne é bastante reservado quanto ao sistema de representação por deputados. Seu sonho, como o de Rousseau, estava mais voltado para uma democracia direta — só realizável em países muito pequenos como a Suíça e a Grécia antiga.

76. Nègrepelisse (Tarn-et-Garonne) era uma importante praça-forte protestante, cujos habitantes foram massacrados em 1622.

muitas vezes mostrou a dignidade de homem, que viveu libertino e morreu carola, parecendo-se com Sansão, que fez mais mal em sua morte do que durante toda a vida!...[77] Desse Luís XV que transformou sua corte em um lugar mal frequentado após ter feito de Paris seu prostíbulo... Tudo foi invertido! As faustosas inscrições de Luís XIV foram arrancadas e os batavos vingados. A agitação foi grande! Mas de maneira que um homem que não quisesse vê-la, não a via. Ou seja, o quadro de Paris, nessas circunstâncias, entre as nações estrangeiras e até nos departamentos era terrivelmente exagerado!... Passávamos, contudo, no exterior, por terríveis reveses! Longwy foi abandonado aos prussianos, que logo tomaram Verdun. Viu-se, nas duas cidades, o estúpido Monsieur estender sua mão para ser beijada pelos habitantes ajoelhados... Antecipo-me aos acontecimentos. As coisas mudaram de aspecto. A debilidade instalou-se nas tropas prussianas, e Dumouriez chegou à possibilidade de destruí-las! Não o fez: foi por humanidade? Não, um ser imoral como Dumouriez não conhece a santa humanidade! A partir daquele momento, o pérfido começava suas traições... Os prussianos retiraram-se: voltou-se a Verdun, a Longwy; mas sem glória; ela nos era entregue; nossos generais não as retomavam. Foi assim que, mais tarde, o infame Dumouriez entregou a Bélgica!...[78]

---

77. Quer dizer, sua morte na glória, pela revogação do Edito de Nantes através da bula *Unigenitus*. [N.A.]

78. O avanço prussiano foi, num primeiro tempo, facilitado pela contrarrevolução. Verdun capitula rapidamente em 2 de setembro. Em 8 de setembro, o exército prussiano alcança Argonne. É então que Dumouriez e Kellermann salvam a situação. Em 20 de setembro, em Valmy, os exércitos franceses vencem aos gritos de "Viva a nação". Essa vitória teve grande repercussão, como atestam as palavras de Goethe: "De hoje em diante e a partir desse lugar, abre-se uma nova era na história do mundo." O exército prussiano bate em retirada; Verdun é libertada em 8 de outubro e Longwy no dia 22. Aqui, La Bretonne censura Dumouriez, à luz de sua recente traição, de não ter, após Valmy, desmantelado o exército prussiano para esmagá-lo completamente.

DÉCIMA PRIMEIRA NOITE

28 a 29 de agosto

VISITAS DOMICILIARES[79]

Um instinto secreto iluminava os comissários das seções da Comuna. Sentiram que, em vista da necessidade que havia de armas, era preciso recolher todas as que eram inúteis nas mãos dos cidadãos que permaneceram em Paris. Fomos avisados de que viriam à noite às nossas casas e esperávamos uma revista rigorosa. Foi superficial. Tratava-se de imprimir urbanidade à busca, mas talvez também de aniquilar seu efeito. Como eu sabia que só viriam a minha casa por volta das duas horas da manhã, saí à noite, embora me tivessem prevenido que estavam prendendo as pessoas. Não fui preso. Voltei pelas ruas Dauphine, de la Comédie, Fossés-Monsieur-le-Prince, cujo nome ainda não mudara, de la Harpe, praça Sorbonne e rua Saint-Jacques. Na terceira dessas ruas, fui testemunha de uma cena singular.

Um chefe de patrulha, jovem, fogoso, janota, resolvera divertir-se durante sua corveia. Para consegui-lo, não deixou de visitar nenhuma casa de atriz, dançarina, mulher da vida. Chegou à casa de uma das primeiras, jovem, bonita, que desgraçadamente naquele dia recebia para passar a noite um inglês jovem e rico. O *Englishman,* que

---

79. As visitas domiciliares foram autorizadas pela Assembleia, no dia 28 de agosto, com a finalidade de confiscar as armas que os suspeitos pudessem estar escondendo.

gostava das precauções de segurança, trouxera quatro pistolas e um fuzil de dois tiros, para seu uso, e um fuzil de munição das antigas guardas francesas que havia comprado para seu criado. Este, tão precavido quanto o amo, carregava ainda um outro fuzil. Quando a visita chegou os dois homens foram escondidos, mas suas armas estavam recobertas apenas pela colcha da cama, em cima do criado-mudo.

O janota: "Senhorita, não tendes armas?"

A atriz: "Não, senhor."

O janota: "Ah, essa linda boquinha me engana: tendes aos menos as do amor."

Ao mesmo tempo, ele declara que tem de revistar até a cama; são ordens. A moça protesta. O janota diz-lhe para tomar as precauções decentes de Polyxène tombando sob o facão de Pyrrhus. A moça fica desconcertada! Finalmente se encosta na parede. O janota, de propósito, puxa a colcha e deixa cair com estrondo o criado-mudo, as armas, o urinol.

"Ah, minha bela! Como estou vendo, não vos contentais com as armas do amor! Sois uma aristocrata, uma contrarrevolucionária. Não posso deixar de vos levar ao comitê; vesti-vos, a menos que queirais vir nua... o que, creio, seria o mais seguro." Tremendo, a atriz protestava sua inocência: garantiu que as armas não lhe pertenciam.

O janota: "Compreendo. São de um aristocrata, com o qual estáveis ainda havia pouco em ligação íntima... Deveis vir ao comitê ou entregá-lo a nós... Enquanto isso, confiscaremos as armas."

Naquele momento, o *Englishman* sai do guarda-roupa e diz: "Senhor, na qualidade de estrangeiro exijo as armas, que são minhas."

"Vossas?", diz um guarda nacional. "Lede no fuzil: *Regimento das guardas francesas*. Éreis da guarda francesa?"

O Englishman: "Eu? Não, senhor, mas meu criado comprou-a de um homem que disse tê-la obtido nos Invalides no dia 13 de julho de 1789."

O janota: "Não podemos deixá-la para vós, *mylord*. Sois estrangeiro: é um título que merece nossa consideração, mas tantas armas assim..."

O Englishman: "Senhor, quando se dorme com raparigas..."

O janota: "Raparigas? É a senhorita E.C... Desculpai-me, *mylord*, por vos ter incomodado: por vosso dinheiro, deveis permanecer livre. Vamos nos retirar: deixamo-vos a rapariga... mas as armas, precisamos mesmo delas."

O Englishman: "Eu vô-las dou, para que não tenhais de confiscá-las."

Apertaram-se as mãos: muitas desculpas, que embaraçavam a senhorita E.C... Finalmente, todos se retiraram.

A pequena cena distraiu-me das ideias negras que havia muito alimentavam minha alma. Observarei que eu havia entrado, pois o janota dissera à sentinela da porta que deixasse todo mundo entrar.

Ao sair, fui até a rua de la Harpe sem nada encontrar. Ao dobrar para a praça dos fiacres, vi algo semelhante a dois grandes feixes pretos, vestidos de mulher, descerem de um carro. Foram até duas casas abaixo e, após se terem certificado de que o cocheiro não os observava, entraram em um pátio deixado aberto, cuja porta fecharam. Diante dessa visão, tive a ideia de perguntar ao cocheiro do fiacre onde pegara os dois mascarados. "Ora, sei e não sei: desciam de um outro fiacre, e nem deram vinte passos antes de subir no meu." Deixei o cocheiro, que falava a verdade ou estava sendo discreto, e voltei à porta, que se abriu um instante depois. De lá vi saírem jovens cavaleiros que desceram a rua de la Harpe até a praça da Sorbonne; entraram ali e foram em direção à rua que a fechava. Mantive-me afastado para ver o que aconteceria. Abriram para eles, que desapareceram. Subi à rua Saint-Jacques pela rua des Maçons. Andava devagar. Quando chegava à esquina, ouvi um barulho; parei. Cheguei a recuar alguns passos. Eram os dois jovens que a guarda, ao grito da sentinela, detivera. Foram levados ao comitê central, que os enviou aos Carmes. Segundo o que ouvi, eram dois abades refratários. Não sabiam, os infelizes, que estavam sendo enviados para uma prisão da qual jamais sairiam! Estava ficando tarde. Eu não teria conseguido dormir em casa, esperando a revista. Contudo, voltei e ocupei-me com a revisão de algumas provas.

Às duas horas em ponto ouvi que entravam na casa de meu vizinho. Fui abrir a porta. Finalmente chegaram. Eu não tinha armas, nem mesmo uma espada, que meu sobrinho perdera. Anotaram meu nome, minha idade. Perguntaram-me quem vivia em minha casa. Respondi a todas as perguntas. Retiraram-se.

O sono corria distante de minhas pálpebras. Saí para ir tão longe quanto possível sem ser preso. Percorri todo o meu bairro livremente. Vi passarem padres não juramentados, vestidos com diferentes trajes: de mundanas, de mulheres e até de uniforme. Mas o que mais me marcou foi uma peixeira, vestida com a maior verossimilhança, que me disseram ser um ex-cônego de Notre-Dame: sua carranca báquica, dentro daquelas vestimentas, era tão verossímil que eu não imaginava como puderam reconhecê-lo. Disseram-me que também não o teriam reconhecido se não fosse um acidente bem divertido. O marido da peixeira voltara para casa durante a visita. Era um galhofeiro ainda vigoroso. Vendo uma criatura com as roupas de sua mulher, não duvidou que fosse ela. Ora, ele tinha o hábito de dizer à mulher, quando lhe apetecia divertir-se: "Jacqueline, abaixa-te para me dar aquilo." Ora, Jacqueline, que sabia o que era, sempre se abaixava. O cônego também se abaixou. Então o peixeiro foi agarrá-la. Mas qual não foi sua surpresa ao sentir e ver um calção preto! Gritou. A guarda, que estava saindo, voltou. "Ei, senhores, endiabrastes minha mulher para que ela ficasse com a b... toda negra?" Examinaram a senhora... Era um homem. Vendo a tramoia descoberta, a devota peixeira acorreu ao barulho, seu marido a reconheceu e, sem avisá-la, deu-lhe o golpe de Jarnac, como ele o chamava. O que fez com que toda a companhia visse que a dama não era preta sob a roupa... Levaram o cônego em trajes de peixeira.

Foi isso o que me contou um dos guardas da escolta, que acompanhei até a rua de la Parcheminerie... Repito, esses episódios nada tinham de aflitivos: mas seria desumano rir deles se soubéssemos em que terrível catástrofe terminariam em poucos dias. Um padre dos Carmes queixava-se a P. Manuel, procurador da Comuna, que lhes faltavam muitas coisas. "Isso acabará domingo ou segunda-feira", respondeu Pierre. Aparentemente, ele o sabia.

DÉCIMA SEGUNDA NOITE

MASSACRES DO DIA 2 AO DIA 5 DE SETEMBRO[80]

O dia 10 de agosto renovara e concluíra a Revolução: os dias 2, 3, 4 e 5 de setembro lançaram sobre ela um horror sombrio. É preciso descrever esses acontecimentos atrozes com imparcialidade, e o escritor deve ser frio quando provoca arrepios em seu leitor. Nenhuma paixão deve abalá-lo; sem isso, torna-se declamador em vez de historiador.

No domingo, às seis ou sete horas, eu saí, ignorando, como de hábito, o que estava acontecendo. Ia à minha ilha, a essa ilha de Saint-Louis tão cara, da qual um infame mandou que as crianças do populacho me expulsassem! Oh, como o homem sem educação é

---

80. Em 2 de setembro, Paris toma conhecimento do cerco a Verdun. Soa o alarme; convocam-se os homens para o Champ-de-Mars. Os membros da Comuna são encarregados de voltar a suas seções para "descrever com energia a seus concidadãos os perigos iminentes que ameaçam a pátria, as traições que nos cercam, o território francês invadido." Em toda Paris reina um clima de pânico e suspeita; correm boatos de que os prisioneiros tramam um complô contra a República. É nessas condições que são cometidos os terríveis massacres nos Carmes, na Abbaye, na Force, na Conciergerie, no Châtelet, na Salpêtrière e em Bicêtre. Mais de 1.100 prisioneiros são executados, três quartos deles, prisioneiros de direito comum. O poder deixou que se realizassem os massacres de setembro. De acordo com as *Mémoires* de Mme Roland, Danton teria dito: "Que se danem os prisioneiros, que façam com eles o que quiserem." O comitê de vigilância da Comuna foi mais longe, chegando a recomendar esse tipo de ação como sendo útil "por deter pelo terror legiões de traidores escondidos em nossa cidade no momento em que o povo ia marchar contra o inimigo."

malvado!... Nesse local tranquilo onde eu penetrara evitando todos os olhares, nada ouvi, exceto uma arrumadeira dizendo a uma outra: "Catherine, parece que está soando o alarme! Será que está acontecendo mais alguma coisa?" Catherine respondeu: "Temo que sim: o senhor mandou fechar tudo." Afastei-me, sem dar mostras de ouvir. Não fiz toda a volta; tomei a ponte Marie e o Port au Blé. Lá dançavam. Fiquei mais tranquilo. Chegando aos degraus da taberna, no final do porto, vi que lá também dançavam. Mas logo um transeunte gritou: "Que tal pararem vossas danças? Em outras partes dançam de outro modo!" Pararam de dançar. Prossegui meu caminho, o coração apertado. Nada sabendo com precisão, segui pelos cais Pelletier, de Gèvres, de la Mégisserie ou Ferraille e cheguei ao café Robert.

Lá eu conhecia um homenzinho de origem suíça, mas nascido em Paris, que sabia de todas as novidades de seu bairro, que é a seção do Théâtre-Français. "Estão matando nas prisões", disse-me ele, "começaram em meu bairro, a Abbaye. Dizem que tudo começou com um homem encarcerado na Grève que disse que queria que a nação se f... e outras injúrias. Isso revoltou o pessoal; levaram-no até a cidade e ele foi condenado à forca. Disse antes que em todas as prisões pensavam como ele e que, dentro em pouco, todos veriam os resultados disso; que eles tinham armas, que seriam soltos na cidade quando os voluntários tivessem partido... O que fez com que hoje o povo se juntasse diante das prisões, as forçasse e matasse todos os prisioneiros que lá não estivessem por dívidas." Eu ouvia o pequeno Fraignières com emoção, com temor; entretanto, a imagem que me apresentava estava longe da verdade!... Após ter lido os jornais, perguntei-lhe se poderia acompanhar-me; pois eu estava assustado. "De bom grado", disse ele, "mas passemos pela Abbaye; depois irei levá-lo até sua casa." Saímos juntos. Tudo parecia estar em uma espécie de estupor na ruidosa rua Dauphine, que ainda tinha esse nome. Fomos até a porta da prisão sem encontrar obstáculos. Lá havia um grupo de espectadores dispostos em círculo: os matadores estavam à porta, dentro e fora. Os juízes estavam na sala do carcereiro. Os prisioneiros eram trazidos até eles. Perguntavam seu nome. Procuravam seu registro. O tipo de acusação decidia seu destino. Uma testemunha ocular disse-me que muitas vezes os matadores de dentro pronunciavam a sentença com os juízes. Um homem alto, de ar frio e sério, foi trazido até eles: era acusado de má vontade e de ser aristocrata. Perguntaram-lhe se era culpado. "Não, nada fiz: só suspeitaram de meus sentimentos; estou preso há três meses, e nada encontraram contra mim." A essas palavras, os juízes inclinavam-se à clemência quando uma voz provençal gritou: "Para a Force! Para a Force!" "Está bem, para a Force", respondeu o homem; "não será por mudar de prisão que me tornarei mais culpado!" O infeliz ignorava que as palavras "Para a Force", pronunciadas na Abbaye, eram um decreto de morte; como o grito "Para a Abbaye", pronunciado nas outras prisões, enviavam ao degolamento! O homem foi empurrado para fora por aquele que gritara e tomou a passagem fatal. Ficou surpreso com o primeiro golpe de sabre, mas a seguir abaixou as duas mãos e deixou-se matar, sem fazer um único movimento...

Eu, que nunca pudera ver sangue, imaginais como me sentia sendo empurrado pelo curioso Fraignières sob a ameaça dos sabres! Estremeci. Sentia-me fraco e joguei-me de lado. Um grito agudo de um prisioneiro, mais sensível à morte do que os outros, provocou em mim uma indignação salutar que me levou a me afastar... Não vi o resto...

Começava-se então a matar no Châtelet: iam à Force. Mas não fui: acreditei fugir desses horrores retirando-me para casa... Deitei-me. Um sono, agitado pela fúria da carnificina, só me trouxe um repouso penoso, frequentemente interrompido pelo sobressalto de um despertar assustado. Não foi só isso. Por volta das duas horas ouço passar sob minhas janelas uma tropa de canibais, entre os quais nenhum me parecia ter o sotaque do Parisis; todos eram estrangeiros. Cantavam, rugiam, urravam. Em meio a tudo isso, ouvi: "Vamos aos Bernardins!... Vamos a Saint-Firmin!" (Saint-Firmin era uma casa de padres; os galerianos estavam então no primeiro local.) Alguns dos assassinos gritavam: "Viva a nação!" Um deles, que eu gostaria de ter visto para ler-lhe a alma horrenda em seu rosto execrável, gritou furiosamente: "Viva a morte!..." Não me contaram isso; realmente ouvi e estremeci... Iam matar os galerianos e os padres de Saint-Firmin. Entre os últimos, o abade Gros, ex-constituinte, outrora meu padre em Saint-Nicolas-du-Chardonnet, onde eu jantara com duas damas de Auxerre: naquela noite, ele censurou-me por ter dito algo desaprovador sobre o celibato dos padres em *La Vie de mon père*. Esse abade Gros viu entre os assassinos um homem com o qual tivera certo contato. "Ah, amigo, estais aqui? O que vindes fazer a essa hora?" "Oh", respondeu o homem, "estamos aqui em má hora..." "Fizestes bem... Aliás, por que retratastes vosso juramento?" O homem voltou-lhe as costas, como outrora faziam os reis e Richelieu às suas vítimas, e fez um sinal para seus companheiros. O abade Gros não foi apunhalado: concederam-lhe uma morte mais suave; precipitaram-no da janela... Seu cérebro espatifou-se pelo impacto... não sofreu... Não falarei dos prisioneiros: esses infelizes viram abreviar-se uma vida que nem eles mesmos lamentavam... Mas antes, à noite, uma outra cena de horror, que não vi, da qual não tinha conhecimento naquele momento, acontecera nos Carmes-Luxembourg. Era ali que, desde alguns dias, tinham reunido todos os padres refratários presos nas barreiras ou durante as visitas domiciliares. O bispo de Arles para lá fora voluntariamente a fim de consolar e encorajar seus irmãos. E não imaginem que, pelo fato de estar contando esse ato tocante, eu esteja do lado dos padres fanáticos! São os meus inimigos mais cruéis! Os seres mais desprezíveis aos meus olhos! Não, não tenho pena deles! Fizeram mal demais à pátria: antes, pelo escândalo de seu comportamento, que tirou qualquer freio dos povos; depois, por suas intrigas. Nada há de bom ou ruim no desejo da sociedade. Quando uma sociedade ou sua maioria quer algo, está certa: aquele que a isso se opõe, que chama a guerra ou a vingança para sua nação, é um monstro; aquele que quer vingar a Deus e sua religião é um sacrílego ímpio, um blasfemador insensato, que pretende se erigir em protetor de Deus! Deus só ama uma coisa, a ordem; a ordem que é sua própria perfeição. E a ordem sempre se encontra no entendimento da maioria: a minoria é sempre culpada, repito, por mais que moralmente tenha razão. Basta apenas o senso comum para sentir essa verdade. Os padres imaginam que seu culto é essencial: enganam-se; o essencial é a caridade fraternal. Eles violam-na, mesmo quando estão rezando a missa. Todo mal nos é feito nesse mundo pelos tolos, pelos maus argumentadores, pelos espíritos falsos e obstinados; pois eis o que compõe a imensa turba de tolos... Voltemos. Os matadores entraram nos Carmes por volta das cinco horas. Os padres não desconfiavam do que lhes estava reservado; e muitos começavam a conversar com os recém-chegados, que pensavam ser uma escolta que os acompanharia a seu destino. Um deles, sem dúvida penalizado, propôs ao bispo de Arles salvá-lo. Este não se dignou a ouvi-lo. "Mas, senhor abade, o que vos digo é sério." Um outro matador, que não compreendera a conversa, aproximou-se para se divertir cruelmente com sua vítima, que agarrou pelos cabelos, peruca ou orelha: "Ora, não vos façais de criança, senhor Abade!" (frase célebre, dita a um abade falsificador que subia ao cadafalso). O bispo aparentemente perdeu o controle, pois respondeu: "O que estás dizendo, canalha?" (Falo a partir do que me disse uma testemunha ocular.) A frase foi respondida com um golpe de sabre, que fez o abade cair: acabaram com ele. Um outro padre tratou também os carrascos de canalhas. Recebeu mais de vinte golpes, enquanto repetia: "Canalha! Canalha! Canalha!..." Escaparam dois ou três, com certeza pela boa vontade de alguns matadores... Não, repito, não são esses padres, membros inúteis e muitas vezes perigosos da sociedade, que foram enganados e dos quais sinto pena: eles não eram inocentes. De acordo com os princípios, não digo revolucionários, mas de direito público de todas as nações, só se tem o direito de se opor pela razão, e antes da decisão, ao desejo da maioria. E mais: esses padres eram culpados segundo seu próprio código religioso; não podiam, de acordo com o Evangelho, usar armas, nem mesmo para defender suas vidas e seus dogmas. Os nossos insuflaram revoltas, encorajaram o assassinato. São celerados que Jesus, à direita fulminante de seu pai, punirá desse crime abominável a seus olhos. As leis têm o direito de seviciar: morreram, portanto, com justiça aos olhos de Deus, segundo seu código e sua crença, e aos olhos dos homens, segundo o direito. Foram apenas punidos ilegalmente. Isso não desculpa seus assassinos, que subverteram, massacrando-os, todas as leis da sociabilidade...

Os matadores estavam na Conciergerie, na Force: mataram, nas duas prisões, assim como no Châtelet, a noite toda. Foi na Conciergerie que pereceu Montmorin de Fontainebleau e talvez Montmorin, o ministro. Naquela noite terrível, o povo desempenhava o papel dos grandes de outrora, que imolavam tantas vítimas inocentes ou culpadas sob o véu da noite e no silêncio! Era o povo que reinava naquela noite, o povo que, por um horrível sacrilégio desses agitadores, tornara-se déspota e tirano!

Descansemos por um momento. Outras cenas aguardavam-nos na manhã do dia 3, na Force...

Levantei-me com o desvario do pavor. A noite não me descansara nem um pouco, inflamara meu sangue... Saio... Ouço, sigo os grupos que corriam para ver os desastres, era o que diziam. Ao passar diante da Conciergerie, vi um matador que me disseram ser um marinheiro de Marselha, o punho inchado de cansaço... Fui adiante. A parte dianteira do Châtelet estava repleta de mortos amontoados. Comecei a fugir... e no entanto segui os grupos. Chego à rua Saint-Antoine, na esquina com a rua des Ballets, no momento em que um infeliz, que vira como matavam seu predecessor, ao invés de parar, espantado, pusera-se a fugir correndo. Um homem, que não estava com os matadores, mas era uma daquelas máquinas sem consciência, como existem tantas, deteve-o com a lança. O miserável foi pego pelos seus perseguidores e massacrado. O lanceiro disse-nos com frieza: "Não sabia que queriam matá-lo." Esse prelúdio ia fazer com que eu me retirasse, quando outra cena chamou-me a atenção: vi duas mulheres saindo; uma, que passei a conhecer a partir de então como a interessante Saintbrice, criada do antecessor príncipe real, e uma jovem de dezesseis anos, a senhorita Tourzel. Levaram-nas para a igreja Saint-Antoine. Segui-as: observava-as na medida em que seus véus o permitiam. A jovem chorava, a senhora Saintbrice a consolava. Foram detidas ali. Saí logo em seguida, não consegui voltar a entrar... Voltei ao fundo da rua des Ballets. Vi então duas outras mulheres subindo numa carruagem, e alguém disse baixinho ao cocheiro: "Para Sainte-Pélagie." Não sei se estou enganado, mas creio que foi o municipal Tallien quem deu a ordem.

Houve uma suspensão dos assassinatos: algo estava acontecendo lá dentro... Tinha esperança de que tudo acabara. Finalmente, vi surgir uma mulher pálida como um lençol, amparada por um carcereiro. Disseram-lhe em um tom rude: "Grite *Viva a nação!*" "Não, não!", disse ela. Fizeram-na subir sobre um monte de cadáveres. Um dos matadores pegou o carcereiro e o afastou. "Ah", gritou a infeliz, "não o maltratem". Repetiram-lhe que gritasse *Viva a nação!* Ela recusou desdenhosamente. Então um matador pegou-a, arrancou seu vestido e abriu-lhe o ventre. Ela caiu e foi morta como os outros... Nunca tal horror se oferecera à minha imaginação. Quis fugir. Minhas pernas faltaram-me. Desmaiei... Quando voltei a mim, vi a cabeça ensanguentada... Disseram-me que a tinham lavado, frisado e colocado na ponta de uma lança para levá-la ao cruzeiro do Temple. Crueldade inútil! Lá não poderia ser vista... A infeliz era a senhora Lamballe...[81] Ao me virar, tive a satisfação de ver que levavam a senhora Saintbrice com a senhorita Tourzel à casa de seus pais. Elas tremiam: o destino de Angremont, de Laporte e de Durozoi haviam assustado a todos os que tinham contato com a corte.

Continuava-se a massacrar. Ao voltar, soube, por um desconhecido bastante honesto, que todos os vigaristas de Paris, garantiu ele, haviam se misturado aos matadores para pôr em liberdade seus amigos aprisionados: eles estavam do lado de dentro e de fora das prisões, de maneira que eram senhores da vida e da morte. Por vezes, quando havia muitos deles, e os matadores entediavam-se por não estarem fazendo nada, esses celerados sacrificavam algum inocente às escondidas dos juízes. E foi assim que muitos patriotas foram massacrados.

---

81. A princesa de Lamballe, amiga de Maria Antonieta, fora nomeada superintendente da Maison [casa] da rainha em 1774. O relato de La Bretonne é exato: sua cabeça foi levada numa lança até as janelas do Temple, onde Maria Antonieta estava encarcerada.

Voltei para casa arrasado de dor e de cansaço, com certeza porque há muito eu não repousava realmente.

Será que esqueci algo daquela noite fatal e do dia seguinte? Não sei! É penoso demais trazer à memória esses fatos atrozes, no entanto ordenados por alguém, ordenados a sangue-frio, à revelia do prefeito Petion ou do ministro Roland! Quem então os ordenou?... Ah, os covardes se escondem! Não ousam se mostrar... Mas podemos vê-los por trás dos véus que os escondem... Se pensam ter feito bem, como insinuam seus emissários, que se mostrem e exponham suas razões. Lamentaremos seu erro e talvez os esclareçamos!...

Qual, afinal, o verdadeiro motivo dessa carnificina? Muitos acham que era efetivamente para que os voluntários, ao partir para as fronteiras, não deixassem suas mulheres e seus filhos à mercê dos bandidos, que os tribunais poderiam absolver ou que malfeitores poderiam deixar fugir, etc. Quis saber a verdade e finalmente a encontrei. Só se queria uma coisa, livrar-se dos padres refratários: alguns queriam até se livrar de todos. Ora, notou-se que havia ainda fanatismo, e que tal ato, descaradamente dirigido contra os padres, e somente contra eles, revoltaria algumas pessoas. A deportação, longe de cumprir seu objetivo, não fazia senão incluir os padres no caso de uma emigração, talvez mais perigosa que sua permanência. O que fazer com eles? Aniquilá-los. Se fosse possível evitar matá-los, não os teriam matado. Então mataram-nos. E para confundir as mentes a respeito dessa execução ilegal, inventou-se o caso das prisões... O que dizer desse acontecimento terrível? Pois ele é terrível. Mas o que nos provoca arrepios de horror, hoje, dia 11 de maio de 1793, é que vemos que esse massacre... horrível... era necessário[82] e que não foi geral, completo o suficiente... Um funcionário do poder executivo dizia ontem:

---

82. Essa ideia de que os massacres eram necessários estava bastante difundida, principalmente entre o povo. La Bretonne escreve em maio de 1793, isto é, num momento em que a contrarrevolução estava extremamente ativa: os partidários do rei passam a liderar um "movimento secionário". As seções dominadas pela burguesia rica opõem-se à Montanha, considerada "anarquista". A Vendeia, desde março, está em plena insurreição antirrevolucionária e monarquista.

"Eu via, em Nantes, as mulheres levarem dinheiro para os *assignats*, e por nada, aos padres condenados à deportação: eu as via de joelhos diante deles para receber sua bênção. E eu dizia à guarda nacional: 'Por que suportais isso?' 'Ha, ha, o que quereis? Está dentro da lei!' 'Gemereis por isso!', e eles gemeram." "Era preciso, que diabos!", continua o mesmo homem, "metê-los no navio de Agripina e abandoná-los em alto-mar..." Essa frase por pouco não provocou minha morte. Sem minha firmeza e minha ciência nas armas, estaria *frito*! Ah, eis a frase fatal para a gente de Nantes: "*E eles gemeram por isso!*" O comportamento daquela gente, hoje, foi tal que não deixaram nos corações dos patriotas senão a raiva e o pesar de não terem exercido uma barbárie ainda maior... Os miseráveis!...

DÉCIMA TERCEIRA NOITE

3 a 4 de setembro

A SALPÊTRIÈRE

Eu me trancara pelo resto do dia 3, pois acreditava que o massacre cessara por falta de vítimas. Mas, à noite, soube que me enganara: só fora suspenso por alguns instantes. Não conseguia acreditar no que me contavam; que oitenta prisioneiros da Force se haviam juntado em um subterrâneo, de onde atiravam nos assaltantes, e que iam sufocá-los com fumaça de palha molhada colocada nas aberturas. Fui até lá. Ainda matavam, porém salvavam mais. E acreditei ser verdade o que me haviam dito, que os vigaristas salvavam todos os seus comparsas. Mas havia também outra maneira de agir: os falsários de *assignats* mandavam massacrar os seus, fingindo querer salvá-los... Cessara a matança na Abbaye, na Conciergerie e no Châtelet, onde não havia mais ninguém.

À noite foram ao Bicêtre; mandaram sair os *cabanistes;* julgaram-nos, porém, com menos justiça do que nas prisões comuns. Seus casos quase não foram examinados, por duas razões: em primeiro lugar porque o administrador, que fora o primeiro a ser morto, não podia fornecer os registros; depois, porque se sabia serem eles pessoas execráveis que a Revolução não conseguira expulsar. Foram fuzilados no pátio. Os da Force, que fica no térreo, no pátio das masmorras, tinham tentado se defender armando-se, mas foram aniquilados. Eis o que aconteceu naquela prisão, inadequadamente anexada a um hospital.

Restava, contudo, uma operação que muito deleitava os celerados e os bandidos: soube que fora reservada para o dia 4, na volta de Bicêtre. Todos os rufiões de Paris e antigos espiões preparavam-se para essa operação.

Lá havia uma infeliz, a mulher de Desrues, que, após uma longa prisão onde se divertira e tivera um filho, de Dixmerie (dizem), fora finalmente chicoteada, marcada em seus ombros brancos, como o foi a Lamothe, e colocada na prisão da Salpêtrière pelo resto de seus dias. Foi essa mulher (dizem) o principal motivo de uma expedição contra as mulheres de um hospital. Dizia-se que era intrigante, má, capaz de tudo; que muitas vezes testemunhara como se sentiria feliz de ver Paris nadando em sangue e ardendo em chamas... O que ainda me surpreende é todos saberem do plano e ninguém tentar evitá-lo: ao contrário, no dia seguinte, às sete horas, os bandidos foram acompanhados de dois soldados para impedir a desordem, segundo dizem. Chegam. Um homem do povo grita em altos brados no meio dos pátios: "A superiora! A superiora! Temos de começar por ela!" Isso não constava dos planos: a superiora e as irmãs, que se apresentaram, demonstraram medo daquele homem. "Esperai, esperai", disse um marselhês (essas foram exatamente suas palavras, falo de acordo com uma testemunha ocular), "vou livrar-vos dele". E fendeu-lhe o crânio com o sabre e afastou-o contra uma parede... Mandaram abrir as portas da Force das mulheres: todas estremeceram de alegria (como a princípio aconteceu nas prisões), achando que tinham vindo libertá-las. Aqui, acompanharam o registro. Chamaram-nas de acordo com o tempo da pena. Liam o motivo da detenção, mandavam-nas sair de seu pátio, e elas eram mortas em um outro. A Desrues foi a quarta ou quinta, sendo a que anunciou o destino de todas as outras com seus gritos horríveis, pois os bandidos divertiram-se abusando dela. Seu corpo não foi respeitado nem depois da morte. Era pelo horror do crime de seu marido? Não, não, essa gente não sente horror pelo crime: mas haviam ouvido dizer que ela fora bela... Ah, se a famosa Lamothe ainda estivesse lá, como não seria tratada!... Quarenta mulheres foram mortas.

Mas enquanto essa cena sangrenta acontecia numa parte da Force, todas as outras eram percorridas pelos libertinos, pelos sacripantas da França e de toda a Europa. Em primeiro lugar, os rufiões colocaram suas devassas em liberdade: era preciso ver a cena! Não foi sangrenta; mas nunca existiu outra tão obscena! Todas as infelizes ofereciam a seus libertadores e a qualquer um o que chamavam de sua "virgindade"... Mas desviemos nossos olhares desse quadro para lançá-los sobre um outro, que não será mais decente, nem mais tranquilizador, nem mais moral, mas que, ao menos, não oferecerá a imagem enojante de uma dupla corrupção.

Os rufiões e os homens grosseiros do populacho só haviam entrado na Force das moças. Mas outros libertinos, mais delicados, embora talvez ainda mais corruptos, penetraram no orfanato de moças, que aí haviam sido criadas. Aquelas infelizes têm uma vida bem triste! Sempre na escola, sempre sob a vara de uma professora, condenadas ao celibato eterno, a uma comida ruim e nojenta, a única felicidade que esperam é serem empregadas por alguém como criadas ou aprendizes de alguma profissão dura. E assim mesmo, que vida! A menor queixa injusta do patrão ou da patroa têm de voltar para serem punidas no orfanato... É fácil sentir como esses seres são murchos e infelizes!... Foi portanto através daqueles seres degradados que, jogados por acaso na sociedade, permanecem vis, que se viu tudo o que a Europa tem de mais imoral e celerado... Os libertinos percorreram todos os dormitórios no momento em que as moças acabavam de acordar. Escolhiam as que lhes agradavam, derrubavam-nas em seus colchões, na presença de suas companheiras, e delas abusavam. Nenhuma dessas moças foi violentada, pois nenhuma resistiu. Aviltadas como negras, obedeciam ao sinal de deitar... As que agradaram de fato foram levadas pelos libertinos.

Alguns jovens honestos e apenas curiosos protegeram-nas levando-as dali: mas foram as mais bonitas... Como existem entre essas moças muitas filhas de casais pobres, acontece com frequência terem irmãos ou irmãs na cidade e no campo. Um jovem cervejeiro do Faubourg Saint-Marcel andava procurando pelos dormitórios. Finalmente, vê uma moça que um alemão gordo derrubava. A moça opunha uma certa resistência. O alemão ameaçava-a de uma surra. Naquele momento, o cervejeiro atira-se sobre ele, batendo-lhe com um bastão curto. Toda a turba volta-se contra o rapaz. "Eh, meu Deus! É minha irmã! Quereis que a deixe ser violentada na minha frente?" Então todos concordaram, e ele levou-a.

Uma outra cena aconteceu diante de minha testemunha, que até participou dela. Uma das moças mais bonitas estava sendo perseguida por um rapaz açougueiro, que a agarrou quando ela atravessava uma cama. Pegou-a por onde pôde; ela gritou. Sem maiores embaraços, o açougueiro ia abusar dela, quando ela se virou: "Ah, meu irmão!", gritou. O açougueiro para. Veste-se e leva a irmã.

Minha testemunha garante que outras suburbanas não tiveram a mesma sorte; só depois é que reconheceram seus parentes mais próximos.

Mas uma, apenas uma teve sorte! Era uma jovem loura, talvez a única de beleza perfeita entre as moças do hospital. Também sentia que valia mais que as outras. Quando viu os violadores, cobriu seu rosto com um unguento e sujou todo o resto que estava descoberto. Observou a seguir todos os que entravam. Distinguiu, entre outros, um homem de quarenta anos, muito viçoso, que procurava com o olhar e parecia sorrir às menos feias. Jacinte Gando (é esse o nome da jovem) apressou-se em se limpar, escondeu o rosto com um lenço e correu para se jogar sobre ele, dizendo-lhe: "Papai! Salva-me!" Ao mesmo tempo, mostrou-lhe seu rosto encantador. O homem cobriu-a com seu casaco e levou-a dizendo: "É minha filha!..." Ao chegar em sua casa, Jacinte abraçou-o: "Fazei de mim o que quiserdes! Mas não me envieis de volta àquele lugar!" O homem quis se certificar de que nada lhe acontecera. A seguir, tratou-a com muito cavalheirismo, pois a fez dormir com ele a partir daquela mesma noite, com o conhecimento de toda a criadagem. E não foi por isso que deixou de ligar-se a ela. Viu que a moça tinha um excelente coração e tantas qualidades quanto encantos. Quando a vestiu como donzela, ela tornou-se uma das mais belas de Paris... O que aconteceu? Tornou-se mãe no começo de maio e acabou por desposá-lo...

Essa imagem consola um pouco, embora o comportamento do homem não tenha sido nada puro... A cena das moças abreviou o saque da Salpêtrière. Deixemos esse setembro infeliz que um dia será tão famoso em nossa história.

DÉCIMA QUARTA NOITE

5 a 6 de outubro

LUÍS NA TORRE

Enquanto isso, a Convenção Nacional[83] caminhava. Via-se Marat ao lado de Petion, Collot ao lado de Mercier... reunião expressamente proibida por Moisés no Livro dos Números. É verdade que talvez não sejamos judeus...

Percebera-se que, das casas vizinhas, mulheres de chapéu e homens com a aparência e os trajes do *Ancien Régime* faziam sinais aos prisioneiros do Temple; que estes recebiam cartas em pacotes da lavanderia, etc. Para evitar tais inconvenientes, a Comuna de 9 a 10 de agosto decidiu-se por um maior rigor. Preparou-se a Torre, para onde transferiram Luís e sua família. Esse aumento de precauções anunciava-lhe seu destino... Enquanto isso, Luís passava o tempo lendo: tornou-se professor de seu filho. Sua vida doméstica era organizada e talvez tivesse até sido feliz, não fosse uma perspectiva cruel. Jamais fora tão marido e pai como agora... E não creiais, aristocratas ou patriotas, que quero provocar uma estéril compaixão quanto a seu destino! Ah! Conheço demais a pretensão da compaixão dos homens, e há muitos anos sua opinião

---

83. Os primeiros meses da Convenção caracterizam-se por uma trégua entre os partidos. Mas as lutas entre girondinos e montanheses não tardaram a se manifestar.

não me toca mais!... Falo sobre o que aconteceu. Não sinto pena de Luís. Conheci muito pouco os reis, e até escrevi a alguém: "Que os reis tenham compaixão do destino dos reis; eles não são meu próximo, mas concedo lágrimas a um amigo infeliz." Luís entrou na Torre sem parecer emocionado. Aliás, estava muito bem acomodado. Continuou a ver sua mulher e seus filhos. Examinaram o catálogo de seus livros. Poderia escolher alguns melhores, mas seu gosto era dirigido.

Fui ver pela primeira vez o palácio do Temple transformado em prisão. Examinei-o: uma profusão de pensamentos me veio à cabeça. Há dez anos, como teriam sido profundos! Teria considerado a instabilidade das coisas humanas!... Na noite de 5 a 6 de outubro de 1792, eles fundiram-se numa só, a vaidade da vida dos seres razoáveis ou brutos: um, dois, três, dez, quinze, vinte, trinta, quarenta, cinquenta, sessenta anos de existência, talvez oitenta e sete, e cem de vegetação acrescentada, durante os quais o ser se agita como se fosse eterno... Eis o que pensei. O feliz vive mais deliciosamente, mas a uniformidade o cansa; o infeliz sofre, mas é agitado pelos temores, pelas esperanças. Vive mais.

Esses foram meus pensamentos, resumidos em um só. Convencia-me de que a soma dos bens e dos males é sempre igual em todas as posições. E, após ter passado por um abalo violento, recuperei-me, um pouco mais insensível do que jamais fora... A morte ocupava-me enquanto voltava. Transportei-me para além da morte... E lá via o nada da vida, a menos que ela fosse muito agitada, agitada de maneira a criar na imaginação dos outros homens uma existência moral para o ser infeliz. Só senti pena de Luís por ele continuar a viver e a sentir sua infelicidade! Ah, o coitado! Que tipo de existência lhe restava? Não tomara as precauções para viver tranquilo com a Revolução, talvez não pudesse tê-lo feito: mas que existência teria tido com a contrarrevolução, sob o bastão dos vencedores? Saciado de opróbrio e desprezo, teria vegetado por um tempo.

SEGUNDA PARTE

CONTINUAÇÃO DE JULIE E SCATURIN

Caminhava absorto nessas ideias. Encontrei-me diante de minha casa. Entro. Entregam-me uma carta.[84] É de um antigo amigo que deixou de sê-lo. Abro-a e leio, entre outras coisas, que Scaturin está em Lyon; que me enganei a respeito desse homem e de Nairefon, cúmplice de suas traições comigo.[85] Estremeço. Meu antigo amigo acrescentava que *Scaturin encontraria recompensa para seu raro mérito num excelente partido com quem se casaria em Lyon...* Aqui me detenho. Saio. Corro à rua Mazarine. Entro na casa de Julie, já um pouco melhor, e peço para falar com sua mãe em particular. Leio-lhe a carta. Ela quer ver a data. É de 28 de setembro. Empalidece. "Recebemos uma do senhor Scaturin que nos anunciava sua volta para o dia de Santa Catarina... Essa carta ressuscitou minha filha." "Esta irá matá-la, não lhe diga nada! Que nada mais receba do celerado. Venho avisar-vos para que tomeis vossas precauções. O prazo não está longe... Uma mulher apaixonada é menos sensível à morte do que à infidelidade (dizem): daremos um jeito para que ela acredite na morte do traidor e talvez possamos salvá-la." A boa mulher agradeceu-me. Eu saí.

Voltando pela rua Guénégaud, vi um homem escondido sob um enorme chapéu redondo. Mas acreditei reconhecê-lo por seu tamanho. Ele abordou-me e disse, erguendo seu chapéu: "Cá estou! Ouvistes todos os boatos que correram a meu respeito? Muito bem, sou totalmente inocente." "Melhor assim", disse-lhe eu. "No entanto acho muito imprudente mostrar-vos dessa forma." "Fui eu que mandei meu

---

84. Essa carta e sua resposta encontram-se na quinta parte do *Drame de la vie*. Eu imprimira as cartas de meu antigo amigo, por amizade, no final dos volumes XXVII a XXX dos *Contemporaines*: coloquei sua continuação no final da quinta parte do *Drame de la vie* sem relê-las. Mas qual o meu espanto ao ver que as últimas cartas o comprometiam! Guardei a obra impressa por quase um ano, sem lançá-la: mas finalmente acabo de ser obrigado a isso pela necessidade imperiosa, após sua recusa em destruir a edição. [N.A.]
85. Para conhecer esses personagens, vede *La Femme infidèle*, obra mais estimável do que se pensou: o amigo de que falo é nela designado pelo nome de l'Élisée; um outro sob o de Milpourmil, etc. Essa obra era bem natural! [N.A.]

criado avisar-vos, um dia em que passáveis pela rua Saint-Jacques."
"Com todos os diabos, muito me intrigastes... Achei que era o velho
Dexpilli que queria falar comigo e, como nunca gostei dos falidos e
dos importunos, recusei-me a acompanhá-lo." "Era eu... Gostaríeis de
vir a minha casa?" "Não, nem quero saber onde fica." Impedi-o de
dizer. Suplicou-me que eu permitisse que sua cozinheira viesse apanhar-me. Recusei categoricamente: "Por vós e por mim", disse-lhe;
"sou tão reconhecível que, se me vissem ir a vossa casa, poderiam
seguir-me e descobrir-vos. Adeus." E deixei-o. Encontrei-o mais duas
vezes na rua Saint-Honoré. O homem era o famoso abade Roi. Não
sei o que foi feito dele. Nunca mais tive notícias suas depois do dia 3
de setembro. Aqui termino essa noite, que parece menos interessante
pelos fatos, mas leva a outros acontecimentos.

DÉCIMA QUINTA NOITE

25 de novembro

ACONTECIMENTOS DA GUERRA

Aqui só contaremos prodígios; e a história do final da campanha de 1792 pode ser chamada de Mágica da França... Longwy e Verdun acabavam de ser tomadas: Thionville deteve os esforços dos inimigos. É em Thionville que começam os milagres dos franceses, e o que eleva sua glória ao auge é que esses milagres só cessaram pela mais covarde, mais súbita e mais incompreensível das traições: a de Dumouriez.

Wimpfen deteve os prussianos em Thionville, no momento em que iam entrar numa região de abundância, que os teria restabelecido. Por outro lado, Dumouriez, Kellermann, Dillon, Valence, La Bourdonnais, acampados estrategicamente, continham Brunswick e Cassel. Esse Dumouriez já era traidor? Dizem que sim, pois talvez pudesse ter prendido Frederico Guilherme e Brunswick. Por outro lado, Dillon escrevia a Cassel para se retirar e parecia propiciar-lhe a oportunidade. Dizia-se então em Paris que se estava poupando o prussiano para transformá-lo em aliado. Mas talvez fossem os agentes de Dumouriez que moviam a opinião. De qualquer modo, Frederico Guilherme e Brunswick evacuaram sucessivamente Verdun e Longwy e todo o território da República. Foram perseguidos com pouca firmeza. Mas o bravo Custines precipita-se, toma Spire, Worms, Mainz,

Frankfurt, e teria tomado Coblentz, Colônia e toda a Alemanha se o duvidoso Kellermann o tivesse apoiado. Paris exultava...
Por outro lado, Dumouriez... Ah, ele já era traidor! Acaba de prometer à Convenção passar o inverno em Bruxelas. Parte. Mons é tomada pela vitória de Jemmapes; entram em Tournai, cuja Grande Águia acaba de ser fundida em Paris. Bruges, Bruxelas, Malines, Gand, Antuérpia, Namur, Liège, essa região já francesa, Aix-la-Chapelle, local de passagem de Carlos Magno, todas se reúnem a seus antigos co-Estados como por encanto.

Um pequeno revés: Frankfurt é retomada... Mas Dumouriez... Ah, ele já era traidor!... lança-se sobre a Holanda. Breda e Gertruydemberg são tomadas, Maëstricht é sitiada... Em Paris, dizem que foi tomada... Amsterdã vai abrir suas portas...

Mas não esqueçamos a Savoia reunida à República, o condado de Nice em Provença, a Sardenha atacada... Todos esses sucessos levam menos de seis meses... Paremos: uma nuvem espessa forma-se nesse momento sobre nossa glória.[86]

MORTE DE JULIE

Saí mais ou menos às cinco horas para dar uma volta em minha ilha. Comecei pela parte oriental. Estava profundamente absorto nos acontecimentos da guerra, Verdun retomada, os inimigos expulsos

---

86. La Bretonne traça aqui um quadro bem completo e exato dos triunfos militares da França. O exército do Var, comandado por Anselme, entra em Nice em 29 de setembro de 1792. Montesquiou, durante esse tempo, liberta a Savoia. Custine toma Spire em 25 de setembro; Worms, em 5 de outubro; Mainz, em 21 de outubro, e Frankfurt, no dia 23. Dumouriez penetra na Bélgica em 27 de outubro. Em 6 de novembro, arrebata Jemmapes. Os austríacos são expulsos da Bélgica. Seis dias antes dessa *XV Nuit,* a Convenção adotara o seguinte decreto: "A Convenção Nacional declara em nome da nação francesa que concederá fraternidade e socorro a todos os povos que quiserem recuperar sua liberdade e encarrega o poder Executivo de dar aos generais as ordens necessárias para prestar socorro a esses povos e defender os cidadãos que tiverem sido humilhados ou que poderão vir a sê-lo pela causa da liberdade."

do território da República... Pensava que ela fora declarada pela Convenção em 21 de setembro, à noite. Collot propôs, negligentemente, no momento em que se concluía a sessão, a moção para abolir a realeza; a Convenção decretou-a e encerrou os trabalhos. Quantas reflexões, entretanto, a serem feitas por qualquer um que não eu, sobre essa importante mudança!... Mas, para mim, que estou convencido de que os homens não podem fazer qualquer bem sem inconvenientes, qualquer mal sem compensações vantajosas, achei que pelo menos se evitara a perda de tempo... Terrível filosofia, esta! E, no entanto, a única verdadeira: os homens não podem criar o mal nem o bem, e a sábia natureza assim o quis para que esses pigmeus dotados de razão não se acreditassem deuses. Todo ser racional é como um cavalo forte amarrado a uma estaca; só pode ir até onde a corda permite, e mesmo assim se não a reduzir enrolando-a em torno da estaca. Pobres humanos! Senti de uma vez por todas vossa nulidade!...

Em meio a esses pensamentos, percorri quase metade de minha ilha e voltei à data de 25 de novembro-7. Li-a, beijei-a, pois gosto das comemorações. Ia passar a outras ideias, provocadas pela jovem cuja lembrança a data me trouxera, quando vi um fiacre parado na rua des Deux-Ponts, de onde ouvi uma voz de mulher que gritava: "Senhor Scaturin! Senhor Scaturin!" Não reconheci a voz, mas o nome do mais infame dos homens acabava de me açoitar dolorosamente. Corri para o carro e vi Scaturin no degrau falando com uma bonita moça que não era Julie... Não saberia dizer o que me passou pela cabeça!... Como o homem costuma estar à beira do crime!... A reflexão, a razão, minha filosofia tolerante, retiveram-me; e até disse a mim mesmo: "Por que o consagraria ao remorso e me condenaria em seu lugar, punindo-o?..." Scaturin entrou no carro. Viu-me de seu assento e quis mostrar-me à jovem senhora. Compreendi que ela lhe revelava o desejo de me ver, pois ele respondeu: "Se quiserdes, irei pegá-lo." "Monstro!", gritei fugindo. "Não ouseis!" Não sei o que foi feito deles. Não acabei meu passeio pela ilha, profanada por aquele encontro, e voltei pelas ruas Femme-sans-Tête e Guillaume.

Lembrando-me de Julie por essa visão, fui à rua Mazarine ver sua mãe. Andava depressa, após ter saudado a casa outrora embelezada pela formosa Victoire Letort, quando vi muita luz... Chego. Círios! Um caixão recoberto por uma mortalha branca. Paro e, aproximando-me da amável Châtelet caçula, então casada com um médico, e que estava voltando para casa, perguntei-lhe: "De quem é esse velório?" "Da jovem e infeliz Julie, que vós conheceis... Ela morreu ontem, de repente, após ter lido uma carta entregue por um carregador, às escondidas de sua mãe." A narradora entrou em casa, os olhos úmidos. "Oh! O monstro", exclamei, "ele a matou! O celerado! Que o céu o castigue..." Depois corei com esse desabafo insensato! Pois se o céu, por um acaso, satisfizesse os desejos insensatos dos mortais, a terra ficaria despovoada!... Fui para diante da porta e ajoelhei-me. Borrifei o corpo de Julie de água; depois, erguendo a voz, disse: "Ó bela e terna Julie! Se tivesses dado teu coração a outro que não ao mais vil e ao mais covarde dos homens, viverias feliz e ainda estarias embelezando a terra! Ó Julie, colhida como as rosas, pelo menos só sentiste a aurora das dores da vida, e não serás obrigada a chorar a morte inesperada e dolorosa de uma filha única e encantadora, como tua mãe o faz agora!" Afastei-me, terminando a frase. Mas a mãe me ouvira. Veio pegar-me pelo braço, sem falar, e puxou-me para dentro da casa. Lá, sem nada dizer, entregou-me a carta... que matara sua filha... Eu a li. "Aqui estão, senhorita, várias cartas que vos escrevi, tanto de Lyon como de Paris, onde cheguei há três dias. Com certeza recebereis esta. É verdade que me casei, mas era preciso, em virtude de meus negócios arruinados. Nem por isso deixo de ter condições de vos amar e vos fazer feliz. Não vos inquieteis com nada. Minha mulher é bem feia, embora jovem, e não a amo. Pensai que não pude agir de outra forma. Basta-me um encontro e juro-vos que ficareis satisfeita."

Nirutacs

A mãe nada disse. Mas entregou-me um papel.
"Minha querida mãe! Estou morrendo! Scaturin, por quem chorei, não está morto! Casou-se! Escreve-me. Mas estou enganada! É... uma ilusão... Escreve-me do outro mundo! Vou juntar-me a ..."

Não concluíra a frase; ainda se viam algumas palavras ilegíveis no papel.

Com um soluço profundo, a mãe me disse: "Morreu antes de acabar ..." Depois, perdendo a cabeça, entrou em desespero: "Vou estraçalhá-lo! Vou estraçalhá-lo..." Seu marido tentou acalmá-la... Chegaram o padre e os carregadores, e aquilo que a natureza construíra de mais amável foi... apodrecer em meio aos restos dos mortais mais vis! Fui para casa, a alma abatida e dolorida a tal ponto que jamais sofri tanto... Ah, não contei aqui todas as minhas relações com... Poderão descobri-la numa outra obra se a morte pelas mãos dos inimigos de Paris não me impedir de escrevê-la!... Os tempos de então eram calamitosos, mas não tanto quanto estes: pois escrevo no dia 2 de abril, após as notícias funestas de ontem, segunda-feira de Páscoa.

DÉCIMA SEXTA NOITE

25 a 26 de dezembro

Saí no dia 25 à noite, lembrando-me que no mesmo dia, em 1768, eu compusera dezoito páginas de minha "filha natural". Os dias de grande trabalho sempre foram para mim belas recordações, pois os efeitos permanecem. Mais uma vez fui passear na minha ilha, apesar dos insultos, aos quais eu me expunha, de um dia semelhante em 1763, passado com Batilde, a quem eu voltei a ensinar a leitura e a escrita antes de ela se casar. Caminhava lentamente, protegido pelo frio e pela escuridão que haviam expulsado meus ridículos inimigos de meu caro laboratório, quando, ao chegar sob o terraço do antigo hotel Lambert, ouvi dois homens falarem em voz alta: "Vai a julgamento amanhã." "Será que vai?" "Com certeza, do contrário irão levá-lo." Esse curto diálogo (pois os dois homens entraram) mudou toda a magia de minhas ideias. Esquecia de mim mesmo para só pensar, a partir de então, nos problemas públicos. Dei a volta na ilha. Entrementes, abalado por mil ideias funestas, escrevi no parapeito, reconstruído no mesmo lugar onde eu escrevera em 1784: *Dii boni! servate in annum!...*[87] Saí imediatamente da ilha para ir ao Temple, passando pelas ruas Nonains-d'Hyères e Jouy. Passei diante da porta de Beaumarchais,

---

87. [Ó bons deuses! Preservai o ano!] Não sou, de forma alguma, politeísta. O plural é indiferente. [N.A.]

relembrando cada objeto; pela rua Michel-le-Comte, diante da casa de Marchand, meu antigo censor; voltei pela rua des Vertus e por aquela de Philippeaux au Temple. A guarda fora redobrada. Um profundo silêncio reinava naquela região. Só fora até lá para conseguir ideias; a imaginação estagna quando se envelhece. Olhei a mansão... mas passei rapidamente. Tomei a rua de la Perle. Lá, na esquina com a rua du Chantier, encontrei, em frente à Escola Militar, uma mulher nobre, uma moça alta e bonita e um jovenzinho. A mãe, sentada num banco de pedra, passava mal. "Calma, mamãe!", dizia a donzela alta. "Calma! Está chegando alguém." Aproximei-me. "Posso ser útil, minhas senhoras?", disse-lhes. "Infelizmente, creio que sim", disse a moça, que eu já vira algumas vezes, mas que não me reconheceu, pois não havíamos sido realmente apresentados. "Daríeis, por favor, o braço a mamãe de um lado, enquanto a sustento do outro?" Dei-lhe o braço. O jovem disse-me: "Cidadão, estamos muito agradecidos."

"Cidadão, cidadão!", murmurou a mãe, "por que não chamá-lo de senhor?" "Mamãe, é o costume", retomou a moça. Caminhávamos lentamente. Diante do palácio Cardinal, à frente de Soubise, a senhora disse-me: "Acreditais que o rei vai a julgamento amanhã?" "Sim, senhora." "Por que achais isso?" "Espero que a razão o conduza." "Ah, não sois seu inimigo? Sustentai-me, por favor!" "Eu, seu inimigo? Por que o seria? Já está bastante infeliz nas atuais circunstâncias! Que homem, em sua condição poderia escapar a isso? Está, por um lado, diante do punhal da lei, que ele mesmo jurou, e, por outro, entre as lanças assassinas dos matadores!... Ninguém está a favor dele, nem os seus, nem os estrangeiros!... Terrível exemplo para os humanos! Nunca se foi bem-sucedido em querer contentar a todos!" "Isso mesmo! Deveria acabar com os Estados Gerais!" "Calma, mamãe, calma!", disse a donzela. "Cidadão, há algum tempo ela vem perdendo a cabeça, perdoai!" "Dizem que estou perdendo a cabeça porque, desde que o chefe da nobreza está aqui, venho rezar todas as noites e passo mal diante da prisão!" "Senhora", disse-lhe, "acalmai-vos! Mais do que ninguém, compadeço-me das fraquezas humanas! Lamento-as e tento consolá-las... Ah, eu próprio estou infeliz, não como vós, senhora, mas por outras razões, tolero tudo! Sois nobre, conheço vossos sentimentos: mas sois cristã, pois vindes rezar. Conheceis bem a religião cristã?" "Conheço-a como me foi ensinada." "Aprendestes a religião com o Evangelho? Pois todas as outras fontes são impuras." "Li algumas epístolas e os evangelhos." "Não basta, é preciso pegar o Novo Testamento e lê-lo todo de uma só vez, e lá vereis que o cristianismo é uma religião de doçura, de fraternidade, de humildade, de desinteresse; lá vereis que, na época dos primeiros cristãos, não se devia ser nobre ou se devia abjurar a nobreza para se tornar igual a seus irmãos; que se devia ser humilde, pobre, o último, o servidor de todos, não por uma fórmula inútil, como os papas sucessores de Pedro, mas na realidade. Lede o Evangelho: se nele acreditardes, como não duvido, vereis que é o livro mais republicano e democrata que existe; vereis que os padres, pelos quais o desgraçado Luís perde sua coroa e talvez perca a vida, são tolos, apóstatas, celerados ou ignorantes." Nesse ponto, a senhora largou meu braço. "Retira-te, Satã", disse-me ela, "e não me tentes!" Ao mesmo tempo começou a correr com bastante leveza. A moça, deixando-me, disse: "Cidadão, lembrai-vos do que eu vos disse: ela está perdendo a cabeça, e estamos desesperados." Ela afastou-se, mas eu os segui de longe para protegê-los em caso de ataque. Voltaram para casa e eu me retirei por onde tinha chegado, pela ilha de Saint-Louis. Fiz a meia-volta na parte ocidental da ilha. Soava meia-noite na metrópole. Fui dormir. No dia seguinte, às seis horas, já estava de pé. Fui postar-me na passagem. "É necessário", pensava, "que circunstâncias imperiosas me façam abandonar o trabalho que me provê a subsistência? Mas continuarei a trabalhar aqui." Esperei durante quatro horas. Por sorte, estava ao lado de um secretário do senhor Liancourt, o ex-constituinte. Ele tinha se hospedado na casa do pai de Julie. Conhecia o homem rico que levara uma jovem do hospital geral. Contou-me o que eu ignorava. A mãe de Julie morrera de pesar. O mais velho de seus irmãos matara Scaturin em um duelo. E conseguiram fazer a jovem viúva abominar a memória de seu execrável marido. Fiquei bem satisfeito por se ter feito a justiça divina. Em seguida falou-me do homem da Salpêtrière e me fez pressentir que o acreditava disposto a legitimar sua união com Jacinte Gando.

Vimos Luís passar. Fomos à Convenção, onde consegui entrar com o secretário. Vi interrogarem Luís. Ouvi-o responder e pensei comigo mesmo que ele tinha mais sangue-frio do que eu teria. Todos têm em mãos as exigências que lhe foram feitas e suas respostas; não alongarei este volume.

Nada me aconteceu de notável no restante do dia, a não ser que tomei, em minha seção, a defesa de um bom cidadão, covardemente atacado por caluniadores. Não fui bem-sucedido. As seções eram então dirigidas por alguns agitadores, alguns desorganizadores, fomentadas pelos tolos.

De lá fui para minha ilha. Mergulhei nos pensamentos. "Que espetáculo vi hoje! Um monarca, outrora temido até pelas potências estrangeiras, apresentado como criminoso diante dos representantes de seu povo, eles mesmos povo, eleitos, transitórios, e que logo voltarão a ser pessoas comuns! Minha profunda surpresa era particular: ninguém compartilhava dela. Todos os meus coespectadores consideravam o que acabara de acontecer como algo comum! Nenhuma emoção! Só eu estava emocionado, ou, se os outros também o estavam, disfarçavam... Não sou absolutamente aristocrata, apesar da indiferença de meus princípios: também não sou nenhum bobo que se espanta com tudo. Por que então estava emocionado? Ah, é porque sou muito sensível, o que não ocorre com tantos outros! Por que venho passear aqui, expondo-me aos insultos desde 1785, quando fui injuriado pela primeira vez, depois de ter sido apontado às crianças pelo celerado que me fez passar uma noite na prisão, de 28 a 29 de outubro de 1789? É que sou ávido de sensações: é que, através de minhas datas, que sempre vejo com arrebatamento, à luz dessas reverberações, lembro-me dos anos em que as descrevi, as paixões que me agitavam, as pessoas que eu amava: revendo uma data, a de hoje, por exemplo, vejo que em 1777 eu estava feliz compondo o *Nouvel Abeillard*[88], amando a primogênita Toniop, tão cuidada, tão elegante; que em 1778 minha felicidade foi perturbada por uma imprudência e que, em 1779, perdi Mairobert e a esperança de terminar uma obra importante, da que se veem alguns farrapos no *Paysan-paysanne*, nas *Françaises*[89], etc.; que em 1780 estava na embriaguez provocada por Sara; que em 81 estava mergulhado na dor causada pela mesma; que em 1782 estava tranquilo; que em 1783 estava levemente agitado por causa da senhora Maillard; que em 1784 estremecia pela minha *Paysanne pervertie*, que estava ameaçada; que em 1785 estava surpreso pelas perdas que evitara naquele ano; que em 1786 compunha as *Parisiennes*[90]; que em 1787 começava as *Nuits de Paris*; que em 1788 eu as terminava; que em 1789 eu vinha aqui tremendo; que em 1790 passava por cruéis sofrimentos e uma espécie de desespero; que em 1791, ainda sofria; que em 1792 acabara de imprimir o *Drame de la vie*[91]; que, em 93, que é

---

88. La Bretonne faz aqui uma cronologia interessante de sua obras e de seus amores, como fez, com maiores detalhes, no final de *Monsieur Nicolas*, separando *Mes ouvrages* do *Calendrier* das mulheres amadas. A ideia do *Nouvel Abeillard*, ou cartas de dois amantes que jamais se viram, teria ocorrido a La Bretonne num dia em que refletia sobre "os meios de conservar os costumes dos jovens sem casá-los". Eis o que o romancista-pedagogo imaginava: "Os pais honestos que quisessem conservar o coração de seus filhos precoces ou sensíveis demais poderiam formar pares desde cedo e permitir que escrevessem um ao outro sem se terem visto a não ser em pinturas. A partir desses quadros, a imaginação dos jovens iria elevar-se como convém; ligar-se-iam um ao outro por uma doce esperança, um doce assentimento, que comunicariam um ao outro por suas efusões mútuas; essa diversão, ou melhor, essa ocupação, faria com que ficassem indiferentes a todos os outros encantos, de maneira que, quando se vissem, encontrariam em seus corações a base sólida de uma ligação virtuosa, a estima."
89. *Les Françaises* ou exemplos escolhidos: trata-se de uma coletânea de novelas.
90. La Bretonne trata de dar conselhos de higiene e comportamento às mulheres: "Ensino às mulheres os meios de conservar o amor dos homens pelo caráter e pela limpeza. Quanto ao último artigo, enfatizo-o, dizendo-lhes: lavai-vos como uma muçulmana. Recomendaria a elas de bom grado se lavarem após cada evacuação, grande ou pequena, e faço-o de maneira sutil."
91. *Le Drame de la vie* retrata um homem por inteiro: "Essa obra é o *Monsieur Nicolas* colocado em dramas sucessivos ou em cenas destacadas, o todo destinando-se a ser desempenhado por sombras chinesas."

hoje, encontrei um amigo generoso que me vem ajudar a terminar a impressão de meu *Année des dames nationales*[92] e a começar *Les Ressorts du coeur humain devoilés*.[93] Vivo, num único instante, quinze anos diferentes: eu os usufruo, saboreio... Eis por que volto aqui mesmo correndo muitos riscos. É verdade que a tranquilidade da qual me privam as crianças do populacho diminuem meu prazer, mas não conseguem aniquilá-lo por inteiro. Não conseguiria mais usufruir aqui os raios benevolentes do sol; só posso vir à noite, correndo o risco de ser assassinado por bandidos; mas esse temor não acaba totalmente com minha sensibilidade.[94] Concluí tranquilamente minha meia-volta e fui ao café Robert-Manouri; depois fui ver Filette; em seguida, ao Palais-l'Égalité. Finalmente fui descansar, para amanhã recomeçar.[95]

---

92. *Les Provinciales* ou o ano das damas nacionais, história do dia a dia de uma mulher da República francesa. Doze meses, doze volumes.

93. Trata-se de *Monsieur Nicolas*, cujo subtítulo é "le coeur humain dévoilé". É a autobiografia de La Bretonne e talvez a mais surpreendente de suas obras, embora todas sejam curiosas e cheias de uma imaginação prodigiosa e de uma vida não menos surpreendente.

94. Para La Bretonne, assim como para Rousseau ou Senancour, a sensibilidade é a rainha das faculdades. Atribuem à palavra um significado muito mais vasto do que o fazemos: é a faculdade de sentir, ou seja, de usufruir das sensações, dos sentimentos, de captar o belo, etc.

95. É numa simples nota que devo contar não as antigas injúrias que me fizeram na ilha, mas as novas. Em 3 de novembro de 1792 eu estava voltando pelo lado oriental da ilha. As crianças brincavam de patrulha. Achava que me haviam esquecido ou que nem me conheciam. Mas um dos antigos moleques que me insultaram avisou aos outros. Imediatamente todas essas crianças começaram a injuriar-me e a atirar pedras. Corri para a rua des Deux-Ponts. Perseguiram-me, cobriram-me de lama e teriam acabado comigo se lá estivesse algum daqueles vagabundos que outrora me insultaram. Conheço bem demais o povo para pedir socorro à guarda. A sentinela viu-me, mas teve a bondade de deixar-me passar. Fugi pela rua Guillaume... No dia 5, fui injuriado ainda mais gravemente, e ouvi os pequenos monstros dizerem entre si que era preciso buscar alguns homens para me matar. Atiraram-me pedras e feriram-me. Minha salvação deveu-se à ideia de ir buscar homens. Voltei para a ilha pela rua ocidental Saint-Louis. Ouvia os monstros galopando atrás de mim pelo cais. Corri tanto quanto eles para que não me ultrapassassem e tive a sorte de pegar a ponte de la Tournelle no momento em que chegavam ao corpo de guarda. Também, desde então, venho tarde e, quando deixo a ilha, eu *Lb. et j. m. f. inf. H.* [sic]. [N.A.]

DÉCIMA SÉTIMA NOITE

25 a 26 de janeiro de 1793

NO PALAIS-L'ÉGALITÉ

Eram aproximadamente cinco horas. Eu passava tristemente sob as arcadas, encapotado, quando, diante do nº..., vi sair um homem desarmado, em fuga. Já vira tantos fugindo e sendo perseguidos nesse jardim L'Égalité que não fiquei surpreso: "Mais um infeliz", pensei. Eu ainda não sabia que estava com pena de um assassino! Algumas pessoas saíram depois correndo. Eu nada disse. Talvez tivesse feito prender Pâris, indicando sua passagem, mas eu nada sabia. Foi somente quando houve um ajuntamento que eu soube do crime. Reparara tão pouco naquele que fugira, que não poderia descrever suas roupas. Ouvi os detalhes: como Pâris, um escroque, mau elemento (aqui me inflamo: conheço esse tipo de homem e o teria detido custasse o que custasse) jantara no restaurante de Février, onde se encontrava Lepelletier; como, estando o último prestes a pagar a conta, o assassino viera perguntar-lhe se ele não era o celerado Lepelletier: "Sou Lepelletier, mas não sou celerado." Como Pâris o acusara de ter votado pela morte: "Foi o que acreditei ser meu dever, de acordo com minha consciência." Finalmente, como Pâris, a essas palavras, tirara um pequeno sabre de dentro de seu sobretudo e abrira o ventre de Lepelletier... Afastei-me após o triste relato, que só fez aumentar minha tristeza. Na porta do café Caveau, encontrei uma moça formosa chamada Cécile, que me abordou com lágrimas nos olhos. "Papai", disse-me ela, "um homem malvado, esse trapaceiro do Pâris, acaba de me dar um soco: se eu não me tivesse esquivado, ele poderia ter-me matado!" "Onde está ele? Onde está ele?", gritei. "Ele voltou e disse: 'Não queria que sobrevivesses a mim.' Andava como um louco, indo, vindo..." "Vamos atrás dele!" "Não", disse a jovem, detendo-me, "ele poderia matar-nos!" E abraçou-me pela cintura. Eu teria tentado me desvencilhar, não fosse outro incidente. Enquanto Cécile estava abraçada a mim, três libertinos da pior categoria passaram perto de nós e agarraram-na dizendo: "Queres esse velho ridículo? Vem conosco, leva-nos para tua casa, somos bem melhores." Sem me soltar, Cécile gritou: "Deixai-me, deixai-me! Não sou uma moça da rua!" "Tu! Ora, estamos te reconhecendo." A pobre Cécile limitou-se então a dizer que eu era seu pai e que eu a retirara de sua condição. "Melhor ainda!" (e eles estavam nos arrastando) "se ele é teu pai e te retirou da prostituição irá ver-nos confirmar tua conversão, fazendo com que tu tenhas nojo do vício... Ele vai segurar vela, não é, papai?", disse um deles batendo em mim. Nunca sentira tanto ódio. Desvencilhei-me com um gesto violento e chamei por socorro. O acaso fez com que uma patrulha estivesse passando. Os três celerados fugiram, não sem antes querer arrancar as orelhas de Cécile, puxando-lhes os brincos; mas não tiveram êxito.

Livre, pedi-lhe que me levasse ao lugar onde vira Pâris, que ela conhecia de longa data. Informamo-nos com outras pessoas: haviam-no visto, mas os libertinos detiveram-nos por tempo demais; ele desaparecera. Acompanhei Cécile à casa de sua ama e censurei seu excesso de vaidade que a fazia sair à noite naqueles trajes. "Uso minhas velhas roupas." Proibi que usasse brincos, que saísse sem mantelete e sem capuz. Fiz com que compreendesse que era conhecida por sua antiga condição por todos os libertinos do Palais-Royal, por onde nunca mais deveria passar. Ela prometeu obedecer-me em tudo...

Após tê-la deixado na casa de sua ama, na rua de la Vrillère, voltei observando a todos, pois me parecia ser capaz de reconhecer Pâris pelo seu ar perdido. Quando descia pela passagem Valois ou des

Marchands-d'Argent, vi um homem tomando a passagem Montansier: pareceu-me ser Pâris. Abordei-o e, fingindo ser da província, perguntei-lhe como deveria fazer para chegar ao Palais-Royal. Tratara-o de propósito de "senhor" para não irritá-lo. Pegou minha mão sem falar, avançou até a entrada da passagem, empurrou-me para dentro dela e só disse uma palavra: "Vai." Era Pâris? Creio que sim.
Deixei o Palais-l'Égalité e fui à Assembleia Nacional.

DEFESA DE LUÍS

Desde que Luís apareceu diante do tribunal da Convenção tratam de seu processo.[96] Permitiram que os defensores se apresentassem. O velho

---

96. Seria preciso instruir o processo de Luís XVI? Essa primeira questão preliminar estava longe de contar com a unanimidade. Os defensores do rei apoiavam-se no artigo 2 do capítulo 3, título 3 da Constituição de 1791. Provava-se que o rei não cometera nenhuma das faltas consideradas nesses artigos (a fuga de Varennes fora anistiada pela Assembleia Constituinte, pois ela recolocara Luís XVI no trono); por outro lado, a sanção prevista na Constituição era a deposição, e como, de fato, Luís XVI estava deposto, não se deveria voltar a ela. Os inimigos do rei, acredita-se, não aceitavam essa argumentação. Nem todos eram unânimes em exigir um processo. Longe disso. Processar o rei não seria recolocar em questão a revolução de 10 de agosto, admitir que o julgamento do povo não fora então soberano? Os montanheses opunham-se portanto a esse processo, e Robespierre, em seu discurso de 3 de dezembro de 1792, defende essa posição com eloquência. A Constituição de 1791 caducara depois de 10 de agosto. Assim mesmo, a Convenção decidiu processar Luís XVI de acordo com as normas: interrogatório, defesa, etc. O processo durou muito tempo e, enquanto isso, a contrarrevolução recuperava suas forças. No início de dezembro de 1792, Robespierre escrevia na nona *Lettres às ses commettants:* "O pretenso processo de Luís XVI será o que predissemos: um pretexto para arruaças e rebelião, um instrumento funesto para o espírito público, nas mãos dos intrigantes um monumento de fraqueza, preconceitos e superstição. Um processo tão ridículo quanto o de Carlos I e dos outros reis que foram imolados por seus iguais. Seria preciso julgá-lo como um tirano condenado pela insurreição do povo. Processaram-no como a um cidadão acusado cujo crime é duvidoso. Seria preciso selar a Revolução por sua morte, ela própria é recolocada em litígio."
Luís XVI comparece ao tribunal no dia 11 de dezembro de 1792. A sala está repleta. A Comuna declara-se em sessão permanente. Os cidadãos estão armados. Barbaroux lê o relatório de Lindet. Michelet assim descreverá o rei: "Quem o teria reconhecido naquele 11 de dezembro, naquela imagem de dar piedade, que durante esse longo

Malesherbes abandonou seu refúgio para tentar assumir a penosa tarefa, bem acima de suas forças: Luís nomeou Target, que recusou, e depois Treilhard e Desèze, que aceitaram. Seus conselheiros entram a seu lado. As provas de acusação lhes são apresentadas. Talvez Malesherbes soubesse como agir vinte anos atrás. Desèze e Treilhard nem desconfiavam.[97] Era com seus esforços para restabelecer sua autoridade que se devia defender um rei cujo poder fora regulamentado e diminuído? Ninguém duvida de que ele tivesse feito assim todos os seus esforços em público e em segredo... Ah, se Luís tinha alguma culpa nisso, era por erro, por cegueira! Era por não ter reconhecido seus verdadeiros interesses; era por não ter visto que a única decisão a tomar era a de jogar-se nos braços da nação e recuperar, por sua franqueza, por sua devoção, por uma constituição que o protegia, como a todos os cidadãos, o que perdera com os maus conselhos dos cegos e dos tolos que o cercavam;

---

dia de inverno, em seus tristes trajes marrons, navegava, por assim dizer, entre a chuva que caía e a lama dos bulevares?... Coisa difícil e triste de se dizer, os detalhes dessa miséria, em lugar de aumentarem o interesse, antes neutralizavam-no. Sua desgraça não era enfatizada por nenhum efeito dramático. Não se tratava absolutamente do espectro lívido, do sombrio Ugolin que a imaginação popular busca num prisioneiro"; e quando Luís apareceu diante do tribunal era "um homem como tantos outros, que parecia um burguês, um capitalista, um pai de família, o jeito simples, um pouco míope, a peleja um tanto pálida devido à prisão, e que cheirava à morte."

97. O rei escolhera advogados capazes de adotar o gênero de defesa que ele desejava, ou seja, discutir mesquinhamente e negar. Tratava-se de dois constituintes, Tronchet e Target. Target disse que estava doente. Em seu lugar, o rei contratou Desèze. Em 11 de dezembro, Malesherbes, o antigo diretor da Biblioteca, o protetor de Rousseau e dos filósofos, o antigo ministro de Luís XVI, escrevera à Convenção para oferecer-se como defensor do rei.

Eis como Michelet o descreve na ocasião do processo de Luís XVI: "Em 92, tinha setenta e dois anos, a inteligência firme e o coração caloroso de sua idade viril. Era um contraste penoso ver nesse homenzinho, um tanto redondo, um tanto vulgar (verdadeira figura de boticário de peruca), um herói dos tempos antigos. Em sua palavra havia a seiva, às vezes a veia divertida, um pouco cáustica, da antiga magistratura e, com isso, traços admiráveis escapavam de sua alma nobre, muito próxima do sublime. Nada o impediu, no processo, de dizer 'o Rei' e (dirigindo-se a ele) 'Sire'. 'Quem vos torna tão ousado?', perguntou-lhe um convencional. 'O desprezo pela vida'." Será detido e guilhotinado em outubro de 93, e Michelet exclamará: "Meu Deus, o que diria Rousseau se lhe tivessem anunciado que seus discípulos não inteligentes matariam o censor benevolente, o propagador do *Émile,* justamente em nome de suas doutrinas?"

era por não ter assumido medidas eficazes para conservar a paz exterior ou para rechaçar os inimigos! Luís era culpado de erro: de não ter sentido o que os estrangeiros estavam tramando; como, ao fazer seus irmãos e a nobreza triunfarem, adquirira tiranos, que teriam aniquilado sua autoridade e os direitos dos povos. Luís! Luís! Tínheis o mesmo interesse, a maioria da nação e vós, e não o sentistes... Feita a Constituição, aceita por vós, vosso interesse não era mais o da nobreza, de vossos irmãos ou do clero: se a religião vos ligava aos interesses deste, ainda estáveis em erro. O clero cristão não deve ser rico. Vistes Catarina dar pensão ao clero: por isso a tratastes de ímpia?... Ó Luís, fostes cego, mas não éreis criminoso! Não é, portanto de uma culpa certa, conhecida por todos, que vosso defensor desajeitado, talvez culpado, como Desèze, deveria ter tentado absolver-vos; ele tinha certeza de que não conseguiria. Mas deveria dizer o que todos nós sentimos: ele deveria tratar de nosso interesse político em vossa conservação; era preciso derrubar, com motivos claros, luminosos, que persuadissem toda a França, os argumentos dos que queriam a morte. Mas não éreis o homem adequado para isso. Seria preciso um gênio. Se Mirabeau ou apenas Linguet, em seus belos dias, estivessem aqui, teriam feito tremer a Convenção e toda a França! Eis como às vezes meio-talentos põem tudo a perder... Narro antecipadamente as reflexões que só fiz durante e depois do discurso de Desèze.[98] No dia 16 de janeiro saíra para ouvi-lo e consegui fazê-lo. Dei

---

98. Restif de La Bretonne já sente que os argumentos de Desèze não são hábeis. Os historiadores modernos concordam com ele: "Defesa elegante, mas fria, conscienciosa, mas pouco convincente", escreve A. Soboul. Georges Lefebvre considera que teria sido melhor declarar o rei culpado e evocar circunstâncias atenuantes. Eis a argumentação proposta por La Bretonne: o interesse político da nação era a deposição e não a morte do rei; seria bastante hábil. Aliás, ele retoma um argumento da Gironda, que temia levantar a Europa inteira contra a França, com a morte do rei. Mas a Gironda também reivindicava o apelo do povo, o que era contraditório e corria o risco de provocar novos conflitos caso o povo e a Convenção não fossem da mesma opinião. A Montanha reclamava a morte do rei em termos muito enérgicos, como os de Carra: "Que a cabeça de Luís caia, e Jorge III e o ministro Pitt apalparão as suas para ver se ainda estão sobre seus ombros." As posições da Gironda e da Montanha foram admiravelmente expostas por dois oradores: Vergniaud, em 31 de dezembro de 1792, e Robespierre, no dia 28.

uma olhada naquele vasto recinto, onde setecentos homens sentados iam julgar um rei! Vi esse monarca, outrora tão grande, colocado como criminoso diante de seus juízes. Fiquei surpreso, mas um instante depois disse a mim mesmo: "É um homem diante de homens, é o mais fraco diante do mais forte. É um rei diante de homens que não querem mais reis. Esse os incomoda. O que farão com ele?" Essas ideias cansavam-me terrivelmente! Para me aliviar embrenhei-me nos séculos seguintes: vi os homens de 1992 lendo nossa história; esforcei-me por ouvi-los e os ouvi. A severidade de seu julgamento assustou-me! Pareceu-me que alguns nos acusavam de falta de humanidade, enquanto os extremistas, iguais aos de hoje, nos aprovavam. Acreditei ver que toda a Europa optara por uma nova forma de governo; mas eu via, nas páginas da história, os horríveis abalos que ela sofrera! Parecia ouvir os leitores dizendo um para o outro: "Como somos felizes por não ter vivido naqueles tempos horríveis, em que a vida dos homens nada valia!" Um de seus filósofos exclamava: "Os abalos são necessários de tempos em tempos para que os homens sintam o valor da tranquilidade, assim como é preciso uma doença para se sentir o valor da saúde." "Mas", disse-lhe um de seus confrades, "preferirias ser o abalado ou o abalador?" "Não queria ser nada disso, mas poderia ser divertido. Passado o mal, quando não se morre dele, é uma alegria..." "Ah, que belos argumentadores sois vós!", exclamou um visionário, escondido num canto. "Fostes os homens de duzentos anos atrás. Sois formado de suas moléculas orgânicas e viveis em paz porque essas moléculas cansaram-se de guerra. Voltareis a ela depois de um longo repouso..."

Nesse ponto, Desèze despertou-me.

Após o discurso de Desèze, que escutei com atenção, mandaram levar Luís e seus defensores. Reinava uma perfeita calma. Não se viam aquelas grandes agitações provocadas pela eloquência. O discurso de Desèze só tocara a ele e a mim: eu estava dolorosamente afetado pela perda das grandes imagens, pelas grandes ideias de interesse nacional perdidas! Afinal, nos negócios públicos, como o de Luís, deixai o homem, mesmo que seja rei; falai apenas dos interesses públicos! A compaixão, a própria justiça, em nada impressionam uma nação que vê vantagens na destruição de uma de suas cabeças. Saí, cheio de dor, e, enquanto me retirava, dizia a mim mesmo: "Eu teria feito melhor." Caminhei muito, e a noite caiu. Ia jantar em minha casa, mais esgotado do que faminto, quando encontrei um homem que me conhecia, sem que eu o conhecesse. Tocou meu ombro. "O autor do *Pied de Fanchette,* dos *Contemporaines,* do *Paysan,* está saindo da Convenção?" "Sim." "Ele já jantou?" "Não." "Ele quer jantar comigo no Palais-l'Égalité?" "Não vos conheço." "Ele não está vendo que eu o conheço?" "Isso não basta: é preciso que eu vos conheça." "Sou um homem morto: os mortos não têm mais nome nem qualidades." "Não, mas também não convidam os vivos para jantar." "Dom Juan aceitou o convite do comendador: vinde." "Mas o comendador revelou seu nome." "Revelarei o meu..." E arrastou-me, posso dizê-lo, à força. Entramos em um restaurante e fomos servidos. "Cidadão", eu disse ao morto, "não comerei nada antes de saber vosso nome." "Depois da sopa." Comemos a sopa. Serviram uma entrada. "Vosso nome?" "Quando estivermos comendo o carneiro; sei que gostais desse prato, acabei de pedi-lo." Comemos e bebemos. Veio o carneiro. "Vosso nome?" "Comamos isto." Cansei-me de perguntar. No entanto, à sobremesa, insisti. O homem levantou-se. Percebi que estava pagando. Mas como ele começara uma pera, achei que viria acabá-la. Não voltou a aparecer. Um garçom veio me dizer: "Cidadão, o cidadão que acaba de jantar convosco pagou. Teve problemas. Pede que o desculpeis, teve de ir embora." Então torturei minha mente e minha memória para me lembrar dos traços daquele homem. Contudo, não se parecia com ninguém que eu conhecera. Levantei-me e saí.

Na porta, ouvi um *psiu*! Voltei-me rapidamente e só vi uma mulher bonita, que não parecia uma frequentadora assídua do jardim l'Égalité. Como me olhasse, fui até ela. "A senhora me chamou?" "Não, cidadão." "Pois foi o que pensei, que estáveis me olhando." "Eu olhava para vós porque acho que vos chamavam, mas não estou mais vendo a pessoa: seria uma brincadeira de um de vossos amigos?" "Vós o conhecíeis, cidadã?" A dama pareceu perturbada e corou ao me responder: "Não." Não a deixei e continuei a falar com ela enquanto caminhávamos na alameda do jardim, outrora conhecida como des Soupirs. Ela perguntou-me se eu escrevia. "Normalmente, sim; começara a imprimir algumas obras, quando veio a Revolução; e não podia abandoná-las para não acabar de me arruinar." "Então vossos negócios vão mal?" "Muito mal." "É bom." "É muito mal, cidadã." "Compreendo. Reconhecestes o homem com o qual acabastes de jantar?" "Não, de forma alguma." "É verdade?" "Sim." "E a mim, reconheceis?" "Não, não, de fato, não." "Acredito: o homem que vistes, com quem jantastes é..." "Quem, afinal, senhora?" "Um ex-conselheiro do parlamento." "Seria..." Digo um nome. "É possível, mas ele está morto." "Sim, para todos. Quis falar convosco através de um homem que constantemente recusastes a ver. Hoje pretendia averiguar por si mesmo vossos sentimentos e não conseguiu. Não parecestes ouvir as meias-palavras. Asseguraram-nos de que eu seria mais bem-sucedida. Podeis falar-me com toda a segurança. Embora eu pareça uma grande dama e esteja acompanhada pelos dois lacaios que vedes, não passo da pequena Sainfrai que vistes duas vezes em casa de sua tia, na rua Four-Saint-Honoré, perto do *Journal de Paris* de então." "Lembro-me bem... mas não vos reconheço... De que fostes encarregada?" Revelou-me a missão bem baixinho, e eu a recusei de imediato. Na época era de grande importância; hoje não tem nenhuma. Após seu pedido e minha resposta, afastou-se. Os dois homens que chamava de seus lacaios deram um jeito de impedir que eu passasse para não segui-la e, quando percebi, eles próprios haviam desaparecido por duas saídas diferentes.

Disso decorre que algumas pessoas nada negligenciavam para chegar aos seus objetivos, sempre escusos; elas informavam apenas pela metade, indo até o ponto em que podiam enganar. Neste caso, por exemplo, eu deveria ser um instrumento cego, embora inteligente. Não deveria conhecer nenhuma das extremidades da corrente. Pediam-me um ato isolado, para o qual era preciso inteligência e após o qual eu ficaria tranquilo. Nada fiz, precisamente porque não sabia o que minha ação produziria. Sondavam-me porque, não estando metido em nenhum negócio, nenhum clube, nenhuma sociedade, eu era menos suspeito do que os outros.

Percebi que a mulher me enganara, que ela não era a pequena Sainfrai, mas uma pessoa anteriormente ligada à corte; e que o homem também não era aquele a quem ela se referira, mas um outro. Deixei o jardim, onde temia não estar em segurança após minha recusa, e fui às Tulherias, que havia muito tempo eu não via à noite. Passeava sob as árvores, refletindo sobre os acontecimentos do dia. Apesar do breu caminhava com precaução; não poderia ser ouvido. Um pequeno ruído fez com que eu tomasse ainda mais cuidado. Aproximei-me. Um homem e uma mulher estavam encostados numa árvore. A princípio achei que se tratava de uma cena devassa de libertinagem e ia me retirar quando ouvi uma voz de mulher dizendo: "Não sei o que eu teria feito se ele me tivesse reconhecido! Afinal, ele teria compreendido tudo." "Não poderia reconhecer-vos, pois só vos viu duas vezes, em plena luz, o que torna uma mulher tão diferente de si mesma!" "Realmente não me reconheceu." "Quanto a mim, faz mais de dez anos que não me vê, e só me viu umas duas ou três vezes, sem reparar em mim, pois não falava com ele. Agi de improviso, hoje, quando o vi chegar à Convenção." "Já me falastes dos motivos... mas já ficamos aqui o suficiente para despistar aqueles que porventura nos tenham seguido, como suspeitais." "Mais alguns instantes. Além disso, não ouvi a carruagem chegar à ponte Tournant." Caminharam e não consegui ouvi-los, pois não ousava segui-los de muito perto. Então ouvi uma carruagem. O homem e a dama abriram uma portinhola perto das Glacières e saíram empurrando a porta. Ia passar pelo mesmo lugar, quando uma espécie de zeladora fechou-a. Foi até a ponte Tournant, onde eles pegaram o veículo e, como tomavam o caminho de Paris, corri para o terraço do rio e os segui até a ponte Royal, onde os perdi de vista por não ter saído tão depressa...

Quando cheguei ao cais Voltaire, encontrei, sob meus pés, um papel dobrado em quatro. Peguei-o e fui lê-lo à luz de um lampião. Continha estas palavras: "Foi pronunciado o discurso tão esperado; nada! nada! *Tempus et aer, solitudo mera* [O tempo, o ar, a pura solidão]. O pobre homem está perdido! perdido! Não se deve mais lisonjeá-lo!"

DÉCIMA OITAVA NOITE

20 a 21 de janeiro

Chegou o momento: a sentença é pronunciada! Qual é, afinal de contas, a causa desse comportamento que todos consideravam impolítico?... Ei-la. No outono passado, espalhou-se um boato de que Luís deveria ser tirado do Temple, conduzido ao exército prussiano, e que Dumouriez deveria deixá-lo passar, que depois se negociaria.[99] O boa-

---

99. De fato, dois incidentes contribuirão para fazer triunfar o ponto de vista da Montanha: a deposição de Gasparin, que comprovou um complô entre o rei e a Gironda (em meados de 1792, os chefes girondinos haviam tentado uma composição com o rei), e principalmente uma atitude de Dumouriez: este viera a Paris no final de dezembro de 1792. Marat denunciou, em 31 de dezembro, suas conversas com "os chefes da facção Roland". Dumouriez pensava em restabelecer a monarquia e assim procurou convencer os montanheses a não atentarem contra a vida do rei. Mas essas negociações só foram conhecidas mais tarde, em junho de 1793. Elas não foram divulgadas durante o processo; no entanto corriam os boatos que La Bretonne nos conta aqui.

A morte de Luís XVI foi votada na madrugada de 16 para 17 de janeiro. Dos 749 membros que compunham a Assembleia, 387 votaram a favor da morte incondicional, 334 pela prisão perpétua ou "morte condicional", 28 estavam ausentes ou não votaram. A seguir, votaram o sursis; a sessão acabou às três da manhã do domingo, 20 de janeiro de 1793. A execução seria no dia seguinte, 21 de janeiro. Antes que essa ordem fosse publicada, o conselho geral do departamento de Paris cuidara de mobilizar a força armada "para impedir que qualquer agrupamento, de qualquer natureza, armado ou não, entrasse em Paris ou de lá saísse". Não houve desordens na capital, mas foram distribuídos panfletos na noite de 20 a 21 de janeiro, chamando o povo à luta a fim de que não se deixasse guilhotinar "Luís XVI inocente" e arriscar desta forma que se erguesse contra a França "o universo indignado". Na véspera, à noite, Lepelletier de Saint-Fargeau, representante da Yonne e que votara pela

to convencera a todos que queriam ser convencidos. Quanto a mim, suspendo meu julgamento. Mas antes do final dessa obra estarei mais bem informado (pois os acontecimentos ruins ocorrem rapidamente nos dias de hoje) e irei pronunciá-lo. Foi o próprio Luís quem impediu o êxito do golpe: deveriam ser mortos dois carcereiros aparentemente incorruptíveis; Luís, dizem, declarou que caso se vertesse uma só gota de sangue, ele próprio gritaria para avisar a guarda. Que belo traço de caráter! Se for verdade, Luís valia bem mais do que muitos reis que tiveram destino melhor... Dizem que o episódio transpirou, mas que o comportamento de Dumouriez, que estava rechaçando o inimigo, impôs silêncio. Garante-se que os homens encarregados de fazer Luís XVI morrer concluíram, a partir disso, que era impossível conservá-lo; que, se decidissem apenas mantê-lo preso, ele iria prestar-se aos objetivos daqueles que gostariam de tirá-lo da prisão para colocá-lo na liderança dos exércitos inimigos ou dos emigrados; que é esta a razão do ódio violento dos *a favor da morte* pelos *a favor da reclusão,* que os primeiros consideram como verdadeiros contrarrevolucionários... Foram estes os motivos do acontecimento terrível que narrarei. Serão verdadeiros? Logo veremos. Eles bastam? Todos conhecem minha opinião sobre as leis humanas e sobre a maioria, que sempre se deve respeitar. Calo-me, portanto.

No dia 20 de janeiro, abandonei o trabalho na hora do jantar. Saí de minha triste casa, com o arrepio da preocupação. Tudo estava calmo, como de hábito, e nesse caso eu sabia por quê. É que os agitadores de ambos os partidos tinham interesse em não agitar: o revolucionário fanático queria que a execução acontecesse. O aristocrata fanático também, para indignar a Europa inteira contra nossa nação. O cidadão pacífico, que sempre teme as perturbações e que constitui a maioria, nem pensava em se mexer!... Essa é uma verdade que os chefes dos

---

morte do rei, tinha sido assassinado por Pâris, que pertencera ao corpo de guarda, num café do Palais-Royal. Temia-se a violência dos realistas. Mas o perigo estava em outra parte, como escreve Michelet: "O perigo eram as mulheres desarmadas, mas gemendo, banhadas em lágrimas, era uma multidão de homens comovidos, na guarda nacional e entre o povo."

exércitos nunca deveriam esquecer: é que o grosso de uma nação é sempre formado de homens pacíficos e que, quando se saqueia uma cidade, punem-se inocentes. Percorri primeiramente meu caminho habitual: rua des Noyers, du Foin, de la Harpe, de l'Hirondelle, cais de la Vallée, ponte Neuf, rua de l'Arbre-Sec, rua Saint-Honoré, o Palais-Royal. Ali parei para ouvir. Todos falavam do golpe de Pâris em Lepelletier.[100] Quase não se falava de Luís. Fiquei profundamente surpreso!... Saí do café de Foi e entrei no de Chartres, na esquina da rua Montansier. Ali, fiquei ouvindo, como sempre. A mesma conversa, mas falava-se um pouco mais de Luís. De nada fiquei sabendo. Olhava através das vidraças para debaixo dos pilares. Henriette e Adélaïde viram-me e fizeram-me um sinal. Estavam mais bonitas do que de hábito; no entanto, pareciam tristes. Saí para falar com elas.

"Estamos perdidas!", disseram-me. "Ora, por quê?" "Vamos para o jardim, não há ninguém por lá", disse Henriette. "Vamos contar-vos por quê." Fomos até o jardim e seguimos pelas alamedas mais solitárias. "Depois do dia em que nos encontramos, aconteceu-nos uma coisa maravilhosa, para mim e para minha irmã! Um homem, outrora pobre, que nos amava como pai, ficou rico de repente: gostava tanto de nós quanto vós gostais e, além disso, podia ajudar-nos. Ajudou-nos. Tornamo-nos donas de nós mesmas, minha irmã e eu, não para prejudicar alguém, mas para ser... o que sempre desejamos. Estávamos felizes havia meses..." "Ah, felizes demais!", exclamou Adélaïde, "isso não poderia durar!" "Imaginai", continuou Henriette, "que, independentes, por sua ajuda cotidiana, a única coisa que tínhamos para fazer era aproveitar as lições de nossos mestres de dança e de música e também fazer vestidos para nós. A seguir íamos jantar com ele e,

---

100. Sobre o assassinato de Lepelletier, ver a nota precedente. Eis como Michelet conta esse episódio. "Pâris se aproxima: 'Sois Saint-Fargeau?' 'Sim, senhor.' 'Mas tendes a aparência de um homem de bem... Teríeis votado pela morte?' 'Votei, senhor, assim desejava minha consciência...' 'Eis tua recompensa.' Ele saca um punhal, atravessa-lhe o coração. Pâris foge. Mas tal era sua fúria, sua audácia, que ainda naquela noite passeava pelo Palais-Royal à procura do duque de Orléans. Capturado na Normandia, deu um tiro na cabeça."

finalmente, ver espetáculos em seu camarote! Imaginai que, saindo de lá, jantávamos à vontade: pedíamos o que bem entendêssemos. Independentes (oh, que felicidade!), podíamos encarar todo o gênero humano com orgulho. Vós, que nos conheceis, podeis imaginar que não deixávamos de fazê-lo! Dali nós voltávamos para casa, enfrentando todos os ataques, desprezando todas as propostas, e nossa noite era destinada ao repouso e ao sono restaurador. Que felicidade... E eis a desgraça: Luís foi condenado, Luís, que não amamos, nem odiamos, nem sequer conhecemos... vai morrer. E nosso protetor jurou... não sobreviver a ele... ou, pelo menos, emigrar... Vamos voltar ao abismo! Imaginai nosso desespero!... É inexprimível e já decidimos suicidar-nos de uma maneira... pela qual não se sofre muito... De que maneira se sofre menos?" "Não saberia dar-vos essa indicação; mas não poderia eu falar um minuto com vosso protetor?" "Vou ver", respondeu Adélaïde, "e anunciar-vos". Correu até ele. Eu caminhava lentamente, na mesma calçada, com Henriette.

Adélaïde voltou quando chegávamos à porta. "Ele concordou em recebê-lo; vamos subir." Encontrei-me, no primeiro andar, na passagem conhecida por Beaujolais, com um homem que julguei reconhecer. Confessei-lhe a confidência das duas moças e pedi-lhe que me contasse os motivos de sua dor. "Meu único motivo é o desespero pela salvação da França." "Ora, nem pense nisso. Os negócios vão indo muito bem." "Não acrediteis nessa prosperidade! Dumouriez está furioso! Dumouriez está fazendo um jogo que vos faria tremer! Mas eu morrerei antes dessas desgraças... Sois conhecido de minhas duas filhas: quem sois?" Disse-lhe meu nome. "Conheço-vos: um amigo nosso, que mora na rua Bergère, falou-nos de vós. Ele vos viu na casa de Germonville. A princípio falou bem; hoje, sua opinião a vosso respeito mudou. O que lhe fizestes?" "Nada." "Sede discreto sobre o que minhas duas filhas vos contaram, até minha morte: o segredo não vos pesará por muito tempo." Prometi-lhe que nada falaria. De fato, não carreguei o peso de seu segredo nem por 24 horas. Mas ele não deixou suas filhas desamparadas.

Depois de sair, quis ver o que estava acontecendo nas cercanias do Temple e fui depressa até o Marais, onde vi uma cena cujo desfecho foi ainda mais rápido que o anterior. Chegando à esquina da rua Sainte-Avoie, vi Adélaïde e sua mãe devota saírem da rua Rosier. Elas não faziam o caminho de todos os dias para ir ao Temple, provavelmente porque haviam sido notadas. Eram seguidas por seu criado. Eu as via, mas elas não me viram. Ao chegarem à rua Philippeaux, ajoelharam-se; o criado se pôs diante delas, e a mãe orou com ardor. Em seguida, ergueu-se com dificuldade e foi sentar-se nos degraus de uma igreja, creio que a Notre-Dame-de-Nazareth. Orou mais ainda, sempre voltada para o lado do Temple. Naquele momento passou uma patrulha, ou um piquete, na qual havia dois homens usando faixas... "Ah, eles vão pegá-lo para executá-lo à luz das tochas!" "Não, mamãe, não!", disse-lhe a filha. Elas avançaram e chegaram diante do Temple, onde a patrulha não entrou. Entrementes, a dama se erguera e observava tudo, o olhar ávido. Então abriram as portas; saíram três pessoas. "É ele, é ele!", disse a dama. "Nunca mais voltará." Sua filha e o criado permaneceram em silêncio.

A dama achou que assim eles confirmavam seus temores. Seus joelhos dobram-se: ela cai, largando os braços da filha; e... morre. Correm até ela. Eu também acorro, decidido a afastar-me assim que ela reabrisse os olhos... Ela os fechara para sempre! Eu e Lapierre a levamos, seguidos por Adélaïde que, banhada em lágrimas, erguia-lhe a cabeça. Às onze horas a deixamos em sua casa, onde seu marido, que acabara de chegar, a encontrou rija, sem movimento...

Fugi dessa casa de dor e voltei à rua Saint-Honoré: não dormiria naquela noite, pois teria de ir com minha companhia montar guarda no bulevar às cinco horas da manhã.[101] Subi até a praça Vendôme, ou des Piques, onde esperei, junto a outros, notícias de Lepelletier. Nesse grupo havia uma jovem com a mãe: ambas pareciam muito abaladas, e a filha chorava. A mãe tentava acalmá-la: "O ferimento é leve, filha!", dizia. Alguém ouviu e gritou com rudeza: "Leve! Ele estará

---

101. A mobilização foi geral para evitar que estourassem levantes durante a execução do rei ou nas horas que a precederiam.

morto quando o sol raiar!" A jovem abafou um grito. A mãe foi pedir para entrar. Não permitiram. "Pelo menos", disse ela, "façam com que esse cartão, onde estão nossos nomes, chegue ao ferido". O guarda suíço pegou-o. Alguns momentos depois voltou e disse às mulheres: "Se ele vos chamar, seu criado irá procurar-vos." As duas mulheres retiraram-se para sentar ao lado da porta. Fui fazer-lhes companhia, mas sem interrogá-las. "Senhor", disse-me a mãe, "com certeza estais surpreso com o fato de eu e minha filha interessarmo-nos tanto pela vida do senhor Lepelletier: não nos julgueis mal. Vendo minha filha, com certeza compreendeis..." "Sim, senhora, a senhorita é muito bonita!" "E muito sensata, graças a Deus, senhor. Coloquei-a como aprendiz de costureira, não para que se tornasse costureira, mas para adquirir mais essa prenda. Ela vinha jantar e dormir em casa. Um homem rico notou-a e achou ser fácil seduzir uma aprendiz de costureira. Falou com ela: mas minha Civine rejeitou suas propostas. Esse homem tinha um belo criado: mandou-o vestir-se como um inglês e ordenou-lhe que fizesse a corte educadamente à pequena aprendiz e o avisasse de seus progressos. Civine notou o jovem que a cumprimentava com cortesia e a defendera uma vez de um bom tapa de seu patrão, que não parecia sê-lo. Desde aquele instante, minha filha passou a responder a seus cumprimentos, mas sem conversar com ele. Isso aborreceu o homem rico, que achava não serem necessários tantos maneirismos para uma costureirinha. Um dia, mandou provocar um incidente com cavalos na rua, no momento em que ela saía para voltar a casa, à tardinha; o criado não deixou de correr até ela e, o perigo aproximando-se, fê-la entrar num pátio. Assim que entrou, dois lacaios levaram-na para cima, dizendo-lhe que a estavam conduzindo à casa de seu jovem senhor, que queria desposá-la (querendo dizer, o criado); de fato, ele a acompanhou. Mas Civine gritou; a seguir, suplicou-lhe que a deixasse ir embora. Ele respondeu que não era possível, mas que iam mandar buscar-me. De fato, vieram dizer-me que minha filha estava numa mansão, de onde me chamavam. Corri para lá, não sabendo o que significava aquilo. Levaram-me até o senhor gordo, que não fez rodeios, dizendo-me imediatamente o que queria. 'Como, senhor, minha filha foi seduzida?' 'Como podeis duvidar? Ela está ali com meu sobrinho, que é louco por ela.' Fez com que eu olhasse por uma abertura e vi minha filha sentada num sofá ao lado de um belo jovem que segurava sua mão. Logo o senhor fechou o reposteiro e disse-me: 'Vedes?' 'Muito bem, senhor, o que desejais?... Além disso, de acordo com o que vi, minha filha pode ter sido enganada, mas não seduzida.' Então o homem rico voltou a abrir o reposteiro e mostrou-me... o que não ouso dizer... mas o criado e a moça estavam... compreendeis?... e tão à vontade que eu só via as pernas e as coxas da rameira... Fiquei desesperada. 'Cedei-ma para meu sobrinho', disse-me o senhor. 'Ela é jovem e formosa, ele a ama, isso irá evitar-lhe a libertinagem... Pago-vos quinhentos francos por mês, aqui está o dinheiro: quanto a ela, será objeto de meus cuidados.' Recusei seu dinheiro e pedi para falar com minha filha. Ele não deixou. Fui embora.

Eu conhecia o senhor Lepelletier porque trabalhei para sua esposa. Fui procurá-lo: contei-lhe o que estava acontecendo. 'Prudência!', respondeu-me. 'Parece-me que sua filha foi seduzida. Vejamos o que podemos fazer.' Mandou atrelar os cavalos e foi comigo à casa do senhor. Falou com ele em particular. O resultado de sua conversa curta foi que o senhor gordo, vermelho de vergonha, trouxe minha filha.

Assim que me viu, a pobre criança correu para meus braços dizendo: 'Mamãe, mamãe, é verdade que vendestes vossa filha?' 'Não', respondi-lhe, 'mas eu te vi numa bela posição com aquele jovem!' 'Eu, mamãe? Ah, não era eu. Ele mandou-me sentar no sofá. Pegou minhas mãos... Mas logo me disse: — Vós me deixais desesperado! Vou amar outra. Deixou-me ir para um cômodo com a porta envidraçada e veio uma... não grande coisa, com quem... Não quis ver aquilo!' 'Ah, minha filhinha é inocente!', gritei. O senhor Lepelletier ameaçou o senhor gordo em voz baixa, o qual disse que aquele não era seu sobrinho, mas seu criado. Depois disso, levantei-me e levei minha filha embora. O senhor Lepelletier veio a nossa casa e perguntou-nos que indenização queríamos. Recusei tudo. Deu-nos a renda do sedutor, contra o qual nos protegeria. Mas, nesse momento, não temos mais nada! Pois não queremos mais essa renda desonesta: nosso protetor não estará mais por perto! E talvez sejamos oprimidas e perdidas por aquilo que recebemos."

A mãe começou a chorar. A filha soluçava profundamente. Eu as consolava. Naquele momento, chegou um lacaio com um cartão.

"Civine e sua mãe podem ficar tranquilas: continuarão a ser assistidas e nada receberam de um homem indigno de fazer-lhes o bem."

Achei que aquelas palavras consolariam a jovem: ao contrário, desolou-se e soluçou ainda mais. Então ouvi anunciarem a morte de Lepelletier. Contei-o bem baixinho à mãe e aconselhei-a a partir com a filha. Foi o que ela fez.

Era hora de voltar ao meu bairro. Lá cheguei às cinco horas. Começavam a se reunir. Fui pegar minha lança e juntei-me às fileiras, embora extenuado. Nosso capitão apareceu às seis horas. Minha palidez e o tremor fizeram com que me mandasse embora. "Estais doente", disse-me ele. "Ide descansar." Saí do alinhamento, mas segui como voluntário, com minha lança, para ver o que aconteceria.

Às sete horas chegamos ao Temple. As oito, Luís saiu... Mas aqui é preciso dar alguns detalhes, que me foram revelados por uma testemunha ocular.

Após ter ouvido a leitura do decreto que o condenava a perder a vida, Luís jantou, deitou-se e dormiu aos roncos. No entanto, como ficara sozinho por um momento após a leitura fatal, ouviram-no andar, gritando: "Que carrascos! Que carrascos!" Pedira como confessor um padre não juramentado, que morava na rua du Bac; o que lhe foi concedido. Fechou-se a sós com ele. Fizera seu testamento com a ajuda desse padre na noite de 26 de dezembro. Viu sua família e não lhe disse adeus. De manhã, foi acordado por Cléri, conforme a ordem dada a ele pelos dois municipais enviados pela Comuna. Levantou-se. Quando os dois comissários da Comuna se apresentaram, Luís pediu que um deles, Jacques Roux, padre, entregasse um pacote ao corpo municipal. Jacques Roux respondeu: "Não posso, fui enviado para cá para levá-lo ao suplício." Luís respondeu: "Está bem", e encarregou outra pessoa qualquer de entregar o pacote, que chegou a seu destino.

Partiu às sete horas, na carruagem do prefeito Chambon, sozinho com seu confessor. Na antevéspera seus conselheiros haviam sido mandados embora. Passou pelos bulevares entre duas fileiras de guardas nacionais que expulsavam o povo dos cruzamentos. Iam lentamente. Luís chegou à praça das Tulherias, um pouco acima da praça Luís XV, às nove horas e quinze minutos. Desceu da carruagem. Chegando ao cadafalso, amarraram-lhe as mãos; as mãos livres atrapalhariam em uma execução pela guilhotina. Subiu. Os instrumentos militares tocavam em surdina. Avançou para falar à beira do cadafalso, voltada para o norte; os instrumentos pararam por um instante, mas a ordem do comandante-geral fez com que continuassem em seguida. Luís falou: a palavra *perdoo* foi a única que se conseguiu ouvir. Avisados os executores, levaram-no à guilhotina e, num piscar de olhos, ele deixou de viver...[102]

Luís não era um tirano comum; nascera no trono. Culpado como rei, era infinitamente mais culpado como homem.[103] Foi condenado como tal. E esta é a diferença entre ele e Carlos I: este morreu rei, e Luís XVI não o era mais! Inadequadamente, os Desèzes e os Male-

---

102. Pode-se notar a extrema concisão de La Bretonne no relato da execução do rei. Ele está perturbado, dividido entre um certo horror e a vontade de manifestar opiniões republicanas. O relato das *Révolutions de Paris* é igualmente sóbrio e confirma o de La Bretonne: "Ele quis avançar para falar, várias vozes gritaram aos executores, que eram quatro, para que cumprissem seu dever. Todavia, enquanto o acorrentavam, pronunciou claramente as seguintes palavras: 'Morro inocente, perdoo meus inimigos e desejo que meu sangue seja útil aos franceses e que acalme a ira de Deus'." Mas La Bretonne omite a continuação e pudicamente contenta-se em dizer "ele deixou de viver", enquanto que as *Révolutions de Paris* acrescentavam: "Às dez horas e dez minutos, sua cabeça foi separada de seu corpo e, em seguida, mostrada ao povo: naquele momento, ouviram-se de todos os lados os gritos de *Viva a República*." La Bretonne não menciona os fatos que Michelet relataria: "Após a execução, muita gente teve violentas reações de dor. Uma mulher atirou-se no Sena, um cabeleireiro cortou sua própria garganta, um livreiro ficou louco, um antigo oficial morreu de comoção."

103. Perante a Convenção, Luís XVI não passa de Luís Capeto. A argumentação de Desèze aborda os dois ângulos: o rei e o cidadão, inculpando seus adversários de não saberem dizer qual deles está sendo acusado: "Luís será portanto o único francês para o qual não existirá nenhuma lei, nenhuma forma! Não terá nem os direitos do cidadão, nem as prerrogativas do rei!"

sherbes usaram a realeza como argumento. E quando fora ele rei?... Nunca se é inocente quando se contribui para mergulhar a nação na anarquia e na desgraça!... Ele era perjuro, perjuro à nação! É o maior dos crimes. A nação teria podido julgá-lo, executá-lo? Essa questão não pode ser formulada por um ser que pensa. A nação tudo pode em seu território; tem o poder que teria o gênero humano se uma única nação, através de um único governo, regesse o globo. Quem ousaria então disputar o poder com o gênero humano? É esse poder, indisputável, sentido pelos antigos gregos, que tem uma nação de perder até um inocente, que os fez exilar Aristides e condenar Fócion à morte. Ó verdade, que meus contemporâneos não sentiram o suficiente, quantos males teu esquecimento lhes causou! Os emigrados, os padres divertiram-se calculando o que se podia fazer a eles com justiça, seguindo as leis de indivíduo a indivíduo, e denunciaram a injustiça contra a nação! Revoltaram-se! E quando foi punido com a morte o novo crime, o maior de todos, clamou-se *contra a barbárie*! Concidadãos, assentai os verdadeiros princípios e não vos afasteis mais deles! Não confundais os tempos de revolução com aqueles do reinado pacífico das leis! Sobretudo não invoqueis, como fizeram em nossos dias, contra a opressão, a proteção de leis que não quereis reconhecer: é uma inconsequência pueril! Estais fora da lei que desdenhais; ela não vos deve qualquer proteção; e o que é pior: ela vos priva até da aplicação das leis da natureza! Esses são princípios rigorosos, mas corretos.

Voltei a mim surpreso: todos estavam estupefatos, sim, o estupor era universal!... "Não passa de um homem!", diziam os argumentadores meio filósofos. Concordo: mas esse homem tinha uma relação direta com todos os indivíduos da França: todos o viam como um conhecido íntimo, um homem cujo nome repercutia incessantemente em seus ouvidos, em nome do qual se fizera por muito tempo todo o bem e todo o mal! Não passava de um homem, mas era o elo de união de 24 milhões de homens! Eis por que o estupor foi universal. Mas Luís, condenado com justiça pela nação, não era mais um criminoso. Finalmente era possível dar-lhe o odioso nome de tirano, e ele fizera bastante mal para merecê-lo. Sou um bom cidadão, doce, humano, nem um pouco federalista, menos ainda anarquista, nada arruaceiro. Embora convencido da insuficiência das leis humanas, sinto que uma sociedade não poderia existir sem elas. Sinto mais: que não se deve tocar nelas senão com a maior reserva; o abalo que sua mudança provoca produz sempre o mal real, e tão sensível, de arrancar aos homens seus hábitos.

DÉCIMA NONA NOITE

27 a 28 de janeiro

VISITA NOTURNA AO PALAIS-L'ÉGALITÉ[104]

No dia 27, à noite, fui cedo ao Palais-Royal e, não tendo encontrado nenhum dos conhecidos que às vezes me detêm por lá, ia sair antes das nove horas, quando, de repente, vi guardas nacionais chegarem e fecharem todas as saídas. Deixavam entrar, contra seus hábitos, mas não deixavam ninguém sair. Fiquei sabendo que aquela visita ao Palais-l'Égalité estava sendo feita por ordem do comitê de vigilância da Convenção, o qual, por um decreto, fora reduzido de 24 membros para doze, como era anteriormente. Os motivos, ou pretexto, eram encontrar o assassino Pâris que, diziam, estava ali escondido; surpreender em flagrante delito todas as casas de jogo; encontrar os emigrados ou as pessoas suspeitas refugiadas nesse centro do caos de uma grande cidade.

A princípio não tive vontade de sair: queria ver o resultado da vi-

---

104. No dia seguinte à execução de Luís XVI há, por um momento, unanimidade e trégua na luta dos partidos. "A Convenção fora admirável", escreverá Michelet, "no dia seguinte à morte de Luís XVI. Pôde-se acreditar, por um instante, que não havia mais partidos. A unidade da nação, por tanto tempo representada pelo rei, pareceu mais enérgica em sua assembleia soberana [...] Todas as grandes medidas de salvação pública foram votadas por unanimidade." A Montanha triunfa, mas não sem algumas preocupações. Prenuncia-se o duelo com a Gironda. Por outro lado, é preciso evitar as agitações populares. Daí as medidas policiais narradas por La Bretonne.

sita. Não encontraram Pâris: ou ele não se encontrava mais por ali ou conseguira fugir. Mas encontraram jogadores em profusão e alguns emigrados. Enquanto esperava, eu falava com diversos grupos de cidadãos e cidadãs, que desejavam ardentemente ir dormir. Ainda não se pensava ser possível sair apresentando um documento.

Enquanto isso, assistíamos, a todo instante, a novas cenas conduzidas de diferentes modos. Havia todos os gêneros de visitantes e visitados. Ora era um padre constitucional dormindo com uma rapariga de catorze anos: "Por favor, senhor abade, podeis casar-vos!" "Dá muitos problemas." "Compreendo, não sois bastante casto para conseguir uma mulher honesta." Ora tratava-se de um amante secreto que seguira sua jovem amada ao passeio sem que seus pais, ricos comerciantes aristocratas da rua Saint-Denis, o vissem: ele está com os trajes da guarda nacional, elegante, bem-apessoado; encanta a jovem com seu ar guerreiro; só esperavam ver-se; mas, no turbilhão, a bela perde seus pais e vai... perder outra coisa à parte... Ela os procura em seguida, e os acha, pedindo que os ladradores os chamem. Oh, como o amante abençoava o comitê de vigilância... Num outro lugar, expulsavam da casa de uma moça um gordo relojoeiro muito rico; a moça, que temia ser presa, seguia-o seminua. Ao sair para o jardim, ambos são encontrados pela relojoeira, que viera com o mais elegante de seus criados. Ela corre para o marido. "Com quem estais aí, senhor? Com uma rameira?" "Não é verdade, senhora, não sou rameira! Sou amasiada." "Como, devassa?" "Calma, calma, minha mulher! Nada de escândalos. Também estou vendo com quem estais..." "Com quem estou! Com quem estou! Senhor, peguei um desses criados para vir procurá-lo... Largai essa moça." "Se ele me largar, o que será de mim? Pegou-me em casa de minha mãe, deu-me um belo quarto e um luís por semana, atualmente me dá uma nota de 25 francos. Voltar para a casa de minha mãe?... Se fosse só ela!... Mas meu pai me mandará colocar no asilo." "Rameira!" "Rameira sois vós! Se vosso marido me mantém, aposto que mantendes esse belo moço, pois está visto..." Uma bofetada dada pela senhora impediu-a de terminar a frase. Os curiosos, que formavam um círculo, riam. Um oficial da guarda nacional, que conhecia o rico comerciante, aproximou-se: "Ora, vejam, o senhor e a senhora Bultel! Por favor, não armeis um escândalo! Senhor Bultel, levai a mocinha de volta para seu quarto, a visita não é para ela nem para vós; e, senhora Bultel, vós que parecíeis tão feliz havia pouco no restaurante Février, voltai para lá, ainda deveis acabar a garrafa de champanhe..." E ele a tomou pelo braço, afastou-a e disse-me: "Quando se é igualmente culpado, é preciso ser muito desavergonhado para armar um escândalo!" Do outro lado, o oficial mandou procurar a mãe da mocinha: via-se perfeitamente que a mulher a vendera; mostrou-se submissa. Mandaram-na então embora, dizendo ao comerciante: "Podeis conservá-la: não estais fazendo mal à vossa mulher, que encontrou compensações, nem a essa menina, que a mãe iria perder de qualquer modo."

A cena me ocupou por um certo tempo. Enquanto ela se desenrolava, eu fora abordado por um jovem, conhecido de bar, que recolhera duas mulheres sozinhas, mãe e filha, que se haviam perdido de um irmão e tio na multidão. Como o jovem era muito honesto e de uma virtude escrupulosa, as senhoras desfrutavam de sua companhia e confiavam nele. Elas juntaram-se a outras mulheres com quem eu falara e, desta maneira, formaram um grupo numeroso e tranquilizador. Passeamos. O jovem aproveitou a ocasião em que me afastei dele para dizer-lhes meu nome e falar de minhas obras. Muitas daquelas mulheres haviam lido algumas delas, e as mais jovens ouviam dizer que eram obras perigosas para sua idade, o que aumentava sua vontade de lê-las. Quando me aproximei, fiquei surpreso com o silêncio que se fez e com o modo como me olhavam. Uma mãe de família questionou minha moral. Respondi referindo-me ao respeito que se devia ao pudor das jovens, diante das quais jamais se deveria exprimir livremente, nem por meio de conversas equívocas. "Então por que escreveis obras que elas não devem ler?" "Porque, senhora, elas não serão para sempre jovens inexperientes. Assim que se casarem ou chegarem aos vinte e cinco anos, poderão, e até deverão, ler minhas obras, porque nelas irão aprender os meios de serem felizes no casamento e todas as artimanhas de sedução empregadas pelos homens; nelas conhecerão o castigo para os desvios de certas mulheres... É sempre cômodo para as mães impedirem as filhas de lerem minhas obras, mas é sempre fácil para as mães lerem-nas para digerir sua moral e passá-la mais apurada para o coração de suas filhas. Digo mais. É útil para uma moça solitária ler-me, pois ela tem necessidade de uma instrução precoce: minha moral é severa, embora eu narre más ações. Porém, com maior frequência, exponho as boas, e essas *Nouvelles* são sempre as mais agradáveis de serem lidas." Tive a satisfação de ouvir uma mãe de família dizer baixinho: "Ele tem razão!" As jovens voltaram a sorrir para mim, e o temor provocado por meu nome dissipou-se. Estávamos quase no fundo do jardim, ao lado das galerias de madeira, perto do teatro, quando um homem, que provavelmente queria fugir de uma casa de jogo, caiu diante de nós. Sentimos muito medo, pois, se tivesse caído sobre nós, teria matado alguém de nosso círculo... Não demos um só grito. Ficamos ali, estupidamente, a olhá-lo. Ele se mexe. Já nos dirigíamos, entretanto, até ele, quando apareceram dois homens saídos das arcadas; pegaram-no e levaram-no embora pelo mesmo caminho, sem que ninguém os impedisse, pois não vimos nenhuma sentinela naquele lugar. Percebemos que podíamos sair por ali, mas, fomos detidos por uma sentinela do lado de fora, que pediu nossos documentos de cidadãos. Compreendemos então como podíamos sair e voltamos para avisar alguns de nossos companheiros de detenção, que não o sabiam. Permanecemos lá voluntariamente por mais meia hora, tanto para que as damas encontrassem seus companheiros quanto para ver jogadores e emigrados serem levados.

Nunca vira semblantes como os dos primeiros: pareciam pessoas feitas de propósito para isso; seus traços, a mobilidade de suas veias, tudo estava disposto para exprimir uma patifaria, por uma contração que ninguém notava, ou para mostrar uma alegria concentrada, ou ainda para disfarçar sua raiva pela tranquilidade. Quando os artistas pintaram os diabos, seus modelos foram jogadores. Vimos algumas mulheres entre eles. Uma era bonita. Mas que tipo de beleza! Inspirava medo e repelia o desejo. As outras tinham aquela aparência... afobada das litigantes, pior ainda: diríamos, ao ver seus braços, que as mãos só poderiam ser garras de uma harpia... Uma jovem de catorze anos encontrava-se nessa confusão com dois ou três rapazes de sua idade. Disseram-nos que eram uma tratante e vários tratantes, que distraíam os jogadores, enganavam-nos com ingenuidades risíveis e por vezes com estouvamentos fingidos... Havia um velho de cabelos brancos, ar venerável, rosto honesto. O jovem que me acompanhava, que estivera uma ou duas vezes em sua espelunca, sem jogar, disse-nos que não conseguia imaginar como aquele patife ficara tão escroque sem que seus traços se alterassem. Levara outrora uma vida honesta, mas, tendo-se arruinado com um empreendimento maluco, tornara-se primeiramente escroque no jogo e, depois, dono de uma espelunca de jogos. Todos acabavam confiando nele pela bondade de seu tom e pela honestidade de suas conversas. Nem o tom nem a aparência haviam mudado. Embora seu coração estivesse profundamente corrompido, ele exprimia uma moral sã, sem afetação, com uma naturalidade que seduzia. O celerado daria um bom livro.

Após esses detalhes, os maridos reencontraram suas mulheres e saímos, mostrando nossos documentos. Separamo-nos quase imediatamente, pois íamos a bairros diferentes. O jovem e as damas acompanharam-me. Estávamos no cais des Orfèvres, quando ouvimos um grito vindo do rio. Corremos ao parapeito e olhamos. Um homem vestido atravessava o rio a nado. Um outro o perseguia, também vestido, arma na mão. Eram bons nadadores. O jovem correu para o outro lado a fim de vê-los de perto. Mas eles alcançaram uma escada. O primeiro a chegar subiu depressa e correu para as ruas. Ao chegar ao alto do cais, o último, nada vendo, hesitou. Finalmente, virou pela ponte Neuf, chegando diante do jovem. "Ah, senhor!", disse-lhe este, "estais bem molhado!" O homem não respondeu e começou a andar mais depressa. Entrou na praça Dauphine e, percebendo que estava sendo seguido, mandou, com um gesto, o jovem recuar. Este, que o sabia armado, não ousou desobedecer. Veio até nós. Separamo-nos. Cheguei em casa às três horas da manhã.

VIGÉSIMA NOITE

26 a 27 de fevereiro[105]

PILHAGEM DAS MERCEARIAS

Uma melancolia desalentadora tomara conta de mim: apesar das notícias da vitória de nossos soldados, sentia-me agitado. Era um pressentimento de nossas desgraças. A cidade também o sentia. Uma horda de arruaceiros espalhava-se por toda a parte, enviada, paga, dizem, pelos ingleses — ou pela corte da Inglaterra; pois não são a mesma coisa. Saí por volta das cinco horas, um pouco antes do entardecer. Mal dera alguns passos pelo cais, quando vi, diante da ponte

---

105. A situação é grave: coalizão do estrangeiro, derrota militar, movimentos contrarrevolucionários, guerra civil. A crise econômica envenena ainda mais tudo isso. O custo de vida sobe numa velocidade terrível, em virtude da desvalorização e da emissão contínua de mais *assignats*. Em janeiro, o *assignat* valia 60% de seu valor inicial e, em fevereiro, apenas 50%. Nas cidades falta pão, porque os camponeses não têm confiança no governo: preferem guardar o trigo em vez de vendê-lo em troca de *assignats*. A requisição fora autorizada, mas Roland, ministro do Interior, não quer aplicar medidas contrárias a seus princípios de economia liberal. Em 8 de dezembro de 1792, o comércio de cereais é liberado. A Comuna e as seções exigem de novo a taxação. Em 12 de fevereiro de 1793, uma deputação de 48 seções vai à Convenção e protesta: "Não basta ter declarado que somos republicanos franceses, é preciso ainda que o povo esteja satisfeito, é preciso que haja pão, pois onde não há pão, não há mais leis, liberdade, República." Em 25 de fevereiro, o bairro dos lombardos foi assaltado, depois praticamente toda Paris; primeiro as mulheres, depois os homens, obrigavam que lhes entregassem as mercadorias pelos preços que haviam sido fixados.

de la Tournelle, uma mercearia pilhada. Ouço dizer que o pretexto fora o preço do sabão. Vejo as mulheres do povo de Paris, desse povo bem diferente daquele do campo, porque tem sido há mais tempo aviltado; porque é obscuro e escondido; porque o antigo homem rico, por um péssimo e arraigado hábito, o tratava por tu, com o ar e o tom com que se fala a um cachorro... atacar ruidosamente e destruir, sem pensar no dia de amanhã!... Então pensei: atacaram duas mercearias, pois a da esquina dos Grands-Degrés também fora atacada, e eu não prestara atenção. São agitadores que vêm sublevar esse povo imbecil, essas mulheres dos barcos, corrompidas pela desgraça, que só veem, como o animal, o lugar e o momento presentes, que têm da merceeira, mais arrumada, mais bem-vestida, a mesma inveja que uma burguesa tem de uma advogada e de uma conselheira, que, por sua vez, invejam a mulher de negócios, a nobre! A mulher do povo acha que é só isso que ela tem a fazer para rebaixar a merceeira a seu nível; ela não percebe que, se a merceeira não ficar mais abastada, não poderá estocar mercadorias para vender e que, não podendo a merceeira estocar, ela, a lavadeira, terá muitas vezes que esperar vários dias até que as busquem, que ela perderá dias, tempo e trabalho! Que irá faltar-lhe pão! Nada disso entra em sua cabeça estúpida, e os agitadores, os traidores que a incitaram, sequer a alertaram que ela está agindo contra si mesma!... Mas por que será

Como mostra La Bretonne, o motim degenerou e tornou-se pilhagem. Aliás, vê-se que La Bretonne respeita a propriedade. Ele não diria, como o fez o abade Jacques Roux, carrasco de Luís XVI: "Os merceeiros não fizeram senão restituir ao povo aquilo pelo qual ele era obrigado a pagar caro demais já havia muito tempo." Robespierre também não se mostrou terno com relação aos pilhadores. Via neles "instrumentos de uma trama urdida contra os próprios patriotas" e acrescentava com desprezo essa fórmula: "O povo deve revoltar-se não para recolher açúcar, mas para abater os bandidos." Acima da história, colocava-se o problema da taxação e o da propriedade. A Montanha tinha reações bem próximas das da Gironda: respeito pela propriedade, recusa da economia dirigida. Mas teve de mudar de atitude diante da gravidade da crise e, se não conseguiu renunciar à propriedade, teve de introduzir um certo dirigismo em seu sistema. A Revolução será unicamente burguesa? O pobre reclamava sua parte, senão do bolo, pelo menos do pão. Em todo caso, a crise econômica provocou a perdição da Gironda.

que as seções, ao invés de se preocuparem com tantas coisas inúteis em suas longas, entediantes e ruidosas reuniões, não discutem sobre isso?... É porque os agitadores se perpetuam nas seções...

Eu avançava pela ponte de la Tournelle. As mercearias da ilha ainda não haviam sido atacadas, mas no Port au Blé, na rua de la Mortellerie, grassava a pilhagem! Um miserável pedreiro saía da mercearia da esquina da rua des Barres com sete pães doces!... Foi detido por algumas mulheres, que o roubaram... Sempre vi, pensei, disse e escrevi que o populacho sem instrução é o maior inimigo de qualquer governo. É a ele, esses seres estúpidos, que o agitador se dirige, vestido como eles. Só conheço um remédio para o mal, num país onde o populacho manda: não é a divisão igual das fortunas; isso é impossível e seria preciso fazê-lo todos os dias; mas é a comunidade, tal como eu a propunha, em 1782, em meu *Anthropographe*. Só esse projeto, colocado em execução de forma sensata e aperfeiçoado, poderia conciliar tudo. Se não o quiserem, é preciso empregar a coação contra o povo, e então adeus igualdade: pois jamais o povo compreenderá que, no sistema atual, em que todas as propriedades são isoladas, os ricos, que são armazeneiros políticos, são necessários. Que seria a maior das desgraças serem todos perdulários ou sem ofício, como os ancestrais dos pobres ou os próprios pobres; que é preciso, no sistema atual, proteger as propriedades e só impedir as grandes fortunas em terras, porque os que têm terra demais destinam parte dela ao luxo, inutilizando-a para a cultura. Eis a grande, a eterna verdade! Se um outro que não eu tivesse composto o *Anthropographe,* eu o louvaria aos quatro ventos e o apresentaria à Convenção Nacional; mas não gosto de aparecer.

Não se conseguiria enumerar os abusos e até os crimes que aconteceram na pilhagem das mercearias!... Nossos maus elementos, unidos aos agitadores estrangeiros, exerciam um verdadeiro banditismo, como na pilhagem de uma cidade tomada de assalto. Disseram-me que em uma mercearia cujo proprietário é bastante rico, mas que não quer que todos saibam de suas desgraças, entraram seis celerados que se supõe serem da vizinhança, entre os quais três amos e três criados, os quais, após terem pilhado toda a sua prataria e deixado, no entanto, o dinheiro, amarraram às quatro colunas do leito sua mulher, ainda de boa aparência, e suas filhas bem bonitas da primeira mulher; que as violentaram, isto é, os amos, enquanto os criados ficavam ali, sabre na mão e pistolas no cinto; que o crime fora cometido com deferências que assinalavam a paixão, isso diante do marido amarrado; que reincidiram três vezes, deixando as vítimas repousar e acariciando-as, ora com doçura, ora com arrebatamento; que, após essa ação, desamarraram-nas e tentaram acalmá-las, e depois se retiraram, os primeiros, de costas, escoltados por seus criados, pistolas nas mãos, prontos para atirar; que sua mulher e suas filhas, antes de mais nada, trataram de desamarrá-lo, o que dera tempo para os três celerados fugirem: "Não coloco esses criados covardes na categoria dos homens", disse ele. Foi com muita justiça que não se admitiu essa classe na categoria dos cidadãos!

Numa outra loja, três bandidos atraíram o proprietário e a proprietária para seu quarto, no primeiro andar, amarraram-nos e esquentaram-lhes os pés com uma vela até que eles indicassem tudo o que tinham de precioso, ouro, prata, *assignats,* roupa fina de cama, rendas, vestidos de seda. Levaram tudo, e os dois desgraçados, a quem mais amedrontaram do que machucaram, foram jogados em sua cama, onde os deixaram.

Eu poderia ainda narrar muitas outras pilhagens e roubos, mas seriam repetitivos. Devo agora passar ao que vi.

Percorri naquela noite a rua Saint-Antoine e os cais Pelletier, de Grève, de la Ferraille; as ruas de l'Arbre-Sec, Saint-Honoré, la Nouvelle Halle; as ruas J.-J. Rousseau, Verdelet, des Vieux-Augustins, des Petits-Champs, etc. Na rua Montmartre, vi saírem da loja de um merceeiro assaltado duas pessoas, a filha e a mãe; não eram a mulher e a filha do merceeiro; a mãe era minha antiga conhecida, que eu só voltara a ver uma vez desde seu casamento, em 1786, ou seja, depois de seis anos, pois ela se casara em 11 de julho de 1780, como está escrito na ilha. "Olá, senhora, aonde ides?" "Ah, senhor, estou indo depressa à seção para avisar que estão assassinando um merceeiro em sua casa, no primeiro andar! Sua mulher e sua filha estão dando gritos horrendos." "Ide, senhora: permanecerei aqui. Tentarei entrar, fingindo que estou à sua procura." Entrei no edifício, penetrei na loja e subi a escada interna que leva ao primeiro andar. Ao chegar no quarto, vi três bandidos que seguravam o merceeiro e três outros que retinham sua mulher, seu filho e sua filha. Reconheci um deles, que outrora fora meu empregado. Retirei-me para a porta e de lá gritei: "Fulano de tal? Conheço-te: estás perdido, tu e teus cúmplices!" Ao mesmo tempo, precipitei-me escada abaixo. Ouvi um ruído: obrigavam o proprietário a abrir a porta da escada. Um momento depois, o filho do merceeiro gritou: "Senhor! Senhor! Eles fugiram!" Tornei a subir. De fato, os seis bandidos haviam partido. Agradeceram-me, como a um salvador. Quem eram esses homens? Seis operários devassos que aproveitavam a ocasião para ganhar dinheiro sem fazer nada. Esse é o efeito funesto do excedente pago aos operários em algumas profissões! A facilidade de ganhar os torna devassos; vêm os feriados infelizes; eles exigem pagamento extra para trabalhar nesses dias e, no dia seguinte, vão comer essa gratificação, e mais; sua goela se esquenta, perdem a cabeça, empregam todos os meios, até o crime, para fazer dinheiro. Eu já disse: "Nada mais insensato, nada mais imoral que dois feriados seguidos, imaginem três! Um feriado no meio da semana, nas grandes cidades, é um dia de desordem indicado pelo governo e pela religião, é um crime de lesa-sociedade!" Que se dirijam a mim, que conheço melhor do que ninguém a classe dos operários. Todos os dias espanto-me que os eleitores de Paris não tenham procurado para a Convenção o operário mais esclarecido, o artesão mais esclarecido, o comerciante mais esclarecido, o homem de letras mais honesto, pois, se eles existem, é um fenômeno raro que deve ser conhecido. Esses valeriam mais que... Talvez não seja o caso de citar seus nomes, apesar da liberdade de imprensa. De acordo com o provérbio: *Nem todas as verdades devem ser ditas.*

A senhora Maillot (a senhora de quem falei) voltou desolada com a filha: toda a guarda estava em patrulha; só restava a sentinela no corpo de guarda. "Está tudo bem", disseram-lhe, "por um feliz acaso que nos enviou esse senhor." Souberam que esse acaso feliz fora a senhora Maillot, a quem agradeceram. Deixei minha antiga amiga e essa gente boa às onze horas e fui embora sem aceitar um convite para a casa da senhora Maillot: não gosto mais de voltar tarde para casa, desde que o infame herói da oitava noite da *Semaine nocturne* (parte XV das *Nuits*) mandou que me espreitassem com o intuito de me assassinar. Voltei a passar pela rua Saint-Honoré, onde vi uma multidão ao redor da mercearia na esquina da rua des Poulies: o que mais me surpreendeu foi ver uma verdadeira dama incitando o povo a derrubar a porta. Aproximei-me para lhe perguntar a causa de sua obstinação. "Como, cidadão?", disse ela, "esse homem também vende sapatos!" "Então a senhora é sapateira?" "Não", disse secamente o homem que a acompanhava, "mas a senhora não quer que ninguém exerça vários ofícios." "O senhor então é jurado da comunidade?" O homem e a mulher afastaram-se. "Pior que isso", disse-me bem alto um homem que nos ouvira. "É um antigo comissário! É N...ch." (Disse-me um nome muito conhecido.) "Ah", exclamei, "estou entendendo: o senhor e a senhora querem trazer de volta o *Ancien Régime*." Como N...ch e sua mulher correram ao escutar essa frase! Num instante haviam desaparecido.

Só deparei com mais um acontecimento, e foi quase em meu bairro. Debaixo da ponte Saint-Michel havia uma multidão. A porta da mercearia ao lado do café-restaurante estava fechada e, diante dela, havia um homem sozinho, armado de um sabre, defendendo-se — pois estava sendo covardemente atacado. Ouvi-o gritar: "Ora, estais começando a me aborrecer! Retirai-vos e deixai-me passar!" As mulheres responderam-lhe com injúrias, e os homens se esforçaram para lhe tomar o sabre. Quatro homens pegaram a lâmina. O homem a retira e corta as mãos que a seguravam. Depois, enfrentando a multidão desse insensato povo de Auvergne, que queria sua parte da pilhagem, agita a espada ao seu redor. Cedendo, o populacho o liberta. Continua esgrimindo sem, no entanto, desferir qualquer golpe, mas ameaçando cortar em dois o primeiro que se aproximasse. Quarenta homens fortes e furiosos cederam diante da verdadeira coragem; as mulheres-fúrias, uma das quais recebeu um golpe, foram as primeiras a fugir. Três homens honestos passaram para o lado do herói; juntei-me a eles para fazer número, e a multidão desapareceu. Cumprimentei o jovem corajoso.

VIGÉSIMA PRIMEIRA NOITE

28 de fevereiro

DEVASTAÇÕES

Estamos às vésperas de grandes desgraças, que já começaram sem que o soubéssemos. Ai de nós! No mesmo dia em que uma boa notícia nos chega de longe, um infortúnio nos esmaga no próprio lugar de onde ela partiu alguns dias antes!... A pilhagem das mercearias anunciava os movimentos dos revoltosos nos departamentos da Vendeia, da Loire-Inférieure[106], etc., mas não se anunciavam nossas perdas no exterior.[107] No momento em que Paris parecia voltar a se

---

106. Essas regiões haviam permanecido profundamente ligadas à realeza e aos padres refratários. Era necessário recrutar homens para enfrentar o perigo diante do qual se encontrava a França, atacada pelo estrangeiro: o recrutamento foi decretado em 24 de fevereiro de 1793. Este levante de trezentos mil homens encontrou oposição em muitas regiões. No final de fevereiro, e sobretudo em março, eclodem graves agitações. Na Ille-et-Vilaine formam-se agrupamentos aos gritos de "Viva o rei Luís XVII, os nobres e os padres!" Na Vendeia e no Maine-et-Loire, as agitações são muito mais graves. Nos primeiros dias de março, no mercado de Cholet, os camponeses, armados de forcados, afastam a guarda nacional. Dessa forma se fortalece a resistência da Vendeia. O levante prolonga-se pelos dias seguintes. Os camponeses exigem: "A paz! A paz! Nada de tiros!" La Bretonne talvez se tenha antecipado um pouco, pois em 28 de fevereiro as agitações ainda são restritas, perto do que serão em março.

107. Em 1º de março, o exército austríaco vencerá o exército da Bélgica. Aix-la-Chapelle e Liège serão evacuadas. A França perderá a Bélgica e em seguida a margem esquerda do Reno no mês de março de 1793.

assentar um pouco, em que as seções acabavam de jurar defender as propriedades, um golpe inesperado, inexplicável, inconcebível, veio trazer pavor a todos!... Num sábado, às dez horas da noite, oitenta homens armados chegam à rua Serpente: vinte bloqueiam uma saída da rua, outros vinte, a outra. Usam o uniforme dos Dragões. Quarenta entram na tipografia do *Chronique,* jornal a princípio patriota, mas que, passando para mãos suspeitas, tornara-se federalista; quebram as formas, as impressoras, rasgam o papel impresso, mesmo de outras obras, arrasam tudo em cinco minutos e desaparecem quando um homem, impedido de sair para fazer seus negócios, começa a gritar...[108] Uma comissão da seção do Théâtre-Français constatou os prejuízos. Não seria difícil remontar às origens do acontecimento; um homem da esquina da rua des Mathurins sabia do plano de pilhagem desde a véspera (gabava-se de sabê-lo). Por quem soubera? Não concebo a imprudência de certas pessoas! É preciso fazê-las envergonhar-se disso, pois deviam evitar o mal ou calar-se...

Enquanto essa cena acontecia na rua Serpente, ou depois que acabou, ela alcançou a casa de um homem ainda mais culpado, pois era deputado charlatão e pérfido. Este foi obrigado a fugir quando soube que lhe ameaçavam a vida. Passou incógnito pelos devastadores, duas pistolas nas mãos e, como temia ser reconhecido à porta, saltou um muro de jardim.

Pankouke, para seu *Moniteur,* e Prudhomme, para suas *Révolutions,* evitaram o destino dos dois outros armando-se: o primeiro tinha até um canhão assestado em seu quintal.

Quando passei diante da rua Serpente, fiquei extremamente surpreso por vê-la bloqueada. Não sabia quem poderia informar-me. Por que não estabeleceram a regra de que toda execução militar feita de dia, e sobretudo à noite, na República, deveria ser declarada ao

---

108. Mais uma vez La Bretonne antecipa um pouco: foi em 9 de março que as tipografias dos jornais girondinos *La Chronique de Paris* e *Le Patriote Français* foram saqueadas. Tipógrafo, depois dono de tipografia, defensor da liberdade de imprensa, La Bretonne fica particularmente indignado com esse saque.

primeiro cidadão que interpelasse? Então seria possível saber quando um crime está sendo cometido por bandidos, pois a falta de resposta os denunciaria. Por que não é proibido interditar a passagem das ruas aos transeuntes solitários? No dia da pilhagem das mercearias, um sargento armado de lança queria impedir que eu voltasse pela rua des Vieilles-Étuves-Saint-Honoré. Disse-me com brutalidade que eu já passara três vezes sem me manifestar. E qual era o problema de eu ter passado três vezes, já que estava sozinho e tranquilo?... Mas o estúpido repetia-me o que já dissera a outros; queria aproveitar seu momento de autoridade para repreender alguém. Restam ainda muitas leis a estabelecer, antes que os cidadãos possam gozar de sua liberdade! Passei portanto sem nada me dizerem. Nem mesmo soube do fato naquela noite, pois não voltei a esse bairro. Fui ao café Robert-Manouri, cuja numerosa frequência o tornava tão divertido e instrutivo. Após um momento de descanso, fui ao Palais-Égalité, depois saí pela rua Vivienne e fui até a rua Saint-Fiacre.

CONTINUAÇÃO DOS HOMENS QUE NADAVAM

Foi na esquina da rua Notre-Dame-des-Victoires, perto da rua Montmartre, no lugar mais solitário, que vi dois homens saltando um sobre o outro: abraçaram-se, derrubaram-se, sufocaram-se. Aproximei-me. "Vai-te embora!", disseram-me. Fraco e sem armas, retirava-me, quando ouvi o mais velho dizer ao outro: "Escapaste atravessando o rio no outro dia, mas agora te peguei!" "És meu pai!", respondeu o outro; "mas se não me deixas!..." Anussei-me[109]; eles já não me viam. "Infeliz!", diz o pai, "morrerás pelas minhas mãos! Covarde! Traíste teu rei, teu deus!" "Só traí os abusos... Mas tu, tu, miserável, cheio de vícios, que abusaste de tua filha... envenenaste minha mãe... Sim, morrerás nas minhas mãos..." Ao mesmo tempo, saltou por cima

---

[109]. *Anussé*: essa palavra estranha não seria uma invenção de La Bretonne, a partir da palavra *anus* e sinônima de *reculé*?

dele e ia golpeá-lo com um estilete. Gritei a altos brados. O filho largou o pai e fugiu correndo para o lado da praça Victoires, hoje da Révolution, acho. O pai perseguiu-o. Acreditei ver que o filho estava bem na frente e, além disso, corria muito mais, embora o pai fosse jovem e forte. "Ah", pensei, "Paris é povoada, hoje, por sujeitos mais perversos que os do *Ancien Régime*! Não que eu o lamente; havia abusos demais!" "Fizestes bem, meu velho, em acrescentar essa última palavra", disse-me um jovem guarda nacional bem armado, "pois eu vos julgaria um aristocrata!" Acompanhou-me e conversamos.

Quem melhor do que eu sentiu os abusos do *Ancien Régime*?[110] Só estive livre em Paris por uns cinco anos, do final de 1765 ao começo de 1766, de meados de 1767 ao mês de abril de 1769. Desde essa época, a mão do despotismo pesou sobre mim e perseguiu-me até 1785. Todos os meus dias foram conturbados, minhas noites, agitadas; ao menor ruído de carruagem parando à minha porta, achava que Dhemeri estava chegando para me prender. No entanto, eu nada imprimia sem o carimbo do censor. Mas convenceram-me, em 1776, que um censor não me protegia da Bastilha: o isento Goupil, com uma ordem em branco, assinada Albert, tenente de polícia, ia levar-me preso por causa do *Paysan* se, advertido por um de seus sectários, eu não tivesse fugido.

Transformei-me em inimigo mortal do funcionário Demarolles e do suboficial Dhemeri por um *Contre-avis* aos homens de letras em resposta ao *Avis* de Falbaire, sobre o comércio de livros, que esses subalternos queriam transformar numa mina de riquezas. Em 1793,

---

110. A partir desses acontecimentos, La Bretonne faz o histórico de seus problemas com a censura, intimamente ligados à história de sua criação literária. Faz, então, um relatório bastante exaustivo dos abusos do *Ancien Régime*. Dessa forma, dá uma conclusão a essas noites revolucionárias. Mas os acontecimentos se precipitam: no momento em que acreditava estar terminando sua obra, tantas catástrofes acumulavam-se sobre a França que achou necessário acrescentar cinco noites supranumerárias. No momento da impressão, ainda foi preciso acrescentar uma nota final. Em sua corrida com a história, La Bretonne, por mais fecundo e rápido que seja, sempre se arrisca a ficar para trás, pois os acontecimentos se sucedem num ritmo acelerado.

traído por Terrasson, que eu acreditava meu amigo, vi proibida minha *Paysanne,* já impressa, as gravuras prontas! Fiquei na miséria: por dois anos esperei uma mudança de administrador. Villedeuil sucedeu finalmente ao ávido Neville; um censor bem diferente do vil e baixo Sanci, que foi nomeado secretamente censor de minha *École des pères* e que a estragou, foi-me dado por esse último administrador no lugar do pérfido Terrasson, preceptor do marquês de Louvois (foi o cidadão Toustain Richebourg), e, por um tempo, minha *Paysanne,* assim como minha existência, foram salvas. Meus problemas acabaram: tornei-me menos escravo. Aproveitei. Depois vieram os problemas: primeiro, o caso do cardeal-*collier,* depois os notáveis; depois Calonne, Necker; finalmente os Estados Gerais, a Assembleia Nacional e a Revolução, a primeira, a segunda e logo a terceira. O abalo foi total. Perdi tudo o que eu tinha, pelo não valor, por não compras, por não leitores; dispensei todos o que empregava e tornei-me ao mesmo tempo autor, impressor, paginador, encadernador, livreiro, propagandista, entregador; ora, um homem que exerce tantos ofícios, exerce-os todos mal. Foi o que me aconteceu. Estava completamente perdido quando, no mês de janeiro, um homem generoso veio me socorrer. Bendito seja ele! É o senhor Arthaud, que conheceis...

Mas só vos falei de mim. Repassemos agora todos os abusos do *Ancien Régime.*

1º) A corte, com suas despesas exacerbadas, sua imoralidade, seu mau exemplo, seu desprezo pelo gênero humano, pela segunda nobreza e pela plebe. Ela considerava a alta nobreza como a primeira espécie de macacos; a segunda nobreza como a segunda espécie, o orangotango; a plebe, como macacos cercopitecos, ou os primeiros dos quadrúpedes.

2º) Os ministros, com seu despotismo, sua crueldade, sua avareza, suas rapinas, suas devastações.

3º) Os intendentes, piores do que os ministros porque tinham menos poder: eram mais vingativos, mais cruéis.

4º) Os magistrados, bandidos insaciáveis, déspotas que não respiravam, não pensavam, não falavam, não escreviam, não liam, não trabalhavam, não descansavam, não comiam, não bebiam, não dormiam, não acariciavam uma mulher sem fazer o mal. Nunca viam um ser vivo, jovem, velho, bonito, feio, espirituoso, estúpido, bom ou ruim, a não ser para lhe causar mal. Jamais houve animal mais cruel, mais ávido de sangue do que eles o eram de lágrimas e sobretudo de dinheiro. Se eles vos amassem, mulheres, era necessário tremer: vosso pudor sacrificado à sua lascívia, vossa pudica resistência também vos perdiam. Quando escrevo sobre esses celerados, mergulho minha pena no fel e tremo de pavor ao pensar que nossos novos juízes possam se parecer com eles...

5º) O baixo funcionalismo. Ah, não nos livramos deles e, nesse ponto, nada ganhamos com a Revolução! O procurador ávido existe sob um outro nome; o execrável advogado ainda escreve e papagueia com sua verborreia, ainda mente à justiça; o meirinho ainda explora, ainda expede intimações, mandados, sentenças, ainda toma e vende os móveis e absorve seu valor pelas despesas! Ainda prevarica nos leilões, nas vendas por penhora, ou após os óbitos. Vede meu *Thesmographe,* em que conto todas essas trapaças; ainda são as mesmas. Não abalamos o jugo mais pesado, não estamos livres dos bandidos mais perigosos...

6º) Os impostos: eles são mais pesados. É verdade que enfrentamos uma guerra terrível... Pago setenta libras. Pago 36 sóis de imposto na qualidade de trabalhador impressor. Pago 35 ou quarenta libras para escrever em casa. Estou arruinado e pago cada vez mais. O mesmo acontece nos departamentos. O povo do campo, que ganhou o dízimo, é o único que obteve certo alívio. Mas também esse alívio é tudo o que ele tem: é a liberdade no lugar da escravidão; o camponês só se tornou homem depois da Revolução, e ele o é na plenitude do termo, excetuando-se os meirinhos e procuradores, os últimos com outros nomes. Havereis de concordar.

6º [*bis*]) A caça. Que abuso monstruoso existia outrora! Para o prazer de um nobre orgulhoso, tolo ou cheio de vícios, o habitante dos campos era considerado inferior aos animais selvagens; era obrigado a vê-los devorar suas colheitas sem sequer poder expulsá-los.

Um couteiro lhes dizia: "Eles estão em tua casa, deves deixá-los ficar; por que pretendes empurrá-los para a casa de outra pessoa?" Esse nobre vil diminuía para seu prazer a subsistência do gênero humano e aniquilava, pela fome, gerações, as que existiam, para ter o prazer de atirar em alguns animais devastadores e comê-los! Não é só isso; o senhor onerava o pacífico habitante dos campos, não somente por seus couteiros, mas ainda por seus procuradores fiscais, seus bailios, obrigados a serem injustos para lhe agradarem, a cortejarem-no e a satisfazer ou sua cupidez ou sua malvadeza. Entretanto, aqui, em nosso teatro italiano, era sempre o senhor que era bom; o bailio era sempre malvado, era a *bête noir*, nunca se tratava do procurador fiscal, que era o braço direito do senhor e sem o qual o bailio nada podia fazer. De onde vem esse arranjo? Perguntai, como eu, a Favart. É que esse senhor teria sido sensível ao problema de seu fiscal da mesma forma que ao seu próprio problema: é que teríamos visto claramente por essa atitude que parte ele tinha nisso. Para os camponeses, os abusos do *Ancien Régime* eram tão atrozes quanto impolíticos. Mas era preciso alimentar os senhores, porque os próprios reis eram senhores; porque eles próprios procediam a caçadas ainda mais desastrosas que a dos senhores, chamadas por um nome que fazia tudo tremer, os prazeres do rei.

7º) Os padres. Aqui incluo todo o clero. O *Ancien Régime,* que queria usar e abusar de tudo, até da superstição, que o sustentava, caminhava estupidamente rumo à destruição dessa mesma superstição, favorecendo as riquezas escandalosas dos padres, dos bispos e dos abades. Qual a razão disso? É que a corte queria recompensar esses gig...ôs, assim como seus desavergonhados que vendiam privilégios. É que ela contava com a cegueira do povo, que escutaria com tanta confiança um sermão do abade Mauri ou do abade Calonne quanto o de um santo padre como o cura de Courgis. É que ela contava mais com o discurso desses vagabundos do que com os de um bom clérigo; o vagabundo nunca atacava os abusos, só adensava o véu da superstição. O que a princípio parece uma inconsequência era portanto uma visão bastante sutil para uma época, e essa época se prolongou até o momento em que o saber se espalhou nas cidades. Num instante, quando se pôde falar, o padre caiu no desprezo mais profundo. Mas ele se manteve numa parte dos departamentos, principalmente nos mais isolados, como a Vendeia, o Aunis, a Saintonge e todo o antigo Poitou. Os Mauris e os Calonnes podem e devem ainda fazer o maior sucesso por lá, enquanto um padre simples e um pouco *quaker*, como o bom Creuzot, cura de Saint-Loup d'Auxerre, será amaldiçoado, vilipendiado, não terá crédito. A corte portanto foi estúpida, mas por ter confiado em pessoas que não aprofundaram nada. Por que hoje, 13 de abril de 1793, creio na permanência da nova ordem, apesar dos perigos iminentes que a ameaçam? É que o restabelecimento da antiga é impossível. A corte restabelecida pela força não poderá jamais restabelecer seu clero, seus parlamentos, seus intendentes, etc. A violência não pode durar para sempre e, assim que a nação tivesse um instante para se reconhecer, o despotismo estaria perdido, mas de uma maneira mais terrível que a precedente. Digo todos os dias aos antigos nobres: "Não alimenteis uma esperança vã! Se vos restabelecerem, pior para vós: estarão decretando vosso extermínio total. Os séculos são sempre os mesmos e são sempre diferentes. O monarquismo, o feudalismo acabarão para sempre, precisamente porque duraram tempo demais..." "Mas, na China, o governo não continua o mesmo?" Não, pois ela foi conquistada pelos tártaros!... Mas ele não é monárquico, é paternal: não há feudalismo, nobreza hereditária, pois não se deve considerar o tartarismo como uma nobreza; é uma simples nacionalidade. O turquismo, nos Estados barbarescos, parece mais com nosso feudalismo, sem no entanto ser a mesma coisa. O feudalismo é um governo louco, que só durou muito devido às circunstâncias. Na China, o governo paternal do Estado é parecido com o governo das famílias, e é essa semelhança que o mantém. O tártaro conquistador sentiu, ao entrar na China, que essa semelhança era a melhor ideia que poderia ter entrado na cabeça dos homens, e nada mudou em um governo que é eterno por sua natureza, pois cada chefe de família, ou seja, todos, exceto as crianças e as mulheres, estão interessados em conservá-lo. Sou o primeiro a dizer essa verdade incontestável. Entretanto, ocorrem mudanças na China; é o destino das coisas humanas, e tenho certeza de que um chinês de três mil anos atrás, recolocado em seu solo, com suas memórias, reclamaria bastante! Mas é o país onde se muda menos, e acabo de dizer os motivos disso. Há outras causas que, juntas, a fortalecem: a população imensa necessita de uma ocupação permanente, e esta proíbe qualquer novidade, etc. Mas nossos governos europeus! Com exceção do republicanismo, surpreendo-me que possam durar mais de um século. E o republicanismo só deve durar se for bem organizado. Abandonai, portanto, uma esperança vã, ó nobres! Tudo o que fizerdes para conservar vossos direitos só aumentarão vossas dificuldades e as nossas.

8º) O *Ancien Régime* tinha uma infinidade de outros abusos: os privilégios, que os ricos arrancavam aos contribuintes e cuja cota os esmagava; os pedágios, que atrapalhavam o comércio; as gabelas, que condenavam o vinhateiro a jamais beber vinho e por vezes a não poder salvar uma fatia de pão esfregada com alho; o protecionismo, que fazia o pobre perder todas as contestações que lhe intentavam injustamente; as corveias, tanto públicas quanto senhoriais, que roubavam tempo ao infeliz, que só pode vender seu tempo; a submissão das classes mais baixas, por progressão, a todas as outras, de maneira que, na razão inversa da natureza, a mais elevada pesava menos. E é esta a razão próxima da extrema insolência que hoje o populacho mostra; vinga-se das classes que mais o prejudicavam. E a tamanha nulidade dos indivíduos, que não podiam se dizer cidadãos, etc. etc. Sentiu-se tudo isso e deseja-se que o *Ancien Régime* possa voltar! É querer o impossível!... Não falarei da razão (é o menos embaraçoso) que grita há muito tempo contra a nobreza da raça!... Ainda se, como no *Anthropographe,* tivessem estabelecido a degradação progressiva do nobre, quem não reavivaria sua nobreza por ações boas ou belas?... Mas não! Uma longa sucessão de imbecis ou de monstros transmitia um sangue cada vez mais nobre aos seus descendentes. Sempre observei que o meio de perder tudo era querer ter demais. Indiquei a verdade acima quando falava das riquezas apóstatas do clero.

A corte as conservava não só pelos motivos já expostos, mas ainda para favorecer sua nobreza, cujos jovens cumulava com bispados e títulos de abade: por esse meio, a nobreza tinha tudo, a senhoriagem feudal e o poder sobre as consciências. Só ela tinha o direito, afronta que recaiu sobre sua cabeça, de benzer a plebe prosternada dizendo, às vezes bastante alto: "Inclinai-vos, plebeus, inclinai-vos diante de um fidalgo!" Ela estava nos altos cargos das cortes de magistratura, onde tinha o prazer de mandar supliciar, queimar, enforcar, chicotear e marcar a plebe, maculá-la, arruiná-la e, ainda, fazer com que suas filhas e suas mulheres se perdessem. Era muito! Era demais! Quem abraça demais, estreita mal.

PRIMEIRA NOITE
SUPRANUMERÁRIA

2, 3 e 4 de abril

DERROTAS

Nossas vitórias cessaram no final de fevereiro de 1793, e as perdas foram tão rápidas que amedrontam a imaginação. Mas consola-te, ó nação francesa, não são o efeito nem de tua fraqueza, nem de tua falta de coragem!... Celerados provocaram teus reveses, eles irão pagá-los com suas cabeças.

A retomada de Frankfurt pelos prussianos foi nossa primeira derrota: surpreendeu os franceses! A segunda foi a tempestade que afastou o navio de Truguet da Sardenha... A terceira foi terrível: estávamos mergulhados em profunda segurança. Diziam que nossos exércitos conquistavam a Holanda! Impunham-nos isso. E, enquanto acreditávamos em um monstro às portas de Amsterdã, morrendo de vontande de abri-las, o infame conferenciava com os emissários de Francisco e Frederico Guilherme. Que todos os traidores pereçam! Que pereçam todos os aristocratas do interior, que se deleitam com os desastres de sua pátria!... Mas que pereçam igualmente os anarquistas, esses insensatos que acreditam que possamos viver num estado de coisas que só é vantajoso para eles.

Nossa quarta derrota ocorreu em Aix-la-Chapelle, onde nossas tropas foram surpreendidas pela traição dos generais, a maior parte deles mancomunada com o mais infame dos homens, o imoral Dumouriez!... Os comissários da Convenção em Liège viram o golpe, mandaram tirar o tesouro da cidade... Liège, nossa amiga, nossa confederada, voltou a cair sob o poder dos tiranos! Ó Liège, chorei por ti como se fosses minha pátria!... Bajulavam-nos; o traidor Dumouriez, que se divertia propositalmente na Holanda, publicava que cobriria o resto da Bélgica: e o traidor a entrega! Louvain, Malines, Bruxelas, Bruges, a fanática, tudo é entregue, até Antuérpia e Ostende. Ali mesmo, o duvidoso comodoro Moreton é entregue, com seus navios, à frota inglesa e holandesa! Breda e Gertruydemberg são evacuadas e abandonadas à fúria dos governadores das províncias, os *stathouder*!... Sim, Dumouriez salva nossa honra; sem a traição, que nos justifica, estaríamos aviltados aos olhos da Europa, do universo, e mereceríamos a sorte da infeliz Polônia! Finalmente o traidor se desmascarou! Não contente em desobedecer à Convenção, agiu da forma mais covarde, cometeu o mais terrível dos crimes! Mandou prender os delegados e os enviou, em veículo fechado, a Tournai, ao general inimigo, a Cobourg; o qual, se os detiver, será um monstro infame como Dumouriez! Escrevo isso em 5 de abril e aguardo os acontecimentos.[111]

---

111. Ver nota 78. Dumouriez retirou-se para o sul da Bélgica e reuniu Miranda e Valence, seus tenentes. Foi derrotado em 18 de março em Neerwinden e em 21 de março em Louvain. Foi então que entrou em negociações com o general austríaco Cobourg. Queria dissolver a Convenção, restabelecer a monarquia com Luís XVII e a Constituição de 1791. Para derrubar a Convenção, Dumouriez precisava da neutralidade dos inimigos, pois não conseguira vencê-los. Daí essas negociações, em que se comprometia a evacuar a Bélgica. Mas não guardou segredo das negociações. Os boatos chegam à Convenção, que envia delegados para detê-lo. Ele lhes responde: "Quando minha pátria tiver um governo e leis, dar-lhe-ei satisfação de meus atos e submeter-me-ei a seu julgamento. Atualmente considero minha cabeça preciosa demais para entregá-la a vosso tribunal arbitrário." Manda prender os delegados e os entrega aos austríacos, com a ideia de transformá-los em reféns que poderiam ser trocados pela família real. Quis arrastar seu exército para atacar Paris: "Já é tempo que o exército purgue a França dos assassinos e dos agitadores e deixe nosso infeliz país descansar." Esse golpe quase deu certo. Terminaria assim a Revolução? Dumouriez tinha a envergadura de Bonaparte?

Na noite do dia 2 tomamos conhecimento da autuação dos delegados do poder executivo. Ninguém acreditou nisso. Na noite do dia 3, tudo o que contei foi noticiado. No momento em que recebeu as terríveis notícias, Paris inteira sai às ruas. Aproximei-me de todos aqueles que vi para ouvir o sentimento público. Percebi que o grupo debaixo da ponte Saint-Michel estava unido em torno de um agitador pago que tentava enlouquecê-lo. Falei em voz baixa com alguns cidadãos razoáveis, que o abandonaram e levaram mais alguns com eles. O da praça da Pont-Neuf era muito mais bem formado, só tive de auxiliá-lo. Ele aspirava pela união, pela concórdia, enquanto o outro exortava os cidadãos a correrem atrás de todos os suspeitos de aristocracia e apunhalá-los. Com certeza era um bandido... O grupo da praça des Trois-Maries estava furioso, mas não me pareceu que nele houvesse bandidos. Só ouvi muitos desses operários indisciplinados, que queriam elevar os salários a tal ponto que seria impossível a alguém ser empregador, a menos que só houvesse uma nação no mundo e, consequentemente, nenhuma concorrência. Pois quando a mão de obra é cara demais num país, todas as suas artes e ofícios decaem; os cidadãos se abastecem no exterior, e ninguém do exterior pode comprar de uma nação que tem uma mão de obra muito cara. É isso que o operário estúpido não concebe. Nada me irrita mais do

---

É duvidoso. Mas seu exército o adorava e parte dele continuava ligado ao *Ancien Régime,* enquanto os artilheiros tendiam mais para o governo da Revolução. Finalmente os soldados não o acompanharam. Então, em 5 de abril, ele irá unir-se ao futuro Luís Filipe e ao exército austríaco. Só poderia escolher entre a guilhotina e a traição. Preferiu a última.

Eis como Mme Roland, em suas *Mémoires,* julga Dumouriez: "Estou convencida de que Dumouriez não fora à Bélgica com a intenção de trair. Teria servido à República como a um rei, contanto que nela fosse glorificado e obtivesse lucro, mas com os maus decretos da Convenção, a terrível conduta de seus delegados, as tolices do poder Executivo prejudicando nossa causa naquele país, e a forma com que os negócios se conduziam, encaminhando-se para uma reviravolta geral, teve a ideia de mudar seu curso e perdeu-se em tramas por falta de prudência e maturidade." Vemos que La Bretonne absolutamente não compartilha a indulgência de Mme Roland. Ele representa a comoção popular nos dias em que a Revolução e a França parecem soçobrar na tormenta.

que os ignorantes e os tolos, apesar da loucura que é irritar-se contra mais de três quartos do mundo. Se disserdes isso a um grupo, não vos escutarão. Não conseguireis ser ouvido por ninguém, porque seria necessária uma discussão fria. Quanto aos negócios públicos, os sentimentos do grupo eram bons.

O Palais-l'Égalité estava cheio, mas não era nada perto das Tulherias. Por toda a parte, a mesma linguagem, por toda a parte agitadores, e também pessoas honestas. Convenci cinco ou seis destes grupos a entrarem nos grupos opostos para amaldiçoar os mal-intencionados e fui bem-sucedido... Nas Tulherias fui reconhecido por um homem que se dirigiu a mim pelo meu nome. Não me agradou. Não gostei de seu tom, e parecia ter más intenções. Disse a uma mulher que estava a meu lado e falara comigo: "Conheceis esse homem?" Ela o olhou e deu-me uma cotovelada. Aproximei-me, e ela disse: "É da minha seção, de Piques; não sei seu nome, mas posso tentar sabê-lo até amanhã. Às vezes faz discursos por lá e não é muito estimado." O homem percebeu que ela me falava dele e, acreditando-a minha conhecida, afastou-se. Segui-o com os olhos. Aproximou-se da porta do café, que fora interditado pela corte em julho de 1792, e escondeu-se atrás de alguém com quem parecia conversar em voz baixa. Mostrei-os à mulher: "Ah, conheço o outro", disse-me ela, "era um funcionário do departamento da Guerra. Foi despedido." Como eu não tinha nenhuma relação com os homens daquela classe, fiquei tranquilo, mas continuei fitando-os. O mesmo que me chamou pelo nome levantou-se e veio até mim. Eu caminhava à medida que ele avançava, evitando-o. Ele voltou em direção ao outro homem, ao qual disse: "Ele não está mais aqui, fica para uma outra vez." Finalmente, um terceiro homem juntou-se a eles: pareceu-me falar-lhes com vivacidade. Tentei escutar. "Como podeis negar-me isso, a mim, que sou de Fontenay-le-Comte?" "Como ele ficou conhecido naquela região?" "Vou contar-vos como: por um médico que se chama Monet, homem de mérito, mas um tanto rude, o que faz com que sua conversa seja cansativa. Adora-o. É de Chef-Boutonè: moveu céus e terra para que ele fosse nomeado deputado. Havia conseguido, quando chegou à região uma espécie de delegado que, acho, conferira o cargo para si próprio. Esse homem disse ser amigo íntimo do homem para o qual Monet conseguira a nomeação. Ele encarregou-se de escrever-lhe pedindo que aceitasse o cargo. Monet ficou encantado; sua última carta ao homem em questão ficara sem resposta. Oito dias depois, o pretenso delegado voltou com uma carta pela qual nosso homem recusava. Todos ficaram muito irritados! Monet parecia bem envergonhado... O delegado partiu levando a carta. Naquele instante, Monet pensou que a deveria ter lido. Encontrou alguém que a lera. Teve a ideia de mostrar-lhe uma carta verdadeira do personagem. O homem que vira a carta garantiu-lhe que aquela letra não era nada parecida com a da carta que o borgonhês baixo-normando mostrara... Monet deve escrever ao homem para saber dele próprio se realmente recusou."

Compreendi então que estavam falando de mim e aproximei-me. "Não, essa resposta não é do homem, tenho certeza", disse-lhes: "o inimigo pérfido e malvado que fez essa brincadeira acreditou prestar-me um desserviço. Obrigou-me; mas pode ser que tenha feito mal à nação, pois eu tenho um plano de comunidade geral que talvez tivesse experimentado; além do que, naturalmente trabalhador, eu teria me comportado de tal forma que estragaria o jogo dos anarquistas e dos descarados. Não teria aguentado, na Convenção, o que lá aguentam..." Retirei-me depois de proferir essas palavras. Não sei de onde veio a enorme surpresa dos três homens. Nenhum deles abriu a boca. Pareciam ter sido atingidos por um raio. Pouco me importa, mas se tivesse certeza de que não voltaria a encontrá-los, eu teria perguntado quem eram.

Voltei a encontrar a mulher que falara comigo. "Sabeis que me aconteceu", disse-me ela, "uma coisa estranha na ilha Saint-Louis? Vou contar-vos, pois, embora não vos conheça, já vos vi muito por lá. Havia um homem... De acordo com a descrição, era muito parecido convosco, vosso rosto, vossa maneira de vestir." "Sei quem é", respondi. "Queriam atacar Dupont de Nemours, ex-constituinte: foi por causa dele que acreditaram ter matado um outro homem. Mas poderia ter sido eu, esse outro, se ainda continuasse a passear na ilha todas as noites, como eu o fazia. Na época do despotismo, a ilha era meu único consolo. Lá eu inscrevia meus temores e minhas dores. Hoje, não preciso mais desse alívio; mas, caso tivesse necessidade, teria de evitá-lo. A canalha, que não deveria mais sê-lo depois da Revolução, ainda existe, é até mais perigosa. É preciso que passe mais uma geração até que o populacho seja depurado. Não conseguiria exprimir meu desprezo pelos vagabundos que emporcalham, desnaturam, desonram e envenenam as melhores coisas! É comum acreditar-se que foi a ambição dos reis, dos poderosos, que produziu o despotismo: não, foi a insolência da canalha. Acho que todos os homens eram iguais, no início: por que não o teriam sido? Mas a canalha, composta de ociosos, gulosos, malvados de toda a espécie, pouco abastada, enquanto os diligentes, os cuidadosos, os laboriosos procuravam a riqueza, a abundância, irritou-se: insultou, roubou, matou. Então os Que-Tinham-Alguma-Coisa uniram-se; escolheram um líder, arranjaram armas, soldados... Daí o governo real ou magistral, daí o próprio despotismo, a opulência, a riqueza terem preferido o domínio absoluto de um só à anarquia da canalha. Não acreditou poder ir longe demais para reprimir a última e, no final, tornou-se seu próprio escravo. Gemeu, mas preferiu a escravidão ao perigo perpétuo da pilhagem e do massacre. Quanto devemos odiar a canalha sem mérito, sem virtude, que nos reduziu a esse cruel extremismo!... Tal é ainda o terrível destino que nossos anarquistas, os Brissots, os Guadets, os..., nos preparam hoje..." "Creio que tendes razão", respondeu a mulher. "Quero contar-vos uma história que aconteceu nesse carnaval. Sabeis que, antes da traição de Dumouriez, havia muitos militares de seu exército, sobretudo libertinos, que se entediavam por não mais levarem a mesma vida que em Paris."

A MOÇA DE CALÇAS

Não houve máscaras, mas houve alguns disfarces. Conheço um que foi necessário. Um dos libertinos que voltava da Bélgica dissera muitas vezes a uma de suas vizinhas que o impedia de se aproximar de sua filha: "Gostaria que os inimigos tomassem Paris, só pelo prazer de ver violarem vossa filha diante de vós." Essa linguagem grosseira horrorizava sem amedrontar, porque saía da boca de um tolo malvado. Mas soube-se que no inverno ele trouxera consigo alguns libertinos, propositalmente, para cumprir sua ameaça. Espreitava a jovem vizinha para mostrá-la a seus companheiros. Mas ela jamais saiu. Finalmente, como fosse obrigada a fazê-lo, sua mãe, que estava doente, emprestou-lhe as roupas de um de seus primos, e a bela Césarette saiu em trajes de menino. Não foi reconhecida. Ela, porém, não gostava de vestir-se de rapaz. Assim que voltava para casa, tornava a pôr a saia e o corpete, abandonando as calças, os sapatos baixos e as meias de cor. Um dia, apressada para fazer uma compra na rua ao lado, saiu sem disfarce. É preciso dizer que Césarette tinha um rosto muito encantador, aquele ar virginal de que os libertinos tanto gostam. Ela corria não só por causa do perigo mas porque estava com muita pressa. O mau elemento entreviu-a, do café onde estava a bela vendedora de limonada, na esquina da rua de Grenelle. Disse a seus companheiros: "Acho que é ela!" Saíram imediatamente; eram cinco. Era terça-feira de carnaval. Césarette, no entanto, saíra em disparada, desaparecendo pela rua du Pélican no momento em que eles a alcançavam. Não sabiam onde pegá-la. Esperaram à entrada da rua du Coq, onde ela morava. Em vão! Provavelmente por intuição, a pequena atravessara o claustro Saint-Honoré, depois a rua du Chantre, e voltara para casa pelo outro extremo da rua, do lado do Louvre. Escapou, portanto. Mas ela não o sabia. Bem tarde da noite foi obrigada a sair outra vez e, embora a mãe lhe suplicasse para colocar os trajes de menino, ela nem se preocupou com isso. Fez sua compra na rua Champfleury. Mas em vez de pegar o caminho pelo Louvre, voltou pelo lado da rua Saint-Honoré. Mal saíra da rua Champfleury deparou-se com os soldados de licença. "Que maravilha!", disse um deles, "essa mocinha é tão bonita quanto a Césarette do Giroflée!" "Nossa, como é bonita!", disse o outro. Detiveram-na ao mesmo tempo. Césarette, que ouvira seu nome, sentiu que estaria perdida se fosse reconhecida. Vendo-se presa, começou a rir e, levantando as saias até o umbigo, mostrou suas calças. O mais grosseiro dos sacripantas disse ao outro: "Isso não é caça para mim. Serviria para um jesuíta..." "Ou para o duque d'Elboeuf", acrescentou o outro, "isso é coisa do *Ancien Régime*." E soltaram-na. Ao chegar em casa, Césarette estava pálida. "O que tens, filhinha?" "Oh, mamãe, escapei por pouco! Se não estivesse de calças, estaria perdida!" "Como?" Ela contou como fora detida, como arregaçara a saia, etc. E como tinha tido sorte de estar vestindo calças. Nunca mais saiu sem estar disfarçada de menino, e o mínimo possível. Giroflée ficou sabendo que seus companheiros haviam sido enganados por Césarette e injuriou-os por mais de duas horas, empregando expressões terríveis. Seus dois amigos sentiam-se ainda pior por serem alvo de zombarias. Chegaram a atacar um estudante, que confundiram com Césarette. Mas esta ficou escondida até eles partirem.

24 DE ABRIL
TRIUNFO DE MARAT[112]

Por um decreto anterior, Marat (esse nome já diz tudo) fora acusado. Fora expedido um mandato de prisão contra ele, ao qual achou por bem não obedecer. Haviam dito que ele seria o servil imitador de Sócrates. Não seria melhor que fosse autêntico? Chegou a sustentar que era por generosidade que não se submetia ao decreto. *Queria evitar que seus inimigos cometessem um crime!* (Ele tinha razão; viu-se,

---

112. O Comitê de Salvação Pública foi criado nos dias 5 e 6 de abril. Era composto de nove membros da Convenção, renováveis todos os meses. Marat, presidente do clube dos Jacobinos, chama os *sans-culottes* às armas contra os moderados da Convenção. A Gironda defende os ricos, dizem, enquanto a Montanha defende o povo, que está morrendo de fome. De fato, como bem o sentiu La Bretonne, os dois partidos pertencem à mesma classe social (e não há nem operários nem "proletários" entre eles; cf. *XIX Nuit*). De qualquer forma, os dois partidos lutam até a morte. Os girondinos conseguem com que Marat compareça diante do tribunal revolucionário. Ele é absolvido e volta em 24 de abril à Assembleia, vitorioso.

pelos acontecimentos, que era realmente um crime, pois Marat era um verdadeiro patriota.) Que recursos tem a inocência, quando quer afastar uma falsa atitude que não lhe agrada!... O tribunal revolucionário não deixou o patriota Marat esmorecer; logo chegou sua vez. Não foi um julgamento, foi um triunfo. O acusado chegou, cercado de guardas. As mulheres célebres por seu patriotismo cobriram-no de flores: foram elas que o introduziram na sala de audiências. Ali, Marat, no lugar onde queria, respondeu como queria. Chegou a interrogar os juízes: tudo o que fez foi bem feito; tudo o que disse foi bem dito. Tudo o que escrevera encerrava uma profunda sabedoria; e, quanto ao que havia talvez de exagerado, os acontecimentos o constataram. Libertou-se da acusação; conferiram-lhe uma coroa cívica. Voltou em triunfo e foi levado pelas ruas como Mardoqueu. Faltou pouco para seus acusadores não terem o mesmo destino de Aman... (mas isso não tardaria)... Ah, quem perdoará *o Journal du Soir* de ter publicado sua defesa com o intuito de enfraquecê-la! Que perfídia! É dessa maneira que se serve aos patriotas?... Quanto a mim, consagro um parágrafo ao triunfo de Marat e, se quisesse, acrescentaria o que eu disse ao cidadão Dubois, seu amigo. Mas basta saber, no momento, que esse homem se teria tornado célebre em qualquer ocasião por seus valiosos conhecimentos.

Quando, em 31 de maio, 1º de junho e 2 de junho, chegar a vez da prisão e da expulsão da Convenção de 22 ou 32 membros, Marat absolutamente não insultará os punidos. Vê-lo-emos excluir-se voluntariamente da Assembleia e, com um comportamento para o qual não teve o exemplo de ninguém, unirá o papel de acusado ao de acusador! Nunca houve nada parecido: é um fenômeno sem exemplo. Continuou a desempenhar esse papel por todo o resto admirável de sua vida.[113]

---

113. Em 31 de maio, sob a influência das seções, a Convenção suprime a Comissão dos Doze, criada pelos girondinos. Em 2 de junho, François Henriot, comandante das forças armadas parisienses, assesta seus canhões contra as Tulherias. A Convenção decreta então a prisão de 29 representantes girondinos e de dois ministros, Lebrun e Clavière. A Montanha venceu portanto a Gironda.

No dia 1º de maio deu-se um fato bem diferente daquilo que sempre me chamava muito a atenção. Eu saíra cedo para celebrar em minha ilha o primeiro dia do mês mais belo do ano. Passeava silenciosamente, evitando encontrar as crianças do povo, quando vi à minha frente duas mulheres conversando alegremente. Ouvi-as por cerca de meia hora e redigirei, tão fielmente quanto for capaz, a história que uma delas contou.

O SENHOR FULANO, QUE DESPOSA UMA *SANS-CULOTTE*

Um rico nobre (quando havia), que ainda não quisera casar-se, ficou com medo das ameaças que se faziam aos aristocratas. Decidiu escolher uma mulher e pedir a proteção dos *sans-culottes,* aliando-se a eles. No entanto, os meios lhe pareciam difíceis, pois, embora estes não fossem orgulhosos, não sabia como abordá-los. Enquanto sonhava com isso, um dia, ao passar pela rua de la Bûcherie, viu uma jovem ninfa *sans-culotte* passeando com sua mãe. Estava vestida de vermelho, mas "limpa como um *sou*" (do tempo em que ele ainda existia). À parte qualquer outro motivo, achou-a encantadora e sentiu que seria feliz se conseguisse ser amado por ela. Em outros tempos teria falado com ela, oferecido sua fortuna, na suposição de que estava bastante apaixonado, e a moça bastante virtuosa para tal. Nos dias de hoje, o homem em questão esconde sua condição. Felizmente estava em trajes de guarda nacional. Seguiu-as até sua porta. Elas moravam em um pequeno sobrado. Ele cumprimentou a mãe, sorrindo. "Cidadão", ela lhe diz, "pareceis conhecer-me, mas não vos conheço." "Talvez eu esteja enganado", responde o homem, "achei que éreis..." Ia dizer um nome quando uma lavadeira, com um cestinho pendurado no braço, apareceu; e acreditando, na qualidade de moça bonita, ter o direito de interromper a conversa, ela disse: "Senhora Chantocé, aqui estão vossos bonés redondos e vossas golas... Bom dia, Marie-Louise. E então? Não aceitaste aquele... gravurista, pintor, desenhista?" "Não, não", respondeu a senhora

Chantocé, "não é dos melhores partidos na época em que vivemos! Morre-se de fome! Eu teria preferido um soldado de mérito." "Eu também não o quero", disse modestamente Marie-Louise, "mas esse cidadão estava falando convosco, mamãe: respondei, enquanto confiro nossas roupas." "Faz isso, filha", disse a velha Chantocé. "Cidadão, dizíeis que... com quem me confundistes?" "Com uma bretã de Vanade, a quatro léguas de Chantocé e a três de Ancenis." "Ah, pelo menos conheceis minha região! Sou de Oudon, mas meu marido era de Chantocé, eis por que lhe deram esse nome." "Senhora, foi um prazer conhecer-vos: permiti-me entrar em vossa casa e poderemos conversar." "De bom grado, cidadão! Como vos chamais?" "Gémonville, vosso criado. Morei por muito tempo em Nantes, depois em La Roche-Bernard, hoje La Roche-Sauveur por causa do corajoso patriota Sauveur, massacrado pelos rebeldes por não querer gritar como eles." "Ah, vejo que sois bom patriota e bom bretão." "Não vos teria visto em Marillac, senhora?" "Não, sempre morei em Paris, mas meu pai era de Pontchâteau, a três léguas de La Roche-Sauveur, como dizeis que a cidade se chama atualmente." "Somos compatriotas, cidadã Chantocé, e tão compatriotas que imediatamente me apaixonei por vossa filha, que pedirei em casamento assim que me conhecerdes melhor." "Ora, que notícia, cidadão Gémonville! E o modo como dizeis tal coisa... O cidadão não é divertido, Marie-Louise?" Marie-Louise corava sem responder. A mãe continuou: "Vamos, vamos, cidadão, quando nos conhecermos melhor." "Claro", respondeu Gémonville; "tudo que vos peço é ter a oportunidade de conhecer-vos melhor, cidadã Chantocé, assim como à cidadã Marie-Louise, vossa amável filha: pois, desde que tenho idade para me casar, ainda não encontrei aquela que desejaria ter como companheira. Parece-me que só poderei ser feliz se, ao voltar para casa, à noite, ou a qualquer outra hora, encontrar lá uma esposa tão bonita quanto ela e uma mãe tão boa como vós, cidadã Chantocé." "Ora, cidadão, acho que estais falando sério!" "Tão sério que ofereço o casamento como quiserdes, na municipalidade e até na igreja, se achardes mais seguro, cidadã." "Diz, Marie-Louise, ele te parece bonito?... Mais uma coisa, cidadão, para começarmos a nos conhecer; minha filha tem um dote, é filha única, herdará tudo. Tínhamos na Bretanha umas terrazinhas, em Pontchâteau, que rendiam por ano, fosse bom ou ruim, trezentas libras, mas não as temos mais. O que tendes vós, cidadão?" "Eu, cidadã? Eu tinha quatro casas em Lorient que rendiam três mil libras, ano bom, ano ruim; em Nantes, duas casas, usadas como lojas, que rendem quatro mil libras. Provarei tudo isso antes de casar-me, cidadã Chantocé." "Estou vendo, cidadão, que éreis rico: mas ainda o sois?" "Sim, cidadã; e, se não estivesse em condições de sustentar uma bela moça como a cidadã vossa filha, não faria tal proposta. Poderei provar-vos quando quiserdes." "Nossa Senhora! Então, Marie-Louise... Veremos, cidadão. Estou cozinhando umas ervilhas. Se estais servido, é de coração!" "É isso então que está cheirando tão bem?", disse ingenuamente Gémonville. E pensou: "Verei, pela maneira rápida ou lenta que Marie-Louise arrumar a mesa, se convenho a ela..."

Vermelha como a rosa, ou como uma bela cereja ainda na árvore, Marie-Louise pôs a mesa num instante: três taças de prata envoltas em guardanapos de algodão, um belo saleiro, a sopa em uma sopeira florida, especial para a ocasião; os pratos, de porcelana fina, foram tirados do bufê. Foi até a adega, e as duas garrafas que trouxe haviam sido cobertas de areia. "Está ótimo!", disse Gémonville. Jantaram alegremente, melhor dizendo; o galante e a cidadã Chantocé, pois a moça estava um tanto perturbada. Ele pediu permissão para voltar no dia seguinte com seus papéis e disse à cidadã que chamasse alguém de sua confiança. Ela prometeu, e ele foi embora, antes que se tornasse inconveniente.

A mãe e a filha só falaram dele. Maria-Louise concordou que ele era amável, inteligente e nada interesseiro. A mãe o achava educado e bonito. "Vamos ver no que dará tudo isso", acrescentou a última. "É bem rico! De resto, como sempre se enriquece com o pedido, ainda estaremos muito bem se sobrar pelo menos um terço depois das núpcias..." Quanto a Gémonville, estava encantado com Marie--Louise e muito satisfeito com sua mãe. Decidiu realmente desposá-

-la e cercar-se de todos os *sans-culottes* conhecidos de sua mulher, confraternizando-se com eles.

Voltou no dia seguinte. Encontrou a cidadã Chantocé rodeada por sua família, além de um advogado, chamado para falar de negócios. Agradou a todos com sua polidez e franqueza, sem, no entanto, falar de sua condição passada. Mostrou-se bom bretão, amigo da pátria e disposto a sacrificar-se por ela. Suprimiu seu nome de nobreza e só usou o de Gémonville. Fizeram o contrato, pois ele apressou a mãe. Deu à sua futura esposa mais do que esta lhe pedia. Finalmente, mostrou tanta retidão e boa vontade em relação a ela, que todos felicitaram Marie-Louise.... Haviam preparado um belo jantar para as pessoas presentes: Gémonville pediu permissão para ficar, e o resto do dia decorreu com muita alegria. À noite, antes de se separarem, a mãe teve uma conversa a sós com o futuro genro. Gémonville saiu-se bem. Mostrou sentimentos tão ternos, tão generosos, tão honestos, que tocou o coração que sua bela aparência já conquistara. Enterneceu Marie-Louise e revelou-lhe sua delicadeza...

No dia seguinte, ele veio logo de manhã para convidar as damas a honrá-lo com uma visita. Alojara-se adequadamente, muito bem para um nobre que queria tornar-se *sans-culotte*. Elas aceitaram o convite, e ele prometeu vir buscá-las de fiacre, a elas e a duas de suas amigas mais íntimas. Eram cinco no veículo, e Marie-Louise foi no colo de seu pretendente. Ao chegarem, a mãe Chantocé e suas duas amigas visitaram a casa toda, admirando a quantidade de coisas que havia nela. Enquanto isso, Gémonville mostrava a Marie-Louise o pequeno apartamento que seria dela quando fosse sua esposa; três cômodos, um belo quarto, um belo gabinete para ler e escrever e mais um para o toalete. Mostrou-lhe os tecidos que comprara para o vestido de noiva, o enxoval para os dias seguintes, as roupas íntimas, as sedas, as musselines, as rendas, as gazes, etc. Ela estava encantada e não fazia senão corar. Entrementes, a mãe Chantocé percebeu que a filha não os acompanhara e ficou preocupada. Foi espiá-los sem fazer ruído. Viu a moça encantada, desdobrando os tecidos e admirando-lhes a beleza. Gémonville respondia: "Oh, como vos cairão bem!", e dizia como a amaria, como respeitaria sua mãe. Finalmente viu-o beijar sua mão. A mãe Chantocé, ao lado de suas duas amigas, entrou imediatamente: "Cuidado, só a mão! Oh, querido filho, conheço-te pelo que acabo de ouvir! Podes beijá-la no rosto, vamos, vamos, e nada de caprichos, senhorita!" O apaixonado obedeceu, e sua boca pressionou-lhe os lábios, depois as duas faces... A cidadã Chantocé aplaudiu: "Está bem! Está bem! Já que estou presente..." O jantar foi delicioso: as três velhotas ficaram loucas. Marie-Louise continuou modesta e reservada, e Gémonville, respeitoso. "Esses dois jovens nos ensinaram a viver", disse a mãe quando foi embora à noite.

Gémonville viu sua noiva todos os dias e desposou-a no décimo. Casado, tudo ficou ainda melhor: ele formou o coração e o espírito de sua mulher, que tinha excelentes disposições; a felicidade dela encantou todos os conhecidos da cidadã Chantocé, que tinha à sua disposição um grande jardim no Faubourg Saint-Marcel, onde, aos domingos, preparava um belo jantar para todas as pessoas que quisesse convidar. Seu genro dissera-lhe que não temesse incomodá-lo com despesas um pouco maiores. Esses jantares proporcionaram a Gémonville um poder maior que o tranquilizou. Tornou-se presidente de sua seção, redigiu mensagens à Convenção. Foi aplaudido e seu nome correu de boca em boca. Quando se tratava de doações patrióticas, ele era sempre o primeiro. "Devo minha felicidade à Revolução", dizia ele. "Não fosse por ela, teria desposado uma moça de meu nível e nunca teria conhecido as virtudes próprias das pessoas ditas inferiores. Não, só nas camadas mais baixas encontram-se corações como o de minha mulher, temperamentos alegres e divertidos como o de sua mãe! Não conhecia o tipo de felicidade que essas duas mulheres me dão; passa longe dos costumes e dos modos da antiga alta nobreza."

Fui ao café Robert-Manouri, onde escrevi de uma só vez aquilo que se acabou de ler. Voltemos aos negócios públicos.

SEGUNDA NOITE
SUPRANUMERÁRIA

6 e 23 de maio

Passei à noite, por volta das sete horas, na ponte Neuf. No meio da praça des Trois-Maries havia um grupo de jovens de todas as condições. Aproximei-me para ouvir. Um orador falava. Eis o que ele disse:

"Decidiu-se que Paris enviaria doze mil homens contra os rebeldes da Vendeia.[114] As inscrições estão abertas para receber voluntários. Mas logo se percebeu que seria preciso usar de outros meios. Deciciu-se que ninguém escaparia ao recrutamento, nem escriturários nem escreventes... Quem acreditaria nisso? São estes últimos que têm a cega insolência de insuflar distúrbios, exigindo... o quê? Um privilégio, numa república que os aniquilou a todos! Reúnem-se, sem pensar que um agrupamento contra o decreto das seções legalmente reunidas é uma insurreição criminosa, para decidirem entre si se obedecerão à lei do recrutamento obrigatório! Os delica-

---

114. A Vendeia arma-se contra a Revolução. As capitais dos distritos são tomadas pelos insurretos. A Convenção, que a princípio só enviara guardas nacionais, não consegue dominar uma revolta, favorecida pela própria conformação geográfica do lugar. A insurreição, chamada *chouannerie*, foi a princípio essencialmente popular, tendo por chefes um cocheiro (Catelineau), um couteiro (Stofflet) ou um cabeleireiro (Gaston). No início de abril, os nobres unem-se ao povo: além do célebre senhor de Charette, Bonchamp, d'Elbée, Sapinaud e La Rochejaquelein. De maio a outubro de 1793, o povo da Vendeia acumula vitórias.

dos escreventes dos tabeliães e mesmo os maricas alegam que estão acostumados a uma vida fácil, que os torna incapazes de resistir ao cansaço da guerra. As mulheres acham essas razões excelentes! Os escriturários objetam que são indispensáveis em seus empregos. 'E nós, então!', exclamam os funcionariozinhos de cartório, 'quem redigirá vossas transações, vossas procurações gerais e ad hoc? Vossos contratos de casamento? Vossos protestos dos oito mil e dos vinte mil? Vossas substituições?' 'Não existem mais!', gritou alguém. 'Vossos testamentos...' 'Não existem mais!' 'Como, a morte não pega sempre o vivo?' 'Não, é o vivo que pega hoje o moribundo e o morto!' 'Muito bem, vossas doações em vida, sempre excelentes, contanto que sejam aceitas e que resultem a tradição, pois doar e reter de nada serve.' 'Mais do que isso!', disse-lhes alguém. 'Pois, se não cedemos nossos poderes à Convenção e se não os retivemos!' 'Isso não é verdade', diz um jacobino: 'em primeiro lugar, o povo não delega sua soberania, só delega seu exercício temporário...'[115] Iam começar a falar de política, quando a força armada das seções chegou. Os escreventes temeram por seus membros delicados, os escriturários, por seus penteados; e todos fugiram. Só foram presos alguns retardatários, maricas e supranumerários, menos fracos que os outros. 'Ah!', disse um homem, vendo-os fugir, 'deixemos esses covardes para nossas damas e para as devassas. Não são dignos de serem soldados!' E, no dia seguinte, soltaram os que haviam sido presos, e toda a categoria foi considerada composta de homens inaptos. Honra aos bons soldados! Infâmia eterna aos escriturários, aos escreventes, a todos os covardes!"

Nesse ponto, interromperam o orador. "Sois vós o covarde!", disse-lhe um escrevente. "Um de nós, o general Salomon, está se destacando e mostra que não é preciso ser um gigante para ter coração." Como vi que ia haver briga, fui embora.

Um pouco adiante, encontrei um homem que tocou em meu ombro dizendo: "Com certeza, cidadão espectador noturno, conhe-

---

115. É repetir quase palavra por palavra o *Contrat social,* cuja importância no pensamento político da maioria dos revolucionários é conhecida.

ceis Dupont de Nemours, o ex-constituinte, antigo economista, muito aristocrata, dizem, mas que abraçou de todo coração a causa da Revolução na esperança de que fossem realizar as fantasias de sua seita. Depois acabou arrependendo-se de sua democracia e fez tudo o que pôde para reabilitar a aristocracia; a prova disso são seus cartazes. Acreditaríeis que tentaram assassiná-lo? Ao mesmo tempo, quero aconselhar-vos a não passear como outrora na ilha, entre onze horas e meia-noite. Alguém me disse que abandonastes esse hábito desde o incidente de 14 de julho de 1789, às onze e quinze, que contastes na parte XV das *Nuits de Paris:* fiquei satisfeito com isso, pois eu fui morto e jogado na água, confundido com Dupont." "Como, *morto?*" "Morto... E o que é igualmente certo é que alguém vos denegriu junto aos ilhéus, povinho da ilha de la Fraternité: um garoto, empregado de um comerciante de vinhos, denunciou-vos como conspirador, e dois ou três homens do rio, iniciados no caso contra Dupont, tinham resolvido acabar convosco na mesma ocasião. Vede como vossa vida está por um fio nessa época de perturbações e anarquia! O conselho que vos dou é jamais vir à ilha à noite. Sei que nada fizestes aos habitantes da Fraternité. Mas um celerado que conheceis apontou-vos às crianças do povo. Não é preciso mais nada para matar um homem." "Eu sabia de tudo isso", respondi-lhe, "mas não deixarei de ir à ilha fraternal: sempre quis morrer lá. Todas as vezes que a deixo sinto estar escapando de um naufrágio e a abençoo. Mas amaldiçoo os celerados. Muitas vezes já fui insultado por cidadãos na ilha, na ponte de la Tournelle, na ponte conhecida por Marie: na primeira, por um jovem alto e engraçado que passeava com duas mulheres. Interpelou-me de longe, gritando: 'Olhai o grande, o famoso, o célebre!...' Eu nada disse e não olhei para ele quando passei a seu lado. Parei a uma certa distância. O valentão agitava uma varinha. Suspeito que seja um certo Valluiq filho ou sobrinho. O mesmo aconteceu-me em 1793 na ponte Marie. A única resposta a esses seres desprezíveis é o desdém. Valluiq pai não é muito melhor, assim como também não o são os Drallabs pai e filho, os Durenroches, etc., que "também me insultaram, embora eu não os conheça. Deixo todos esses seres imorais em sua profunda falta de conhecimentos. Se me lerem, irão reconhecer-se. É a única maneira que tenho de vingar-me, e não me vingarei de outra forma."

Ao deixar esse homem, fui para casa, onde encontrei a seguinte carta:

CARTA AO ESPECTADOR

"Cidadão espectador noturno: vivemos uma crise terrível! Os celerados da minoria, que, por essa única razão, só podem ser rebeldes, ergueram o estandarte da guerra civil. Nada iguala sua crueldade: matam, violam, pilham, pior, obrigam os ignorantes e os fracos a enriquecê-los. Tomaram Fontenay-le-Peuple, onde cometeram horrores. Aqui estão dois episódios que contaram, sem mencionar o local exato da cena. No entanto, direi os nomes dos lugares que me citaram.

Em Fontenay-le-Peuple havia um relojoeiro chamado Filon, que tinha uma mulher muito bonita. Dois emigrados recém-chegados da Inglaterra a conheciam, e seu maior desejo era possuírem-na. Foram os que atacaram com maior ardor. Finalmente, já de posse da cidade, correram para a casa ocupada pela senhora Filon. Lá acharam-na junto ao marido. Sua doçura, sua beleza os desarmaram; em outras palavras, não conseguiram resolver-se a violentá-la diante do marido, como se haviam proposto. Disseram-lhe: 'Senhora, viemos para proteger-vos, pois soubemos que queriam vos fazer mal: vamos colocar-vos em uma casa com outras pessoas de vosso sexo.' Levaram-na efetivamente para uma casa que lhes pertencia. Mas, assim que lá chegaram, violentaram-na após terem tirado à sorte para ver quem começaria. Satisfizeram-se muitas vezes. Depois, lembrando-se o quanto a haviam desejado, e considerando como era bonita, iam matá-la por ciúme, quando um deles teve outra ideia: aviltá-la a ponto de não a lamentarem de forma alguma. Fizeram com que fosse violentada diante deles por seus criados e, em seguida, por seus cocheiros, depois do que mandaram levá-la para casa, moribunda... Ela não morreu, mas perdeu a razão por mais de dois meses. Quando ouvia o menor ruído de tambor ou de fuzil, escondia-se imediatamente debaixo das camas ou na adega. Um dia, quase se jogou num poço. Só conseguiu curar-se quando a enviaram para um lugar tranquilo, onde não ouvia mais nada. Podeis vê-la, hoje está em Paris.

Um outro caso aconteceu em Champigny, no momento em que os rebeldes se aproximavam de Tours. Uma viúva de Grandpont refugiara-se na cidade, à aproximação dos furiosos, com duas moças altas e belas, de vinte e cinco e vinte e sete anos; a de vinte e cinco era a mais alta. A mãe ainda era muito formosa, mais ainda graciosa. Ao exército dos rebeldes pertencia um grande inimigo do falecido senhor Saussaie, o marido da viúva. Ao saber que ela abandonara o campo com suas duas filhas para se abrigar na cidade vizinha, mandou espioná-la, principalmente no período em que tudo parecia ter-se acalmado. De fato, não vendo nenhum perigo naquele momento, a dama aproveitou-o para ir a Grandpont, onde colocou em ordem alguns negócios e voltou. O inimigo fica sabendo; ao vê-la sozinha, em vez de insultá-la, conteve seus companheiros, que poderiam tê-la atacado. Ela foi portanto acompanhada por uma escolta invisível.

A senhora Saussaie sentiu-se mais segura e, tendo de ir mais uma vez a Grandpont, fez com que suas filhas acompanhassem-na. O celerado aguardava-a ali. Ela não queria dormir na aldeia: mas, no momento de sua partida, teve medo de uma pequena tropa que apareceu. Ficou bem irritada com sua viagem imprudente!... No meio da noite, a casa foi atacada, suas portas derrubadas: os soldados pilharam, beberam, comeram; os oficiais entraram no quarto das damas, acenderam todos os lampiões, despiram-nas e, punhais e pistolas nas mãos, obrigaram-nas a fazer tudo o que os mosqueteiros obrigam as ninfas dos lugares escusos a fazer. Faziam comentários sobre a mãe e as filhas, que obrigaram a andar de quatro, os cabelos jogados para a frente, arrastando-se, não de joelhos, mas sobre as mãos e os pés, o que satisfazia a brutal curiosidade dos celerados. Obrigaram a mãe a... fazer infâmias com as filhas. Terminado isso, no auge de sua brutalidade, violentaram as três, esbofeteando-as todas as vezes que se recusavam a obedecer a suas ordens obscenas... Iam entregá-las aos soldados, quando o som longínquo do tambor os amedrontou. Amarraram-nas nuas e deixaram-nas para atender ao chamado. Haviam prometido voltar. Mas os patriotas não lhes deixaram tempo para isso. Os vizinhos acorreram aos gritos e desamarraram as três damas.

Eis uma amostra do destino que os contrarrevolucionários prepararam para as cidades e para as aldeias onde penetrarão."

TERCEIRA NOITE
SUPRANUMERÁRIA

31 de maio a 5 de junho[116]

O 31 de maio é um dia célebre em meus *Annales* ou meus *Fastes*, como os chamava em minha juventude... Fora deitar-me tranquilo, embora tivesse visto um grande movimento nas ruas ao voltar do café Robert-Manouri. Às três horas, ouvi o alarme soar em toda a cidade, como no dia 10 de agosto último. Não sabia o que isso queria dizer. Permaneci acordado. Às quatro horas, todo o bairro estava nas ruas. Ouvi baterem à porta de nosso capitão, que apareceu na janela reclamando: *"Não se bate desse jeito às portas!"*, disse. Assim mesmo, levantou-se. Logo eu também estava de pé. Já na rua, informo-me.

---

116. A Montanha teve que se apoiar nas forças populares para triunfar sobre a Gironda. Em 26 de maio, Robespierre, nos Jacobinos, havia chamado o povo à ação: "Quando o povo é oprimido, quando não lhe resta nada além de si mesmo, seria um covarde aquele que não lhe dissesse para se levantar. E quando todas as leis são violadas, é quando o despotismo está em seu auge, é quando se pisoteia a boa-fé e o pudor, que o povo deve se insurgir. O momento é chegado." A seção da Cité, em 28 de maio, arrasta as outras seções na insurreição. Em 29 de maio, forma-se um comitê insurrecional. O comitê do bispado toma a direção da insurreição, no dia 31 de maio. Soa o alarme, como diz La Bretonne, o canhão de alarme apela à população. Às cinco horas da tarde a Convenção é rodeada pelos manifestantes e os peticionários apresentam um programa, extremamente preciso, de medidas ao mesmo tempo econômicas, políticas e sociais: exclusão da Gironda, prisão dos suspeitos, criação de um exército revolucionário, fixação do preço do pão, etc. Mas a Convenção resiste e vota apenas na exclusão dos Doze.

Meus companheiros não sabem por que estão aí. Eu tinha uma ideia, mas nenhuma certeza. Além disso, como ainda não conhecia os vários interesses e as disposições dos membros mais célebres, que eu considerava verdadeiros patriotas e até louvara como tais, nem de longe imaginava o que iria acontecer!... Ficamos em alerta durante todo o dia. Por volta das nove da noite, a Convenção foi cercada por tropas e canhões. Todo mundo ficou surpreso; pois o número de pessoas presentes era tão pequeno que se pode usar essa expressão. Imaginávamos que o objetivo da Comuna de Paris era violentar a Convenção, mas soubemos naquele momento que era só para impedir os aristocratas e outros malfeitores do gênero de aparecerem. Esse motivo tornava legítima a circunscrição da Assembleia.

Entrementes, os Petions, os Guadets, os Vergniauds e os Lanjuinais gritavam que não estavam livres. Quando Lacroix e outros membros da Montanha quiseram sair, foram empurrados de volta para a sala por soldados que não eram da guarda comum. Tornaram a entrar, assustados, e queixaram-se. Quem colocara aqueles homens ali? Só poderia ser um dos comitês da Convenção ou a Comuna. Era uma grande operação expulsar membros invioláveis da Convenção e, com isso, se exporem! Mas os representantes fizeram esse grande sacrifício e, por assim dizer, imolaram a si próprios...

Essa foi a operação iniciada em 31 de maio. Petion, Guadet, La-

---

Quando se trata de excluir os girondinos, a Montanha é unânime e arrasta até mesmo a Planície; mas quando é preciso realmente transformar a ordem social, a Convenção, constituída essencialmente de burgueses, concorda com pesar. Em 22 de junho, a insurreição recobra o ânimo: o comitê insurrecional cerca a Convenção com oitenta mil homens da guarda nacional, liderados por Henriot. Ela não pode então resistir e decreta a prisão de 29 deputados girondinos e de dois ministros. Com as jornadas de 31 de maio e de 2 de junho, os *sans-culottes* tomam o poder. Georges Lefebvre fala da "revolução de 31 de maio e 2 de junho de 1793". Michelet lamenta: "Fato algum teve importância tão séria. O dia 2 de junho de 1793 contém em si o Frutidor e o Brumário, todos os golpes de Estado que se seguiram." E ele celebra, nessas jornadas, mesmo em meio a momentos de confusão, "o culto da ideia, a fé na lei". Lembra-se desse fato, que era preciso, com efeito, ter em mente: "É no dia 30 de maio, entre a insurreição de Paris e a notícia da vitória na Vendeia, que o comitê apresenta e faz decretar os alicerces das escolas. Fé suprema na inteligência, nobre e orgulhosa resposta às vitórias da barbárie."

source, Brissot, Lanjuinais, Vergniaud, Buzot, etc. foram acusados, eles, que acreditávamos serem verdadeiros patriotas e os mais firmes sustentáculos da liberdade!... Eles nos haviam enganado! Seu comportamento posterior comprovou a felonia! Quiseram rasgar o seio de sua mãe. Fizeram um mal incalculável à pátria: Caen e Calvados voltaram, mas Lyon está perdida! Marselha e Bordéus sentiram o perigo, mas os covardes de Toulose entregaram-se a nossos inimigos eternos e mais perigosos, os pérfidos ingleses, cuja traição está bem abaixo daquela dos cartagineses!

Nos dias seguintes, 2 e 3 de junho, nomearam os doze membros da comissão conhecida como a dos Doze, na qual, entre outros, estava Rabaud. Essa comissão mandara prender o municipal Hébert, e isso fora a causa imediata da grande comoção. Os jacobinos viram que estavam atacando os ardentes patriotas, aqueles que, como o prefeito Pâche, haviam discursado contra a parte da Assembleia conhecida como Planície, por oposição à Montanha. A Assembleia realizada na casa do prefeito fora denunciada à Convenção como uma conspiração contra ela, ou seja, contra os membros expulsos desde então: se tivessem força, seriam eles que expulsariam os outros... Sabemos quais foram as consequências da expulsão: a revolta temporária dos departamentos do Oeste, a de Bordéus, a de Marselha... Mas se a Comissão dos Doze tivesse vencido, quem poderia dizer a que males estaríamos expostos?... Esse pensamento provoca arrepios... Talvez hoje a República dilacerada, despedaçada, fosse presa dos tiranos. Louvemos, pois, a Montanha, que evitou nossa perdição, e tentemos consertar os pequenos problemas por que passamos.

Mas sabe-se que prefiro deixar aos outros os negócios públicos e tratar de casos particulares.

AS JACOBINAS DAS TRIBUNAS

No dia 31, à noite, encontrei um agrupamento considerável à porta do café Robert-Manouri. Fiquei surpreso não de ver mulheres por ali, mas por notar duas, entre outras, jovens, formosas e patriotas tão ardentes que todos as olhavam com admiração, exceto alguns aristocratas, que diziam em voz alta: "Estão sendo pagas." Uma delas ouviu o janota que a acusava: "Estás enganado!", disse-lhe ela. "Ninguém está me pagando, mas o ministro Choiseul causou a morte de meu tio, Condé reduziu meu pai ao desespero, Calonne fez com que meus dois irmãos perdessem o emprego, d'Artois mandou sequestrar minha irmã mais velha e Monsieur tomou nossa casa de campo." A outra mulher, mais alta, ar muito decidido, aproximou-se então do janota e levantou-lhe o queixo com um soco. Aconselharam-no a se retirar. Ele seguiu o conselho. Mas percebi que a amazona o procurava. Certas expressões suas fizeram-me pensar que era a irmã outrora raptada. Para ter certeza disso, aproximei-me das duas jovens e dirigi-lhes a palavra da forma mais honesta possível. "Quem és?", perguntou-me a mais velha. "Pelos teus trajes, pareces um abade..." "Não, cidadã, sou o *Paysan perverti* e o *Contemporaniste*." "Sério? Ah, não és aristocrata... Vós o conheceis?", perguntou ao proprietário do café. "Sim, cidadã: é... (disse meu nome)." "Nesse caso, amigo, vem conosco: gostaria de conversar contigo." E deu-me o braço.

Pegamos o Louvre, as ruas du Chantre, des Bons-Enfants e du Mail, onde as duas irmãs moravam, pois elas eram... No caminho, disse-me a mais velha: "Vamos todos os dias à Convenção ou aos jacobinos para apoiar o patriotismo com todas as nossas forças: vais ver meu pai; é um velho respeitável, mas tão magoado com o *Ancien Régime* que não há nada que não faça para impedir sua volta..." Entramos e fomos ver o velho; uma de suas filhas disse-lhe quem eu era.

"Cidadão", disse-me ele, "minha filha mais velha acaba de revelar-me quem sois: esse será o motivo da minha confidência, pois não sou muito tagarela... Tive um irmão mais velho que teria sido a honra de seu nome: um fidalguete de Artois, que se gabava de ser íntimo da Pompadour, pediu-lhe um plano para reformar as finanças, que essa matrona, que se tornara boa ao envelhecer, queria apresentar e fazer Luís XV apreciá-lo à revelia de Choiseul. Meu irmão o fez, ou melhor, corrigiu-o a partir do esboço de um desconhecido, simples operário da tipografia real. Quando o projeto ficou em condições de ser examinado, meu irmão foi encarregado de lê-lo. A dama levou-o, apresentou-o como o autor e o fez ler. Nele se propunha, para pagar as dívidas do Estado, vender os bens do clero, dar uma pensão de seis mil libras aos bispos e uma de 1,2 mil francos aos padres; suprimir de vez monges e cônegos e obrigá-los a desposar freiras; impor aos refratários trabalhos adequados a seus talentos e a sua idade, etc. Esse projeto fez Luís XV estremecer. Foi em 1763. O rei perguntou se não queriam também assassiná-lo... Ao contrário de sua promessa, mencionou-o a Choiseul. Meu irmão foi preso em Vincennes e entregue aos padres. Após muitas sessões de tortura, durante as quais ele não comprometeu o verdadeiro autor do plano, foi apunhalado por Foulon, a quem o arcebispo de Paris pedira que livrasse a Igreja dele, sem lhe dizer como.

Não éramos bem-vistos pelo governo: mas, como éramos muito jovens, não tínhamos participado de nada, nem eu nem minha mulher, que na época tinha apenas dezoito anos, mas já era mãe de meus quatro filhos. Todo o mal que nos fizeram, quase cinco anos depois do plano e oito dias após a morte de meu irmão, foi levar minha mulher para o Parc-aux-Cerfs, onde Luís XV humilhou-a, desdenhando seus atrativos, cuspindo nela. Levaram-na embora e ela foi violentada por dois condenados, capturados na Tournelle. Os celerados ultrajaram-na com os desvios mais terríveis da libertinagem, *os, anus, concha,* nada foi poupado. Em seguida, mandaram-na de volta. Foi essa a vingança de Choiseul, que se estendeu particularmente a Pompadour, assassinada por envenenamento, morte que Luís lamentou tão pouco, pois seguiu o enterro de seu terraço, rindo.

Passaram-se outros seis anos. Minha mulher morreu de melancolia. Nessa época, Condé, que — assim como toda a corte — considerava-me uma vítima devotada e um homem de cuja existência se podia abusar, ordenou que eu fosse falar com ele. Fui imediatamente. Ele trancou-se comigo, secretamente, e declarou-me que eu fora escolhido para assassinar Du Barry, que desonrava Luís XV e a França. Eu ia falar. 'Não admito recusa! Se fores bem-sucedido, poderei salvar-te; se fracassares, mandarei apunhalar-te; se recusas, és um homem morto. Se falares, está tudo previsto, só apressarás tua destruição... De resto, dispões de todos os meios e só irão dar-te opiniões sob a forma de conselhos.' Esses meios eram o veneno, a espada, a traição, a violência aberta, um tiro de pistola, de fuzil; o ataque por bandidos, que me ofereciam das prisões, finalmente o ataque por mim mesmo, prometendo-me que então eu seria cuidado para ser conduzido para fora da França. Eu só via em tudo isso a morte e a ruína de minha família. Ao sair da casa de Condé, nem voltei a minha casa: tomei a diligência para Calais, onde cheguei à noite, e, de manhã, embarquei num navio que estava saindo... Ao chegar a Londres, fiz com que um amigo escrevesse uma carta para minha família. Em seguida me escondi, não em Londres, mas numa aldeia do condado de Bedford, onde fiquei até a Revolução.

Meus filhos estavam em Paris. Meus amigos conseguiram empregos bons para os rapazes, com nomes falsos. Nossos inimigos já tinham morrido e acreditávamos nada ter a temer daqueles que governavam. Foi então que a antiga cópia do plano de reforma caiu nas mãos de Calonne. Ele sabia como haviam perseguido seu autor. Descobriu que meus filhos eram seus sobrinhos. Quis vê-los e, achando-os inteligentes, resolveu dar-lhes um emprego perigoso, confiando-lhes a fabricação de notas falsas da Caixa de Descontos, notas cujo projeto então concebia para enriquecer de um modo ilícito. Prometeu a si mesmo dar um fim nos rapazes, assim que cumprissem o que se esperava deles. Mas os dois irmãos eram espertos demais para cair na armadilha. Fingiram aceitar. Enquanto isso, organizaram seus negócios e tomaram, naquela mesma noite, disfarçados de mulheres, o coche para Lille, tendo duas damas lhes cedido os nomes e os lugares que elas haviam pagado. Vieram encontrar-me em Londres.

Restavam minhas duas filhas. É preciso assinalar que naquela época, por volta de 1779, Monsieur e d'Artois viviam na maior devassidão. Tudo era permitido nas reuniões de Monsieur, e nas de d'Artois era ainda pior. No Faubourg Saint-Antoine promoviam-se orgias, frequentadas por d'Orléans-Buffon, d'Artois e outros, pelo que ouvi falar: ali, as pessoas entregavam-se a todo tipo de infâmia, depois descritas por Sade em seu execrável romance intitulado *Justine ou Les Malheurs de la vertu*. Mas uma coisa singular e que ultrapassa qualquer concepção humana é que lá se cometia uma bestialidade com moças sem graça e estúpidas, às quais cortavam a cabeça no momento em que a bestialidade se consumava... Esse horror asqueroso deu a ideia a um inimigo, pois ele era amigo de Choiseul, de usar minha filha para esse horrível prazer. Raptaram-na por ordem de d'Artois, a quem ninguém então resistia, e levaram-na ao *faubourg*. Lá, colocaram-na no meio das orgias. Ela viu tudo e tremeu, pois não sabia o que lhe aconteceria. Despiram-na totalmente; deveria ser imolada quando... não posso deixar de dizê-lo, d'Artois entrou. Mostraram-lhe a vítima e disseram-lhe em voz baixa qual o uso que fariam dela: 'Não, não!', ele gritou. E imediatamente mandou que devolvessem suas roupas. Levaram-na de volta a seu pensionato...

Quanto a minha casa de campo, voltei para lá assim que retornei da Inglaterra... Depois de tudo o que acabais de ouvir, podeis imaginar como somos agradecidos à Revolução, meus filhos e eu. Meus dois filhos servem-na com distinção. Quanto a minhas filhas, elas não abandonam as tribunas nas horas de sessão, e o tempo que passam aqui, passam-no cosendo camisas para os soldados."

Respondi ao ancião: "Tendes boas razões para detestar o *Ancien Régime*. Quanto a mim, uma única frase vos esclarecerá: o projeto de finanças que provocou a morte de vosso irmão era obra minha. Elaborei-o quando trabalhava na tipografia real, a pedido de l'Artésien, a quem o enviei, sem assinar. O intermediário era um amigo chamado Boudard." "Eu achava que esse Boudard era o autor do plano!" "Não, fui encarregado por ele... E imaginai quanto devo amar a Revolução... Não fosse por ela, jamais poderia publicar em vida minha obra mais importante, aquela em que *le coeur est dévoilé* [o coração é desvendado]." O ancião pareceu encantado... Retirei-me. Alguns dias atrás recebi uma carta dele.

"Vinde jantar comigo amanhã, 22 de setembro (1793). Acabo de saber de uma coisa que me deixa surpreso e admirado: Latude, que cá entre nós merecia uma surra, acaba de obter dos herdeiros da

Pompadour uma indenização pelas perseguições de que foi vítima. A legislatura não acatara o pedido de Latude, porque percebera que o homem, então jovem, era um intrigante que queria obter algo da grande devassa, alertando-a contra um falso envenenamento. Mas o que me agrada é que ele não teve razão e que os despojos dos favoritos dos tiranos sejam pisoteados! É algo que jamais ousei esperar... Até domingo!"

Não pude comparecer a sua casa, pois sentia-me indisposto.

Nas quatro noites seguintes, examinei o que estava acontecendo e cheguei a ir à Convenção. Ouvi os discursos pronunciados pela municipalidade. Podem ser encontrados nos jornais. Vi os canhões assestados na praça do Carrousel, que atravessei...

AS TRÊS TRIBUNAS

No dia 1º de junho, três jovens saíam das tribunas. "Estou aqui desde as quatro horas da manhã", disse uma delas, bem bonita. "Não aguento mais... Mas tudo está correndo bem." "Ah, Robespierre é um deus", disse uma outra. "E Barrère, então?" "Há homens de Estado naufragando!" "Lanjuinais não quer demitir-se!" "E daí? Irão demiti-lo..." Naquele momento, uma das três jovens olhou para mim: "Vejam só", disse uma delas às duas outras, "é o *Contemporain,* mais conhecido como o *Hibou;* se nos viu ou ouviu, irá colocar-nos na história." "Claro que sim... Mas será que está nos reconhecendo?" "Não sei, vamos falar com ele." Abordaram-me. Fingi não ouvi-las. "Cidadão", disse a mais bonita, "reconhecei-nos?" "Não, minhas senhoras, acho que nunca vos vi." "Ele não está nos reconhecendo!", disse em voz baixa a mesma moça, que reconheci como sendo Florence Vetoilli, a segunda das três irmãs. "Vamos divertir-nos com ele... Nós vos conhecemos um pouco por ter-vos visto passar no Palais, onde vendíamos escovas e esponjas... Se quiserdes, podemos contar-vos nossa história." "Com muito prazer, minhas jovens. Prefiro a verdade à imaginação." "Sabemos muito bem disso." Placidie, a mais velha, começou:

"Somos três irmãs e um irmão. Éramos vendedoras de escovas no Palais. Nosso pai é um libertino, e nossa mãe, muito econômica. Como sou a mais velha, um dia meu pai me disse: 'Placidie, leva essas três esponjas finas e essas duas escovas com espelho às arcadas do Palais-Royal, perto da passagem Penthièvre. Irás procurar o senhor Bénavant no nº 16 e receberás o que ele tem a te dar.' Saí muito asseada, pois meu pai pedira que eu me enfeitasse. Cheguei à casa do cidadão às nove horas da manhã. Ele ainda estava deitado. 'Ah, sois vós, Placidie?' 'Já sabeis meu nome!' 'Claro que sim, filhinha, mais do que isso, que cantais como uma sereia. Vinde aqui.' Fez com que eu avançasse até um determinado patamar. Imediatamente caiu uma roldana. Quis sair, mas me vi cercada de fios de ferro que formaram uma jaula e fui erguida ao pavimento pela roldana. Entrou uma jovem que tocou uma ária num realejo. E o senhor me disse que ela iria tocar até que eu a aprendesse. 'Oh, eu a conheço!', gritei para ele. 'Cidadão...', e cantei-a para ele pelo menos umas dez vezes, enquanto... Depois desceram-me, pagaram-me, e eu fui embora."

"Agora sou eu quem vai contar", disse Florence, a segunda das irmãs. "Na semana seguinte, foi a minha vez. Meu pai mandou-me lá, como à minha irmã, fui enjaulada como ela, enquanto... Mas quando me desceram, houve uma pequena diferença. Ao passar por um outro patamar para receber meu pagamento, quatro ganchos agarraram as bainhas de minhas saias e fui erguida ao pavimento. O homem pegou uma máquina, que chamou de telescópio, assestou-a em mim e eu fiquei ali mais uns quinze minutos, enquanto... Depois disso, desceram-me suavemente. Pagaram-me e eu fui embora."

"A mim", disse Rosalie, a terceira irmã, "após ter acontecido comigo tudo o que elas acabaram de contar, depois de eu ter sido enjaulada, de ter cantado, de ter sido enganchada, o homem mandou-me entrar em um quarto cheio de espelhos, onde fui mergulhada na água. Depois de uns quinze minutos, retiraram a banheira e fiquei ali, sozinha e nua, por mais uns quinze minutos. Depois disso, uma porta abriu-se sem que eu visse ninguém e atravessei três grandes cômodos. No quarto, encontrei minhas roupas e vesti-me depressa. Queria sair, quando ouvi derrubarem as portas da rua. Tive tanto medo!... Mas finalmente vi entrarem homens armados. Não me deixaram sair e levaram-me diante dos comissários, como os chamavam, para ser interrogada. Contei tudo o que me acontecera. Mandaram-me de volta para casa. No entanto, no dia seguinte, fizeram com que viéssemos, minhas irmãs e eu, para depor. Enquanto estávamos ali, um homem nos disse: 'Fostes vítimas de um aristocrata libertino; tornai-vos boas patriotas e cuidaremos de vós. Ide vos instruir, eis essa entrada para as tribunas, ide aos jacobinos; ouvireis o que dizem: será bom para vossa educação.' Fomos, e toda semana uma cidadã rica nos dá uma pequena contribuição que, somada ao nosso trabalho diário, nos proporciona um certo bem-estar, sem termos de ir em casas de aristocratas... Algumas jacobinas, que nos viam todos os dias, levaram-nos com elas às tribunas da Convenção, e uma delas, que era rica, ao saber de nossa condição, também nos deu um pequeno contributo. Por aí vimos que tudo o que se diz dos tribunos pagos não é verdade. São pessoas devotadas, patriotas devotadas que vêm auxiliar os frequentadores que não o são... Podeis utilizar essa história. Pois alguém que vos viu disse-nos quem éreis. Adeus."

As três jacobinas se foram, e eu voltei para casa.

QUARTA NOITE
SUPRANUMERÁRIA

13 a 16 de julho

Passemos rapidamente pelos acontecimentos conhecidos, a agitação cega e bem lamentável de alguns departamentos, a sequência da história de alguns membros presos, suas manobras nos departamentos para onde fugiram, uma visita feita durante o dia ao Palais--l'Égalité, etc. Deixemos de lado também o que diz respeito aos nossos exércitos, pois isso não é da alçada do coruja-espectador nas ruas de Paris. Estamos no dia 13 de julho.[117]

---

117. O assassinato de Marat, em 13 de julho de 1793, é a continuação e a conclusão de todo um movimento contrarrevolucionário que se manifestou a favor das derrotas da Revolução diante dos exércitos estrangeiros e na Vendeia. Em Lyon e em Bordéus, a Gironda, eliminada da Convenção, volta a erguer a cabeça. A revolta federalista se organiza. O levante é estimulado principalmente pela burguesia, preocupada em defender ao mesmo tempo sua liberdade e seus bens. A repressão é terrível. Marat era extremamente popular. Suas cinzas serão transportadas para o Panthéon, de onde serão retiradas em 1795, quando se dá a reação do Termidor. É claro que o assassinato de Marat provocou um enrijecimento da política da Montanha. Hébert apresentou-se como sucessor. No clube dos Jacobinos, ele dizia: "Se é necessário um sucessor para Marat, se é necessária uma segunda vítima para a aristocracia, ela está pronta, sou eu." A penúria aumentava a cada dia. Em 21 de julho foram instituídos em Paris bônus de alimentação. Em 26 de julho, a Convenção votou uma lei que ameaçava com a pena de morte todos os que estocassem mercadorias. Os comissários das seções eram encarregados da vigilância. Durante esse período difícil, a Convenção, no

Saí à noite, às oito horas. Entrei na casa do cidadão livreiro que vende as *Nuits*. Ali ainda nada se sabia sobre o acontecimento sinistro. Ao chegar à ponte Neuf, ouço um vendedor de loja dizendo à comerciante: "Ela estava indo embora. Prenderam-na já na porta: ele morreu..." Não entendi o que aquilo significava: além disso, a primeira circunstância era falsa. Continuei até o café Robert-Manouri. Foi ali que cem bocas contavam o terrível acidente... Mas respiremos por um momento.

Desde 1789 eu ouvia falar do cidadão Marat. Jantara, na rua de Tournon, com pessoas que o conheciam. Químico hábil, esse médico fizera descobertas numa arte difícil, ampliando seus limites. Foi pela física que obteve em Paris seus primeiros êxitos como médico. Seguia a natureza, e ficou tão famoso que já no segundo ano de profissão ganhava quarenta mil francos. Mas a natureza sem charlatanismo entediava em Paris. Abandonou o ofício no terceiro ano. No quarto começou seu jornal intitulado *L'Ami du Peuple*. Todos sabem o que aconteceu com ele, como foi perseguido por La Fayette, que, apoiado por toda a força armada, não conseguiu pegar esse homem sozinho. Contentaram-se em acabar com sua tipografia, e esta foi a primeira violação da liberdade de imprensa. Marat manteve-se desde então escondido, a ponto de quase todos acreditarem que ele era um ser imaginário... Finalmente mostrou-se na Convenção Nacional. Não foi mais possível duvidar de sua existência. A prevenção contra ele era geral, e seus próprios amigos foram obrigados a abandoná-lo por um instante. Assim mesmo se manteve. Finalmente a Comissão dos Doze acusou-o, como descrevi na p. 323, pelo artigo escrito e até mesmo impresso na época

---

entanto, não deixa de ter em vista objetivos mais elevados. De 13 a 21 de julho, Robespierre lê na Convenção o plano de educação de Lepelletier de Saint-Fargeau, que contém essas propostas pré-marxistas: "As revoluções que aconteceram há três anos tudo fizeram para as outras classes de cidadãos e quase nada pela classe mais necessitada, pelos cidadãos proletários, cuja única propriedade é o trabalho." Proclama que a partir de então chegara o momento da "Revolução do pobre".

de seu triunfo. Ele se livrou. Mas uma certa parte do público ridicularizava seu triunfo. O que seria preciso para devolver a Marat, físico hábil e médico inteligente, patriota ardente, toda a pureza de sua reputação? A morte, a morte patriótica que ele acolheu em 13 de julho de 1793 entre sete e oito horas da noite.

Existem poucas mortes tão gloriosas. Lepelletier foi assassinado por um mau elemento, um fanfarrão, espadachim infame, desprezado por todos, o devasso Pâris. Marat, ao contrário, exaltara a cabeça de uma pessoa jovem e interessante, que o teria admirado e defendido se o tivesse conhecido melhor. Não foi uma mão corrupta e infame que interrompeu seus dias; o monstro foi uma moça virtuosa, da virtude das mulheres, ou seja, casta. Parecia que esse homem, devorado pelo fogo sagrado do patriotismo, só poderia ter seus dias interrompidos pelas mãos de uma virgem... Às sete horas, Marianne-Charlotte Corday chegou à casa do cidadão Marat, a quem escrevera uma carta que, se for verdadeira, é a prova do crime, pois nela o revela. Foi com muita dificuldade, e por ordens do próprio Marat, que ela chegou até ele. Sua aparência, suas conversas, tudo tranquilizava. As criadas afastaram-se do doente no banho, e, assim que Marianne-Charlotte percebeu o momento oportuno, tirou um pequeno punhal alongado, comprado de manhã no Palais-l'Égalité, e afundou-o no peito do patriota, que deu um grito agudo e só sobreviveu por alguns minutos. Acorreram. Num primeiro movimento de medo, Marianne-Charlotte escondeu-se atrás de uma cortina da janela, onde logo foi encontrada. A guarda acorreu; uma testemunha ocular, o cidadão Laferté, presente ao flagrante e à sua detenção, ouviu-a concordar com tudo. Quando foi levada presa para a Abbaye, desmaiou. Ao voltar a si, a infeliz disse, surpresa: "Ainda estou viva! Achei que o povo me despedaçaria."

Permaneceu na prisão da noite do dia 13 ao 14 até o dia 19, à noite, quando foi executada, dois dias após as exéquias de sua vítima. Escrevera ao pai pedindo-lhe perdão por tê-lo enganado ao dizer que ia a Londres. Considera-se essa carta simplesmente como uma precaução justificativa... Essa moça merecia a morte. Ela o sentia e se entregava à justiça. Mas de onde vem um comportamento tão firme, admirado com horror por toda a capital, como o seu, após o crime? Não seria ele o apanágio exclusivo da virtude? Como, nesse século de amazonas, ela não compreendeu que uma mulher assassina é o mais apavorante dos monstros? Ó mulheres que quereis ser homens, e vós, homenzinhos que as incentivais, o crime de Marianne-Charlotte vos pertence tanto quanto a ela...[118] O carrasco esbofeteou a cabeça cortada: foi punido e preso. Não cabe ao executor acrescentar algo à sentença.[119]

---

118. Encontraremos sua história em *Année des dames*. [N.A.]
119. Distingue-se em La Bretonne uma mistura de fascínio e de repulsa pelo ato e pela personalidade de Charlotte Corday. Michelet não ficará insensível ao aspecto mítico do personagem: "O que tornava a senhorita Corday muito marcante, impossível de se esquecer, era que essa voz infantil estava ligada a uma beleza séria, de expressão viril, embora de traços delicados. Esse contraste tinha um duplo efeito: seduzir e impor. Olhavam-na, aproximavam-se, mas nessa flor do tempo algo intimidava, algo que não pertencia absolutamente ao tempo, mas à imortalidade. Ela a alcançaria e a desejava. Já vivia entre os heróis, no Élysée de Plutarco, entre aqueles que deram sua vida para viver eternamente." Michelet também reproduz a bofetada dada pelo carrasco e que provocou na multidão um "arrepio de horror".

QUINTA NOITE SUPRANUMERÁRIA

20 a 28 de agosto

FESTA DA REPÚBLICA

O 14 de julho foi consagrado ao luto: de comum acordo, transferiu-se a festa da República para o dia, para sempre célebre, em que os reis acabaram na França. Todos os departamentos foram avisados e todos acorreram, ainda que já plantadas as sementes da divisão. Lyon, essa cidade desventurada, ainda sensata, ou pelo menos com certo pudor, era representada por 34 deputados. Toulon, a infame cidade de Toulon, enviou os seus para melhor enganar... Mas os deputados de Lyon foram-se na véspera, avisados por seus cúmplices, pois lá os aristocratas já haviam vencido, eram senhores... A festa foi magnífica e ninguém notou sua ausência. Mas há detalhes sobre as comemorações em toda parte.[120]

---

120. De fato, as festas de 14 de julho foram transferidas naquele ano de 1793. Os funerais de Marat, naquele 15 de julho, foram muito solenes e acompanhados por uma grande multidão, o que não impediu, é claro, que as dificuldades da Convenção aumentassem. Temia-se que Marselha e Lyon se unissem à rebelião. Mas Drôme permaneceu fiel à Revolução. A resistência de algumas cidades ao novo regime foi longa. Lyon só se renderia em 9 de outubro, e Toulon, que se entregara aos ingleses e a eles abandonara sua frota em 29 de agosto, só será retomada por Bonaparte em 19 de dezembro de 1793. Ao perigo externo somava-se o perigo interno. Em 23 de agosto de 1793 foi decretada a revolta em massa. A penúria

A DEVOTADA JOVEM DE CALVADOS

Trato de coletar todos os fatos extraordinários para anotá-los nessa obra que um dia terá a maior importância. Uma jovem de Caen, verdadeira patriota, mas um tanto exaltada, veio a Paris com a intenção de reparar o erro cometido contra a República pelo desvario temporário de seu departamento e o crime de Marianne-Charlotte. Os meios que pretendia usar eram singulares: era uma morena ardente de cerca de vinte e seis anos. Como as antigas druidisas gaulesas, que todo ano concediam solenemente seus favores aos guerreiros que mais se destacavam, tencionava dar os prazeres do amor aos heróis do patriotismo. Para realizar esse generoso projeto, procurou informar-se. Em seguida quis ver e saber: suas informações foram bastante exatas. Mas um acabara de casar com uma pessoa bonita e jovem que adorava, outro tinha uma ou duas amantes ciumentas, um terceiro desdenhava as mulheres e nunca se dobrava diante delas, embora tenha empregado uma outra palavra muito engraçada! Outros ainda... etc., etc. Em suma, não achou a quem favorecer dando-se ou a quem se dar favorecendo-o, como quiserdes.

Ela estava diante desse dilema, quando o acaso me colocou em seu caminho. Não tenho ideia de minha aparência no momento, mas enfim ela achou ser eu do gênero favorecível, e até que mostraria muita coragem nesse ato de devoção. Falou comigo. Confundi-a com uma moça da rua de l'Arbre-Sec que às vezes me ataca, e minha resposta decorreu dessa ideia. "Vejo que vos enganais", disse-me então Félicité Prodiguer, "e talvez eu mesma esteja enganada... Quem sois?" Apresentei-me. A jovem devaneou: "Talvez mereçais tanto quanto um outro. Mas, antes de mais nada, creio que devo pedir vossa opinião."

Então contou-me como viera a Paris para reparar, por uma devo-

---

ainda não havia sido debelada, e houve assaltos a padarias. A preparação da festa do 10 de agosto e as medidas tomadas para garantir o reabastecimento da capital contribuíram para acalmar momentaneamente os estômagos e os ânimos.

ção bem ao gosto de alguns dos antigos, os erros de seu departamento. Expôs-me sua condição, etc. Ouvi-a atento. "Acho, cidadã", disse-lhe finalmente, "que seria mais sensato destinar vossa formosura e vossa fortuna a um jovem patriota, cuja felicidade faríeis e que faria a vossa, dando assim os dois bons súditos ao Estado. O que achais? E, para seguir vossa lógica, aconselho-vos a escolher um parisiense que já tenha servido com distinção. Isso fará com que pareçais mais ainda com as antigas druidisas." (Expliquei-lhe quem eram elas.) Pediu-me que a levasse a alguns lugares públicos, como os espetáculos, os cafés, as seções... Concordei e partimos imediatamente.

Entramos no café Robert-Manouri, onde ela fez suas primeiras observações. De lá fomos a minha seção, onde ela se interessou por um jovem funcionário de escritório... Encontro marcado para o dia seguinte: fomos ao teatro des Italiens; o Français tinha sido fechado por ter apresentado várias peças em que se revelava um certo gosto aristocrático e por ter mostrado disposições correspondentes. A última apresentação foi em [...] de setembro, com a *Pamela,* do ex-legislador François Neufchâteau. Na terça-feira fomos ao Opéra. Na quarta, ao teatro National da rua Richelieu; na quinta, ao da République, na sexta ao das Variétés du Palais; no sábado ao de Molière e, finalmente, no domingo, voltamos a minha seção, onde ela deixou cair o lenço para o jovem funcionário. Eles se casaram, pois combinaram muito bem, e acho que são felizes.

Esta é a pequena aventura que vi acontecer na época das festas de 10 de agosto e dias seguintes; pois só terminaram em 30 de setembro de 1793.

PUNIÇÃO DE CUSTINE

Nesse meio-tempo, o general do exército do Norte fora enviado a Paris, sendo detido e colocado no Luxemburgo em 22 de julho, julgado pelo tribunal revolucionário em 18 de agosto, condenado no dia 27 e executado no dia 28, entre dez e onze horas da manhã... Custine pareceu tão abatido quanto Marianne-Charlotte mostrara firmeza sem afetação! Invocou a religião cristã para socorrê-lo em seu desespero. Recebera a sentença com uma surpresa que beirava o estupor. Gritou: "Eu, traidor?" Ao sair do tribunal para ser executado, ergueu os olhos e estendeu as mãos para o céu repetindo a expressão: "Eu, traidor?" A seguir, só deu atenção a seu confessor. Chegando ao local da execução, deu todas as provas possíveis de devoção. O motivo?... Na ocasião de sua morte, Custine tinha 25 mil libras, que o carcereiro roubara, acusando o confessor, que foi detido. Tendo este se justificado, o carcereiro foi preso. Não sei como foi punido.[121]

CONSPIRADORES DE ROUEN: JACOBINAS

Enquanto tudo isso acontecia, fui ao Hôtel-de-Ville para o divórcio de minha filha mais velha do homem que é o assunto da *Nuit surnuméraire* da parte XV. Eu jantava uma vez por semana com o amigo que me fornece os meios para acabar de imprimir minhas obras começadas, o senhor Arthaud, cuja esposa sucedeu à marquesa dos quinze primeiros volumes das *Nuits*.

No dia 2 de setembro, duas jacobinas entraram para tomar algo no café Robert-Manouri.[122] Os homens brincaram com elas, que res-

---

121. A fronteira do Norte fora novamente atacada pelos austríacos. Cobourg cercou e tomou Valenciennes e depois Maubeuge. Custine, no comando do exército do Norte, não se mexeu. A Convenção, escaldada pela traição de Dumouriez, achou-o suspeito. Mas Custine, que não queria seguir o mesmo caminho que Dumouriez, pagou sua honestidade com sua cabeça.

122. As mulheres tiveram um papel muito ativo na Revolução; já haviam participado das jornadas de outubro de 1789. Foi durante o ano de 1793, entretanto, que sua consciência política tornou-se mais aguda. Em 4 de agosto, Leclerc definia seu papel da seguinte maneira: "Cabe sobretudo a vós, mulheres revolucionárias, pôr de sobreaviso [...] despertai com vosso exemplo e vossos discursos a energia republicana e o patriotismo nos corações esmorecidos! Cabe a vós tocar as cometas da liberdade." Em 18 de agosto, a cidadã Lacombe, representante das mulheres jacobinas, anuncia que as mulheres vão assumir a salvação pública. Na verdade, por trás das mulheres revolucionárias estava Leclerc, que lutava dissimuladamente contra Robespierre.

ponderam a eles inteligente e educadamente. Aguçaram minha curiosidade. Quando saíram, segui-as. Atravessaram o Louvre e entraram em uma casa sombria da rua Fro ou Froidmanteau. Deixei para me informar no dia seguinte.

Em 6 de setembro[123], executaram oito dos conspiradores de Rouen (a mulher só foi executada no domingo de manhã, três dias depois, pois alegara estar grávida). Vi os três infelizes saindo ao meio-dia. Observava-os arrepiado. Sempre notei que, com exceção de Marianne-Charlotte[124], todos os seres pensantes que se dirigiam para a morte já estavam semimortos. Já fizera a mesma observação com respeito aos doze da Bretanha, aos quais o público deu apoio. No momento em que ia me retirar, vi as duas jacobinas do dia 2. Abordei-as perguntando-lhes se haviam encontrado seu guarda-chuva. "Como, nosso guarda-chuva?" "Claro, outro dia, quando saíram do café Robert-Manouri, haviam-no perdido e lembro-me que dizíeis: 'Deves ter deixado na casa de minha irmã'." Elas riram dizendo: "É verdade, cidadão, ele estava lá." "Ouvi ainda que o marido ou o amante de uma de vós estava nas fronteiras: ele está passando bem? Tendes notícias dele?" "Ah, como ele é engraçado!", disse a menos bonita. "Sabe de

---

123. O início de setembro foi marcado por um grande tumulto, aumentado pela notícia, que só se tornou pública em Paris em 2 de setembro, da rendição de Toulon aos ingleses. Os *sans-culottes* da seção parisiense (outrora do jardim des Plantes) propuseram à Convenção todo um programa que visava instaurar uma economia dirigida com muita rigidez e colocar em questão o respeito à propriedade privada, até então unanimemente aceito pelos revolucionários: "A propriedade só tem como base a extensão das necessidades físicas." Deveria ser fixado um teto máximo de riqueza; cada cidadão só poderia possuir uma loja, uma oficina. Em 4 de setembro, grupos de operários vieram exigir pão da Comuna. Em 5 de setembro, as seções formaram um cortejo que se dirigiu para a Convenção aos brados de "Guerra aos tiranos! Guerra aos aristocratas! Guerra aos monopolistas!". Pressionada, a Convenção decreta a prisão dos suspeitos e a depuração dos comitês revolucionários, e, por fim, a criação de um exército revolucionário de seis mil homens. Mas à Convenção não agradava votar o máximo geral: só concordará com isso em 29 de setembro. O Terror era oficial e institucionalizado; segundo a expressão de Barrère, estava na "ordem do dia".

124. E uma jovem de vinte e dois anos, Charlotte Vautant, executada no dia 15 do primeiro mês do ano II da Liberdade. [N.A.]

tudo a nosso respeito." "Nem tudo, cidadãs. Sei ainda, no entanto, que ides normalmente às tribunas dos jacobinos e às da Convenção: poderíeis informar-me sobre o que aconteceu nos dias 31 de maio, 1º, 2, 3 e 4 de junho?" "Para isso precisaríamos conhecer-vos melhor." "Sou um excelente patriota; pois já o era antes da Revolução e a amo como um amante à sua amada." "Ótimo! E, enquanto não vos conhecemos melhor, há algumas coisas que podemos dizer... Por volta de 31 de maio, e após a nomeação da Comissão dos Doze, a própria Convenção já decidira deter todos os patriotas fervorosos: muitos já estavam detidos como turbulentos, quando a Comissão cometeu a grande imprudência de mandar prender Hébert, *Le Père Duchesne*[125], o municipal. Acreditavam-se fortes o suficiente para esse golpe de autoridade, baseado num dos panfletos desse magistrado cujo crime fora ter assistido à Assembleia do prefeito Pâche. Esse primeiro magistrado da cidade também teria sido preso se tivessem a ousadia de fazê-lo, mas queriam sondar a opinião pública com a prisão de Hébert. Sabeis que essa detenção foi seu triunfo, como o fora a acusação contra Marat. Os membros da Montanha sentiram então o perigo: souberam que Custine e Wimpfen faziam parte do complô. Avisaram seus inimigos, e nem a sutileza de Custine, que nada escrevera, o salvou. É tudo o que podemos dizer por enquanto." Não insisti e sugeri deixá-las, a menos que elas preferissem falar-me de suas vidas particulares. "Como?", disse a mais bonita. "Ele quer uma confissão completa!" "De forma alguma, mas aparentemente vivestes algumas aventuras: se estas por acaso fossem originais, eu poderia transmiti-las ao público sem vos comprometer, ou comprometendo-vos de acordo com vossa vontade." "Ah, companheira, ele é bem engraçado!", disse a mesma. "Conta-lhe algo." "Está bem, senhor esquisito, vou contar-vos uma coisa, mas, se sois cantor e fordes compor uma canção com minha aventura, não mencione meu nome nem o de

---

125. *Le Père Duchesne*: jornal político redigido por Hébert durante a Revolução, caracterizado pela violência de seu tom e de suas ideias. Seu título será retomado por dois jornais, em 1848 e pm 1871. [N.E.]

meu amigo." "Até que enfim." "E fazei uma bem bonita para que toda Paris a cante. Bem... não sei como dizer-vos... Conta tu, Catherine, que a sabes tão bem quanto eu." "Certo, mas que eu a sei tão bem quanto tu, isso não." "E então, senhora?", eu disse a Catherine.

"Sabei que minha amiga que aí está é de Armentières, onde nasceu, casou-se e foi enterrada... Ela tinha um marido ciumento, porque Gudule, a quem vedes, tinha um namorado que ela amava como se ama a um belo menino, não se dando conta sequer da metade de seu desejo. Barbelard (é o nome do marido) disse um dia à mulher: 'Olha, Gudule, se falares mais uma vez com Lambrechin, o loirinho, ou se eu o pegar falando contigo, esgano-te, marco teu rosto, empalho-te, mando te secar e te guardo nua em pelo sob essa grande redoma que comprei com esse propósito, estás me ouvindo?' 'Sim', respondeu Gudule. 'Não falarei mais com ele, mas como posso impedi-lo de falar comigo?' 'Ora, se fugires tapando os ouvidos quando ele falar contigo, nada te acontecerá.' Ela o prometeu. Mas escolheu tão bem um momento que, uma bela noite, enquanto Barbelard trabalhava em seu ofício de carpinteiro, contou tudo a Lambrechin, que lhe disse: 'Sei o que devemos fazer.' 'Faz como quiseres', respondeu-lhe Gudule.

Lambrechin foi direto ao hospital, onde encontrou uma jovem que acabara de morrer. Pagou por ela em segredo, marcou seu rosto, fez com que o cirurgião a limpasse, embalsamasse, empalhasse, secasse e finalmente escondeu-a. Em seguida, disse a Gudule: 'Gudule, amo-te muito, estás casada com um bruto. Se confias em mim, iremos juntos a Paris, onde viveremos como marido e mulher. Mas para que Barbelard não nos persiga, preparei uma múmia. Vamos colocá-la na redoma com uma carta. Quando ele a vir, achará que é você.' Gudule concordou com tudo aquilo. Roubou um pouco de dinheiro, e depois, um belo dia, ela e Lambrechin partiram.

Barbelard chegou tarde para dormir. As luzes estavam apagadas. Tateou para achar sua mulher. A cama estava fria, não havia ninguém. Barbelard acendeu sua lâmpada. Não viu ninguém, mas os tamancos e os chinelos de Gudule estavam aos pés da redoma, a qual estava recoberta por uma grande cortina de sarja verde. Barbelard continuou procurando; finalmente ergueu a cortina e saltou para trás assustado ao ver, dentro da redoma, uma jovem nua em pelo, o rosto pretejado, o corpo dessecado, e, diante dela, um grande pedaço de papel, onde estava escrito bem legível:

'Barbelard, meu marido, declaro que infringi minha honra com Lambrechin, o loirinho, o que é bem pior do que falar com ele! E senti tanto remorso depois de ter feito e refeito a coisa que mandei que me esganassem, pretejassem meu rosto, me empalhassem, me secassem e me colocassem nua em pelo sob tua grande redoma, que compraste com esse propósito; a fim de que, tendo-me sempre nua diante de teus olhos, vejas por onde pequei e por que surgiram esses teus enormes chifres de cervo que carregas. Adeus, Barbelard. Quando leres essa carta, a pobre Gudule estará esganada, o rosto pretejado, empalhada, dessecada e guardada nua em pelo sob tua grande redoma, que compraste com esse propósito. Compreendes?'

Depois de ter lido a carta (pois sabia ler), Barbelard não duvidou um só momento da verdade. 'Está bem', disse para si mesmo, 'eu não poderia lamentar, tamanha a vilania que cometeste! Mas pelo menos tua carta me servirá se a justiça quiser me acusar.' E está tranquilo até hoje... É um belo assunto para uma canção triste. E podeis acrescentar que o amante de minha amiga, após ter ficado algum tempo em Paris com ela, sempre muito apaixonado, foi lutar na Vendeia. Ela foi vê-lo. Mas, como por pouco não foi presa pelos inimigos num ataque em que Barbelard estava com os rebeldes (pois ele é aristocrata), Lambrechin, que hoje é general, disse a sua namorada: 'Volta para Paris, querida, pois eu morreria com uma raiva imensa se caísses nas mãos daquele ciumento chifrudo do Barbelard. Volta para Paris. Enquanto sirvo a pátria aqui, irás todos os dias às sessões dos jacobinos depois de ir à Convenção; assim, por tua vez, servirás a pátria. E quanto a teu divórcio, esquece-o por enquanto. Quero um decreto que permita desposar as mulheres dos aristocratas, dos emigrados e dos rebeldes debaixo de seus narizes e de suas barbas sem divorciar.' E as coisas estão nesse ponto: bela história, hein?"

"Com certeza", respondi, "e prometo escrevê-la à minha maneira". Deixei as duas mulheres muito contentes consigo mesmas e com sua história.

3 de outubro de 1793.[126] Os acontecimentos que se sucederam desde 7 de outubro são a derrota dos ingleses diante de Dunkerque; a perseguição por nossas tropas, que venceram, apesar dos generais, sucesso muito bem compensado pela traição e as tomadas de Condé, de Valenciennes, do Quesnoi e talvez de Cambrai; a prisão do general Houchard e de quase todo o estado-maior do exército do Norte; a continuação da rebelião de Lyon, prestes a ser esmagada nesse momento. 6 de outubro: a rendição pérfida da cidade de Toulon aos ingleses, o arrependimento dos marselheses, dos habitantes de Bordéus, etc. No dia 3 de outubro, a Convenção, que tenta se depurar, acusou dezenas de seus membros, Brissot, Vergniaud, Gensonné, Guadet, Duperret, Carra, Sillery, Condorcet, Fauchet, Doulcet, Ducos de la Gironde, Boyer-Fonfrède, Gamond, Mollevault, Gardien, Valadi, Valazé, Duprat, Mainvielle, Bonnet, Chambon, Lacaze, Delahaye, Lidon, Fermond, Mazuyer, Savari, Lehardy, Hardy, Boileau, Vallée, Rouyer, Antiboul, Lasource, Isnard, Leterpt-Beauvais, Duchastel, Deverité, Dulauré, Grangeneuve, Duval de la Seine-Inférieure, Vigée, Resson, Noël, Coustard e Andréi de terem conspirado contra a unidade, a indivisibilidade da República, a liberdade, a igualdade e a soberania do povo. Ela os envia ao tribunal revolucionário para que sejam julgados de acordo com os rigores da lei. Por esse decreto, nada se muda naquele que declara Buzot, Louvet, Gorsas, Petion e outros como traidores da pátria. Os deputados signatários das mensagens contrarrevolucionárias e dos protestos feitos em 6 e 19 de junho contra as jornadas de 31 de maio a 2 de junho e contra os decretos desses dias serão deti-

---

126. Em 3 de outubro, Amar, relator do Comitê de Segurança, faz seu relatório sobre os girondinos. Mas passemos a palavra a Michelet: "Os 73 que em junho haviam protestado contra a violação da Assembleia estavam presentes, e a maioria de nada desconfiava. De repente, Amar pede que se decrete 'que as portas sejam fechadas'. O jogo está feito. Os 73 caíram na rede. A prisão é votada sem discussão. Ei-los postados no banco dos réus, pobre rebanho marcado para morrer." Robespierre levanta-se e fala em seu favor.

dos e será feito um relatório sobre isso pelo Comitê de Segurança Geral. Billaud-Varennes: "Peço que o nome de Filipe d'Orléans, um dos chefes da conspiração, conste desse auto de acusação. Peço que esse decreto contra os deputados conspiradores seja pronunciado com solenidade e chamada nominal." Um outro membro pede que sejam incluídos no auto de acusação todos os deputados que assinaram o protesto contra o 31 de maio. "Seu único objetivo", diz ele, "é provocar a guerra civil." Robespierre: "A chamada nominal é inútil. Não vejo necessidade de supor que a Convenção possa ser dividida em dois partidos. Devemos presumir que não haja outros traidores aqui. Acho também inútil o auto de acusação nesse momento contra os que simplesmente assinaram o protesto. Deve-se atingir sobretudo os chefes: seu suplício deve amedrontar aqueles que estivessem tentados a imitá-los. Entre esses signatários existem pessoas enganadas que não passaram de vítimas da facção mais criminosa e astuciosa que jamais existiu. Deliberamos pelos que estão sentados e em pé. Todos esses deputados, assim como os que devem ser detidos e cujos nomes não são mencionados aqui, serão transferidos para as prisões."

Foi decretado pela moção de Billaud-Varennes que Maria Antonieta será julgada na próxima semana.[127]

Tal era o estado das coisas em 9 de outubro.

PROFISSÃO DE FÉ POLÍTICA DO AUTOR

Como já disse no começo, escrevi essa obra à medida que os acontecimentos se sucediam, e demorou-se muito para imprimi-la.

---

127. "A rainha foi liquidada em dois dias, 14 e 15", escreve Michelet. "Morreu no dia 16 [...] e sua morte causou pouco impacto em Paris. Pensava-se em outras coisas, como no grande escândalo de Lyon e na luta desesperada, terrível, sustentada pelo exército do Norte [...] O que houve de mais marcante nesse processo foi que se chamaram testemunhas inúteis, homens condenados por antecedência, o constitucional Bailly, o girondino Valazé, Manuel ou a Montanha moderada, três séculos da Revolução, três mortos para testemunhar por uma morta."

Nela eu mostrava mais o sentimento público de então do que os meus. Mas aqui quero apresentar os últimos em toda sua pureza.

Acho que a verdadeira representação nacional está na Montanha[128]; que os jacobinos e os clubes patriotas de mesma ideologia e os que pensam como eles são verdadeiros patriotas; que os Petions, etc., louvados há um ano, eram traidores; que Marat e Robespierre salvaram a pátria; que as execuções de 2, 3, 4 e 5 de setembro eram infelizmente necessárias, sobretudo no que diz respeito aos padres refratários, aos leigos contrarrevolucionários, etc.; que a morte de Luís Capeto foi justa e necessária e que sua defesa, como se disse nesta obra, não deveria salvá-lo, mas apenas provar à nação que seu interesse era de que o último tirano dos franceses perecesse; que, quando se disse que ele não era tirano, por ter nascido no trono, só se quis dizer que ele não subira ao trono pela violência; mas sustenta-se que atualmente todos os antigos reis franceses devem ser chamados de tiranos; que os dias 31 de maio, 1º, 2, 3, 4 de junho, etc., 3 e [seguintes] de outubro, que se seguiram, salvaram a pátria; que o crime de Maria Antonieta, de Brissot, etc., persiste; e que a Comuna de Paris prestou grandes serviços à República por seu vigor, sua devoção e seu patriotismo fervoroso.

---

128. Na verdade, no momento em que escreve, quase não resta a La Bretonne senão fazer uma profissão de fé na Montanha, pois a Gironda foi completamente esmagada. Dito isso, bem que ele pode estar sendo sincero. Entretanto, ele pertenceria mais a uma Montanha moderada. Com certeza os excessos dos *sans-culottes* o aterrorizavam, e esse homem da terra sentia-se pouco à vontade quando se atacava a propriedade. Certamente era capaz de compreender as reinvindicações dos proletários, ele que fora um pobre operário tipógrafo. Mas está velho no momento em que escreve as *Nuits*. Foi tipógrafo por conta própria e vê numa certa propriedade privada a garantia da liberdade individual. Suas reações aos saques das tipografias e jornais girondinos são bem características. Em compensação, La Bretonne é um homem da Revolução pelo seu desejo de refazer completamente o mundo, de recriar um novo universo. Como observa um pouco adiante, ele próprio já propusera uma transformação do calendário, bem antes de a Revolução rebatizar os meses do ano. Reformar o calendário é agir no tempo, é inaugurar uma nova era, tudo o que La Bretonne sempre desejou profundamente, ele, o autor de *Andrographe*, do *Thesmographe* e do *Pornographe*, mesmo que seu desejo de reforma nem sempre colocasse em questão, tanto quanto gostariam os *sans-culottes*, a ordem estabelecida.

P.S.: São os seguintes os acontecimentos que se sucederam depois disso: na noite do dia 6, a detenção do ex-deputado Gorsas, autor de *L'Âne promeneur, Courrier de Versailles à Paris,* depois *Des départements,* que conseguira, não se sabe por quê, uma espécie de reputação nesses mesmos departamentos. Após o dia 10 de agosto de 1792, abraçou a seita conhecida como Brissotine. No dia seguinte, 7, foi conduzido ao tribunal revolucionário com três testemunhas para afirmar que era realmente Gorsas. Seu nome fez seu processo: declararam-lhe que, colocado fora da lei, aplicava-se a ele o decreto que o condenava à morte... Ele quis falar. Disse, acredita-se, que sua morte logo seria vingada. O presidente não disse mais que duas palavras: "Levem o acusado." Ele foi executado às três horas.

Na manhã do mesmo dia haviam sido executados dois gêmeos por crime de contrarrevolução. Com eles, mas não sua cúmplice, embora culpada do mesmo crime, Charlotte Vautant, jovem de vinte e dois anos, cuja morte, sem confessor, foi impassível e decente. As francesas verdadeiramente patriotas são muito estimáveis, pois aquelas que se declaram como tal sem o serem, tentam parecê-lo. Só falo do cura de Saint-Barthélemy, padre ajuramentado, para repetir o que eu já disse: que os padres não conseguem arrancar de sua alma o ranço aristocrático; ele está colado a ela como as cores incrustadas no corpo dos selvagens.

No segundo dia da terceira década do primeiro mês (domingo, 12 de outubro), Maria Antonieta foi interrogada em segredo.

No dia seguinte, 3, da terceira, recebemos a notícia da capitulação de Lyon: quatro mil aristocratas fugiram pelo bairro de Vèze, mas foram perseguidos, e 1,5 mil foram retalhados em pedaços. Recuperou-se o tesouro que levavam, e espera-se que os habitantes dos arredores destruam o que restar. Conseguiu-se uma vitória na Vendeia, onde se retomou Châtillon. Deputados de Nantes vieram relatar as razões da vitória muito demorada do exército republicano na Vendeia. No dia 4 da terceira década, Maria Antonieta comparece diante do tribunal revolucionário. Essa mulher altiva entende finalmente em toda a sua força essas palavras de um antigo: *Nil humani a me alienum.* Nada de humano me é estranho, nem mesmo a desgraça e a vergonha. E ela as mereceu.

Maria Antonieta d'Autriche de Lorraine, interrogada, acrescentou aos nomes citados sua qualidade, o que nada impressionou. Suas respostas foram curtas, *sim* ou *não,* às vezes acrescentando: "Não foi bem assim." Entre outras, deu uma resposta por escrito. O presidente observou que não era costume e devolveu-lhe o escrito por intermédio de seu defensor oficioso. E ela disse oralmente o que escrevera, sem ler. Tratava-se de uma acusação grave relativa a seu filho. Seu interrogatório começou na segunda-feira, dia 3, continuou no dia 4 e terminou no dia 5 às três da manhã. Ela foi julgada às quatro horas. Levaram-na para a prisão. Ela perguntou a seus advogados de defesa se "não mostrara dignidade demais em suas respostas". Em nome do Comitê de Segurança Geral, Vouland pediu que seus defensores fossem detidos, para saber deles se ela lhes confiara algo. Eles garantiram que ela conservara uma profunda dissimulação. Ela deitou-se e dormiu cerca de duas horas. Tomou chocolate. Ficou duas horas com o padre. Foi vestida de branco com uma fitinha negra para amarrar o chapéu. Não pediu para ver seus filhos. Saiu do palácio da Justiça às onze e meia. Pedira uma carruagem: foi colocada no veículo com um confessor, um velho grisalho. Manteve-se ereta e não falou com o padre em particular, embora lhe tenha respondido algumas vezes. Devia estar pálida, como toda mulher que coloca muito ruge e que passou por grandes angústias. Foi executada diante da estátua da Liberdade, na praça de la Révolution, ao meio-dia e quinze, por ter "constantemente trabalhado contra a Revolução; mantido um comitê austríaco em Paris; levado seu marido a fugir para Varennes; aberto sozinha e fechado todas as portas, continuado a conjurar, depois de seu retorno; corrompido membros constituintes para a revisão da Constituição, visando destruir seu efeito, etc.". Foi ainda acusada de um crime horrível, que se entreviu acima.[129] Dizem que um jovem

---

129. Interpelada a responder, negou, acrescentando enquanto olhava para o povo: "É impossível, pergunte a qualquer mãe." Não rejeitou o tribunal, como Maria Stuart. [N.A.]

guarda na prisão... Mas isso não foi provado. Dentro de algum tempo conheceremos melhor todas as circunstâncias. Seu corpo foi imediatamente levado e coberto de cal. Que pereçam todos os tiranos, reis, rainhas, eleitores, landgraves, margraves, tzares, sultões, daïris, lamas, papas, etc., etc. *Amém! Amém!*

Segundo P.S.: Dizem que ela estava desmaiada no momento em que a lâmina caiu.

Prenderam um ex-guarda que molhava seu lenço no sangue. Exaltação, cabeça rolada.

No dia 8 da terceira década, recebeu-se a notícia do fim do cerco de Maubeuge.

ADIÇÕES

Desde o final da impressão, os acontecimentos sucederam-se rapidamente. Sabe-se que os rebeldes da Vendeia, depois de terem sido vencidos em Mortagne e Cholet, dirigiram-se para a ilha de Noirmoutier, onde os pérfidos habitantes os receberam... Mas, expulsos de Beaupréau e de Ancenis, só dispõem desse asilo, onde talvez hoje estejam forçados, de maneira que a Vendeia está destruída. Essa região fértil mas habitada por gente supersticiosa e grosseira, que se deixa facilmente desencaminhar, não passa de um monte de ruínas e cinzas. Os contrarrevolucionários já não dispõem de Lyon nem da Vendeia: Bordéus acaba de manifestar o patriotismo mais ardente. Nosso exército do Norte, depois de ter expulsado o inimigo das cercanias de Maubeuge, persegue-o com vigor, enquanto uma outra coluna, que tomou Furnes, avança para Nieuport e talvez tome Ostende... Do lado do Reno, tentou-se reparar a derrota causada pela traição de um oficial.

Os 22 deputados acusados estão no tribunal revolucionário há três dias (hoje, sextidi, 6, a primeira década do segundo mês, 27 de outubro no velho calendário); Vergniaud fez ontem, quintidi, um discurso veemente de uma hora e quinze minutos, mas ainda não sei do que tratou, pois não pude ouvi-lo.

A afluência anticívica às portas das padarias continua. Parece que uma categoria de pessoas sente prazer em obter o pão penosamente.

O general Gartaud conseguiu, em 22 de outubro (velho calendário), uma vantagem considerável sobre o povo rebelde de Toulon:

seis navios ingleses foram danificados por balas e estão em doca seca. Mataram cerca de trezentos de seus homens. Assim, estamos a ponto de retomar essa praça importante, para sempre o opróbrio dos traidores que governam a Inglaterra.

O rei da Prússia abandonou seu exército ao comando de Brunswick e foi comandar aquele que lhe deve garantir o roubo de uma parte da Polônia.

Cobourg foi forçado em suas linhas diante de Maubeuge: "Se os republicanos franceses me forçam aqui, torno-me eu mesmo republicano." Foi forçado e é ainda o covarde que recebeu do pérfido Dumouriez quatro deputados, que mantém presos.

Foi estabelecido o novo calendário da República para o primeiro mês, a se iniciar em 22 de setembro (antigo calendário), que se tornou o 1º da primeira década do ano II da República, ou seja, o 1º vendemiário. Sabe-se que propus uma reforma do ano e dos meses em *Les Nuits de Paris;* propunha que o ano começasse em 21 ou 22 de dezembro, no momento do solstício de inverno. Propunha a mudança dos nomes dos meses, que os igualaria, etc. Os nomes que lhes dei eram *primobre* (de 22 de dezembro a 22 de janeiro), *duobre, triobre, quartil, quintil, sextil, setembro* (de 22 de julho a 22 de agosto), *outubro, novembro, dezembro, unzobre, dozobre* (este último, de 22 de novembro a 22 de dezembro). Os nomes dados pelo novo calendário são melhores. São *vendemiário* (de 22 de setembro a 22 de outubro), *brumário, frimário, nivoso, ventoso, pluvioso, germinal, floreal, prairal, messidor, termidor, frutidor.* Como os meses foram divididos em *decanatos,* deram-se também novos nomes aos dias do decanato, que substituíram os da semana. São *primidi, duodi, tridi, quartidi, quintidi, sextidi, septidi, octidi, nonodi* e *decadi,* que é o dia de descanso. Ontem, sextidi, 6 brumário, soaram os tambores para se abrirem as lojas que os partidários do antigo domingo mantinham fechadas.

Só me resta relatar o julgamento do tribunal revolucionário dos 22 deputados que, no momento, estão diante dele. Os 22 deputados traidores condenados à morte ontem, nonodi, às dez e meia da noite

(30 de outubro do antigo calendário), foram executados ao meio-dia: Valazé (um deles) matou-se ao ouvir a sentença. Os outros levantaram-se furiosos e jogaram seus *assignats*. Marcharam para a morte com uma alegria aparente. Nove cantavam no primeiro veículo. Carra aparentava uma surpresa estúpida; Sillery e Fauchet eram acompanhados por um confessor. Vergniaud quis falar no momento da execução, mas foi impedido pelos tambores. Assim acabaram aqueles que não se haviam comportado com retidão e franqueza em relação à Revolução.

Anuncia-se, no primeiro decadi de brumário, às oito horas, que estamos em Mons e que as disposições para voltar a entrar em Toulon aceleram-se. VIVA A REPÚBLICA E A MONTANHA!

CRONOLOGIA DA REVOLUÇÃO FRANCESA (1789-1793)

1789
fevereiro-março: preparação das eleições. Redação dos *Cahiers de doléances*. Crise econômica.
27-28 de abril: insurreição dos operários da fábrica de papel de parede Réveillon.
2 de maio: os deputados dos Estados Gerais apresentam-se ao rei.
5 de maio: sessão de abertura dos Estados Gerais.
20 de junho: juramento do Jeu de Paume.
27 de junho: reunião das três ordens.
8 de julho: a Assembleia pede a Luís XVI para dispensar as tropas colocadas em fins de junho ao redor de Paris e de Versalhes.
9 de julho: a Assembleia declara-se Assembleia Nacional Constituinte.
11 de julho: demissão de Necker.
14 de julho: tomada da Bastilha.
16 de julho: readmissão de Necker.
17 de julho: emigração do conde d'Artois.
22 de julho: Bertier de Sauvigny e Foulon de Doué são enforcados na praça de Grève.
20 de julho-início de agosto: eclosão do Grande Medo nos campos.
4 de agosto: abandono solene dos privilégios.
26 de agosto: Declaração dos Direitos do Homem e do Cidadão.

5-6 de outubro: o povo vai buscar o rei e o traz de Versalhes a Paris.
2 de novembro: nacionalização dos bens do clero.
4 de novembro: representação de *Charles IX* de Marie-Joseph Chénier.

1790
início do ano: revoltas em virtude da fome e perturbações antirrevolucionárias. Os *assignats* tornam-se um papel-moeda que se desvaloriza.
12 de julho: constituição civil do clero.
14 de julho: festa da Federação.
agosto: agitações no exército. Bouillé reconquista Metz. Repressão.
outubro: o rei faz contatos com as cortes estrangeiras por intermédio de Breteuil: está decidido a abandonar a França.

1791
2 de abril: morte de Mirabeau.
18 de abril: o rei faz sua comunhão pascal com um padre refratário. A guarda nacional o impede de ir a Saint-Cloud.
20 de junho: o rei e sua família deixam as Tulherias.
21-25 de junho: fuga, detenção em Varennes e retorno a Paris.
17 de julho: fuzilaria no Champ-de-Mars.
27 de agosto: declaração de Pilnitz.
13 de setembro: o rei aceita a revisão da Constituição.
14 de setembro: ele jura fidelidade à nação.
30 de setembro: a Assembleia Constituinte se separa.
1º de outubro: primeira reunião da Assembleia Legislativa.
9 de novembro: decreto contra os emigrados.
29 de novembro: decreto contra os padres refratários.

1792
janeiro: motins em torno das lojas.
20 de abril: declaração de guerra ao "rei da Boêmia e da Hungria". Primeiros reveses militares.

13 de junho: dissolução do gabinete girondino. Formação do ministério *feuillant*.
11 de julho: declara-se que a pátria corre perigo.
9 de agosto: a Legislativa se separa.
10 de agosto: detenção de Luís XVI e de sua família. Estimulada pelos levantes populares, a Assembleia vota a deposição do rei e a convocação de uma assembleia eleita pelo sufrágio universal.
2 de setembro: Verdun capitula.
2-6 de setembro: massacres nas prisões de Paris.
20 de setembro: Valmy.
21 de setembro: primeira sessão da Convenção Nacional.
8 de outubro: Verdun é libertada.
6 de novembro: vitória de Jemmapes. Ocupação da Bélgica.
20 de novembro: acusação do rei.
27 de novembro: reunião da Savoia à França.
11 de dezembro: abertura do processo do rei.

1793
19 de janeiro: condenação de Luís XVI.
21 de janeiro: execução.
25 de fevereiro: entrada de Dumouriez em Breda.
25 de fevereiro: motins em Paris, pilhagem das mercearias.
10 de março: início da revolta da Vendeia. Criação do tribunal revolucionário em Paris.
18 de março: derrota de Dumouriez em Neerwinden.
5 de abril: traição de Dumouriez.
6 de abril: criação do Comitê de Salvação Pública.
31 de abril: Marat é detido por influência dos girondinos.
24 de maio: absolvição de Marat.
31 de maio: insurreição antigirondina.
2 de junho: golpe de Estado jacobino. Vinte e nove deputados jacobinos são detidos juntamente com dois ministros.
24 de junho: votação da Constituição do ano I (que nunca foi aplicada).

13 de julho: assassinato de Marat por Charlotte Corday.
maio-outubro: vitórias da Vendeia.
21 de julho: bônus de alimentação em Paris.
26 de julho: lei que pune com a morte os monopolistas.
23 de agosto: levante em massa.
29 de agosto: Toulon se entrega aos ingleses.
4-5 de setembro: os operários exigem pão na Comuna e dirigem-se para a Convenção.
17 de setembro: lei dos suspeitos.
29 de setembro: lei do máximo geral.
3 de outubro: relatório de Amar na Convenção.
9 de outubro: Lyon rende-se às forças revolucionárias.
17 de outubro: derrota da Vendeia em Cholet.
19 de outubro: tomada de Toulon pelos revolucionários.

CLÁSSICOS DA LITERATURA NA ESTAÇÃO LIBERDADE

HONORÉ DE BALZAC
    Eugénie Grandet
    Ilusões perdidas
    A mulher de trinta anos
    O pai Goriot
    Tratados da vida moderna

ADELBERT VON CHAMISSO
    A história maravilhosa de Peter Schlemihl

CHARLES DICKENS
    Um conto de duas cidades

GUSTAVE FLAUBERT
    Bouvard e Pécuchet

THEODOR FONTANE
    Effi Briest

JOHANN WOLFGANG VON GOETHE
    Os sofrimentos do jovem Werther

E.T.A. HOFFMANN
    Reflexões do gato Murr

VICTOR HUGO
    O Homem que Ri
    Notre-Dame de Paris
    O último dia de um condenado

XAVIER DE MAISTRE
    Viagem à roda do meu quarto

GUY DE MAUPASSANT
Bel-Ami

STENDHAL (HENRI BEYLE)
Armance

MIGUEL DE UNAMUNO
Névoa

ÉMILE ZOLA
Germinal
O Paraíso das Damas
Thérèse Raquin

PRÓXIMOS LANÇAMENTOS

JOHANN WOLFGANG VON GOETHE
Divã ocidento-oriental

GOTTHOLD EPHRAIM LESSING
Natan, o sábio

ESTE LIVRO FOI COMPOSTO EM GATINEAU 10
POR 14 E IMPRESSO SOBRE PAPEL OFF-SET 75 g/m^2
NAS OFICINAS DA ASSAHI GRÁFICA, SÃO BERNARDO DO
CAMPO - SP, EM MAIO DE 2015